Die Rechtfertigung der Tabaksteuer

Europäische Hochschulschriften

Publications Universitaires Européennes
European University Studies

Reihe II
Rechtswissenschaft

Série II Series II
Droit
Law

Bd./Vol. 4122

PETER LANG
Frankfurt am Main · Berlin · Bern · Bruxelles · New York · Oxford · Wien

Tillman Kempf

Die Rechtfertigung der Tabaksteuer

PETER LANG
Europäischer Verlag der Wissenschaften

Bibliografische Information Der Deutschen Bibliothek
Die Deutsche Bibliothek verzeichnet diese Publikation in der Deutschen Nationalbibliografie; detaillierte bibliografische Daten sind im Internet über <http://dnb.ddb.de> abrufbar.

Zugl.: Hamburg, Univ., Diss., 2004

D 18
ISSN 0531-7312
ISBN 3-631-53573-2

www.peterlang.de

Vorwort

Die Tabaksteuer ist gleichermaßen fiskalisch bedeutsam wie verfassungsrechtlich brisant. Gemessen am Steueraufkommen rangiert sie unter den besonderen Verbrauchsteuern nach der Mineralölsteuer an zweiter Stelle. Sie belastet und beeinflusst die Tabakkonsumenten in einem Maß, welches die Frage nach ihrer gleichheits- und freiheitsrechtlichen Legitimität geradezu provoziert.

Die vorliegende Untersuchung behandelt die Tabaksteuer aus verfassungsrechtlicher Perspektive. Ausgangspunkt ist die grundsätzliche Rechtfertigung von Steuern, insbesondere von Lenkungsteuern. Daran anknüpfend werden die Belastungs- und Gestaltungswirkungen der Tabaksteuer auf ihre Verfassungskonformität hin überprüft. Betrachtet werden u. a. das Zusammenwirken von Tabaksteuer und Umsatzsteuer sowie die Differenzierung des Tabaksteuersatzes nach der Art der Tabakwaren.

Die Arbeit hat dem Fachbereich Rechtswissenschaft der Universität Hamburg als Dissertation vorgelegen. Mein Dank gilt Frau Prof. *Dr. Jachmann,* die die Arbeit angeregt und betreut hat. Ferner danke ich Herrn Prof. *Dr. Lagoni* für die Übernahme des Zweitgutachtens.

Frankfurt am Main, im Dezember 2004

Tillman Kempf

Inhaltsübersicht

Inhaltsverzeichnis

Einleitung

Die Steuerrechtfertigung ist eine Frage der Gerechtigkeit. Eine Steuer ist gerechtfertigt, wenn sie sich als gerecht erweist.[1] Die Prüfung der Rechtfertigung setzt voraus, dass der anzulegende Gerechtigkeitsmaßstab benannt wird. In der vorliegenden Arbeit, welche die verfassungsrechtliche Rechtfertigung der Tabaksteuer behandelt, ist dies das Grundgesetz. Verfassungsrechtlich gerechtfertigt ist eine Steuer also dann, wenn sie angesichts des Grundgesetzes gerecht ist, d. h. einer verfassungsrechtlichen Prüfung standhält, die ihre Vereinbarkeit mit Grundrechten, Kompetenzvorschriften und objektiven Wertaussagen der Verfassung prüft.

Die verfassungsrechtliche Prüfung kann auf verschiedenen Stufen ansetzen. Einerseits kann gefragt werden, ob Steuern als solche legitim sind. Dies ist die Frage nach der grundsätzlichen Legitimität der Besteuerung in ihrer Funktion als Mittel der Staatsfinanzierung. Es ist zu klären, warum die staatliche Einnahmenerzielung im Wege der Steuer und nicht anders, etwa durch eigene wirtschaftliche Betätigung des Staates, zu bewerkstelligen ist. Sodann kann die Rechtfertigung jeder Einzelsteuer – etwa der Tabaksteuer – untersucht werden. Dabei geht die grundsätzliche Frage der spezielleren vor. Nur, wenn Steuern dem Grunde nach gerechtfertigt sind und der Umfang der sich daraus ggf. ergebenden Legitimationswirkung geklärt ist, kann die Frage nach der Rechtfertigung einzelner Steuern oder Steuerarten beantwortet werden. Damit ist es im Rahmen der vorliegenden Arbeit zunächst erforderlich, das Problem der Steuerrechtfertigung im Grundsätzlichen zu behandeln, um anschließend die Rechtfertigung der Tabaksteuer zu erörtern.

Jedes einzelne Steuergesetz und die Besteuerung insgesamt müssen grundrechtskonform sein. Dass sich Steuergesetze an den Grundrechten messen lassen müssen, dürfte im Grundsatz nicht zu bezweifeln sein, ordnet doch Art. 1 Abs. 3 GG die Grundrechtsbindung des Gesetzgebers ausdrücklich und vorbehaltlos an.[2] Eine Freistellung des Steuergesetzgebers von der Grundrechtsbindung lässt sich weder mit historischen Erwägungen, der systematischen Stellung der Finanzverfassung in einem eigenem Abschnitt des Grundgesetzes, noch der Funktion der Besteuerungsgewalt begründen. Steuerliche Regelungen sind daher daraufhin zu überprüfen, ob sie in Freiheitsrechte der Bürger eingreifen oder eine Ungleichbehandlung der Steuerpflichtigen bewirken. Ist dies der Fall, kommen die einschlägigen Grund-

---

1 *Vogel,* Der Staat 25 (1986), 481, 484.

2 *J. Lang,* in: Tipke/J. Lang, Steuerrecht, § 4, Rn. 63.

rechte in ihrer Funktion als Abwehrrechte des Einzelnen gegen den Staat zur Geltung und begründen eine Rechtfertigungslast des Steuergesetzgebers.[3]

Daneben stellt sich die Frage, ob Steuern auch dann noch grundsätzlich gerechtfertigt sind, wenn sie vom Gesetzgeber zusätzlich zu ihrer fiskalischen Funktion mit besonderen Zwecksetzungen verbunden werden. Hierbei geht es nicht etwa um die Zweckbindung des Steueraufkommens, denn dies widerspräche dem haushaltsrechtlichen Grundsatz der Non-Affektation,[4] der erfordert, dass alle Einnahmen als Deckungsmittel für alle Ausgaben dienen, sondern darum, die Steuerpflichtigen durch Be- und Entlastungen in ihrem Verhalten zu beeinflussen. Ein augenfälliges und vieldiskutiertes Beispiel aus jüngster Zeit ist die sog. „Öko-Steuer".[5] Umweltpolitische oder auch andere außerfiskalische Zwecke können einerseits ein zusätzliches Rechtfertigungsbedürfnis begründen, ggf. aber auch einen Rechtfertigungsgrund für eine bestimmte grundrechtsbeeinträchtigende Regelung darstellen.

Mit den gesetzgeberischen Motiven und Zwecken korrespondieren die Steuerwirkungen, die letztlich der Anlass der Grundrechtsprüfung sind. Charakteristikum einer Steuer ist ihre lastenausteilende Wirkung, die sich als Zahlungspflicht des Steuerpflichtigen manifestiert. Diese Belastungswirkung ist rechtfertigungsbedürftig, sofern aus ihr eine Ungleichbehandlung resultiert oder weil sie die ökonomische Handlungsfreiheit betrifft.[6] Sie ist dem Gesetzgeber auch stets zurechenbar, da dieser mit jeder Steuer einen Finanzierungszweck verfolgt, und kann daher Gegenstand der verfassungsrechtlichen Überprüfung sein.

Alle anderen steuerlichen Effekte werden unter dem Begriff Gestaltungswirkungen zusammengefasst. Sie können zum einen als Reaktion auf die steuerliche Belastung eintreten (sog. Folgewirkungen). Zu den Gestaltungswirkungen zählen aber auch Steuervermeidungsanstrengungen des Steuerpflichtigen oder Steuerträgers (sog. Ausweichwirkungen).[7] In Anwendung des modernen Eingriffsbegriffs können selbst derartige mittelbare, faktische oder unbeabsichtigte Steuerwirkungen grundrechtsrelevant sein.[8]

---

3 Vgl. *Rodi,* Die Rechtfertigung von Steuern als Verfassungsproblem, S. 74 ff. m. w. N.

4 § 7 S. 1 Hauhaltsgrundsätzegesetz.

5 Vgl. dazu etwa *Jachmann,* in: von Mangoldt/Klein/Starck, GG, Art. 105, Rn. 56 ff.; *J. Lang,* in: Tipke/J. Lang, Steuerrecht, § 8, Rn. 111 ff.; *Trzaskalik,* Gutachten E für den 63. DJT; *Herdegen/Schön,* Ökologische Steuerreform.

6 *P. Kirchhof,* HStR IV, § 88, Rn. 31.

7 Mithin setzt der Eintritt einer Gestaltungswirkung mitnichten eine Belastungswirkung voraus; vgl. *Rodi,* Die Rechtfertigung von Steuern als Verfassungsproblem, S. 83.

8 Vgl. *Birk,* Leistungsfähigkeitsprinzip, S. 196 ff.

Die Unterscheidung nach Belastungs- und Gestaltungswirkungen führt zu einer „zweigleisigen“ Prüfung: Sowohl die Belastungs- als auch die Gestaltungswirkungen sind am Grundgesetz zu messen.[9] Im Rahmen der vorliegenden Arbeit soll im Anschluss an die Untersuchung der grundsätzlichen Rechtfertigung von Steuern die Rechtfertigung der steuerlichen Belastungswirkungen zunächst in allgemeiner Form erörtert werden.[10] Die Gestaltungswirkungen werden sodann im Abschnitt über Lenkungsteuern behandelt, da letztere der Anwendungsfall intentionaler Gestaltungswirkungen sind.[11]

Im Anschluss an diesen allgemeinen Teil der Arbeit wird zunächst die Tabaksteuer im Steuersystem zu verorten sein und ein Überblick über die Regelungen des Tabaksteuerrechts gegeben werden. Abschließend sind dann die Belastungs- und Gestaltungswirkungen der Tabaksteuer einer verfassungsrechtlichen Prüfung zu unterziehen. Dabei wird ausschließlich untersucht, ob die im tabaksteuerrechtlichen Grundfall der Entnahme von Tabakwaren in den freien Verkehr nach § 11 Abs. 1 TabStG entstehende Tabaksteuer hinsichtlich ihrer Belastungs- und Gestaltungswirkungen verfassungsgemäß ist. In diesem Zusammenhang wird auch der Tabaksteuertarif und das Zusammenwirken von Tabaksteuer und Umsatzsteuer betrachtet. Eine große Zahl weiterer Fragestellungen des Tabaksteuerrechts muss dagegen ausgeklammert bleiben. So können etwa die Konformität der deutschen Tabakbesteuerung mit dem Europarecht, besondere Steuerentstehungstatbestände,[12] die Steuerbefreiungen nach §§ 6 und 7 TabStG, die Problematik der Steuerzeichenschuld,[13] die Legitimität des Verpackungszwangs[14] und der Preisbindung[15], Fragen des grenzüberschreitenden Verkehrs[16] sowie des Ordnungswidrigkeitenrechts[17] nicht erörtert werden. In vielen Fällen handelt es sich dabei um Probleme, bei denen das System des Verbrauchsteuerrechts im Vordergrund steht. Es sei daher auf die vielfältige verbrauchsteuerrechtli-

---

9 *Birk*, Steuerrecht I, § 7, Rn. 23 und § 2, Rn. 21.

10 Siehe 1. Teil. A. II. und III.

11 Eine Darstellung der Problematik ungezielter Gestaltungswirkungen erscheint im vorliegenden Zusammenhang verzichtbar, siehe dazu 1. Teil. B. VI.

12 Z. B. die Entstehung mit Herstellung in einem nicht zugelassenen Herstellungsbetrieb nach § 11 Abs. 3 TabStG.

13 Vgl. §§ 12 f. TabStG, siehe hierzu *Friedrich*, ZfZ 1989, 98.

14 § 14 TabStG.

15 § 5 Abs. 3 S. 2 i. V. m. §§ 24 ff. TabStG.

16 Verkehr unter Steueraussetzung nach §§ 15 ff. TabStG; Verbringen von Tabakwaren des freien Verkehrs aus anderen Mitgliedstaaten der EU zu privaten oder gewerblichen Zwecken nach § 19 f. TabStG; Einfuhr aus Drittländern nach § 21 TabStG.

17 §§ 30, 30a TabStG.

che Literatur verwiesen, die eben diese Fragen ausführlich darstellt und erörtert.[18] Demgegenüber behandelt die vorliegende Arbeit die vorrangige Frage nach der grundsätzlichen verfassungsrechtlichen Rechtfertigung der Tabaksteuer.

---

18 Vgl. aus jüngster Zeit: *Peters/Bongartz/Schröer-Schallenberg,* Verbrauchsteuerrecht; *Jatzke,* Das System des deutschen Verbrauchsteuerrechts; *Müller,* Struktur, Entwicklung und Begriff der Verbrauchsteuern; *Förster,* Die Verbrauchsteuern.

1. Teil. Die verfassungsrechtliche Rechtfertigung von Steuern

A. Verfassungsrechtliche Rechtfertigung der steuerlichen Belastung

I. Grundsätzliche Rechtfertigung von Steuern

Die Frage, ob Steuern dem Grunde nach gerechtfertigt werden können, zielt auf die prinzipielle Zulässigkeit der Besteuerung. Es handelt sich dabei um die steuerrechtliche Vorfrage[1] schlechthin. Sie soll hier ausschließlich als verfassungsrechtliche Problemstellung verstanden werden,[2] die anhand des Grundgesetzes und mit Rücksicht auf dessen finanzverfassungsrechtliche Regelungen (Art. 104a ff. GG) zu beantworten ist. Neben dem Haushaltsverfassungsrecht (Art. 109 ff. GG) beinhaltet dieser X. Abschnitt des Grundgesetzes auch die die „Steuerverfassung“[3] einschließende „Finanzverfassung“[4] (Art. 104a bis Art. 108 GG). Die Verfassung weist die Bundesrepublik Deutschland als einen Staat aus, der sich aus Steuermitteln finanziert,[5] also „Steuerstaat“ ist.[6] Zwar lässt das Grundgesetz die grundsätzliche Befugnis des Staates zur Steuererhebung unausgesprochen, regelt aber in Art. 105 GG die Aufteilung der Steuergesetzgebungskompetenz zwischen Bund und Ländern und in Art. 106 GG die Verteilung der Erträge verschiedener Einzelsteuern. Diese Regelung der Kompetenz- und Ertragsverteilung setzt wenigstens die Möglichkeit der Existenz der aufgeführten Steuern vor-

---

1 Vgl. *Vogel,* Der Staat 25 (1986), 481.

2 Zur grundsätzlichen Rechtfertigung von Steuern aus volkswirtschaftlicher Sicht vgl. *Homburg,* Allgemeine Steuerlehre, S. 8 ff.; zur historischen Entwicklung vgl. *Vogel,* Der Staat 25 (1986), 481, 485 ff.

3 *P. Kirchhof,* HStR IV, § 88, Rn. 45.

4 Zum Begriff der Finanzverfassung vgl. *Siekmann,* in: Sachs, GG, vor Art. 104a, Rn. 4 ff.

5 *P. Kirchhof,* HStR IV, § 88, Rn. 45.

6 *Birk,* Steuerrecht I, § 1, Rn. 1; *J. Isensee,* in: FS für Ipsen (1977), S. 409; *Jachmann,* Verfassungsrechtliche Grenzen, S. 5; *Vogel/Waldhoff,* in: BK-GG, vor Art. 104a GG, Rn. 402; *Tipke,* StRO I, S. 230; *Siekmann,* in: Sachs, Grundgesetz, vor Art. 104a, Rn. 45; *J. Lang,* in: Tipke/J. Lang, Steuerrecht, § 4, Rn. 60; *F. Kirchhof,* VVDStRL 52 (1993), 71, 78; *Papier,* in FS für Vogel (2000), S. 117, 118; *Sacksofsky,* Umweltschutz durch nicht-steuerliche Abgaben, S. 129 ff.

aus.[7] Damit kann aus Art. 105, 106 GG gefolgert werden, dass das Grundgesetz die dort genannten Steuern billigt.[8]

Wiederholt hat dem gemäß das BVerfG zur Legitimation von Einzelsteuern auf Art. 105 f. GG abgestellt.[9] Die konkrete Verfassungsentscheidung für bestimmte Steuerarten[10] aber setzt eine Verfassungsentscheidung für die Besteuerung schlechthin voraus. Dafür spricht auch, dass andere Einnahmen als Steuern in den Art. 105 ff. GG überhaupt nicht geregelt werden, das Grundgesetz also von einer ganz überragenden Bedeutung der Steuereinnahmen für die Staatsfinanzen ausgeht.[11] Mithin legitimiert die Finanzverfassung die Steuergewalt.[12]

Mit dieser Entscheidung für den Steuerstaat korrespondieren die Eigentumsgarantie und die Sozialpflichtigkeit des Eigentums (Art. 14 Abs. 2 GG). In letzterer kann eine konkrete Bestätigung für die verfassungsrechtliche Grundentscheidung für die Besteuerung gesehen werden.[13] Die umfassenden freiheitsrechtlichen Gewährleistungen des Grundgesetzes sind nur möglich, wenn die Ausübung der Freiheitsrechte der Sozialbindung, u. a. in der Form des Steuerzugriffs, unterliegt.[14] Der Staat, der das Privateigentum gewährleistet, und damit der privatwirtschaftlichen Betätigung den Vorrang vor der Staatswirtschaft einräumt, muss sich durch Steuern finanzieren.[15] Andererseits ist der Staat mit der Besteuerung dann gezwungenermaßen auch auf die

---

7 *P. Kirchhof,* HStR IV, § 88, Rn. 45; *ders.,* VVDStRL 39 (1981), 213, 219; *ders.,* Besteuerungsgewalt und Grundgesetz, S. 10. Allerdings ist der Gesetzgeber nicht von Verfassungs wegen verpflichtet, sämtliche in Art. 106 GG genannten Steuern zu erheben, *Vogel,* HStR IV, § 87, Rn. 31.

8 So *P. Kirchhof,* VVDStRL 39 (1981), S. 219; nach a. A. stellt Art. 106 GG nur eine historische Bestandsaufnahme von Steuern dar, dessen wesentliche Funktion in der Verteilung des Steueraufkommens und im Zusammenspiel mit Art. 105 GG in der Zuweisung der Gesetzgebungskompetenz liegt, so *J. Lang,* in: Tipke/J. Lang, Steuerrecht, § 3, Rn. 3; *Tipke,* StRO I, S. 298 ff.; *ders.,* StRO III, S. 1088 ff.

9 BVerfGE 13, 331, 348; 21, 12, 25; 26, 1, 8; 46 224, 236.

10 So *Vogel/Waldhoff,* in: BK-GG, vor Art. 104a GG, Rn. 402.

11 *Vogel,* HStR IV, § 87, Rn. 43.

12 *P. Kirchhof,* JZ 1982, 305, 307; *ders.,* Besteuerungsgewalt und Grundgesetz, S. 10 ff.

13 So *P. Kirchhof,* HStR IV, § 88, Rn. 48; *ders,* VVDStRL 39 (1981), S. 213, 215 f.; *Dürig,* in: Maunz/Dürig, Art. 2 Abs. 1 GG, Rn. 21; a. A. *J. Isensee,* Sitzungsbericht N zum 57. Deutschen Juristentag (Mainz) 1988, S. 36; *Tipke,* StRO II, S. 597.

14 Insofern ist die Besteuerung der „Garant der Wirtschafts- und Berufsfreiheit", *J. Isensee,* in: FS für Ipsen (1977), S. 409, 417.

15 *P. Kirchhof,* Besteuerungsgewalt und Grundgesetz, S. 25; *ders.,* HStR IV, § 88, Rn. 47; *ders.,* Stbg 1995, 68, 70 f.; Steuerstaatlichkeit und Gewährleistung von Freiheitsgrundrechten sind komplementär zu verstehen, so *Papier,* Stbg 1999, S. 49, 50.

bloße Teilhabe an dem wirtschaftlichen Erfolg derjenigen, die ihr Eigentum und ihre beruflichen Fähigkeiten am Markt einsetzen, beschränkt.[16] Der Staat und seine Rechtsordnung stehen in diesem Modell für die Allgemeinheit des Marktes und fordern stellvertretend für diese eine Teilhabe am Markterfolg einzelner in Form der Steuer.[17] Die Sozialbindung des Eigentums in Verbindung mit der erfolgreichen Teilnahme an dem von der Allgemeinheit getragenen Markt bilden den Belastungsgrund der Besteuerung.[18] Aus ihnen resultiert eine Grundpflicht zur Steuerzahlung.[19]

Eine solche Begründung der Besteuerung aus dem Gedanken der Sozialpflichtigkeit impliziert freilich die freiheitsrechtliche, insbesondere eigentumsrechtliche Relevanz der Besteuerung. Dieser Argumentation vermag sich daher nur anzuschließen, wer im Steuerzugriff eine Beeinträchtigung der Eigentumsfreiheit sieht.[20] Ihr kann zumindest entgegengehalten werden, dass es zur grundsätzlichen Rechtfertigung der Besteuerung des Rückgriffs auf Art. 14 Abs. 2 GG nicht bedarf, da sich Steuern als solche schon durch das Prinzip des Steuerstaates rechtfertigen lassen.[21] Steuereinnahmen ermöglichen dem Staat die Wahrnehmung von Aufgaben im Interesse der Allgemeinheit. Hierzu zählen vor allem die Begründung der Rechtsordnung, die Erhaltung der inneren und äußeren Sicherheit und die Daseinsvorsorge.[22] Diese Ausrichtung auf das Gemeinwohl erfordert eine Finanzierung des Steueraufkommens durch die Allgemeinheit (Gemeinlastprinzip)[23] im Wege

---

16 *P. Kirchhof,* JZ 1982, 305, 307.

17 *P. Kirchhof,* Stbg 1995, 68, 70.

18 *P. Kirchhof,* HStR IV, § 88, Rn. 63 ff.

19 Die Existenz von Grundpflichten als einem Gegenpol zu den im Grundgesetz ausdrücklich geregelten Grundrechten ist äußerst umstritten, vgl. nur *Hofmann,* HStR V, § 114. Für eine Grundpflicht zur Steuerzahlung mit unterschiedlichen Begründungen: *Götz,* VVDStRL 41 (1983), S. 7, 33 f.; *P. Kirchhof,* JZ 1982, 305, 307; *Jachmann,* in: von Mangoldt/Klein/Starck, GG, Art. 105, Rn. 2; *dies.* DStZ 2001, 225; *Bethge,* JA 1985, 249, 257; *J. Isensee,* VVDStRL Bd. 41 (1983), S. 130; *Hofmann,* HStR V, § 114, Rn. 20; dagegen: *Rodi,* Die Rechtfertigung von Steuern als Verfassungsproblem, S. 158 ff.

20 Vgl. zunächst *P. Kirchhof,* Besteuerungsgewalt und Grundgesetz, S. 20 ff.; *ders.,* VVDStRL 39 (1981), 213, 231. Darauf, ob und inwieweit die Eigentumsfreiheit gegen die Auferlegung von Geldleistungspflichten, insbesondere in der Form der Steuer, schützt, wird später noch ausführlicher einzugehen sein. Siehe 1. Teil. A. III. 1.

21 So *Jachmann,* DStZ 2001, 225 f.; *dies.,* Verfassungsrechtliche Grenzen, S. 5 f.; *dies.,* Steuergesetzgebung, S. 9; *dies.,* StuW 1996, 97 f.; *dies.,* StuW 1998, 239.

22 *F. Kirchhof,* Abgabenrecht, Rn. 28.

23 *Jachmann,* Verfassungsrechtliche Grenzen, S. 5 f.; *dies.* DStZ 2001, 225; *F. Kirchhof,* Abgabenrecht, Rn. 10; *P. Kirchhof,* HStR IV, § 88, Rn. 28 und 46; *J. Isensee,* in: FS für Ipsen (1977), S. 409, 430; *Wendt,* DÖV 1988, 710, 712.

des Solidarbeitrags[24]. Es zeigt sich somit, dass die Besteuerung ungeachtet Art. 14 GG eine Verfassungsvoraussetzung des sozialen Rechtsstaates (Art. 20 Abs. 1 GG) ist.[25] Die Rechtfertigung der Steuer aus dem Gemeininteresse als eine die Allgemeinheit treffende Grundpflicht bedeutet aber weiterhin, dass die Steuerhebung grundsätzlich nur bis zur Grenze der ökonomischen Leistungsfähigkeit der Gesellschaft[26] und unter der Voraussetzung einer gerechten Zuteilung der steuerlicher Lasten[27] legitim ist. Die Besteuerung in einem Sozialstaat ist Ausprägung der Gemeinwohlverantwortung und rechtfertigt sich daher erst aus der Verbindung von Steuerstaatlichkeit und Besteuerungsgleichheit.[28]

Im Vergleich der Rechtfertigungsansätze zeigt sich, dass beide über die bloße Rechtfertigung der Steuergewalt hinausreichen. Die Begründung aus der Sozialpflichtigkeit legitimiert nicht nur die Besteuerung, sondern weist gleichzeitig auf deren Begrenztheit, da die Rechtfertigung nicht weiter reichen kann als dies durch den Umfang der Sozialpflichtigkeit vorgegeben ist. Eine Rechtfertigung aus dem Prinzip der Allgemeinheit der Steuer impliziert andererseits die gleichheitsrechtlichen Anforderungen an die steuerlichen Belastung (Gebot der Steuergerechtigkeit). Im Ergebnis erfährt die Besteuerung damit von Anfang an jeweils nur eine eingeschränkte Legitimation. Der Steuerzugriff ist, bei Beachtung der Besteuerungsgleichheit und beschränkt auf das durch die Sozialpflichtigkeit geforderte Maß, verfassungsrechtlich gerechtfertigt.

Die grundsätzliche Zulässigkeit der Besteuerung umfasst die Erhebung jeder einzelnen Steuer.[29] Soweit von der Rechtfertigung einer Einzelsteuer die Rede ist, geht es daher nicht um die grundsätzliche Zulässigkeit dieser Steuer, sondern um die Verfassungsmäßigkeit der mit dieser Steuer einhergehenden Wirkungen, vor allem in Bezug auf die Grundrechte. Auf dieser Ebene ist die Frage nach der Rechtfertigung der Tabaksteuer angesiedelt. Der Ta-

---

24 *Weber-Grellet*, Steuern im modernen Verfassungsstaat, S. 5; ähnlich schon *Ihering*, Der Zweck im Recht, Erster Band, S. 513 ff.

25 Vgl. *Forsthoff*, VVDStRL 12 (1954), S. 8, 31 f.; *Papier*, Stbg 1999, S. 49, 50; *ders.*, in: Maunz/Dürig Art. 14 GG, Rn. 167; *J. Isensee*, in: FS für Ipsen (1977), S. 409, 433; *Hettlage*, VVDStRL 14 (1956), 2, 5.

26 *J. Isensee*, in: FS für Ipsen (1977), S. 409, 434; a. A. *Mußgnug*, JZ 1991, 993, 994, der davon ausgeht, die Gesamtsteuerlast richte sich nach dem staatlichen Finanzbedarf in der Höhe des jeweiligen Budgets. Eine Begrenzung der Steuerlast könne es nur auf der Ebene der individuellen Steuerschuld geben.

27 BVerfGE 84, 239, 269.

28 *Jachmann*, DStZ 2001, 225.

29 *Jachmann*, Verfassungsrechtliche Grenzen der Besteuerung, S. 6.

baksteuer kann also im Steuerstaat generelle finanzverfassungsrechtliche Zulässigkeit attestiert werden. Gleichwohl kann ein zusätzlicher Rechtfertigungsbedarf entstehen, wenn die Tabaksteuer mit dem Verfassungsrecht im Übrigen konfligiert.

Zu beachten ist, dass über die Verfassungsmäßigkeit einer Einzelsteuer keine Aussage getroffen werden kann ohne Berücksichtigung ihres steuerlichen Kontextes. Zwar ist es möglich und sinnvoll, die Wirkungen einer bestimmten Steuer isoliert zu betrachten. Da in Deutschland aber eine Vielzahl verschiedener Steuern erhoben werden, muss auch Gegenstand der Untersuchung einer Steuer ihr Zusammenwirken mit anderen Steuern sein. Im Folgenden wird also zu berücksichtigen sein, dass die Tabaksteuer Teil einer Steuerrechtsordnung ist, die verschiedene Steuern und Steuerarten kennt.[30] Eine Konsequenz dieses Mehrsteuersystems ist ferner, dass die grundsätzliche Rechtfertigung von Steuern unabhängig ist von der Art und dem Zeitpunkt des Steuerzugriffs. Indirekte und direkte Steuern sind dem Grundsatz nach gleichermaßen gerechtfertigt, obschon der Steuerzugriff auf unterschiedliche Weise und in verschiedenen Zugriffsphasen (Einkommen, Vermögen, Vermögensverwendung)[31] erfolgt.

II. Gleichheitsrechtliche Rechtfertigung der Besteuerung

Der Gesetzgeber ist nach Art. 1 Abs. 3 GG an die Grundrechte gebunden und muss sie daher beim Erlass von Steuergesetzen beachten. Darum kann eine Steuer nur dann verfassungsrechtlich gerechtfertigt sein, wenn sie dem Gleichheitssatz des Art. 3 GG genügt.[32]

1. Gleichheitssatz

Art. 3 Abs. 1 GG gewährleistet Rechtsanwendungsgleichheit und Rechtssetzungsgleichheit.[33] Auf letzteres, die Gleichheit des Gesetzes, kommt es für die Rechtfertigung von Steuergesetzen an.[34] Das Gleichheitsgebot verpflich-

---

[30] Dass in der Bundesrepublik Deutschland eine Vielzahl von Steuern erhoben werden, ist im Übrigen nicht nur ein historisch bedingter Umstand, sondern auch verfassungsrechtlich durch die Regelung in Art. 105, 106 GG gedeckt, worin die Erhebung einer Mehrheit von Steuern bzw. Steuerarten vorgesehen ist. Zu der Frage, ob eine Einheitssteuer oder Alleinsteuer vorzuziehen wäre, siehe 1. Teil. A. II. 5. a).

[31] Vgl. *P. Kirchhof*, HStR IV, § 88, Rn. 70 ff.

[32] In Ermangelung eines speziellen Gleichheitssatzes, wie er in Art. 134 WRV enthalten war, ist auch für das Steuerrecht auf Art. 3 GG zurückzugreifen, vgl. *P. Kirchhof*, HStR IV, § 88, Rn. 105.

[33] *J. Lang*, in: Tipke/J. Lang, Steuerrecht, § 4, Rn. 70.

[34] Vgl. *Arndt*, NVwZ 1988, 787.

tet den Gesetzgeber zur Gleichbehandlung von wesentlich Gleichem. Der Rechtfertigung bedarf es, wenn wesentlich Gleiches ungleich behandelt[35] und der Betroffene dadurch benachteiligt wird.[36] Ob eine Ungleichbehandlung vorliegt, bestimmt sich durch vergleichende Betrachtung der an bestimmte Sachverhalte geknüpften Rechtsfolgen.

Das BVerfG hat den Gleichheitssatz in seiner Rechtsprechung zunächst als Willkürverbot interpretiert und die unterschiedliche Behandlung verschiedener Grundrechtsträger daher als zulässig erachtet, sofern ein aus der Natur der Sache folgender sachlicher Grund bezeichnet werden konnte.[37] Mittlerweile folgt das BVerfG der sog. neuen Formel, nach der Art. 3 GG vor allem dann verletzt ist, wenn eine Gruppe von Normadressaten abweichend von anderen Gruppen behandelt wird, obwohl zwischen beiden Gruppen keine Unterschiede von solcher Art und solchem Gewicht bestehen, dass sie die ungleiche Behandlung rechtfertigen können.[38] Auf Steuergesetze bezogen sind Normadressaten in diesem Sinne die Steuerpflichtigen bzw. die mit der Steuer (im Falle einer Überwälzung) letztlich wirtschaftlich belasteten Steuerträger. Die einer gleichheitsrechtlichen Prüfung zu unterziehende „Behandlung“ ist gleichzusetzen mit der steuerlichen Belastung. Einen rechtlich und tatsächlich gleichmäßigen Belastungserfolg zu gewährleisten, ist somit Ziel des Gleichheitssatzes im Steuerrecht.[39]

Dieses Gebot der Belastungsgleichheit ist die Konkretisierung des dem Gleichheitssatz innewohnenden Gerechtigkeitsgebots[40] auf dem Gebiet der Steuern und damit der Kern des vom BVerfG so bezeichneten Grundsatzes der Steuergerechtigkeit.[41] Wo hiergegen verstoßen wird, wandelt sich die Steuer zum entschädigungspflichtigen Sonderopfer,[42] wenn nicht die Belastung anderweitig gerechtfertigt werden kann. Zu ermitteln ist, welcher Teil der Steuerlast dem jeweiligen Steuerzahler aufgebürdet werden kann, also eine Belastungsrelation.[43] Die Belastungsgleichheit ist mithin eine relative Größe (proportionale Gleichheit[44]), durch die sich nicht die Gesamtsteuer-

---

35 BVerfGE 1, 14, 52.

36 *Jarass,* in: Jarass/Pieroth, Art. 3, Rn. 11.

37 BVerfGE 1, 14, 52.

38 BVerfGE 55, 72, 88.

39 BVerfGE 84, 239, 268; 93, 121, 134.

40 Vgl. *Huster,* Rechte und Ziele, S. 35.

41 BVerfGE 6, 55, 70; 13, 331, 338; 26, 302, 310; 43, 108, 118; 61, 319, 343; 65, 325, 354; 66, 214, 223; 67, 290, 297; 68, 143, 152; 68, 287, 310; 74, 182, 199 f.

42 Vgl. *J. Isensee,* in: FS für Ipsen (1977), S. 409, 430.

43 *Von Arnim,* VVDStRL 39 (1981), S. 286, 311.

44 *Jachmann,* DStZ 2001, 225; *dies.,* BB 2000, 1432, 1433.

last, sondern deren Verteilung auf die Mitglieder der staatlichen Gemeinschaft rechtfertigt.[45] Gleichheitsgerecht sind Steuern also dann, wenn sie die individuellen Unterschiede zwischen den Steuerpflichtigen bei der Lastenzuteilung berücksichtigen. Unterstellt, dass zwischen den Steuerpflichtigen wesentliche Unterschiede bestehen, sind Kopfsteuern, die die Steuern nach dem Prinzip der absoluten Gleichheit verteilen, mit dem Gleichheitssatz nicht vereinbar.[46] Besondere Bedeutung für die Umsetzung des Gleichheitssatzes im Steuerrecht hat die Frage, nach welchen Kriterien die Steuerpflichtigen für die Zwecke der steuerlichen Lastenverteilung zu unterscheiden sind.

2. Das Äquivalenzprinzip

Steuerzahler unterscheiden sich u. a. danach, in welchem Umfang sie öffentliche Leistungen nachfragen. Es ist aus diesem Grund vorstellbar, die Besteuerung nach der Inanspruchnahme öffentlicher Güter und Dienstleistungen zu bemessen. Die steuerliche Belastung müsste in diesem Fall dem Wert der öffentlichen Leistung entsprechen; auf die steuerliche Lastenzuteilung würde das Äquivalenzprinzip Anwendung finden.[47] Ein Problem bei der praktischen Umsetzung dieses Besteuerungsgrundsatzes besteht darin, das Maß der Inanspruchnahme öffentlicher Leistungen durch den Einzelnen zu bestimmen. Angesichts der gegebenen Typisierungsbefugnis[48] sollte es jedoch möglich sein, Tatbestände zu finden, durch die eine bestimmtes Nachfrageverhalten wenigstens indiziell erfasst werden kann. Zu denken ist an die Verwirklichung von Steuertatbeständen des Ertrags- und Umsatzsteuerrechts, die den Schluss auf eine Inanspruchnahme öffentlicher Leistungen

---

45 *Jachmann*, BB 2000, 1432, 1433.

46 *J. Lang*, in: Tipke/J. Lang, Steuerrecht, § 4, Rn. 86; vgl. auch *P. Kirchhof*, HStR IV, § 88, Rn. 63. Immerhin wäre, worauf *Birk*, Leistungsfähigkeitsprinzip, S. 158, zu Recht hinweist, die Anwesenheit eines Individuums auf dem Staatsgebiet ein in rechtstechnischer Hinsicht taugliches Differenzierungskriterium.

47 Im Gegensatz zu anderen von der Finanzwissenschaft vertretenen Besteuerungsprinzipien (z. B. dem Prinzip der Allokationseffizienz, vgl. etwa *Brümmerhoff*, Finanzwissenschaft, S. 298 ff.) kann das Äquivalenzprinzip systematisch als Konkretisierung des Grundsatzes der Steuergerechtigkeit verstanden werden. Das Maß der Inanspruchnahme staatlicher Leistungen kann als Differenzierungsgrund im Rahmen von Art. 3 GG fungieren, vgl. *Birk*, Leistungsfähigkeitsprinzip, S. 52, Fn. 16 und S. 158. Es ist aber darauf nicht beschränkt, sondern kann auch zur grundsätzlichen staatsphilosophischen oder finanzwissenschaftlichen Rechtfertigung dienen, vgl. *Homburg*, Allgemeine Steuerlehre, S. 9.

48 Dazu siehe unten 1. Teil. A. II. 7.

zulassen.[49] Zu bedenken ist aber, dass der Staat nicht nur Leistungen und Güter offeriert, die der Steuerpflichtige im Einzelfall nachfragt und deren Inanspruchnahme ihm für Steuerzwecke zumindest typisierend zugeordnet werden kann, wie dies z. B. bei der Straßennutzung, behördlichen Leistungen oder öffentlichen Einrichtungen der Fall ist (soweit dafür nicht ohnehin Gebühren oder Beiträge erhoben werden). Aufwendungen für die innere und äußere Sicherheit oder die Gewährleistung eines funktionierenden Rechtssystems müssen nach anderen Maßstäben auf den Einzelnen umgelegt werden. Diese öffentlichen Leistungen zeichnen sich gerade dadurch aus, dass sie dem Steuerpflichtigen auch ohne konkrete Inanspruchnahme zugute kommen. Insbesondere die Anwendung des Äquivalenzprinzips auf die Finanzierung von Sozialleistungen führt zu Schwierigkeiten. Der Finanzbedarf des Sozialstaats ist, da das staatliche Leistungsspektrum nicht auf gebührenpflichtige „Dienstleistungen“ beschränkt ist, sondern auch für den Empfänger unentgeltliche Sozialleistungen umfasst, naturgemäß größer als die Summe dessen, was der Staat als Gegenleistung vereinnahmen könnte.

In der Konsequenz muss sich die Gesamtsteuerbelastung am Finanzbedarf des Staates orientieren und nicht etwa am Umfang der Inanspruchnahme von Staatsleistungen durch die Steuerpflichtigen. Damit korrespondiert das finanzwissenschaftliche Postulat der Ausreichendheit der Steuererträge, welches verlangt, dass die Steuererträge die nachhaltige Deckung der steuerlich zu finanzierenden Ausgaben gestatten.[50] Folglich ist auch das gleichheitsrechtlich zulässige Maß der steuerlichen Belastung des Einzelnen nicht durch Äquivalenzerwägungen im Sinne einer Austauschgerechtigkeit bestimmbar. Im Rahmen der Äquivalenztheorie ungeklärt ist darüber hinaus, wie der der Steuer zugrunde zu legende Wert der öffentlichen Leistungen zu bestimmen wäre. Berechnungsgrundlage können die dem Staat bei Erbringung der Leistung entstehenden Kosten (Kostentheorie) oder der Nutzen, den der Steuerpflichtige von der Leistung hat (Nutzentheorie), sein (sog. Problem der Kosten- oder Vorteilsäquivalenz).[51] Weder Kosten noch Nutzen

---

49 Vgl. die Argumentation des BVerfG zur Bemessung der Gewerbesteuer anhand von Gewerbekapital, Ertrag und Lohnsumme (BVerfGE 26, 1, 11). Anders aber BVerfGE 46, 224, 236 f. Die Typisierung der Inanspruchnahme gemeindlicher Infrastruktur nach der Höhe des Gewinns ablehnend *Jachmann,* Steuergesetzgebung, S. 116 unter Verweis auf FG Niedersachsen FR 1998, 1041, 1048.

50 *Neumark,* Grundsätze gerechter und ökonomisch rationaler Steuerpolitik, S. 3.

51 *Wöhe,* DStR 1971, 71, 199, 200; ferner *Mann,* Steuerpolitische Ideale, S. 105 f.; *K. H. Ossenbühl,* Die gerechte Steuerlast, S. 24 ff.; *Brümmerhoff,* Finanzwissenschaft, S. 386 ff. Mindestens wäre in Anlehnung an das Gebührenrecht zu fordern, dass zwischen Leistung und Gegenleistung kein Missverhältnis besteht und die Steuererhebung durch die Gesamtheit der Aufwendungen für die öffentliche Leistung begrenzt wird,

lassen sich aber exakt angeben. Ebenso wie bei der Bemessung von Gebühren und Beiträgen müsste dem Gesetzgeber in der Konsequenz ein weitgehendes Bewertungsermessen eingeräumt werden.[52]

Einer derartigen Bemessung der steuerlichen Belastung nach Gegenleistungsgesichtspunkten ist auch grundsätzlich entgegenzuhalten, dass Steuern eine einseitige Belastung der Steuerpflichtigen darstellen. Das Steuerschuldverhältnis ist gerade kein Austauschverhältnis. Der Steuer kann keine konkrete Gegenleistung des Staates[53] und schon gar kein Anspruch[54] auf eine solche zugeordnet werden. Nach dem verfassungsrechtlichen Steuerbegriff[55] werden Steuern voraussetzungslos – d. h. ohne Gegenleistung[56] – zur Erzielung von Einnahmen erhoben. Sie sind der Beitrag des Einzelnen zum Finanzbedarf des staatlichen Gemeinwesens, das die so gewonnenen Mittel zur Erfüllung der im Interesse der Allgemeinheit stehenden Aufgaben einsetzt. Steuern dienen nicht der Kompensation und haben keinen Entgeltcharakter. Sie zielen nicht auf Ersatz staatlicherseits getätigter Aufwendungen, sondern schaffen die monetäre Grundlage für zum Zeitpunkt der Steuerzahlung ggf. noch nicht konkretisiertes, zukünftiges Staatshandeln auch im Bereich einseitig staatlicher, z. B. sozialer Aufgabenerfüllung.[57]

---

sog. Kostendeckungsprinzip, vgl. *Jachmann,* in: von Mangoldt/Klein/Starck, GG, Art. 105, Rn. 10; BVerfGE 20, 257, 270; BVerwGE 12, 162, 166; 22, 299, 305; 87, 154, 168 f.; siehe zu dieser Rspr. *Vogel,* HStR IV, § 87, Rn 97. ff.; ferner *P. Kirchhof,* HStR IV, § 88, Rn 198 ff.

52 Vgl. zur Gebührenbemessung: *Tipke,* StRO III, S. 1067; *F. Kirchhof,* Die Höhe der Gebühr; *Vogel,* HStR IV, § 87, Rn. 96 ff.; *Jarass,* Nichtsteuerliche Abgaben und lenkende Steuern unter dem Grundgesetz, S. 32 f.; *Sacksofsky,* Umweltschutz durch nicht-steuerliche Abgaben, S. 97 ff.

53 Darin unterscheiden sich Steuern von Gebühren und Beiträgen, vgl. *Jachmann,* in: von Mangoldt/Klein/Starck, GG, Art. 105, Rn. 8. Ein rechtlicher Bedingungszusammenhang zwischen einer Abgabe und einer bestimmten staatlichen Leistung stünde der Steuereigenschaft dieser Abgabe entgegen, vgl. *Birk,* Leistungsfähigkeitsprinzip, S. 169 (dort auch Fn. 62).

54 *Neumark,* Grundsätze gerechter und ökonomisch rationaler Steuerpolitik, S. 44.

55 Siehe dazu ausführlich unten 1. Teil. B. II.

56 *F. Kirchhof,* Abgabenrecht, Rn. 75.

57 Es ist für die Verwirklichung des Sozialstaates essentiell, dass Steuererhebung und Ausgabengestaltung voneinander unabhängig sind. Vgl. (auch zu den daraus resultierenden Gefahren) *Birk,* Leistungsfähigkeitsprinzip, S. 22; ferner *Forsthoff,* VVDStRL 12 (1954), S. 8, 31 f., der die „unbeschränkte Befugnis des Staates, Steuerquellen auszuschöpfen" als Grundvoraussetzung der „Entfaltung des Sozialstaats" ansieht. Dies impliziert, dass das Maß der Besteuerung im Sozialstaat nicht auf den Wert einer staatlichen (Gegen-) Leistung beschränkt sein kann. Ein Sozialstaat ist daher typischerweise gerade kein Niedrigsteuergebiet, vgl. *Mußgnug,* JZ 1991, 993, 994.

Der anzustellende Vergleich der Steuerpflichtigen muss vielmehr nach deren Belastbarkeit differenzieren.[58] Die Belastbarkeit des Einzelnen ist gleichzusetzen mit dessen wirtschaftlicher Leistungsfähigkeit, die sich als Zahlungsfähigkeit darstellt.[59] Trotz der noch aufzuzeigenden Probleme bei der steuerlichen Anknüpfung an Leistungsfähigkeitsmerkmale ist zunächst zu konstatieren, dass die Leistungsfähigkeit als Vergleichskriterium gegenüber dem Äquivalenzprinzip insofern den Vorzug besserer Handhabbarkeit und Greifbarkeit hat,[60] als seine Anwendung die Bestimmung und Bewertung von Leistung- und Gegenleistung gerade nicht erfordert. Das Leistungsfähigkeitsprinzip eröffnet außerdem durch die progressive Besteuerung die Möglichkeit, die Steuereinnahmen weit über das Maß einer nach Kosten oder Nutzen bemessenen äquivalenztheoretisch gerechtfertigten Steuer zu steigern.

3. Das Leistungsfähigkeitsprinzip

Die Idee einer Besteuerung nach der Leistungsfähigkeit wurde schon von *Montesquieu*[61] artikuliert und hat nachfolgend Eingang in die französischen Erklärung der Menschen- und Bürgerrechte vom 26. August 1789 gefunden.[62] Auch *Adam Smith* forderte, Maßstab der Besteuerung müsse die Fähigkeit der Untertanen zur Steuerzahlung sein.[63] Seit Mitte des 19. Jahrhun-

---

58 *P. Kirchhof,* HStR IV, § 88, Rn. 67, 108.

59 *P. Kirchhof,* HStR IV, § 88, Rn. 115; *Birk,* Verfassungsrechtliche Grenzen der Konsumbesteuerung, in: Rose (Hg.), Konsumorientierte Neuordnung des Steuersystems, S. 351; gegen eine Gleichsetzung von wirtschaftlicher Leistungsfähigkeit mit Zahlungsfähigkeit *Weber-Grellet,* Steuern im modernen Verfassungsstaat, S. 165.

60 Vgl. *Birk,* Leistungsfähigkeitsprinzip, S. 21 f.

61 *Montesquieu,* De l'Esprit des Loix, Bd. 1, Buch XIII, Kapitel VII, in: Œuvres complètes, Bd. 1, S. 289 ff.

62 Art. 13 lautet: « Pour l'entretien de la force publique, et pour les dépenses d'administration, une contribution commune est indispensable ; elle doit être également répartie entre les citoyens, en raison de leurs facultés. »

63 *Smith,* An Inquiry into the Nature and Causes of the Wealth of Nations, S. 825 (Bd. 2, Buch 5, Kapitel 2, Teil 2): "The subjects of every state ought to contribute towards the support of the government, as nearly as possible, in proportion to their respective abilities; that is, in proportion to the revenue which they respectively enjoy under the protection of the state. The expence of government to the individuals of a great nation, is like the expence of management to the joint tenants of a great estate, who are all obliged to contribute in proportion to their respective interests in the estate. In the observation or neglect of this maxim consists, what is called the equality or inequality of taxation." Es zeigt sich, dass *Smith* zwar die Bemessung der Steuern nach der Leistungsfähigkeit fordert, der Äquivalenztheorie aber insofern nahe steht als er in der Steuerzahlung ein Entgelt für die Leistungen des Staates sieht, vgl. *Homburg,* Allge-

derts hat sich im deutschsprachigen Schrifttum der Begriff „Leistungsfähigkeit" durchgesetzt.[64] Das Postulat einer leistungsfähigkeitsgerechten Besteuerung wurde von der Finanzwissenschaft später damit begründet, dass, da jede Steuer ein Opfer (in Form eines Konsumverzichts oder, allgemeiner gesprochen, einer Minderung des Bedürfnisbefriedigungspotentials) bedeute und von jedem Steuerpflichtigen angesichts der Gleichheit der Menschen nur ein gleiches Opfer gefordert werden dürfe, sich das Maß der Steuer nach der Empfindlichkeit des Opfers für den Einzelnen zu richten habe, welche abhängig sei vom persönlichen wirtschaftlichen Leistungsvermögen.[65] Das Bedürfnisbefriedigungspotential, d. h. die ökonomisch-finanzielle Dispositionskraft jedes Belasteten soll durch die Steuererhebung in einem relativ gleichen Maß beschnitten werden.[66] Gleichheitsgerechte Besteuerung stellt sich damit als „Opfergleichheit"[67] dar. Mit der Begründung des Leistungsfähigkeitsprinzips wurde von der Finanzwissenschaft im 19. Jahrhundert der Weg gewiesen weg von den als sozial ungerecht empfundenen indirekten Steuern und hin zu einer persönlichen, direkten und progressiven Einkommensbesteuerung.

Heute hat sich der Grundsatz der Besteuerung nach der wirtschaftlichen Leistungsfähigkeit als Vergleichsmaßstab der steuerlichen Belastungsgleichheit im juristischen Schrifttum[68] und in der Rechtsprechung[69] durchge-

---

meine Steuerlehre, S. 44; *Birk,* Leistungsfähigkeitsprinzip, S. 24; *Mann,* Steuerpolitische Ideale, S. 147 f.; *K. H. Ossenbühl,* Die gerechte Steuerlast, S. 29 f.

64 *Pohmer/Jurke,* FinArch N. F. 42 (1984), 445, 450.

65 Vgl. zu den Opfertheorien *Brümmerhoff,* Finanzwissenschaft, S. 393 ff.; *Birk,* Leistungsfähigkeitsprinzip, S. 24 ff.; gegen das Leistungsfähigkeitsprinzip und dessen opfertheoretische Begründung *Littmann,* in: FS für Neumark (1970), S. 113 ff.

66 *Birk,* Leistungsfähigkeitsprinzip, S. 32; *Neumark,* Grundsätze gerechter und ökonomisch rationaler Steuerpolitik, S. 135; *Haller,* Die Steuern, S. 15.

67 *Weber-Grellet,* Steuern im modernen Verfassungsstaat, S. 171.

68 Vgl. *Birk,* Leistungsfähigkeitsprinzip; *Jachmann,* Steuergesetzgebung, S. 10; *dies.,* Verfassungsrechtliche Grenzen, S. 7; *dies.,* in: von Mangoldt/Klein/Starck, GG, Art. 105, Rn. 25; *dies.,* StuW 1996, 97, 98; *P. Kirchhof,* HStR IV, § 88, Rn. 114; *Tipke,* StRO I, S. 479 ff.; *ders.,* StuW 1988, 262, 270; *J. Lang,* in: Tipke/J. Lang, Steuerrecht, § 4, Rn. 81; *Jarass,* in: Jarass/Pieroth, GG, Art. 3, Rn. 45; *Gubelt,* in: von Münch/Kunig, GG, Art. 3, Rn. 51; *Weber-Grellet,* Steuern im modernen Verfassungsstaat, S. 161 ff.; *Papier,* KritV 1987, 140, 149; *Schemmel,* StuW 1995, 39; *J. Lang,* Die Bemessungsgrundlage der Einkommensteuer, S. 97 ff.; *Wendt,* NVwZ 1988, 778, 783; *K. H. Ossenbühl,* Die gerechte Steuerlast, S. 83 ff.

69 BVerfGE 8, 51, 68 f.; 9, 237, 243; 13, 290, 297; 27, 58, 64; 29, 402, 412; 32, 333, 339; 36, 66, 72; 43, 1, 8; 43, 108, 119 f.; 47, 1, 29; 61, 319, 344; 55, 274, 302; 61, 319, 343 f.; 66, 214, 223; 67, 290, 297; 68, 143, 152; 72, 200, 260; 74, 182, 200; 81, 228, 236; 82, 60, 86; 93, 121, 135; 99, 88, 94.

setzt. Er ist auch in der Finanzwissenschaft überwiegend anerkannt.[70] Der parlamentarische Gesetzgeber hat vom Leistungsfähigkeitsprinzip wenigstens Kenntnis genommen.[71] Das BVerfG leitet das Leistungsfähigkeitsprinzip aus dem Gebot der Steuergerechtigkeit und damit aus Art. 3 Abs. 1 GG ab.[72] Dem ist der BFH gefolgt.[73] Es findet seine Grundlage außerdem im Rechtsstaatsgebot in seiner Ausprägung als verfassungsrechtliches Willkürverbot.[74] Dass das Prinzip der Besteuerung nach der Leistungsfähigkeit ein Verfassungsgebot ist,[75] lässt sich außerdem daraus ersehen, dass die überkommenen Steuerarten, auf die Art. 106 GG abstellt, an Tatbestände anknüpfen, die Zahlungsfähigkeit indizieren.[76] Darüber hinaus gründet sich das Leistungsfähigkeitsprinzip auf das Sozialstaatsprinzip.[77] In dieser Hinsicht handelt es sich bei der Steuer um einen solidarischen Beitrag zum sozialen Ausgleich.[78] Sie ist damit Ausdruck der sozialen Verantwortung des Einzelnen, wobei eine sozial gerechte Verteilung der Lasten wiederum durch Berücksichtigung der wirtschaftlichen Leistungsfähigkeit des Steuerpflichtigen garantiert wird.[79]

Eine Gegenansicht lehnt das Leistungsfähigkeitsprinzip gleichwohl ab. Dieser Ansicht zufolge handelt es sich bei dem Leistungsfähigkeitsprinzip um

---

70 Vgl. *Homburg,* Allgemeine Steuerlehre, S. 9 f.; *Neumark,* Grundsätze gerechter und ökonomisch rationaler Steuerpolitik, S. 185; *Haller,* Die Steuern, S. 14 ff.; ablehnend *Littmann,* in: FS für Neumark (1970), S. 113 ff.; zur Geschichte des Leistungsfähigkeitsprinzip in der Finanzwissenschaft vgl. *Pohmer/Jurke,* FinArch N. F. 42 (1984), 445.

71 Vgl. Antwort auf Fragen 18 und 19, BT-Drs. 13/2279.

72 BVerfGE 47, 1, 29; 43, 109, 120; 61, 319, 343 f.; 66, 214, 223; zur Ableitung aus dem Gleichheitssatz auch: *Wendt,* NVwZ 1988, 778, 783; zum Problem der Konkretisierung des Gebotes der Steuergerechtigkeit vgl. auch *Rodi,* Die Rechtfertigung von Steuern als Verfassungsproblem, S. 65 f.

73 BFH BStBl. 1990 II, 1083, 1084.

74 *Vogel/Waldhoff,* in: BK-GG, vor Art. 104a, Rn. 519; *Vogel,* HStR IV, § 87, Rn. 93.

75 *Vogel/Waldhoff,* in: BK-GG, vor Art. 104a, Rn. 524; A. A. *Bodenheim,* Der Zweck der Steuer, S. 235; *ders.,* Der Staat 17, 481, 489 ff.

76 *Trzaskalik,* Gutachten E für den 63. DJT, S. E 46; *Vogel,* HStR IV, § 87, Rn. 92; *Vogel/Waldhoff,* in: BK-GG, vor Art. 104a, Rn. 519; a. A. *Selmer,* FinArch 52 (1995), 234, 248.

77 *Vogel,* HStR IV, § 87, Rn. 93; *Vogel/Waldhoff,* in: BK-GG, vor Art. 104a, Rn. 521; *Tipke,* StRO I, S. 484; siehe auch *P. Kirchhof,* HStR IV, § 88, Rn. 127; *Jachmann,* DStZ 2001, 225, 225 f.; *dies.,* StuW 1996, 97, 98; *Eckhoff,* Rechtsanwendungsgleichheit im Steuerrecht, S. 156.

78 *J. Lang,* in: Tipke/J. Lang, Steuerrecht, § 4, Rn. 195.

79 *Jachmann,* Verfassungsrechtliche Grenzen, S. 9 ff.

kein normatives Gebot,[80] sondern nur um ein mögliches Differenzierungsmerkmal, das eine bestimmte Steuer gegenüber dem Gleichheitsgebot rechtfertige. Daneben könne die Differenzierung ebenso gut nach anderen sachlichen Gründen, z. B. wirtschafts- oder gesundheitspolitischer Art erfolgen.[81] Daran ist richtig, dass solche Erwägungen im Einzelfall eine Steuer rechtfertigen können, die gegen das Gebot der Belastungsgleichheit verstößt.[82] Im Gegensatz zum Leistungsfähigkeitsprinzip taugen diese Rechtfertigungsgründe aber nicht als allgemeiner Maßstab zur Verwirklichung der Steuergerechtigkeit. Sie kommen vielmehr nur zum Tragen, soweit der Steuergesetzgeber, weil er besondere Zwecke verfolgt, den Grundsatz der Belastungsgleichheit preisgibt und ein politisches Ziel an die Stelle des allgemeinen Gerechtigkeitsziels setzt. Ein für einen bestimmten Sachbereich allgemeingültiges Differenzierungskriterium muss, da Gleichheit und Gerechtigkeit nur kontextrelativ bestimmbar sind,[83] einen inneren Bezug zu der Eigenart der normierten Materie aufweisen,[84] in der Sache selbst begründet sein.[85] Im Steuerrecht geht es um die Auferlegung von Zahlungspflichten zu Lasten der Normadressaten. Denn den Steuerpflichtigen fällt es in Abhängigkeit von ihrer jeweiligen persönlichen Einkommens- und Vermögenssituation unterschiedlich schwer, steuerliche Lasten in einer bestimmten Höhe zu tragen. Eine horizontale Gleichbehandlung ist bei Auferlegung einer allgemeinen steuerlichen Zahlungspflicht daher nur dann gegeben, wenn finanziell vergleichbar ausgestattete Steuerpflichtige in gleicher Höhe in Anspruch genommen werden (Prinzip der horizontalen Steuergerechtigkeit[86]). Unterschiede in der Zahlungskraft der Steuerpflichtigen müssen sich umgekehrt in einer entsprechend differenzierten Steuerbelastung niederschlagen (Prinzip der vertikalen Steuergerechtigkeit[87]). Da es bei der Besteuerung um die Auferlegung einer allgemeinen Zahlungspflicht geht, zeigt sich die vom Gesetzgeber zu berücksichtigende Gleich- oder Ungleichartigkeit eines Sachverhaltes anhand der Zahlungsfähigkeit. Nur durch Differenzierung der steuerlichen Lasten nach der Zahlungsfähigkeit vermag es der Gesetzgeber, den Vorwurf der Willkür zu vermeiden. Mithin ist ausschließlich die Leistungsfähigkeit ein geeignetes Differenzierungsmerkmal. Sonstige sachliche

80 *Arndt*, in: FS für Mühl, S. 17, 29.
81 *Arndt*, NVwZ 1988, 787, 791; *ders.*, in: FS für Mühl, S. 17, 33.
82 Siehe 1. Teil. B. IV.
83 *Huster*, Rechte und Ziele, S. 363.
84 *Wendt*, NVwZ 1988, 778, 782 f.; *ders.*, DÖV 1988, 710, 712.
85 BVerfGE 38, 61, 97; vgl. *Selmer*, AöR 101 (1976), S. 399, 444; *Friauf*, DStZ/A 1974, 51, 57 f.; *ders.*, StuW 1985, 308, 315.
86 *Homburg*, Allgemeine Steuerlehre, S. 222 ff.
87 *Homburg*, Allgemeine Steuerlehre, S. 232 ff.

Gründe – insbesondere politische Erwägungen – sind als Maßstab der Belastbarkeit im Rahmen von Art. 3 GG dagegen ungeeignet.[88]

Eine Steuer, die dem Leistungsfähigkeitsprinzip Rechnung trägt, ist als gleichheitsgerecht einzustufen. Die finanzielle Belastung der Steuerzahler durch eine solche Steuer ist in Bezug auf Art. 3 GG gerechtfertigt. Damit steht jedoch noch nicht fest, dass diese Steuer insgesamt verfassungsgemäß wäre. Hierzu bedarf es auch einer grundsätzlichen Legitimation durch das fiskalische Interesse des Staates und einer freiheitsrechtlichen Prüfung gerichtet auf die Rechtfertigung der Steuer der Höhe nach.[89]

4. Indikatoren der Leistungsfähigkeit

Als Schwachstelle des Leistungsfähigkeitsprinzips lässt sich dessen mangelnde Exaktheit ausmachen.[90] So fehlt es aus Sicht der Volkswirtschaftslehre an einem wissenschaftlich exakten Verfahren der Leistungsfähigkeitsmessung.[91] Auch der BFH weist, gestützt auf das Gutachten der Steuerreformkommission 1971, darauf hin, dass es keine objektiven Maßstäbe zur Bestimmung der Leistungsfähigkeit gebe.[92] Das BVerfG beschreibt das Leistungsfähigkeitsprinzip unter Berufung auf diese Kritik als „vieldeutig".[93] Wie sich Leistungsfähigkeit im Einzelnen bestimmt, kann dem Prinzip selbst ebenso wenig wie etwa dem Grundsatz der Steuergerechtigkeit entnommen werden. In der Konsequenz stellt das BVerfG den Gesetzgeber von einer reinen Verwirklichung des Leistungsfähigkeitsprinzips frei[94] und räumt ihm eine weitgehende Gestaltungsfreiheit und Typisierungsbefugnis ein.[95] Schon aus Gründen der Praktikabilität und Vollziehbarkeit vermag das Steuerrecht nicht, jeden Aspekt individueller Leistungsfähigkeit zu berücksichtigen.[96]

---

88 So im Ergebnis auch *Wendt*, NVwZ 1988, 778, 783; *ders.*, DÖV 1988, 710, 712.

89 Vgl. *J. Isensee*, in: FS für Ipsen (1977), S. 409, 428. Zur Rechtfertigung von Einzelsteuern dem Grunde nach siehe oben 1. Teil. A. I. Die freiheitsrechtlich fundierte Begrenzung der Besteuerung wird im Anschluss an die Ausführungen zur gleichheitsrechtlichen Rechtfertigung erörtert werden, siehe 1. Teil. A. III.

90 Vgl. *Neumark*, Grundsätze gerechter und ökonomisch rationaler Steuerpolitik, S. 185.

91 Vgl. *Haller*, Die Steuern, S. 42.

92 BFH BStBl. 1973 II, 754, 756; *Steuerreformkommission*, Gutachten der Steuerreformkommission 1971, S. 30, Ziff. 41; *Wöhe*, DStR 1971, 199, 201.

93 BVerfGE 43, 108, 120.

94 BVerfGE 27, 58, 68; 43, 108, 120; dem folgend BFH BStBl. 1990 II, 1083, 1084.

95 BVerfGE 21, 12, 27 f.; 27, 58, 66 f.; 31, 119, 130 f.; vgl. auch *Gassner/M. Lang*, Das Leistungsfähigkeitsprinzip im Einkommen- und Körperschaftsteuerrecht, S. 25.

96 Vgl. *Jachmann*, Wider das Steuerchaos, S. 33.

Der Versuch einer Konkretisierung aus verfassungsrechtlicher Sicht muss zum Ziel haben, die „steuerliche Leistungsfähigkeit“[97] zu beschreiben. Diese kann, muss aber nicht (in allen Fällen) mit der wirtschaftlichen Leistungsfähigkeit, wie sie etwa Gegenstand finanzwissenschaftlicher Betrachtungen ist, übereinstimmen. Angesichts der Unbestimmtheit der Leistungsfähigkeit verwendet die Volkswirtschaftslehre zur Messung der Leistungsfähigkeit bestimmte Indikatoren, etwa Einkommen, Vermögen oder Konsum.[98] Die Auswahl eines oder mehrerer Indikatoren ist dabei eine Wertungsfrage. Auch in der rechtswissenschaftlichen Diskussion um das Leistungsfähigkeitsprinzip ist anerkannt, dass die Bestimmung der individuellen Leistungsfähigkeit nur mittelbar anhand von Indikatoren erfolgen kann,[99] wobei ebenfalls auf Einkommen, Vermögen und Konsum als maßgebliche Erscheinungsformen der Leistungsfähigkeit abgestellt wird.[100] Der Auswahl dieser Leistungsfähigkeitsindikatoren ist zuzustimmen. Einkommen und Vermögen sind Zahlungskraft vermittelnde Umstände und daher als Anhaltspunkt für die Bestimmung der Leistungsfähigkeit geeignet. Dies gilt auch für den Konsum, einem Vorgang, in dem sich Zahlungskraft manifestiert.

Als Grundsatz kann an dieser Stelle bereits festgehalten werden, dass gleichheitsgerecht nur Steuern sind, die an einen der genannten Indikatoren der Leistungsfähigkeit anknüpfen. Nur ein ausschließlich aus solchen Steuern gebildetes Steuersystem ist auch insgesamt gleichheitsgerecht. Der Gesetzgeber ist aufgefordert, aus den Indikatoren Belastungsgründe einzelner Steuern zu formen, so dass die Gesamtsteuerlast das Leistungsfähigkeitsprinzip berücksichtigt.[101] Zu erörtern bleibt, welche weiteren Ausgestaltungsprinzipien aus dem Leistungsfähigkeitsprinzip folgen, deren Beachtung aus gleichheitsrechtlicher Sicht zu fordern ist. Hierzu sind die verschiedenen Indikatoren näher zu betrachten.

---

97 *Birk*, Leistungsfähigkeitsprinzip, S. 147; *Tipke*, StRO I, S. 496.

98 *Brümmerhoff*, Finanzwissenschaft, S. 389.

99 *Vogel/Waldhoff*, in: BK-GG, vor Art. 104a, Rn. 526.

100 Vgl. *J. Lang*, in: Tipke/J. Lang, Steuerrecht, § 4, Rn. 92 ff., insbesondere Rn. 95; *Birk*, in: Rose (Hg.), Konsumorientierte Neuordnung des Steuersystems, S. 350 f.; siehe auch Antwort auf Fragen 18 und 19, BT-Drs. 13/2279; Antwort auf Frage 30, BT-Drs. 13/3285; Antwort auf Frage 19, BT-Drs. 13/3429.

101 *F. Kirchhof*, Abgabenrecht, Rn. 176; *Vogel/Waldhoff*, in: BK-GG, vor Art. 104a, Rn. 528. Letztlich bezieht sich das Postulat einer leistungsfähigkeitsgerechten Gesamtsteuerlast auf die Summe der Fiskalzwecksteuern. Lenkungsteuern sind zwar nicht vom Leistungsfähigkeitsprinzip ausgenommen (so aber *Tipke*, StRO I, S. 495), durchbrechen dasselbe aber typischerweise und bedürfen daher einer besonderen Legitimation (siehe dazu 1. Teil B. IV. und V.), siehe auch *Selmer*, FinArch 52 (1995), 234, 248 f.

a) Einkommen und Vermögen

Einkommen und Vermögen sind Indikatoren individueller Zahlungsfähigkeit.[102] Hier gründet sich die Belastbarkeit auf eine konkret und individuell bestimmbare Sachherrschaft über Wirtschaftsgüter.[103] Mit der Zunahme des disponiblen Einkommens[104] wächst die steuerliche Leistungsfähigkeit.[105] Persönliche Leistungsfähigkeit drückt sich als „ökonomisch-finanzielle Dispositionskraft"[106] aus. Diese muss zunächst in Form des Einkommens möglichst vollständig erfasst werden.[107] Im Sinne der maßgeblich von *Schanz* entwickelten Reinvermögenszugangstheorie[108] kann Einkommen definiert werden als Vermögensmehrung einer Periode zuzüglich des Wertes empfangener Leistungen.[109] Im Unterschied dazu war *Fuisting* bemüht, das Einkommen als Grundlage und Maßstab der Besteuerung von der bloßen Vermehrung und Verminderung des Vermögens abzugrenzen.[110] *Fuisting* wollte anders als die Volkswirtschaftslehre das Einkommen nicht in erster Linie nach seinem Zweck (Bedürfnisbefriedigung) definieren, sondern aus der Entstehung des Einkommens ein zusätzliches positives Merkmal für den Einkommensbegriff entwickeln. Einkommen sollten demnach nur die „Erträge dauernder Quellen der Gütererzeugung"[111] sein. Die Einkunftsquelle sollte steuerlich unberührt bleiben und nur die Früchte, also regelmäßig aus der Quelle fließende Einkünfte, sollten bei Zufluss zum steuerrelevanten Einkommen zählen (sog. Quellentheorie). Der Einkommensbegriff der Reinvermögenszugangstheorie ist also weiter als der der Quellentheorie, indem er nicht nur bestimmte Früchte einer Einkommensquelle erfasst, son-

---

102 *P. Kirchhof,* HStR IV, § 88, Rn. 115 ff.

103 *P. Kirchhof,* HStR IV, § 88, Rn. 115.

104 Als disponibles Einkommen wird der Teil des Einkommens bezeichnet, der über das Existenzminimum hinausgeht, vgl. BVerfGE 82, 60, 87 f. Die Besteuerung nur des disponiblen Einkommens ist Ausfluß des Nettoprinzips, vgl. *F. Kirchhof,* Abgabenrecht, Rn. 56.

105 *Jachmann,* BB 2000, 1432, 1433.

106 *Neumark,* Grundsätze gerechter und ökonomisch rationaler Steuerpolitik, S. 135.

107 *Birk,* StuW 1989, 212, 215; allerdings insoweit begrenzt, als der Schutz der Privatsphäre eine Ermittlung nicht zuläßt, worauf *P. Kirchhof,* HStR IV, § 88, Rn. 116, Fn. 170, i.V.m. Rn. 133, zutreffend hinweist.

108 *Schanz,* FinArch 13 (1896), S. 1 ff.

109 Der Reinvermögenzuwachs kann ohne inhaltlichen Unterschied auch definiert werden als „Vermögenszuwachs plus Konsum", vgl. *Musgrave,* Zur Wahl der "richtigen" Steuerbemessungsgrundlage, in: Rose (Hg.), Konsumorientierte Neuordnung des Steuersystems, S. 35, 38.

110 *Fuisting,* Grundzüge der Steuerlehre, S. 109 f.

111 *Fuisting,* Grundzüge der Steuerlehre, S. 110.

dern jede Vermögensmehrung zum Einkommen zählt. Aus der Einkommensrelevanz jeder Vermögensänderung folgt zudem, dass nach der Reinvermögenszugangstheorie nicht stets der Zuflusszeitpunkt für die Besteuerung maßgeblich sein muss, sondern der Besteuerungszeitpunkt beliebig festgelegt werden kann.

Unter Leistungsfähigkeitsgesichtspunkten ist die Reinvermögenszugangstheorie vorzuziehen, da grundsätzlich auch vorübergehende Einkünfte und Vermögenszuwächse Zahlungsfähigkeit vermitteln und kein Grund besteht, die so begründete Leistungsfähigkeit von vornherein auszunehmen.[112] Zu Recht orientierte sich der historische Gesetzgeber bei Schaffung des EStG zunächst an der Reinvermögenszugangstheorie.[113] Dabei ist es für die Besteuerung betrieblicher Einkünfte auch geblieben. Die Überschusseinkunftsarten (§ 2 Abs. 2 Nr. 2 EStG) sind dagegen ersichtlich von der Quellentheorie beeinflusst.

Zusätzlich zum laufenden Einkommen vermitteln die akkumulierten Bestände aus früheren Perioden (Vermögen) Leistungsfähigkeit. Die gleichheitsgerechte Anwendung dieses Indikators setzt voraus, dass die Ertragsfähigkeit des Vermögens sachgerecht bewertet wird.[114] Nach wirtschaftlicher Betrachtung unterscheidet sich die Vermögensbesteuerung von der Einkommensteuer nur darin, dass sie nicht das (tatsächlich zufließende) Isteinkommen, sondern das Solleinkommen des Vermögensinhabers belastet.[115]

b) Einkommensverwendung

Bei Steuern, die an die Einkommensverwendung anknüpfen, partizipiert der Staat am Erfolg des Eigentumsgebrauchs.[116] Das Maß der Leistungsfähigkeit wird aufgrund der im jeweiligen Marktvorgang offen zutage tretenden Nachfragekraft vermutet.[117] Die Leistungsfähigkeit bestimmt sich in diesem Fall also nicht durch individuelle Ermittlung und Bewertung vorhandener Verfügungsmacht über Wirtschaftsgüter, nicht nach den Fähigkeiten oder dem Potential des Steuersubjektes, sondern nach dem Umfang, in dem sich

---

112 Vgl. *Homburg*, Allgemeine Steuerlehre, S. 224.

113 Drs. Nr. 1624 der verfassungsgebenden Dt. Nationalversammlung 1919, Begründung des Gesentwurfs zum Einkommensteuergesetz vom 29.11.1919, S. 24.

114 *P. Kirchhof*, HStR IV, § 88, Rn. 119.

115 *Homburg*, Allgemeine Steuerlehre, S. 149.

116 *P. Kirchhof*, VVDStRL 39 (1981), 213, 243.

117 Es ist daher ungenau, wenn *P. Kirchhof* in HStR IV, § 88, Rn. 120, von „vermuteter Nachfragekraft“ bzw. in StuW 2000, 316, 326 von „vermuteter Kaufkraft“ spricht, denn diese offenbart sich im Marktverhalten. Gegenstand der Vermutung ist die hinter der Nachfrage stehende Leistungsfähigkeit.

die persönliche Leistungsfähigkeit in Umsatz- oder Verbrauchstatbeständen (Konsum) realisiert hat. In Abgrenzung zur persönlichen oder individuellen Leistungsfähigkeit kann der Konsum als Indikator sachlicher Leistungsfähigkeit bezeichnet werden.[118]

Ein Problem bei der Verwendung des Konsums als Leistungsfähigkeitskriterium ist, dass zu Unrecht auch im Bereich existentieller Bedarfsdeckung noch Leistungsfähigkeit vermutet wird.[119] So unterliegt z. B. die Lieferung von Nahrungsmitteln auch dann der Umsatzsteuer, wenn damit lediglich Grundbedürfnisse befriedigt werden.[120] Insofern widerspricht die indirekte Besteuerung dem verfassungsrechtlichen Gebot der Steuerfreiheit des Existenzminimums. Die Steuern rechtfertigen sich als sozialstaatlich geforderter Sozialbeitrag.[121] Die Leistungsfähigkeit kann daher beschrieben werden als Fähigkeit des Einzelnen zur Solidarität im Sozialstaat. Ein solches Beitragspotential kommt aber nur dem zu, dessen Zahlungsfähigkeit über das hinausgeht, was er benötigt, um die eigenen existentiellen Bedürfnisse zu befriedigen. In Anwendung des Leistungsfähigkeitsprinzips folgt demnach die Steuerfreiheit des Existenzminimums[122] aus der mangelnden Belastbarkeit.[123] Dem entspricht, dass die auf das Sozialstaatsprinzip gegründete Grundpflicht zur Steuerzahlung[124] ihre Grenze in der Menschenwürde (Art. 1 Abs. 1 GG) findet, die als Abwehrrecht den staatlichen Zugriff auf das Existenzminimum (auch in Form der Steuern) verbietet.[125] Daneben folgt aus der grundgesetzlichen Wertentscheidung für die Familie (Art. 6 Abs. 1 GG), dass das Existenzminimum des Einzelnen gegebenenfalls um das der Familienmitglieder zu erweitern ist.[126] Zur Vermeidung von Ungleichbehandlungen ist es daher notwendig, das Existenzminimum im Be-

---

118 Vgl. auch *Neumark,* Grundsätze gerechter und ökonomisch rationaler Steuerpolitik, S. 134, der zwischen persönlich-individueller und sachlich-generischer Leistungsfähigkeit unterscheidet.

119 Vgl. dazu *P. Kirchhof,* HStR IV, § 88, Rn. 121.

120 Allerdings ist der Satz der Umsatzsteuer nach Maßgabe von § 12 Abs. 2 Nr. 1 UStG ermäßigt.

121 Siehe oben 1. Teil. A. I.

122 Vgl. BVerfGE 82, 60, 85; 87, 153.

123 Vgl. *Birk,* StuW 1989, 212, 217; *Jachmann,* Verfassungsrechtliche Grenzen, S. 11 f.; *P. Kirchhof,* HStR IV, § 88, Rn. 117. Darüber hinaus ist die Steuerfreiheit des Existenzminimums aus Art. 1 Abs. 1 GG (Menschenwürde) i. V. m. dem Sozialstaatsgrundsatz des Art. 20 Abs. 1 GG geboten, BVerfGE 82, 60, 85.

124 Siehe oben 1. Teil. A. I.

125 BVerfGE 99, 216, 233; 82, 60, 85.

126 BVerfGE 87, 153, 169; 99, 216, 233 f.; 82, 60, 85; 82, 198, 207; vgl. *Jachmann,* in: P. Kirchhof/Söhn, EStG, § 31, Rn. A 46 ff.

reich der Einkommensteuer in einem Umfang freizustellen, der die Bedarfsdeckung einschließlich der anfallenden indirekten Steuern ermöglicht.[127] Neben dieser Adjustierung innerhalb des Steuersystems ist im Übrigen der existenznotwendige Konsum durch entsprechend hohe Sozialleistungen für jeden zu ermöglichen.[128] Dagegen erscheint es nicht sinnvoll, existenznotwendige Güter von der indirekten Besteuerung auszunehmen.[129] Nur bei direkten Steuern ist es möglich, das Existenzminimum aus der Bemessungsgrundlage der Steuer auszuscheiden.[130] Zum einen sagt die Art des Wirtschaftsgutes häufig nichts darüber aus, ob es zur Deckung des Mindestbedarfs eingesetzt wird oder dem Bereich des Überflusses zuzurechnen ist. Zum anderen würde der Schutz des Existenzminimums durch eine Ungleichbehandlung an anderer Stelle erkauft: Die Verwirklichung vertikaler Gerechtigkeit hätte eine horizontale Ungerechtigkeit zur Folge, da wirtschaftlich vergleichbare Verbrauchstatbestände entgegen dem Leistungsfähigkeitsprinzip einer ungleichen Belastung unterworfen würden. Aus diesem Grund verbietet sich grundsätzlich nicht nur die steuerliche Sonderbelastung spezieller Güter, sondern auch deren Subvention.[131]

Vom Bereich des existenznotwendigen Konsums abgesehen indizieren Verbrauchs- und Umsatztatbestände Leistungsfähigkeit,[132] denn wer eine

---

[127] *P. Kirchof,* HStR IV, Rn. 121; *ders.,* Stbg 1995, 68, 71. Alternativ ist es denkbar, die Einkommensteuerfreistellung auf die Nettokosten des existenziellen Bedarfs zu beschränken und die gezahlten indirekten Steuern zurückzuerstatten, vgl. *Neumark,* Grundsätze gerechter und ökonomisch rationaler Steuerpolitik, S. 81; *Böckli,* Indirekte Steuern und Lenkungssteuern, S. 13 und 115. Für eine Umsatzsteuervergütung auch *Tipke,* StRO II, S. 1003 ff. m. w. N. Gegen eine Berücksichtigung der Effekte indirekter Steuern im Rahmen der Einkommensteuer *Ruppe,* in: Herrmann/Heuer/Raupach, EStG, Einf. ESt, Rn. 543, der eine Entwertung des Leistungsfähigkeitsprinzips als Maßstab der Einkommensteuer befürchtet.

[128] *P. Kirchhof,* StuW 2000, 316, 327. Hieran zeigt sich beispielhaft, dass gleichheitsgerechte Besteuerung nicht alleine innerhalb der Steuerrechtsordnung zu verwirklichen ist, sondern immer auch Systemgerechtigkeit in Bezug auf die Gesamtrechtsordnung erfordert, vgl. *P. Kirchhof,* Stbg 1995, 68, 71. Zur Systemgerechtigkeit siehe unten 1. Teil. A. II. 8.

[129] So aber *Tipke,* StRO I, S. 507; *ders.,* StRO II, S. 1000; *P. Kirchhof,* StuW 1985, 319, 325; *Birk,* Verfassungsrechtliche Grenzen der Konsumbesteuerung, in: Rose (Hg.), Konsumorientierte Neuordnung des Steuersystems, S. 351, 362.

[130] Vgl. *Jachmann,* StuW 1998, 293, 296.

[131] *Homburg,* Allgemeine Steuerlehre, S. 225.

[132] *P. Kirchhof,* HStR IV, § 88, Rn. 122; vgl. auch *Birk,* Verfassungsrechtliche Grenzen der Konsumbesteuerung, in: Rose (Hg.), Konsumorientierte Neuordnung des Steuersystems, S. 351, 362. Der BFH hat angenommen, ein hoher Verbrauch gebe ebenso

Leistung oder ein Wirtschaftsgut zu einem bestimmten Preis zu erwerben vermag, demonstriert dadurch seine Zahlungsfähigkeit. Dementsprechend ist der Konsum als geeigneter Indikator der Leistungsfähigkeit heute anerkannt.[133] Das BVerfG geht in ständiger Rechtsprechung davon aus, in der Einkommensverwendung komme wirtschaftliche Leistungsfähigkeit zum Ausdruck.[134] Im Konsum äußere sich in der Regel die Leistungsfähigkeit des Konsumenten. Aus dem äußerlichen Vorgang könne typischerweise auf die dahinterstehende Leistungsfähigkeit geschlossen werden, ohne dass es auf eine persönliche Feststellung der wirtschaftliche Leistungsfähigkeit ankomme.[135] Mithin werde der Verbrauch als „Quelle wirtschaftlicher Leistungsfähigkeit" durch die Verbrauchsteuern (d.h. die Umsatzsteuer als allgemeine Verbrauchsteuer und die besonderen Verbrauchsteuern) „ausgeschöpft".[136] Zuletzt hat das BVerfG in dem Urteil zur Kasseler Verpackungssteuer nochmals betont, der Verbrauch lasse Leistungsfähigkeit vermuten.[137] Es stützt sich ausdrücklich auf die grundlegenden Ausführungen von *Schmölders,* der aus finanzwissenschaftlicher Sicht die Verbrauchsbesteuerung als Abschöpfung der in der Einkommensverwendung zum Ausdruck kommenden wirtschaftlichen Leistungsfähigkeit legitimiert hat.[138] Für das Umsatzsteuerrecht hat der BFH explizit festgestellt, dass die nach § 1 UStG steuerbaren Umsätze Leistungsfähigkeit indizieren.[139]

Das unter dem Aspekt der Steuergerechtigkeit schwerwiegendste Problem der Besteuerung von Einkommensverwendungstatbeständen betrifft nicht die Aussagekraft des Konsums als Leistungsfähigkeitsindikator, sondern die steuertechnische Umsetzung der Konsumbesteuerung. Im gegenwärtigen Steuersystem sind alle Konsumsteuern indirekte Steuern. Im Gegensatz zu den direkten Steuern, die unmittelbar bei dem Träger der Leistungsfähigkeit selbst erhoben werden, greifen indirekte Steuern vor allem wegen der damit verbundenen Vereinfachung der Steuererhebung auf einen Steuerpflichtigen zu, der nicht der Leistungsfähige ist und daher auch steuerlich nicht auf

---

wie ein hohes Einkommen eine hohe Leistungsfähigkeit zu erkennen (BStBl. 1969 II, 5, 6).

133 Vgl. *Tipke/Lang,* Steuerrecht, § 4, Rn. 92; *Gassner/M. Lang,* Das Leistungsfähigkeitsprinzip im Einkommen- und Körperschaftsteuerrecht, 14. ÖJT Band III/1, S. 8 m. w. N.

134 BVerfGE 16, 64, 74; 49, 343, 354; 65, 325, 346 ff.

135 BVerfGE 65, 325, 347 f.

136 BVerfGE 13, 181, 193; 16,, 64, 75; 49, 343, 355; 65, 325, 351

137 BVerfGE 98, 106, 124

138 BVerfGE 65, 325, 345 f.; *Schmölders,* Zur Begriffsbestimmung der Verbrauchsteuern, S. 29 ff, 83 ff.

139 BFH BStBl. 1988 II, 557, 559

Dauer belastet werden soll. Bei den Verbrauchsteuern muss daher der Unternehmer (Hersteller, Importeur oder Händler) die Steuer entrichten und zeitlich davor oder danach zusammen mit dem Nettopreis von seinem Abnehmer vereinnahmen. Eine Veranlagung des Steuerträgers erfolgt nicht, so dass dessen persönliche Umstände ohne Auswirkung auf die Bemessung der steuerlichen Belastung bleiben. Indirekte Steuern sind daher nicht geeignet, den Grundsatz der Besteuerung nach der wirtschaftlichen Leistungsfähigkeit vollständig, d. h. unter Berücksichtigung der individuellen Verhältnisse, zu entfalten.[140] Sie haben in Bezug auf die Leistungsfähigkeit, da sie auf einer Leistungsfähigkeitsvermutung basieren, stets typisierenden Charakter.[141] Trotz unterschiedlicher persönlicher Leistungsfähigkeit werden alle gleich besteuert, die einen bestimmten Einkommensverwendungstatbestand erfüllen. Solche Steuern wirken regressiv, wenn und soweit der Anteil der besteuerten Konsumausgaben mit wachsender Leistungsfähigkeit abnimmt.[142] Da dies auf den überwiegenden Teil der alltäglichen Konsumgüter zutrifft, wurde schon im 19. Jahrhundert zur Lösung der sozialen Frage die Abschaffung der indirekten Steuern gefordert.[143] Umgekehrt führen Steuern auf Konsumgüter, die bei steigender Leistungsfähigkeit zunehmend nachgefragt werden (sog. Luxusgüter), zu einer progressiven Wirkung.[144]

Dieses steuertechnisch bedingte Defizit bei der Umsetzung des Leistungsfähigkeitsprinzips führt dazu, dass im Bereich der indirekten Besteuerung „andere, vom Leistungsfähigkeitsprinzip abweichende Grundgedanken“[145] an Gewicht gewinnen. In erster Linie verleihen indirekte Steuern den Grundsätzen der Allgemeinheit und Wettbewerbsneutralität[146] der Besteuerung Ausdruck. Die Besteuerungsgleichheit kommt bei ihnen quasi erst an zweiter Stelle. Gleichwohl findet auch auf indirekte Steuern der Grundsatz der individuellen Leistungsfähigkeit Anwendung.[147] Wie alle Steuern, so schöpfen auch die indirekten aus dem Quell der Zahlungsfähigkeit. Soweit es die beschriebene Technik der indirekten Besteuerung zulässt, müssen sie

---

140 Nur direkte Steuern können auch auf die persönliche Merkmale eines Steuerpflichtigen abstellen, vgl. *Homburg*, Allgemeine Steuerlehre, S. 13.

141 Vgl. *Jachmann*, StuW 1998, 193, 204.

142 *Homburg*, Allgemeine Steuerlehre, S. 156.

143 *Birk*, Leistungsfähigkeitsprinzip, S. 24.

144 *Homburg*, Allgemeine Steuerlehre, S. 156.

145 *P. Kirchhof*, StuW 1985, 319, 325.

146 Zum Gebot der Wettbewerbsneutralität der Besteuerung vgl. *P. Kirchhof*, HStR IV, § 88, Rn. 123 ff.; *Wöhe*, DStR 1971, 199, 201 f.

147 So ausdrücklich *Tipke*, StRO I, S. 494; *J. Lang*, in: Tipke/J. Lang, Steuerrecht, § 4, Rn. 85; *Weber-Grellet*, Steuern im modernen Verfassungsstaat, S. 167; a. A. *P. Kirchhof*, StuW 1985, 319, 324; *ders.*, StuW 2000, 316, 327.

darum der Leistungsfähigkeit des Steuerpflichtigen Rechnung tragen. Grundvoraussetzung dieser wenn auch eingeschränkten Ausrichtung am Leistungsfähigkeitsprinzip ist die Anknüpfung an einen Indikator wirtschaftlicher Leistungsfähigkeit, etwa der Einkommensverwendung. Gleichzeitig ist zu fordern, dass leistungsfähigkeitswidrige Belastungseffekte der indirekten Steuern im Bereich der direkten Besteuerung und durch Sozialleistungen zu kompensieren sind. Dies wird mit vertretbarem Aufwand allerdings nur typisierend erfolgen können, also ohne dass die steuerliche Belastung jedes Konsumaktes im Einzelnen nachvollzogen wird. Mittel der Kompensation sind die Gewährung des Grundfreibetrags einerseits und die Steuerprogression andererseits. Im Ergebnis wird die Beachtung der individuellen Leistungsfähigkeit damit für den Bereich der indirekten wie der direkten Steuern auf dem gleichen Weg erreicht. Denn auch bei den direkten Steuern wird die individuelle Leistungsfähigkeit keineswegs abschließend durch den verwendeten Indikator und die Ausgestaltung der Bemessungsgrundlage gewahrt. Wie sich anhand der Einkommensteuer zeigt, bedarf auch die durch Anknüpfung an den Indikator Einkommen gewonnene Bemessungsgrundlage „zu versteuerndes Einkommen" (§ 2 Abs. 5 EStG) der leistungsfähigkeitsorientierten tariflichen Ausgestaltung.

5. Steuerpluralismus und Steuerkumulation

a) Steuerpluralismus als Folge der Mehrheit der Leistungsfähigkeitsindikatoren

Vermögen und Konsum sind ohne vorheriges Einkommen nicht denkbar. Jede Steuer wird letztlich aus dem Einkommen oder dem Vermögen als gespeichertem Einkommen bezahlt.[148] Die individuelle Leistungsfähigkeit beruht auf Einkommen zuzüglich des ererbten Vermögens. Das Nebeneinander mehrerer Indikatoren und daraus folgend einer Vielzahl möglicher steuerlicher Anknüpfungspunkte (Einkommenserzielung, Umsatz, Verbrauch, etc.) kann im Ergebnis nicht darüber hinwegtäuschen, dass das Einkommen mehrfach in verschiedenen Phasen besteuert wird. Mit anderen Worten: Trotz verschiedener Leistungsfähigkeitsindikatoren werden nicht unterschiedliche Leistungsfähigkeiten, sondern stets ein und dieselbe Leistungsfähigkeit abgeschöpft. Damit korrespondiert die ökonomische Einsicht, dass jede steuerliche Belastung für den Steuerträger letztlich einen Konsumverzicht bedeutet. Die Anknüpfung an verschiedene Indikatoren ändert nichts daran, dass jede weitere steuerliche Belastung wiederum einen Konsumverzicht zur Folge hat, der zur vorherigen Belastung zu addieren ist.

---

[148] *Tipke*, StRO I, S. 500; *Birk*, Steuerrecht I, § 6, Rn. 6.

Zur Vermeidung dieser Mehrfachbelastung ist an die Beschränkung auf einen Leistungsfähigkeitsindikator zu denken, was im Wesentlichen mit der Schaffung einer Einheits- oder Alleinsteuer gleichbedeutend wäre.[149] Ob es aber einen als Grundlage einer Alleinsteuer geeigneten Indikator gibt, darf bezweifelt werden, wenngleich von volkswirtschaftlicher Seite derzeit der Konsum als geeignetster Indikator und mögliche Bemessungsgrundlage einer solchen Alleinsteuer favorisiert wird.[150] Ein solches System wäre nicht zuletzt in erhebungstechnischer Hinsicht mit erheblichen praktischen Problemen behaftet. Man denke nur daran, dass die erfolgreiche – sei es legale oder illegale[151] – Vermeidung dieser einen Steuer durch den Steuerpflichtigen gleichbedeutend mit der Vermeidung jeglicher Besteuerung wäre.[152] Darüber hinaus ist davon auszugehen, dass keine Einzelsteuer denkbar ist, die sämtliche Besteuerungsprinzipien verwirklicht und somit geeignet wäre, dem Gedanken der Steuergerechtigkeit in idealer Weise Ausdruck zu verleihen. Nur bei einer Kombination mehrerer Steuerarten können sich die Vor- und Nachteile der einzelnen Steuern so ausgleichen, dass die Steuerwirkungen in ihrer Gesamtheit dem Besteuerungsideal möglichst nahe kommen.[153] Im Ergebnis ist daher an dem bestehenden Vielsteuersystem und der damit

---

[149] Zur Alleinsteuer schon: *Mann*, Steuerpolitische Ideale, S. 166 ff., 249 ff.

[150] Vgl. *J. Lang*, in: Tipke/J. Lang, Steuerrecht, § 4, Rn. 92 f. m. w. N.; *Schmidt*, Konsumbesteuerung durch Mehrwertsteuer; *Rose*, Plädoyer für ein konsumbasiertes Steuersystem, in: ders. (Hg.), Konsumorientierte Neuordnung des Steuersystems, S. 7 ff.; zu den Bedenken gegen die damit verbundene Verlagerung der Besteuerung hin zu indirekten Steuern siehe *P. Kirchhof*, StuW 2000, 316, 327. Allerdings ist darauf hinzuweisen, dass die Besteuerung der Einkommensverwendung nicht stets im Wege der indirekten Besteuerung erfolgen muß. Auch eine direkte (persönliche) Ausgabensteuer (Expenditure Tax) ist denkbar (grundlegend *Kaldor*, An Expenditure Tax; vgl. dazu *Neumark*, Grundsätze gerechter und ökonomisch rationaler Steuerpolitik, S. 168 ff.). Die Bemessungsgrundlage einer solchen Steuer ergibt sich vereinfacht gesagt aus dem Einnahmen abzüglich den Ersparnissen in einem Zeitraum, vgl. *Birk*, Verfassungsrechtliche Grenzen der Konsumbesteuerung, in: Rose (Hg.), Konsumorientierte Neuordnung des Steuersystems, S. 351, 354.

[151] Vgl. etwa die Hinterziehung der Umsatzsteuer durch sog. Karussellgeschäfte, siehe *Weber-Grellet*, Steuern im modernen Verfassungsstaat, S. 19, Fn. 113 m. w. N. Ein Mehrsteuersystem erschwert die Steuerhinterziehung, vgl. *Schmidt*, Konsumbesteuerung durch Mehrwertsteuer, S. 32 und 49.

[152] Die gleichheitsrechtlichen Probleme verlagern sich dadurch in den Bereich des Vollzugs, siehe dazu BVerfG 84, 239, 268; *Eckhoff*, Rechtsanwendungsgleichheit im Steuerrecht, S. 516 ff., insbesondere 531 ff.; *Weber-Grellet*, Steuern im modernen Verfassungsstaat, S. 36 f.

[153] Vgl. *Tipke*, StRO I, S. 507; *Neumark*, Grundsätze gerechter und ökonomisch rationaler Steuerpolitik, S. 4; *Weber-Grellet*, Steuern im modernen Verfassungsstaat, S. 55 f. und 169 f.

einhergehenden Mehrheit von Leistungsfähigkeitsindikatoren festzuhalten.[154] Die Konsequenz, dass das Einkommen nicht nur bei der Erzielung, sondern nochmals bei der konsumtiven Verwendung besteuert wird, ist in Art. 106 GG angelegt und vom Verfassungsgeber gewollt. Die dadurch bedingte doppelte Berücksichtigung der Leistungsfähigkeit ist verfassungsrechtlich unbedenklich.[155] In Anbetracht des Nebeneinanders von Leistungsfähigkeitsindikatoren und Steuerarten ist es konsequent, dass das BVerfG grundsätzlich die aus dem Zusammentreffen verschiedener Steuern resultierenden Mehrfachbelastungen billigt.[156]

b) Steuerkumulation und Steuerkonkurrenz

Steuerliche Mehrfachbelastungen können aber nicht nur dann auftreten, wenn im Zeitablauf anknüpfend an verschiedene Indikatoren und Belastungsgründe auf die Leistungsfähigkeit eines Steuerträgers mehrfach zugegriffen wird. Häufig wirken auch mehrere Steuern zusammen, die einen in zeitlicher und gegenständlicher Hinsicht identischen Anknüpfungspunkt haben. Dies ist etwa der Fall, wenn der Unternehmer aus dem Ertrag seines Gewerbebetriebes sowohl Gewerbesteuer als auch Einkommensteuer entrichten muss. Aus dem Bereich der indirekten Steuern ist die Doppelbelastung der Einkommensverwendung durch Umsatzsteuer und besondere Verbrauchsteuern anzuführen.

Grundsätzlich ist die mehrfache Anknüpfung an einen Indikator bzw. das mehrfache Heranziehen eines Belastungsgrundes verfassungsrechtlich zulässig. Ein verfassungsrechtliches Verbot, einen Vorgang mit zwei Steuern zu belegen, besteht nicht.[157] Schließlich ist es nur ein rechtstechnischer Unterschied ob zwei Steuern oder nur eine, entsprechend höhere Steuer erho-

[154] Eine Mehrheit von Indikatoren und Bemessungsgrundlagen ist – eine optimale Implementierung unterstellt – auch volkswirtschaftlich einer einheitlichen Bemessungsgrundlage vorzuziehen, vgl. *Musgrave,* Zur Wahl der „richtigen" Steuerbemessungsgrundlage, in: Rose (Hg.), Konsumorientierte Neuordnung des Steuersystems, S. 35, 46.

[155] *Vogel/Waldhoff,* in: BK-GG, vor Art. 104a, Rn. 528.

[156] Vgl. *Osterloh,* in: Sachs, GG, Art. 3, Rn. 136; Das BVerfG hat in E 43, 1, 7 und E 93, 121, 138 das Zusammentreffen von Einkommensteuer und Vermögensteuer gebilligt. Der Grundsatz, dass Mehrfachbelastungen zulässig sind, wird auch in BVerfGE 67, 70, 88 ff. – Beseitigung der Mehrfachbelastung des mit Erbschaftsteuer und Grunderwerbsteuer durch verfassungskonforme Auslegung des Grunderwerbsteuergesetzes – nicht in Frage gestellt; problematisch allerdings BVerfGE 13, 331, 348 zum Zusammentreffen von Einkommensteuer und Gewerbesteuer (siehe dazu sogleich).

[157] BFHE 107, 399, 401; 99, 185, 191 f.; 103, 276, 277 f.; 97, 444, 448 f.; *F. Kirchhof,* Die steuerliche Doppelbelastung der Zigaretten, S. 25; *ders.,* Abgabenrecht, Rn. 199.

ben werden, wenn jeweils die gleiche Belastungswirkung erzeugt wird.[158] Steuersystematik und Finanzverfassung sehen ein allgemeines Gleichartigkeitsverbot gerade nicht vor. Ob sich zwei Steuern nach Belastungswirkung, Belastungsgrund und Tatbestand gleichen, also dieselbe Quelle wirtschaftlicher Leistungsfähigkeit ausschöpfen und daher gleichartig sind,[159] spielt zu Recht nur im Rahmen der konkurrierenden Gesetzgebung eine Rolle. Sinn und Zweck dieses in Art. 105 Abs. 2a GG enthaltenen Gleichartigkeitsverbotes ist es zwar auch, die Steuerträger vor übermäßiger Belastung zu schützen.[160] Nach der finanzverfassungsrechtlichen Stellung und Funktion kommt dem Gleichartigkeitsverbot diese Aufgabe aber nur insoweit zu als ein unkoordinierter Zugriff durch verschiedene Steuerberechtigte droht.[161] Gleichheitsrechtlich problematisch sind derartige Steuerkumulationen erst dann, wenn der doppelte Steuerzugriff nicht alle im Wesentlichen vergleichbaren Fälle erfasst. Aus diesem Grunde wäre es z. B. gleichheitsrechtlich zulässig, de lege ferenda neben der Einkommensteuer eine kommunale Zuschlagsteuer als Ersatz für die Gewerbesteuer zu erheben. Dagegen ist die Gewerbesteuer in ihrer bestehenden Form dem Vorwurf der Gleichheitswidrigkeit ausgesetzt, da nur die Gewerbetreibenden im Sinne des Gewerbesteuergesetzes belastet werden, nicht aber andere gleichermaßen leistungsfähige Steuerpflichtige, ohne dass dies aus besonderen Gründen zu rechtfertigen wäre.[162]

Nimmt man die besonderen Verbrauchsteuern in den Blick, wird offenbar, dass nicht jeder Konsumakt in gleicher Weise mit indirekten Steuern belegt wird. Bei den meisten Gütern beschränkt sich der indirekte Steuerzugriff auf die Umsatzsteuer, während andere zusätzlich mit einer besonderen Verbrauchsteuer belastet sind, so z. B. Tabakwaren mit der Tabaksteuer. In diesen Fällen wird der Indikator Konsum zum Anknüpfungspunkt für zwei Steuern mit gleicher Zielrichtung gewählt. Für den im Rahmen der gleichheitsrechtlichen Überprüfung anzustellenden Belastungsvergleich sind die Belastungswirkungen aus Umsatzsteuer und hinzutretender besonderer Verbrauchsteuer zu addieren.

An dieser Steuerkumulation kann auch angesichts der rechtstechnischen Qualifikation der Umsatzsteuer als Verkehrsteuer kein Zweifel bestehen. Die

---

158 Vgl. *Homburg*, Allgemeine Steuerlehre, S. 155 f. m. w. N.

159 BVerfGE 65, 325, 351; näher *Tipke*, StRO III, S. 1096 ff.; *Birk*, Steuerrecht I, § 7, Rn. 7.

160 *Tipke*, StRO III, S. 1106; *Birk*, Steuerrecht I, § 7, Rn. 12.

161 Vgl. *J. Lang*, in: Tipke/J. Lang, Steuerrecht, § 3, Rn. 33.

162 Näher *Jachmann*, BB 2000, 1432, 1433 f.; *F. Kirchhof*, Abgabenrecht, Rn. 172; a. A. BFH FR 2004, 82, 83 f.

Umsatzsteuer ist eine Verkehrsteuer, insofern ihr Grundtatbestand (§ 1 Abs. 1 i. V. m. § 3 UStG) an Lieferungen und sonstige Leistungen, also Akte des Rechtsverkehrs, anknüpft.[163] In ihrer Wirkung ist die Umsatzsteuer aber gleichwohl eine allgemeine Verbrauchsteuer,[164] da sie als Allphasen-Nettoumsatzsteuer mit Überwälzungsmöglichkeit letztlich nur den Endverbraucher belastet, während der Unternehmer durch die Möglichkeit des Vorsteuerabzugs verschont bleibt. Die Umsatzsteuer zielt demnach auf den Konsum als Besteuerungsobjekt. Sie ist als allgemeine Verbrauchsteuer den speziellen Verbrauchsteuern gleichartig.[165]

Bei identischem Nettopreis ergibt sich aus der Addition von allgemeiner und besonderer Verbrauchsteuer eine steuerliche Mehrbelastung, durch die die Konsumenten der betroffenen Güter benachteiligt werden. Die Erhebung besonderer Verbrauchsteuern bedarf daher der besonderen Legitimation.[166]

In der Literatur wird dieses Doppelbesteuerungsproblem wohl überwiegend in Abhängigkeit vom jeweiligen Konsumgut gelöst. *Tipke* nimmt an, die zusätzliche Belastung eines Konsumaktes durch besondere, zur Umsatzsteuer als allgemeiner Verbrauchsteuer hinzutretende Verbrauchsteuern sei nur legitim, sofern die belasteten Konsumgüter ein gesteigertes Maß an Leistungsfähigkeit indizierten.[167] Ähnlich vertritt *P. Kirchhof,* der Belastungsmaßstab müsse sich aus dem nachgefragten Wirtschaftsgut ergeben,[168] da die Vermutung bezüglich der steuerlichen Belastbarkeit des Steuerträgers auf der Art und Weise des erworbenen Wirtschaftgutes basiere.[169] Auch *Ruppe* unterstellt, eine selektive Verbrauchsbesteuerung sei im Hinblick auf das Leistungsfähigkeitsprinzip unbedenklich, wenn Güter belastet würden, deren Konsum als Ausdruck erhöhter Leistungsfähigkeit verstanden werden könne.[170] *F. Kirchhof* hält es hierbei für zulässig, Waren ihrer Art nach bestimmten Gruppen zuzuordnen, die typisierend Aufschluss

[163] Die Einfuhrumsatzsteuer (§ 1 Abs. 1 Nr. 4 UStG) ist allerdings selbst rechtstechnisch eine Verbrauchsteuer.

[164] BVerfGE 7, 244, 260; vgl. *Förster,* Verbrauchsteuerrecht, S. 131 ff.; *Birk,* Steuerrecht I, § 6, Rn. 12; *Stadie,* in: Rau/Dürrwächter, UStG, Einf., Rn. 85 f.; *P. Kirchhof,* HStR IV, § 88, Rn. 156; *Tipke,* StRO II, S. 975 f.; *ders.,* DStR 1983, 595; *Söhn,* StuW 1975, 1; *ders.,* StuW 1996, 165; *Selmer,* StuW 1978, 321, 325 f.

[165] *Tipke,* StRO III, S. 1101.

[166] *Weber-Grellet,* NJW 2001, 3657, 3660.

[167] *Tipke,* StRO II, S. 1049.

[168] *P. Kirchhof,* StuW 2000, 316, 327.

[169] *P. Kirchhof,* HStR IV, § 88, Rn. 120.

[170] *Ruppe,* 8. ÖJT 1982, Bd. I, 1. Teil A, S. 58.

ten Gruppen zuzuordnen, die typisierend Aufschluss über das Leistungsfähigkeitsniveau der jeweiligen Konsumenten geben sollen.[171]

An diesem, auf den Konsumgegenstand ausgerichteten Ansatz ist richtig, dass die besonderen Verbrauchsteuern nicht nur den Umsatz, sondern die konkret nachgefragte Ware zum Anknüpfungspunkt der Besteuerung haben. Belastungsgrund der Verbrauchsteuern ist aber letztlich nicht der tatsächliche Verbrauch eines bestimmten Gutes, sondern die Verwendung von Einkommen bzw. Vermögen für den Erwerb von Gütern, deren Schicksal nur typischerweise der substanzvernichtende Konsum ist.[172] Der Heranziehung des Konsumgutes als Leistungsfähigkeitsindikator ist also entgegenzuhalten, dass sich Leistungsfähigkeit am Umfang der Einkommensverwendung zeigt, nicht aber in der Art der Einkommensverwendung.[173] Von der Umsatzsteuer ist daher zu Recht gesagt worden, sie entspreche deshalb dem Leistungsfähigkeitsprinzip, weil die Umsatzsteuerbelastung mit der Konsumhöhe steigt.[174] Leistungsfähigkeitsindikator ist auch bei Verbrauchsteuern ausschließlich der Wert des Konsumgutes wie er am Markt ohne steuerliche Beeinflussung gebildet wird. Dem Staat, der im Wege der Besteuerung nur am wirtschaftlichen Markterfolg der Steuersubjekte partizipiert, steht es nicht zu, einen anderen als den Marktwert als leistungsfähigkeitsindizierend zu unterstellen.[175] Denn grundsätzlich muss jeder in seiner Einkommensverwendung frei sein. Art. 14 GG weist dem Eigentümer als Ausdruck der Privatnützigkeit des Eigentums die Veräußerungs- und Verfügungsbefugnis über die ihm gehörenden Gegenstände zu.[176] Die Entscheidungsbefugnis über die Verwendung seines Einkommens steht grundsätzlich dem Einzelnen, nicht aber dem Staat zu.[177] Da es folglich unerheblich ist, für welche Güter Vermögen aufgewendet, was also konsumiert wird,[178] kann sich eine gesteigerte Leistungsfähigkeit auch nur im Ausmaß der Einkommensverwendung manifestieren. Belastungsgerecht erfasst werden könnte diese Leistungsfähigkeit im Bereich der indirekten Steuern analog zum progressiven Ein-

---

171 *F. Kirchhof,* Steuerliche Doppelbelastung, S. 30.

172 Vgl. *Stadie,* in: Rau/Dürrwächter, UStG, Einf., Rn. 87.

173 *Tipke,* StRO II, S. 1052.

174 Antwort auf Frage 47, BT-Drs. 13/2645.

175 Vgl. *P. Kirchhof,* Besteuerungsgewalt und Grundgesetz, S. 28 ff., der – wohl mit Blick auf direkte Steuern – postuliert, die Leistungsfähigkeit definiere sich ausschließlich nach dem „Tauschwert", nicht aber nach Objekten. Es verbiete sich die Unterscheidung „zwischen Luxus- und Verbrauchsgegenständen, zwischen Anlagegütern und Konsumgütern, zwischen Lebensmitteln und Genußmitteln."

176 BVerfGE 42, 263, 294; 50, 290, 339; 52, 1, 30.

177 Vgl. *P. Kirchhof,* Besteuerungsgewalt und Grundgesetz, S. 31.

178 *Stadie,* in: Rau/Dürrwächter, UStG, Einf., Rn. 87.

kommensteuertarif nur durch eine progressive Umsatz- und Verbrauchsbesteuerung verbunden mit einem steuerfreien Grundfreibetrag.[179] Damit aber würde eine Veranlagung notwendig und die erhebungstechnischen Vorteile einer indirekten Steuer verspielt. Die Berücksichtigung der individuellen Leistungsfähigkeit erfolgt daher zu Recht im Rahmen der direkten Einkommensteuer. Die besondere Verbrauchsbesteuerung lässt sich auch nicht mit dem Gedanken rechtfertigen, sie wirke der Regressivität der allgemeinen Umsatzsteuer[180] entgegen. Regressive Effekte der indirekten Besteuerung können einfacher und umfassender durch die Progression der Einkommensteuer als durch Verbrauchsteuern ausgeglichen werden.[181]

Zwei Ergebnisse können an dieser Stelle festgehalten werden. Erstens ist bei der Besteuerung der Einkommensverwendung die Wertbesteuerung unter dem Gesichtspunkt der Leistungsfähigkeit einer Mengenbesteuerung oder einer nach anderen Kriterien (Qualität, Qualifikation als Luxusgut, etc.) bemessenen Verbrauchsteuer vorzuziehen.[182] Zweitens führen die besonderen Verbrauchsteuern, gleich welche Konsumgüter belastet werden, zu einer steuerlichen Ungleichbelastung der betroffenen Steuerträger, die unter Leistungsfähigkeitsgesichtspunkten nicht zu rechtfertigen ist. Im Gegensatz zu dem im Abschnitt zuvor erörterten Fall der mehrfachen Belastung desselben Steuerträgers bei unterschiedlichen Gelegenheiten und aufgrund verschiedener Indikatoren lässt sich die hier beanstandete doppelte Besteuerung desselben wirtschaftlichen Vorgangs durch mehrmaliges Heranziehen des identischen Leistungsfähigkeitsindikators nicht mit der finanzverfassungsrechtlich vorgegebenen Mehrheit von Steuerarten und Leistungsfähigkeitsindikatoren rechtfertigen. Die Belastung desselben Steuerträgers mit Einkommen- und Umsatzsteuer ist aus diesem Grund legitim. Das Zusammenwirken von Umsatzsteuer und besonderen Verbrauchsteuern führt dagegen zu einer Ungleichbehandlung, weil die doppelte Verbrauchsteuerbelastung willkürlich ausgewählter Güter das Leistungsfähigkeitsprinzip verletzt. Dass Art. 106 GG sowohl die Umsatzsteuer als auch besondere Verbrauchsteuern vorsieht, rechtfertigt diese Doppelbelastung nicht. Art. 106 GG begründet zwar die grundsätzliche verfassungsrechtliche Zulässigkeit von Umsatzsteu-

---

179 Zur Steuerprogression vgl. BVerfGE 8, 51, 68 f.; *Tipke*, StRO I, S. 403 ff.; *Jachmann*, StuW 1998, 293, 295; *Neumark*, Grundsätze gerechter und ökonomisch rationaler Steuerpolitik, S. 173 ff.; kritisch *Hayek*, Schweizer Monatshefte 1952, 508; *Elicker*, StuW 2000, 3.

180 Siehe dazu *Tipke*, StRO II, S. 1005 f. m. w. N.

181 *Neumark*, Grundsätze gerechter und ökonomisch rationaler Steuerpolitik, S. 174.

182 Vgl. auch *Peters/Bongartz/Schröer-Schallenberg*, Verbrauchsteuerrecht, Rn. C 22 und C 79.

er und besonderen Verbrauchsteuern, kann sie aber nicht in ihrer konkreten Ausgestaltung materiell rechtfertigen. Umsatzsteuer und besondere Verbrauchsteuern sind unter dem Aspekt der Leistungsfähigkeit nur alternativ zulässig. Die gleichheitsrechtlich gebotene Alternativität muss der Gesetzgeber bei der Ausgestaltung berücksichtigen. Ob bzw. unter welchen Bedingungen die Verfolgung eines Lenkungszwecks einen solchen Gleichheitsverstoß rechtfertigen kann, wird noch zu erörtern sein.[183]

6. Entscheidungsspielraum des Gesetzgebers?

Nach alledem ist der Gesetzgeber verpflichtet, durch Ausrichtung der Steuergesetzgebung am Leistungsfähigkeitsprinzip für eine gleichheitsgerechte Besteuerung zu sorgen. Damit stellt sich die Frage nach dem ihm verbleibenden Entscheidungsspielraum bei der Auswahl der Steuergegenstände.

Einkommen, Konsum und Vermögen als Indikatoren der Leistungsfähigkeit bezeichnen zugleich die möglichen Anknüpfungspunkte einer gleichheitsgerecht ausgestalteten Steuerrechtsordnung. Der Gesetzgeber ist dadurch in der Auswahl der möglichen steuerlichen Belastungsgründe grundsätzlich festgelegt.[184] Innerhalb dieses Rahmens verbleibt dem Gesetzgeber bezogen auf Steuergegenstände und Steuersatz gleichwohl ein weitreichender Entscheidungsspielraum.[185] Was die Ausgestaltung der jeweiligen Steuer im einzelnen betrifft, ist der Gesetzgeber dagegen weitgehend gebunden.[186] Die Belastungsentscheidung muss folgerichtig so in einen steuerlichen Tatbestand umgesetzt werden, dass sich der Grundsatz der Besteuerung nach der Leistungsfähigkeit verwirklicht.[187]

7. Typisierung

Eine gleichheitsgerechte Besteuerung erfordert grundsätzlich die möglichst präzise Bestimmung der individuellen Leistungsfähigkeit. Dem Steuerrecht, das einerseits als „Massenfallrecht"[188] dem Grundsatz der Einfachheit der Besteuerung[189] verhaftet ist, andererseits aber komplexe ökonomische Sachverhalte zu regeln hat, sind hierbei jedoch Grenzen gesetzt. Es besteht daher

---

183 Siehe 1. Teil. B. IV.
184 Ähnlich *Jachmann*, StuW 2000, S. 239, 241; *dies.*, Steuergesetzgebung, S. 23 f.
185 Vgl. BVerfGE 93, 121, 136; 84, 239, 271; 13, 181, 203; 99, 88, 95; *Herzog*, in: FS RFH-BFH, S. 105, 108; *Jachmann*, Verfassungsrechtliche Grenzen, S. 9; *P. Kirchhof*, HStR IV, § 88, Rn. 87; *J. Lang*, in: Tipke/J. Lang, Steuerrecht, § 4, Rn. 98; *Papier*, in: FS für Vogel (2000), S. 117, 128.
186 BVerfGE 93, 121, 136; 99, 88, 95; *Rodi*, JZ 2000, 827, 833.
187 BVerfGE 84, 239, 271.
188 *Starck*, in: von Mangoldt/Klein/Starck, GG, Art. 3, Rn. 36.
189 *Weber-Grellet*, Steuern im modernen Verfassungsstaat, S. 170.

ein Bedürfnis nach generalisierenden, typisierenden und pauschalierenden Regelungen. Ein schon erörterter Anwendungsfall der Typisierung ist die Verwendung des Konsums als Indikator vermuteter Leistungsfähigkeit.[190]

Jede Typisierung muss zur Vereinfachung geeignet sein,[191] aber nicht jede Vereinfachung ist eine Typisierung.[192] Voraussetzung ist vielmehr, dass sich der Gesetzgeber an einem verallgemeinerungsfähigen ökonomischen Regelfall orientiert.[193] Der Vorteil der typisierenden Vereinfachung ist gegen die bewirkte Ungerechtigkeit im Einzelfall unter Berücksichtigung der Umstände (Intensität der Ungleichbehandlung, Zahl der Betroffenen, Schwierigkeiten bei der Normierung einer in jedem Fall gleichheitsgerechten Regelung)[194] abzuwägen.[195] Ziel der Typisierung ist es, die materiellrechtlichen Tatbestände zu vereinfachen, um den Gesetzesvollzug praktikabler und damit die Besteuerung gerechter zu machen.[196]

8. Systemgerechtigkeit und Folgerichtigkeit

Zu den im Rahmen von Art. 3 Abs. 1 GG geforderten Voraussetzungen gehört auch die systemgerechte Ausgestaltung des jeweiligen Steuergesetzes und zwar bezogen sowohl auf die Gesamtrechtsordnung als auch die Steuerrechtsordnung.[197] Das Gebot der Systemgerechtigkeit ist ein besonderer Aspekt der Bindung des Gesetzgebers an den Gleichheitssatz.[198] Der Gesetzgeber verfährt systemwidrig, wenn er eine von ihm selbst gesetzte Sachgesetzlichkeit verletzt.[199] Insofern das Prinzip der Systemgerechtigkeit auf gesetz-

---

190 Siehe 1. Teil. A. II. 4. b).

191 *J. Lang,* in: Tipke/J. Lang, Steuerrecht, § 4, Rn. 132.

192 Zu den verfassungsrechtlichen Anforderungen an Typisierungen vgl. *Jachmann,* StuW 1998, 193, 204 f.

193 BVerfGE 96, 1, 6; 87, 153, 172.

194 BVerfGE 84, 348, 360; weitere Nachweise aus der Rechtsprechung bei *Huster,* Rechte und Ziele, S. 273 ff.; *F. Kirchhof,* Abgabenrecht, Rn. 57 und *Osterloh,* in: Sachs, GG, Art. 3, Rn. 109; siehe auch *P. Kirchhof,* Stbg 1995, 68, 69.

195 BVerfGE 21, 12, 27; 27, 220, 230; 27, 375, 387 f.; 34, 103, 114 f.; 65, 325, 354 ff.; 71, 39, 50; 78, 214, 226 f.

196 Siehe dazu *Osterloh,* in: Sachs, GG, Art. 3, Rn. 106 und 112; *P. Kirchhof,* HStR IV, § 88, Rn. 131, *ders.,* Stbg 1995, 68, 69 f.

197 *P. Kirchhof,* HStR IV, § 88, Rn. 111 f.; *ders.,* Stbg 1995, 68, 71 f.; *ders.,* StuW 1984, 297, 301

198 Vgl. *Battis,* in: FS für Ipsen (1977), S. 11 f.

199 BVerfGE 13, 331, 340; 34, 103, 115; 59, 36, 49.

liche Systeme bezogen wird,[200] ist es gleichbedeutend mit dem Gebot der Folgerichtigkeit.

Mit Blick auf die Gesamtrechtsordnung fordert der Grundsatz der Systemgerechtigkeit über Art. 3 GG hinaus die Beachtung anderer Grundrechte und ihrer Wertungen. So ist die Freistellung des Existenzminimums nicht nur ein Anliegen des Leistungsfähigkeitsprinzips, sondern wird zudem von Art. 1 GG getragen. Gleiches gilt für die Familien- und Ehegattenbesteuerung hinsichtlich Art. 6 GG.[201] Im Rahmen der Steuerrechtsordnung stellt sich im gegebenen Mehrsteuersystem das Problem der ungleichen Gesamtsteuerlast. Einzelne Steuern mögen für sich genommen gleichheitsrechtlich unbedenklich sein, können aber infolge der Kumulation von Steuern zu einer Ungleichbehandlung führen,[202] während im Übrigen eine Begrenzung der Gesamtsteuerlast nur durch Freiheitsgrundrechte denkbar ist.[203] Systemgerechtigkeit ist ferner auch in Teilgebieten des Steuerrechts zu fordern, sofern diese – wie etwa das Verbrauchsteuerrecht – gegenüber der Steuerrechtsordnung eigene systematische Besonderheiten aufweisen. Gegenstand der verfassungsrechtlichen Prüfung ist insoweit die Ausgestaltung des Steuergesetzes, d. h. die Umsetzung der Belastungsentscheidung insbesondere in eine Bemessungsgrundlage.[204] Bei der Untersuchung der Bemessungsgrundlage der Tabaksteuer werden wir auf die Frage der Systemgerechtigkeit bezogen auf das Subsystem Verbrauchsteuerrecht zurückkommen.[205]

Es ist ferner ein Aspekt der Systemgerechtigkeit, dass die Steuergerechtigkeit nicht bei der Ausgestaltung des materiellen Steuerrechts Halt machen darf, sondern genauso das Verfahrensrecht in den Blick nehmen muss. Belastungsgleichheit ist definiert als Gleichheit im Belastungserfolg,[206] wird also erst erreicht, wenn zusätzlich zu den steuerbegründenden Normen auch deren Vollzug dem Gleichheitsgebot Rechnung trägt.[207] Eine materielle Steuernorm kann daher verfassungswidrig sein, wenn ein strukturelles Vollzugsdefizit besteht, aufgrund dessen der Besteuerungsanspruch weitgehend

200 Denkbar ist auch ein auf außerrechtliche, z. B. aus der sozialen Realität abgeleitete Systeme ausgedehnter Systembegriff, vgl. *Battis,* in FS für Ipsen (1977), S. 11, 14 f.

201 Vgl. *F. Kirchhof,* Abgabenrecht, Rn. 54; *P. Kirchhof,* Stbg 1995, 68, 71 f.

202 Siehe oben 1. Teil. A. II. 5. b); vgl. ferner *P. Kirchhof,* HStR IV, § 88, Rn. 112.

203 Siehe 1. Teil. A. III.

204 BVerfGE 93, 121, 136; *Jachmann,* Verfassungsrechtliche Grenzen, S. 9; *P. Kirchhof,* HStR IV, § 88, Rn. 106, 113; *J. Lang,* in: Tipke/J. Lang, Steuerrecht, § 4, Rn. 30, 75, 77.

205 Siehe unten 2. Teil. E. I. 2.

206 BVerfGE 96, 1, 6.

207 Vgl. *F. Kirchhof,* Abgabenrecht, Rn. 54.

nicht umgesetzt werden kann.[208] Dies ist etwa der Fall, wenn die Erhebung einer Steuer fast ausschließlich von der Erklärungsbereitschaft des Steuerpflichtigen abhängt, weil den Finanzbehörden keine geeigneten Kontrollmöglichkeiten zur Verfügung stehen.[209]

Eine systemwidrige Vorschrift ist allerdings nicht automatisch gleichheitswidrig. Der Systemverstoß liefert aber ein Indiz für den Gleichheitsverstoß.[210] Das Verdikt der Verfassungswidrigkeit lässt sich aus einem Systemkonflikt daher nur dann ableiten, wenn dieser eine Ungleichbehandlung verschiedener Gruppen von Normadressaten bewirkt, die nicht durch gruppenspezifische Unterschiede gerechtfertigt ist.[211]

9. Ausblick

An die soeben gewonnene Erkenntnis über die verfassungsrechtlichen Anforderungen an eine gleichheitsgerechte Besteuerung schließt sich die Frage an, ob eine Steuer, die diesen Anforderungen – insbesondere dem Leistungsfähigkeitsprinzip – nicht gerecht wird, trotzdem gerechtfertigt sein kann. Praktische Relevanz kommt dieser Fragestellung im Bereich der steuerlichen Lenkungsnormen zu. Diesem für die Frage der Rechtfertigung der Tabaksteuer zentralen Problem ist im Rahmen der vorliegenden Arbeit ein eigenes Kapitel gewidmet.[212]

III. Freiheitsrechtliche Begrenzung der steuerlichen Belastung

Das Gleichheitsgebot in seiner Ausprägung als Grundsatz der Steuergerechtigkeit ist nicht geeignet, eine Grenze der zulässigen Besteuerung zu markieren.[213] Es erschöpft sich darin, eine gerechte Verteilung der Steuerlast je nach Leistungsfähigkeit zu fordern. Eine Begrenzung der Besteuerung da-

---

208 BVerfGE 84, 239, 272; aktuell hierzu der Vorlagebeschluss des BFH betreffend Vollzugsmängel bei der Spekulationsbesteuerung nach § 23 Abs. 1 Satz 1 Nr. 1 lit. b EStG a. F., BStBl. II 2003, 74.

209 BVerfGE 84, 239, 273; BFH BStBl. II 2003, 74, 79.

210 Vgl. *Canaris,* Systemdenken und Systembegriff in der Jurisprudenz, S. 126; *P. Kirchhof,* HStR V, § 124, Rn. 231; BVerfGE 9, 20, 28; 24, 75, 100; 34, 103, 115; 59, 36, 49; 61, 138, 148; str. ist, ob die Systemwidrigkeit eine „Beweislastumkehr" zu Ungunsten des Gesetzgebers begründet, so *Degenhart,* Systemgerechtigkeit und Selbstbindung des Gesetzgebers als Verfassungspostulat, S. 23 und 25; *Starck,* in: von Mangoldt/Klein/Starck, GG, Art. 3 Abs. 1, Rn. 44, Fn. 211; a. A. *P. Kirchhof,* HStR V, § 124, Rn. 231.

211 Vgl. *Jachmann,* Die Fiktion im öffentlichen Recht, S. 69; *P. Kirchhof,* HStR V, § 124, Rn. 232.

212 Siehe 1. Teil. B. IV.

213 Vgl. *J. Lang,* in: FS für Vogel (2000), S. 173, 177.

gegen kann nur auf der Basis einer freiheitsrechtlichen Betrachtung gelingen. Dass der steuerliche Zugriff ein freiheitsrechtlich relevanter Vorgang ist, liegt auf der Hand. Der damit einhergehende Vermögensentzug verhindert jeden anderweitigen Einsatz des Kapitals oder anderer zur Erfüllung der Zahlungspflicht aufgegebener Eigentumspositionen und schmälert mithin die wirtschaftliche Freiheitsposition des Steuerpflichtigen.[214] Diese Steuerwirkungen lassen es in einem freiheitlichen Staat als vordringliche Aufgabe erscheinen, um des Freiheitsprinzips willen der Besteuerung Belastungsgrenzen zu ziehen.[215] Anknüpfend an die Erkenntnis der grundsätzlichen freiheitsrechtlichen Relevanz der Besteuerung und des Bedürfnisses nach Begrenzung ist zu prüfen, in welche verfassungsrechtlich normierten Freiheitsgrundrechte die Besteuerung eingreift. Nachfolgend werden exemplarisch Art. 14, Art. 12 und Art. 2 GG untersucht, da diese Grundrechte – wie noch zu zeigen sein wird – auch für die Tabaksteuer eine Rolle spielen.

1. Eigentümerfreiheit (Art. 14 GG)

a) Schutzbereich der Eigentümerfreiheit

Unter einem Eingriff versteht man staatliches Handeln, das dem Einzelnen ein Verhalten, das in den Schutzbereich eines Grundrechts fällt, ganz oder teilweise unmöglich macht.[216] Zunächst ist daher zu erörtern, welche Verhaltensweisen der Schutzbereich der Eigentümerfreiheit umfasst.

Schutzgegenstand von Art. 14 GG sind alle privatrechtlichen vermögenswerten Rechtspositionen,[217] nicht aber das Vermögen, d. h. der Inbegriff aller geldwerten Güter einer Person,[218] als solches.[219] Diese Beschränkung des Grundrechtsschutzes auf bestimmte Rechtspositionen unterscheidet Art. 14 von Art. 2 Abs. 1 GG. Während die allgemeine Handlungsfreiheit jedes be-

---

214 Vgl. *Papier,* in: FS für Vogel (2000), S. 117, 123; *ders.,* in: Maunz/Dürig, GG, Art. 14, Rn. 166.

215 *Tipke,* StRO I, S. 449 f. a. A. *Mußgnug,* JZ 1991, 993 ff., insbesondere 994 f., der weitgehend auf eine freiheitsrechtliche Begrenzung zugunsten einer rein formalen Rechtfertigung der Besteuerung verzichten will.

216 *Pieroth/Schlink,* Grundrechte, Rn. 240.

217 *Pieroth/Schlink,* Grundrechte, Rn. 903; *Papier,* in Maunz/Dürig, GG, Art. 14, Rn. 160.

218 BVerfGE 95, 267, 300.

219 BVerfGE 4, 7, 17; 65, 196, 209; 72, 175, 195; 91, 207, 220; 95, 267, 300; 96, 375, 397; dem folgt auch der BFH, BStBl. II 1999, 771, 773; *Byrde,* in: von Münch/Kunig, GG, Art. 14, Rn. 23; *Jachmann,* Verfassungsrechtliche Grenzen, S. 37; *Schmidt-Bleibtreu/Klein,* GG, Art. 14, Rn. 3c; *Jarass,* in Jarass/Pieroth, GG, Art. 14, Rn. 15; im Ansatz ebenso *Wendt,* in: Sachs, GG, Art. 14, Rn. 38; *Depenheuer,* in: von Mangoldt/Klein/Starck, GG, Art. 14, Rn. 164, 173; *Papier,* in: Maunz/Dürig, GG, Art. 14, Rn. 160; *ders.,* Der Staat 11 (1972), 483, 489 ff.

liebige Verhalten schützt, greift das Eigentumsgrundrecht nur zugunsten solcher Verhaltensweisen ein, die sich auf ein konkretes Eigentumsobjekt beziehen. Würde auch das Vermögen in den Schutzbereich des Art. 14 GG einbezogen, käme dies einer Ausweitung hin zu einem Grundrecht der allgemeinen Handlungsfreiheit auf vermögensrechtlichem Gebiet gleich.[220]

Die hier entscheidende Frage ist also, ob Steuern einen Eingriff in eine Eigentumsposition darstellen oder nur vermögensbelastend wirken. Für letzteres spricht, dass Steuern abstrakte Geldwertschulden begründen. Sie sind aus dem Vermögen in seiner Gesamtheit und nicht aus einzelnen Vermögensgegenständen aufzubringen[221] und greifen insofern gerade nicht auf eine konkrete Eigentumsposition des Steuerpflichtigen zu.[222] Diesem bleibt vielmehr selbst die Entscheidung überlassen, welche Eigentumspositionen er aufgibt, um seine Steuerschuld zu erfüllen. Belastet ist nach dieser Betrachtungsweise das gesamte Vermögen des Steuerpflichtigen, jedoch keine konkrete Eigentumsposition, so dass ein Eingriff in Art. 14 GG abzulehnen wäre.[223]

Dem wird in der Literatur entgegengehalten, dass es im Ergebnis keinen Unterschied machen dürfe, ob der Steuerpflichtige fremdbestimmt eine konkrete Eigentumsposition aufgeben müsse oder ob er selbst die Wahl habe, wie er die Steuerschuld erfüllt. Der Steuerpflichtige müsse in jedem Fall eine vermögenswerte Rechtsposition preisgeben. Es sei daher ein Eingriff in diejenige vermögenswerte Rechtsposition anzunehmen, die der Steuerpflichtige zur Erfüllung der Steuerschuld aufgebe.[224] Nach dieser Ansicht gehört das Vermögen als solches nicht unmittelbar zum Schutzbereich des Art. 14 GG, ist aber deswegen mittelbar geschützt, weil es sich zwangsläufig aus von der Eigentumsgarantie erfassten Eigentumspositionen zusammensetzt.[225] Dieser Interpretation kann nicht gefolgt werden. Sie verwischt die Grenze zwischen einem Eingriff in ein Eigentumsrecht und der Beeinträchtigung der allgemeinen Handlungsfreiheit. Letztere ist von Art. 14 GG nur geschützt, wenn und soweit sie sich in der jeweiligen Eigentumsposition konkretisiert. Dagegen erfasst Art. 2 GG jede Betätigung ohne Rücksicht auf ihre rechtliche

220 *Papier,* in: Maunz/Dürig, GG, Art. 14, Rn. 161.

221 *Tipke,* StRO I, S. 439.

222 Das BVerfG formuliert daher in st. Rspr., die Auferlegung von Geldleistungspflichten lasse die Eigentumsgarantie grundsätzlich unberührt, BVerfGE 30, 250, 271 f.; 96, 375, 397.

223 Vgl. BFH, BStBl. 1999 II, 771, 773.

224 *Depenheuer,* in: von Mangoldt/Klein/Starck, GG, Art. 14, Rn. 89 und 173.

225 *Wendt,* in Sachs, GG, Art. 14, Rn. 38; *Depenheuer,* in: von Mangoldt/Klein/Starck, GG, Art. 14, Rn. 173.

Qualität. Die Eigentümerfreiheit ist ein an konkrete Eigentumspositionen gekoppelter Spezialfall der allgemeinen Handlungsfreiheit. Diese „strukturellen Unterschiede“[226] schließen es aus, jede steuerliche Belastung des Vermögens in einen Eingriff in eine konkrete Eigentumsposition umzudeuten.

Anzusetzen ist vielmehr beim Umfang des Schutzes einer Eigentumsposition. Art. 14 GG schützt gleichermaßen (Fort-)Bestand und Nutzung des Eigentums.[227] In den Schutzbereich fällt damit sowohl das Innehaben einer Eigentumsposition als auch die Verwendung von Eigentum, auch in Form des Verbrauchs oder der Veräußerung. Im Zustand des Innehabens oder in der Betätigung zur Verwendung realisiert sich erst die Eigentümerfreiheit. Dabei ist zu beachten, dass nicht jede Betätigung, die die Verwendung eines Vermögensgegenstandes einschließt, schon eine Eigentumsnutzung darstellt. Der Schutzbereich des Art. 14 GG erfasst vielmehr nur solche Handlungen, die ihrer sozialen Funktion nach der Eigentums- oder Vermögenssphäre zuzuordnen sind.[228]

Der Steuerpflichtige, der sein Eigentum gewinnbringend einsetzt und deshalb einer Form der Ertragsbesteuerung unterliegt, wird in verfassungsrechtlich relevanter Weise nicht durch die Auferlegung der Zahlungspflicht, die er aus seinem Vermögen erfüllen muss, belastet, sondern durch einen auf die ertragreiche Nutzung seiner Eigentumsposition gerichteten Steuerzugriff.[229] Betroffen ist die Eigentumsgarantie als Nutzungsgarantie.[230] Als Beeinträchtigung der Eigentumsgarantie zu begreifen ist daher die Besteuerung von Einkünften aus Vermietung und Verpachtung (§ 21 EStG) oder privaten Veräußerungsgeschäften (§ 23 i. V. m. § 22 Nr. 2 EStG) ebenso wie von gewerblichen Einkünften (§§ 15-17 EStG).

In gleicher Weise greift eine Steuer in Art. 14 GG ein, die an die Innehabung oder die Verfügung über die Eigentumsposition anknüpft.[231] Dies bedeutet, dass auch die Besteuerung des Konsums die Eigentumsgarantie tangiert.[232] Hier sind die Verkehr- und Verbrauchsteuern, z. B. Umsatzsteuer und Ta-

---

[226] *Jachmann*, Verfassungsrechtliche Grenzen, S. 36.

[227] *Pieroth/Schlink*, Grundrechte, Rn. 912 ff.

[228] *Pieroth/Schlink*, Grundrechte, Rn. 915.

[229] Vgl. *Jachmann*, Steuergesetzgebung, S. 40; *dies.*, StuW 1996, 97, 100; *Papier*, in: Maunz/Dürig, GG, Art. 14 Rn. 170.

[230] Vgl. *Papier*, Der Staat 11 (1972), 483, 498.

[231] Vgl. BVerfGE 93, 121, 137; *Papier*, in: Maunz/Dürig, GG, Art. 14, Rn. 170; *Jarass*, in: Jarass/Pieroth, GG, Art. 14, Rn. 16 und 19.

[232] Vgl. *P. Kirchhof*, HStR IV, § 88, Rn. 101; *ders.*, StuW 1984, 297, 311; a. A. *Jachmann*, Verfassungsrechtliche Grenzen, S. 43 f.

baksteuer, zu nennen. Die Verwendung von Geldmitteln stellt eine Nutzung von Vermögensgegenständen dar, die durch indirekte Steuern beeinträchtigt wird. Es ist allgemein anerkannt, dass Geld und geldwerte Forderungen von Art. 14 GG geschützt werden.[233] Das BVerfG sieht in der Möglichkeit, Geld in Sachgüter eintauschen zu können, eine wesentliche Freiheitsgarantie des Eigentums.[234] Geld ist demnach von Art. 14 GG in seiner Funktion als Träger von Kaufkraft geschützt.[235] Diese Funktion ist beeinträchtigt, wenn die Kaufkraft des Geldes steuerbedingt gemindert ist. Soweit demgegenüber vertreten wird, die Belastung z. B. durch die Umsatzsteuer treffe keinen hinreichend konkretisierten Eigentumsgegenstand und beeinträchtige daher nur die allgemeine Handlungsfreiheit,[236] kann dem nicht gefolgt werden. Für die Abgrenzung von allgemeiner Handlungsfreiheit und spezieller Eigentümerfreiheit kommt es weniger auf die gegenständliche Konkretisierung des Zugriffsobjekts,[237] als vielmehr darauf an, dass sich die Freiheitsbetätigung ihrer sozialen Funktion nach als Nutzung einer Eigentumsposition darstellt. Letzteres ist bei der Verfügung über Wirtschaftsgüter stets anzunehmen.[238]

Ausgenommen vom Eigentumsschutz bleibt der Erwerb des Eigentums,[239] denn Art. 14 GG schützt nur das Erworbene, während der Schutz des Erwerbs Art. 12 GG zugewiesen ist.[240] Knüpft eine Steuer an die Eigentumsnutzung an, so liegt darin eine Belastung des bereits erworbenen und zur Ertragserzielung eingesetzten Eigentums. Davon zu trennen ist die Art. 12 GG betreffende Frage, ob die Steuer gleichzeitig den Erwerbsvorgang im Sinne einer beruflichen Tätigkeit belastet.[241]

Die hier getroffene Unterscheidung nach den verschiedenen Ausprägungen der Eigentumsgarantie (Bestand bzw. Nutzung) und der Abgrenzung zum Erwerb als von der Berufsfreiheit geschützter Freiheitsbetätigung bedeutet

[233] BVerfGE 45, 142, 179; 70, 278, 285; 97, 350, 371; *Papier,* in: Maunz/Dürig, GG, Art. 14, Rn. 185.

[234] BVerfGE 97, 350, 371.

[235] *Papier,* in: Maunz/Dürig, GG, Art. 14, Rn. 186.

[236] So *Jachmann,* Verfassungsrechtliche Grenzen, S. 44; *dies.,* StuW 1996, 97, 101; a. A. *P. Kirchhof,* HStR IV, § 88, Rn. 101.

[237] Krit. zu einem gegenstandsbezogenen Eigentumsschutz auch *Ossenbühl/Di Fabio,* StuW 1988, 349, 355 f.

[238] Dies bedeutet andererseits nicht, dass in jeder Steuerzahlung – die zwingend eine Verfügung über Geldmittel ist – ein Eingriff in Art. 14 GG zu sehen wäre. Denn dieser Vermögensverwendungsvorgang wird nicht besteuert, sondern Gegenstand der Besteuerung ist stets eine vorangehende Betätigung oder ein Zustand.

[239] *Jarass,* in: Jarass/Pieroth, GG, Art. 14, Rn. 19.

[240] BVerfGE 88, 366, 377.

[241] Siehe 1. Teil. A. III. 2.

jedoch nicht, dass hinsichtlich der Intensität des Grundrechtsschutzes zwischen Bestand und Nutzung zu differenzieren wäre. Eine solche Abstufung wird in der Literatur mit dem unterschiedlichen Maß an Sozialpflichtigkeit der jeweils belasteten Grundrechtsposition begründet. Einer gesteigerten Sozialbindung – mit der Folge eines gegenüber dem Eigentumsbestand geringeren Garantiegehalts – soll wegen Art. 14 Abs. 2 S. 2 GG der Eigentumsgebrauch unterliegen,[242] der zusammen mit dem Eigentumserwerb (Einkommen) daher vorrangig als Besteuerungsgegenstand herhalten soll.[243] Demgegenüber sei die Intensität der Steuerbarkeit des Eigentumsbestandes geringer.[244] Diese Auffassung stützt sich zu Unrecht darauf, dass der Wortlaut von Art. 14 Abs. 2 S. 2 GG die Sozialpflichtigkeit des Eigentums nur für den Eigentumsgebrauch anordnet. Art. 14 GG schützt das Eigentum umfassend: Sowohl Innehabung als auch Nutzung sind ohne Unterschied gewährleistet (Art. 14 Abs. 1 S. 1 GG). Spiegelbildlich dazu sind sowohl Innehabung als auch Nutzung in gleicher Weise sozialpflichtig. Dies ergibt sich bereits aus Art. 14 Abs. 2 S. 1 GG. Hingegen kann unter die Bezeichnung „Gebrauch" in Art. 14 Abs. 2 S. 2 GG mit gleichem Recht nicht nur die Nutzung, sondern auch die Innehabung subsumiert werden. Letzteres kann als passiver, ersteres als aktiver Eigentumsgebrauch verstanden werden. Art. 14 GG vermittelt dem Eigentümer auch das Recht, sein Eigentum nicht zu nutzen.[245] Art. 14 Abs. 2 S. 2 GG ist eine erläuternde Funktion zuzumessen, die sich gleichermaßen auf die Sozialpflichtigkeit der Innehabung wie der Nutzung des Eigentums bezieht.[246] Ein solches Verständnis liegt auch in der Konsequenz des einheitlichen Eigentumsbegriffs des Grundgesetzes nahe.[247] Innehabung, Nutzung und Verfügung sind nur unselbständige Elemente einer einheitlichen Rechtsposition,[248] die insgesamt der Sozialbindung unterliegt. Mithin ergeben sich aus Art. 14 Abs. 2 GG keine Unterschiede in der Sozialpflichtigkeit von Eigentumsbestand und Eigentumsnutzung. Die Intensität des Grundrechtsschutzes ist jeweils identisch.

Sofern Steuergesetze die angesprochenen eigentumsrechtlich geschützten Freiheitsbetätigungen (Bestand, Nutzung) belasten, bedeuten sie einen Ein-

---

[242] *P. Kirchhof,* HStR IV, § 88, Rn. 94; *ders.,* VVDStRL 39 (1981), S. 242 f.; *Byrde,* in: von Münch/Kunig, GG, Art. 14, Rn. 71; *Papier,* in: Maunz/Dürig, GG, Art. 14, Rn. 171; *ders.,* Der Staat 11 (1972), S. 483, 498 f.

[243] *P. Kirchhof,* HStR IV, § 88, Rn. 98, 100.

[244] *P. Kirchhof,* HStR IV, § 88, Rn. 102.

[245] *Jachmann,* StuW 1996, 97, 101.

[246] *Kimminich,* in: BK-GG, Art. 14, Rn. 162.

[247] Vgl. dazu *Leisner,* HStR VI, § 149, Rn. 46 ff.

[248] *Leisner,* HStR VI, § 149, Rn. 53.

griff in Art. 14 GG. Ausreichend ist eine faktische oder indirekte Einwirkung auf Nutzung, Verfügung, Verwertung.[249] Die Nutzungsfreiheit wird daher durch Steuern belastet, die den Ertrag einer Eigentumsnutzung zu steuerpflichtigem Einkommen erklären und durch eine Abgabe belasten.[250] Andere Steuern greifen in Art. 14 GG ein, indem sie den Eigentumsbestand zum Steuerobjekt machen.[251] Auch die Eigentumsverwendung kann Gegenstand der Besteuerung sein.[252]

b) Verhältnismäßigkeit der Besteuerung

Steuergesetze sind dogmatisch als Inhalts- und Schrankenbestimmungen aufzufassen[253] und daher am Grundsatz der Verhältnismäßigkeit zu messen.[254] Dem Grundsatz der Verhältnismäßigkeit genügen solche Regelungen, die geeignet, erforderlich und angemessen sind. Da Steuern zur Einnahmeerzielung stets geeignet und regelmäßig erforderlich sind,[255] beschränkt sich die dreistufige Verhältnismäßigkeitsprüfung bei Fiskalzwecksteuern auf die Frage der Angemessenheit.[256] Hierbei ist eine Zweck-Mittel-Relation zu bilden, d. h. der Fiskalzweck ist zu dem bewirkten Grundrechtseingriff ins Verhältnis zu setzen.[257] Er muss vor dem Hintergrund der grundgesetzlichen

---

249 *Wendt,* in: Sachs, GG, Art. 14, Rn. 52.

250 Als Beispiel sei die Besteuerung von Einkünften aus Vermietung und Verpachtung nach § 21 EStG genannt (siehe zuvor).

251 So früher z. B. die Vermögensteuer.

252 Z. B. bei der Umsatzsteuer.

253 *Kimminich,* in: BK-GG, Art. 14, Rn. 62.

254 *Jarass,* in: Jarass/Pieroth, GG, Art. 14, Rn. 37 f.

255 *Papier,* Die finanzrechtlichen Gesetzesvorbehalte und das grundgesetzliche Demokratieprinzip, S. 76 ff.; *ders.,* in: Maunz/Dürig, GG, Art. 14, Rn. 176; *Herzog,* in: FS RFH-BFH, S. 105, 109; *F. Kirchhof,* Abgabenrecht, Rn. 44.

256 Vgl. *Jachmann,* Verfassungsrechtliche Grenzen, S. 56 f.; abweichend hiervon hält *P. Kirchhof,* StuW 1985, 319, 321 f., ausgehend von seiner Prämisse, die Besteuerung sei als Teilhabe des Staates am wirtschaftlichen Erfolg der Marktteilnehmer gerechtfertigt (siehe dazu schon 1. Teil A. I.), nur solche Steuern für geeignet, welche die Besteuerungsquelle erhalten. Das Verbot konfiskatorischer Besteuerung ergibt sich damit nicht erst aus der Forderung nach einer angemessenen Steuerlast, sondern schon auf der Ebene der Eignungsprüfung. Dagegen muß es für die hier vertretene Ansicht dabei bleiben, dass die Erhaltung der Steuerquelle ein finanzwissenschaftliches Gebot ist (vgl. *J. Isensee,* in: FS für Ipsen (1977), S. 409, 418 f. m. w. N.), das nichts über die Eignung einer Steuer auszusagen vermag.

257 *P. Kirchhof,* JZ 1982, 305, 307 dagegen will die Verhältnismäßigkeit einer Steuer nicht am Finanzzweck messen, sondern den Eingriff gegen den Zweck der staatlichen Teilhabe an dem durch ein konkretes Eigentumsobjekt vermittelten ökonomischen Handlungsvolumen abwägen. Diese Ansicht fußt auf Rechtfertigung der Besteuerung aus der Sozialpflichtigkeit des Eigentums. Die Ersetzung des Finanzzwecks birgt m. E. die

Anerkennung einerseits des Privateigentums andererseits aber auch der sozialen Funktion desselben zumutbar sein.

Stets ist im Rahmen der Angemessenheitsprüfung die Intensität des Eingriffs zu berücksichtigen.[258] Für das Steuerrecht kommt der Abwägung des Finanzzwecks gegen die Belastungsintensität, also die Höhe der Steuer, die entscheidende Rolle zu. Unangemessen sind daher Steuern, bei denen die belastete Eigentumsnutzung wirtschaftlich sinnlos wird.[259] Vielmehr muss die steuerliche Belastung derart beschränkt werden, dass aus dem Eigentum ein angemessener Ertrag erwirtschaftet werden kann[260] bzw. die Kaufkraft für die Einkommensverwendung in angemessenem Umfang erhalten bleibt. Die Grenze der zumutbaren Belastung ist spätestens bei einem Substanzeingriff überschritten,[261] zumal es in der Natur des Steuerzugriffs liegt, dass keine finanzielle Kompensation erfolgt.

Abwägungsrelevant ist weiterhin der soziale Bezug der beeinträchtigten Eigentumsposition.[262] Bei besonderer sozialer Bedeutung des Eigentumsobjekts kann dem Eigentümer ein entsprechend intensiverer Eingriff zugemutet werden. Im Gegensatz dazu verdienen Gegenstände, die der Sicherung der persönlichen Freiheit des Eigentümers dienen, höheren Schutz vor Eingriffen.[263] Zu Recht geht daher auch das BVerfG davon aus, dass Steuern keine „erdrosselnde Wirkung" haben dürfen.[264] Diese Rechtsprechung ist zwar insofern problematisch, als sie impliziert, dass das Vermögen entgegen der Grundaussage des BVerfG zum Schutzbereich der Eigentümerfreiheit

---

Gefahr, die wahren Zwecke der Besteuerung zu verschleiern, ohne dass durch den an die Stelle des Finanzzwecks tretenden Teilhabezweck viel gewonnen wäre (allenfalls die in der vorigen Fn. beschriebene Beschränkung der Geeignetheit). Eine Begrenzung der steuerlichen Belastung kann auch auf anderem Wege (siehe nachfolgend lit. c) erreicht werden.

258 *Jarass*, in: Jarass/Pieroth, GG, Art. 14, Rn. 40.

259 *Jachmann*, Verfassungsrechtliche Grenzen der Besteuerung, S. 57.

260 *Rüfner*, DVBl. 1970, 881, 882.

261 Vgl. BVerfGE 42, 263, 295; 50, 290, 341; 84, 382, 385; *von Arnim*, VVDStRL 39 (1981), 286, 341.

262 *Jarass*, in: Jarass/Pieroth, GG, Art. 14, Rn. 42.

263 BVerfGE 50, 290, 340 f.; 68, 361, 368.

264 BVerfGE 14, 221, 241; 68, 287, 310 f.; 70, 219, 230; 72, 200, 248; 76, 130, 141; 78, 214, 230; 78, 232, 243; 81, 108, 122; 82, 159, 190; 87, 153, 169; vgl. auch *Mußgnug*, JZ 1991, 993. Im Grundsatz ergibt sich das Verbot derartiger konfiskatorischer Steuern schon aus dem Prinzip des Steuerstaates, da die Finanzierung des Staatswesens mittels Steuern auf Dauer nur funktionieren kann, wenn die Steuerquellen erhalten bleiben; vgl. *J. Isensee*, in: FS für Ipsen (1977), S. 409, 418, 435; ihm folgend *Jachmann*, Verfassungsrechtliche Grenzen, S. 28, 36.

zählt.[265] Ihr ist aber insoweit zuzustimmen, als das BVerfG auf die Verhältnismäßigkeit der Belastung abstellt und eine übermäßige Besteuerung für mit Art. 14 GG unvereinbar erklärt.

c) Obergrenze der Besteuerung

Die Erkenntnis, dass Steuern nur im Rahmen des Angemessenen zulässig sind, führt zu der Frage, ob sich verfassungsrechtlich eine konkrete Grenze des Zumutbaren im Steuerrecht begründen lässt. Das BVerfG folgert aus Art. 14 Abs. 2 S. 2 GG, der bestimmt, dass der Eigentumsgebrauch „zugleich dem Wohle der Allgemeinheit dienen" soll, eine Obergrenze der steuerlichen Gesamtbelastung von etwa 50 %.[266] Allerdings erscheint fraglich, ob ein solches Ergebnis im Wege der Auslegung aus Art. 14 Abs. 2 S. 2 GG – insbesondere aus dem Adverb „zugleich" – entnommen werden kann. „Zugleich" kann zwar die Bedeutung von „zu gleichen Teilen" haben, die ihm das BVerfG zumisst.[267] Dies ist jedoch keineswegs zwingend, da andere Wortbedeutungen mindestens ebenso geläufig sind.[268]

Für eine freiheitsrechtlich fundierte „Belastungsobergrenze"[269] lassen sich aber andere Gründe finden. Wie *Jachmann* nachgewiesen hat, legt insbesondere der grundsätzliche Vorrang der Privatnützigkeit vor einer staatsnützigen Verwendung, der dem Institut des Privateigentums innewohnt, eine Besteuerungsgrenze nahe, die diesem Rangverhältnis Ausdruck verleiht.[270] Dabei weist die Subsidiarität staatlicher Nutznießung strenggenommen auf eine Obergrenze, die dem Fiskus weniger als 50 % der Erträge bzw. der Kauf-

---

[265] *Friauf,* DStJG 12 (1989), 3, 22; *Schenke,* in: FS für Armbruster, 1976, S. 177, 181 f.; *Papier,* Der Staat 11 (1972), 483, 485; siehe dazu auch *Kimminich,* in: BK-GG, Art. 14, Rn. 55, 61, 62 m. w. N. aus der Literatur.

[266] BVerfGE 93, 121, 138.

[267] BVerfGE 93, 121, 138; siehe auch *P. Kirchhof,* Stbg 1996, 1, 2.

[268] Z. B. kann „zugleich" zur Beschreibung eines zeitlichen oder sachlichen Nebeneinanders dienen; vgl. *Jachmann,* Verfassungsrechtliche Grenzen, S. 60; *dies.,* StuW 1996, 97, 103.

[269] BVerfGE 93, 121, 138.

[270] Vgl. *Jachmann,* Verfassungsrechtliche Grenzen, S. 61; *dies.,* Steuergesetzgebung, S. 49; *dies.,* StuW 1996, 97, 103 f.; ihr folgend *J. Lang,* in: FS für Vogel, S. 173, 183; gl. A. *Seer,* DStJG 23 (2000), 87, 105 f.; *ders.,* FR 1999, 1280, 1285 f.; *Butzer,* Freiheitsrechtliche Grenzen der Steuer- und Sozialabgabenlast, S. 77 ff.; *ders,* StuW 1999, 227, 239 ff.

kraft zuweist.[271] In der Literatur wird dementsprechend vertreten, die steuerliche Belastung solle unter 50 % liegen.[272] Dem ist zuzustimmen.

Da von Art. 14 GG aber nur eigentumsrechtlich konkretisierte Freiheitsbetätigungen geschützt werden, kann die Belastungsobergrenze nicht ohne weiteres auf die Gesamtsteuerbelastung bezogen werden.[273] Eine derartige umfassende Anwendung des Halbteilungsgrundsatzes setzt die Feststellung einer entsprechenden Geltungskraft voraus. Möglicherweise sind dabei bestimmte Steuern aus dem Anwendungsbereich dieses Prinzips auszunehmen, weil sie kein eigentumsrechtlich geschütztes Verhalten belasten und sich auch sonst keine Gründe für die Geltung des Halbteilungsgrundsatzes finden lassen. Für die vorliegende Arbeit kommt es darauf an, ob das Halbteilungsprinzip auf die Tabaksteuer anwendbar ist. Wie soeben gezeigt, beeinträchtigt die Belastung von Einkommensverwendungstatbeständen die Eigentumsfreiheit des Steuerträgers. Dies gilt gleichermaßen für die Umsatzsteuer wie für besondere Verbrauchsteuern, z. B. die Tabaksteuer. In der Konsequenz muss der Vorrang der Privatnützigkeit auch dort das Halbteilungsprinzip zur Geltung bringen, wo das Eigentum konsumtiv verwendet wird.[274] Der Halbteilungsgrundsatz beschränkt die staatliche Teilhabe an einem Vorgang der Einkommensverwendung durch Umsatzsteuer und besondere Verbrauchsteuer auf weniger als 50 % des Bruttoentgelts.

Soweit er Anwendung findet, ist der Halbteilungsgrundsatz nicht gleichbedeutend mit einem Grenzsteuersatz von 50 %, sondern stellt die steuerrechtliche Konkretisierung des Vorrangs privatnütziger Eigentumsverwendung als einem allgemeinen Verfassungsprinzip dar. Regelmäßig wird eine Steuer, die dem Halbteilungsgrundsatz nicht gerecht wird, zwar als unangemessen anzusehen sein. Die Übertretung der 50 %-Grenze hat jedoch lediglich Indizwirkung für einen Verfassungsverstoß. Entscheidend ist letztlich – genauso wie bei der Durchbrechung des Leistungsfähigkeitsprinzips – die Abwägung im Einzelfall, welche auch zugunsten anderer kollidierender Verfassungsprinzipien ausgehen kann. Dies gilt etwa für die Finanzierung eines

---

[271] Halbteilung dagegen kann als Ausdruck von Gleichrangigkeit verstanden werden; vgl. *Tipke*, StRO I, S. 451 f.

[272] *Jachmann*, Verfassungsrechtliche Grenzen, S. 64; *dies.*, StuW 1996, 97, 104; *dies.*, in: von Mangoldt/Klein/Starck, GG, Art. 105, Rn. 27; *P. Kirchhof*, Gutachten F für den 57. Deutschen Juristentag (Mainz 1988), S. F 82; *ders.*, Stbg 1995, 68, 71; *Friauf*, DStJG 12 (1989), 3, 8 f.

[273] Vgl. *Jachmann*, Verfassungsrechtliche Grenzen, S. 65; *dies.*, Steuergesetzgebung, S. 51; *dies.*, StuW 1996, 07, 104; a. A. *Weber-Grellet*, Steuern im modernen Verfassungsstaat, S. 31 f.

[274] A. A. *Jachmann*, StuW 1996, 97, 104.

staatlichen Sonderbedarfs, also zur Finanzierung staatlicher Sonderaufgaben, deren Erfüllung gegenüber einer privatnützigen Ertragserzielung Vorrang genießt.[275] Denkbar ist auch, dass die Verfolgung eines speziellen Lenkungszwecks ein Abweichen vom Halbteilungsgrundsatz rechtfertigt.[276]

2. Berufsfreiheit (Art. 12 GG)

a) Schutzbereich der Berufsfreiheit

Steuergesetze können außerdem den Schutzbereich des Art. 12 GG berühren.[277] Art. 12 GG ist ein einheitliches Grundrecht, das die Berufsfreiheit umfassend schützt.[278] Beruf im Sinne dieser Norm ist jede auf Dauer angelegte Tätigkeit, die der Schaffung und Erhaltung einer Lebensgrundlage dient[279] und nicht schlechthin gemeinschaftsschädlich ist.[280] Vom Schutzbereich umfasst sind Berufswahl und Berufsausübung.[281] Zu beachten ist hierbei, dass es sich bei Art. 12 GG um ein Deutschenrecht handelt. Die Wirkungen von Steuergesetzen sind dagegen nicht auf Deutsche beschränkt, da die Steuerpflicht nicht von der Staatsangehörigkeit abhängt. Soweit sich eine Steuer nur wegen Art. 12 GG als rechtfertigungsbedürftig erweist, wäre dies gegenüber steuerpflichtigen Ausländern nicht der Fall. Für diese müsste auf Art. 2 Abs. 1 GG zurückgegriffen werden.[282] Für Deutsche ist Art. 12 GG dagegen Lex specialis für die Handlungsfreiheit im Bereich des Berufsrechts.[283]

b) Eingriff durch Steuern

Den Schutzbereich des Art. 12 GG beeinträchtigen Normen, die die berufliche Betätigung gezielt und unmittelbar regeln. Dazu zählen typischerweise Bestimmungen über die Zulässigkeit einer Berufsausübung oder deren Modalitäten.[284] Steuergesetze sind dagegen in keinem Fall als Imperativ auf die Berufsausübung gerichtet.[285] Sie begründen daher keine unmittelbare Beeinträchtigung des Schutzbereichs der Berufsfreiheit. Nach Ansicht des BVerfG

---

275 *Jachmann,* Verfassungsrechtliche Grenzen der Besteuerung, S. 79.
276 Vgl. zur Tabaksteuer 2. Teil. F. I. 2.
277 BVerfGE 13, 181, 186.
278 *Pieroth/Schlink,* Grundrechte, Rn. 809.
279 *Pieroth/Schlink,* Grundrechte, Rn. 812.
280 BVerwGE 22, 286, 289.
281 *Jarass,* in: Jarass/Pieroth, GG, Art. 12, Rn. 8.
282 Die Auffangfunktion des Art. 2 Abs. 1 GG für Ausländer ist allerdings str., vgl. *Erichsen,* HStR VI, § 152, Rn. 47 ff.; *Pieroth/Schlink,* Grundrechte, Rn. 114 m. w. N.
283 BVerfGE 9, 73, 77; 68, 193, 223 f.
284 BVerfGE 13, 181, 185.
285 Vgl. *Sachs,* Grundrechte, B 12, Rn. 27; näher: *Hohmann,* DÖV 2000, 406, 407 f.

stellen sie nur dann einen (faktischen) Eingriff in die Berufsfreiheit dar, wenn sie in engem Zusammenhang zur Ausübung eines Berufes stehen und objektiv eine berufsregelnde Tendenz deutlich erkennen lassen.[286] Einen derart engen Zusammenhang mit der Berufsausübung weisen jedenfalls solche Steuergesetze auf, die die Steuerzahlung zur Voraussetzung für die Erlangung der Erlaubnis zur Ausübung eines bestimmten Berufs machen.[287] Darüber hinaus soll ein enger Berufsbezug vorliegen, wenn eine Abgabe die erwerbswirtschaftliche Tätigkeit auf einem Gebiet belastet und Einfluss auf die Art und Weise der unternehmerischen Tätigkeit nimmt.[288] Weiterhin muss konkret feststellbar sein, welcher Personenkreis von der Norm unmittelbar in seiner Berufsfreiheit betroffen wird.[289] Damit begründen im Ergebnis nur solche Steuern einen Eingriff in Art. 12 GG, die gezielt eine bestimmte berufliche Tätigkeit belasten und dadurch den Grundrechtsträger bei der Berufswahl oder Berufsausübung beeinflussen.[290] Art. 12 GG betreffen daher insbesondere lenkende steuerliche Sonderlasten,[291] während die allgemeinen Steuergesetze einen unspezifischen Adressatenkreis betreffen und eine unmittelbare Beziehung zu einem bestimmten Beruf vermissen lassen.[292]

Demgegenüber wird in der Literatur überwiegend einer an den Wirkungen ausgerichteten Eingriffsprüfung der Vorzug gegeben.[293] Ein Eingriff ist demnach gegeben, wenn von dem Steuergesetz erhebliche Wirkungen für die Berufsausübung ausgehen.[294] Zu unterschiedlichen Ergebnissen kommen die Vertreter der genannten Ansichten vor allem bei der Grundrechtsprüfung von Fiskalzwecksteuern, die dem Grundsatz der Allgemeinheit der Besteuerung folgend nicht nur ein bestimmte Gruppe Steuerpflichtiger belasten sollen. Auf der Grundlage der Literaturmeinung können auch allgemeine Unternehmenssteuern (z. B. Einkommensteuer, Körperschaftsteuer) einen Ein-

---

[286] BVerfGE 13, 181, 186; 16, 147, 162; 38, 61, 79; 47, 1, 21; 81, 108, 121; 98, 106, 117; 98, 83, 97; *Tettinger*, in: Sachs, GG, Art. 12, Rn. 72 f.; *F. Kirchhof*, Abgabenrecht, Rn. 67.

[287] BVerfGE 13, 181, 186.

[288] BVerfGE 98, 83, 97.

[289] BVerfGE 47, 1, 21.

[290] *Friauf*, Verfassungsrechtliche Grenzen, S. 40 f.

[291] *Von Arnim*, VVDStRL 39 (1981), S. 286, 329 f., siehe auch 309 f.

[292] BVerfGE 47, 1, 21.

[293] *Tipke*, StRO I, S. 434; *Papier*, Der Staat 11 (1972), 483, 494 f.

[294] *Hohmann*, DÖV 2000, 406, 409; wobei derartige erhebliche Wirkungen ggf. erst durch die Kumulation mehrerer Steuern entstehen.

griff in die Berufsfreiheit darstellen.[295] Nach Ansicht des BVerfG scheitert bei Fiskalzwecksteuern die Eingriffsprüfung dagegen daran, dass sich diese Normen an einen unbestimmten Adressatenkreis richten.[296]

Dagegen kommen Literatur und Rechtsprechung bei Steuern, die nur bestimmte berufliche Tätigkeiten belasten, zu identischen Resultaten. Hier ist der vom BVerfG geforderte enge Zusammenhang mit der beruflichen Tätigkeit eines spezifischen Adressatenkreises regelmäßig gegeben. Gleichzeitig ist im Sinne der Literaturansicht eine spürbare Wirkung für die Berufsausübung anzunehmen. Freilich ist ein Eingriff in die Berufausübungsfreiheit eines Unternehmers nur dann gegeben, wenn dieser mit der Steuer belastet ist. Soweit Steuern erfolgreich auf den Abnehmer der unternehmerischen Leistung überwälzt werden, fehlt es im Ergebnis an einer Beeinträchtigung der Berufsfreiheit des Steuerpflichtigen.[297] Im Rahmen der vorliegenden Arbeit kann auf eine eigene Stellungnahme zu dieser Problematik verzichtet werden. Die Tabaksteuer kann von vornherein nur diejenigen Berufsgruppen belasten, die mit Tabakproduktion und Tabakwarenhandel befasst sind. Sollte, was die spätere Prüfung ergeben muss, ein Beeinträchtigung der Ausübung solcher Berufe durch die Tabaksteuer gegeben sein, wäre somit der Eingriff nach beiden Ansichten festzustellen, soweit die Beeinträchtigung nicht durch entlastende Überwälzung beseitigt wird. In dieser Arbeit wird für die Prüfung der Tabaksteuer an Art. 12 GG daher den restriktiveren Vorgaben des BVerfG gefolgt.

Allerdings können nicht nur steuerliche Belastungen, sondern auch Entlastungen einen Eingriff in den Schutzbereich des Art. 12 GG begründen. Hierbei ist zu differenzieren zwischen dem Begünstigten und seinen Wettbewerbern. Sofern ein Steuerpflichtiger seine berufliche Betätigung danach ausrichtet, steuerliche Vergünstigungen zu erzielen, ist darin keine Beeinträchtigung der Berufsfreiheit zu sehen. Die steuerliche Vergünstigung bildet lediglich einen Anreiz für ein bestimmtes Verhalten, der freiheitsrechtlich irrelevant ist.[298] Es dürfte in der Regel schon an einem Eingriff fehlen. Die Gewährung einer Steuervergünstigung macht weder demjenigen, der sein Verhalten auf die Ermäßigung der Steuerlast ausrichtet, noch demjenigen, der dem steuerlichen Anreiz nicht folgt, ein freiheitsrechtlich geschütztes Ver-

---

[295] *Tipke*, StRO I, S. 434; *Hohmann*, DÖV 2000, 406, 412; *Papier*, Der Staat 11 (1972), 483, 494 f.; a. A. *Friauf*, Verfassungsrechtliche Grenzen, S. 40.

[296] BVerfGE 47, 1, 216.

[297] *Tipke*, StRO I, S. 436. Denkbar ist dies nicht nur bei Steuern, die auf Überwälzung angelegt sind (z. B. Tabaksteuer), sondern etwa auch in Bezug auf die Einkommensteuer.

[298] *Trzaskalik*, Gutachten E für den 63. DJT (2000), S. E 79; a. A. *Lambrecht*, in: P. Kirchhof/Söhn, EStG, § 7d, Rn. A 84.

halten unmöglich.[299] Insbesondere setzt die steuerliche Subvention keine Verhaltensbindung des Begünstigten voraus, die (in der Zukunft) eine Beschränkung der Berufsfreiheit darstellen könnte.[300] Erst recht besteht keine staatliche Schutzpflicht hinsichtlich der wirtschaftlichen Risiken, die ein Steuerpflichtiger dadurch eingeht, dass er sein Verhalten auf die Verwirklichung steuerlicher Entlastungstatbestände ausrichtet. Dem Steuerpflichtigen ist grundsätzlich zuzumuten, seine Steuersparanstrengungen eigenverantwortlich durchzuführen.

Anders verhält es sich mit Konkurrenten, die einen bestimmten steuerlichen Vorteil nicht erlangen können oder wollen. Art. 12 Abs. 1 GG schützt nicht nur vor berufsregelnden Ge- oder Verboten, sondern ist schon dann berührt, wenn staatliche Maßnahmen den Wettbewerb beeinflussen und dadurch die Ausübung einer beruflichen Tätigkeit behindert wird.[301] Im Bereich des Subventionsrechts ist anerkannt, dass durch Subventionierung von Konkurrenten deren Wettbewerber auf dem jeweils relevanten Markt in ihrem Grundrecht auf Berufsfreiheit betroffen sind, wenn sich durch die Subventionierung ihre wirtschaftlichen Chancen am Markt verschlechtern.[302] Diese Grundsätze sind auf steuerliche Vergünstigungen zu übertragen.[303] Wird bestimmten Steuerpflichtigen ein steuerlicher Vorteil gewährt und verschlechtern sich dadurch die Chancen der allgemeinen Marktteilnahme nicht nur unerheblich, so ist die Berufsfreiheit der übrigen den jeweiligen relevanten Markt bedienenden Mitbewerber betroffen.[304]

c) Rechtfertigung von Eingriffen

Eingriffe in die Berufsfreiheit sind gerechtfertigt, wenn ein legitimer Zweck verfolgt wird, zu dessen Förderung die Norm geeignet und erforderlich ist. Darüber hinaus muss der Eingriff in angemessenem Verhältnis zu dem verfolgten Zweck stehen, wobei im Rahmen der Abwägung der Stufenlehre des BVerfG[305] besondere Bedeutung zukommt. Je intensiver der Eingriff, desto

---

[299] Zum Eingriffsbegriff vgl. *Pieroth/Schlink*, Grundrechte, Rn. 240; zum Problem der rückwirkenden Beseitigung von Steuervergünstigungen vgl. BVerfGE 97, 67.

[300] Vgl. *Breuer*, HStR VI, § 148, Rn. 71.

[301] BVerfGE 86, 28, 37.

[302] *Ipsen*, HStR IV, § 92, Rn. 76; *Breuer*, HStR VI, § 148, Rn. 75; BVerwGE 30, 191, 196 ff.; 60, 154, 159 f. (wobei das BVerwG in diesen Entscheidungen die Wettbewerbsfreiheit im Rahmen von Art. 2 Abs. 1 GG prüft); ferner BVerfGE 18, 1, 12 f.

[303] *Kulosa*, Verfassungsrechtliche Grenzen steuerlicher Lenkung, S. 73; *Knobbe-Keuk*, BB 1982, 385, 387.

[304] Vgl. BVerfGE 85, 238, 247; *Ipsen*, HStR IV, § 92, Rn. 76.

[305] BVerfGE 7, 377, 405 ff.

geringer ist der Gestaltungsspielraum des Steuergesetzgebers.[306] Eine Beeinträchtigung der Berufsausübung ist durch vernünftige Erwägungen des Gemeinwohls zu rechtfertigen (1. Stufe).[307] Neuerdings differenziert das BVerfG danach, ob der Gesetzgeber dabei auf subjektive oder objektive Merkmale des Betroffenen abstellt.[308] Subjektive Zulassungsbeschränkungen (2. Stufe) können zum Schutz besonders wichtiger Gemeinschaftsgüter eingeführt werden, die bei der Abwägung als vorrangig vor dem individuellen Freiheitsanspruch erkannt werden und nicht auf weniger beeinträchtigende Weise gesichert werden können.[309] Durch objektive Zulassungsvoraussetzungen (3. Stufe) darf die Berufswahl nur eingeschränkt werden, wenn die Abwehr nachweisbarer oder höchstwahrscheinlicher schwerer Gefahren für ein überragend wichtiges Gemeinschaftsgut dies erfordert.[310] Eine objektive Zulassungsbeschränkung durch Steuern ist anzunehmen, wenn die Steuerzahlung Voraussetzung für die Aufnahme oder Fortführung einer erlaubnispflichtigen Berufstätigkeit ist. Fehlt es an einer solchen rechtlichen Verknüpfung von Berufswahl und Steuerzahlung, kann die Steuer verfassungsrechtlich wie eine auf die Berufswahl zurückwirkende Ausübungsregelung zu behandeln sein.[311] Dies setzt voraus, dass sie in ihren Wirkungen einer Zulassungsvoraussetzung nahe kommt. Dafür ist nicht schon jede die Ertragssituation belastende Steuer ausreichend, selbst wenn diese den betroffenen Beruf wirtschaftlich weniger attraktiv erscheinen lässt.[312] Eine Rückwirkung auf die Wahl des Berufes liegt vielmehr nur vor, wenn die steuerliche Sonderbelastung es wirtschaftlich unmöglich macht, einen bestimmten Beruf zur Grundlage der Lebensführung zu machen.[313] An die Rechtfertigung einer solchen Regelung sind die gleichen Anforderungen zu stellen, wie bei einer objektiven Zulassungsvoraussetzung.[314] Die steuerliche Regelung müsste also zur Abwehr schwerer Gefahren für überragend wichtige Gemeinschaftsgüter erforderlich sein. Es erscheint zweifelhaft, ob dies bei

---

306 Vgl. *Pieroth/Schlink*, Grundrechte, Rn. 846.

307 BVerfGE 7, 377, 405.

308 BVerfGE 86, 28, 39.

309 BVerfGE 7, 377, 405.

310 BVerfGE 7, 377, 408.

311 BVerfGE 13, 181, 186.

312 Eine solche Steuer wäre als bloße Ausübungsregelung anzusehen, die durch Interessen des Gemeinwohls gerechtfertigt werden kann (BVerfGE 13, 181, 187).

313 BVerfGE 13, 181, 187; 16, 147, 163 und 165.

314 *Manssen*, in: von Mangoldt/Klein/Starck, GG, Art. 12 Abs. 1, Rn. 195; *Scholz/Aulehner*, BB 1991, 73, 79; *Pieroth/Schlink*, Grundrechte, Rn. 827; a. A. *Hohmann*, DÖV 2000, 406, 412 f., der eine subjektive Zulassungsvoraussetzung annimmt.

einem Steuergesetz jemals der Fall sein kann.[315] Außerdem ist fraglich, ob eine Steuer ein geeignetes Mittel zur Abwehr derart großer Gefahren darstellt. Dies dürfte wohl nur bei einer – dann im Übrigen verfassungswidrigen – erdrosselnden Steuer der Fall sein. Lenkungsteuern, die noch ein Ausweichverhalten des Steuerpflichtigen ermöglichen, sind dagegen ungeeignet, ein derart wichtiges Gemeinschaftsgut zu schützen.[316]

3. Allgemeine Handlungsfreiheit (Art. 2 Abs. 1 GG)

Art. 2 Abs. 1 GG schützt die Handlungsfreiheit in einem umfassenden Sinne,[317] auch in wirtschaftlicher Hinsicht,[318] vor der Belastung mit Nachteilen, z. B. Abgaben.[319] Steuergesetze sind also aufgrund ihrer freiheitsbeschränkenden Wirkung an Art. 2 Abs. 1 GG zu messen.[320] Die mit Steuern verbundene Belastungswirkung bedeutet einen Eingriff in Art. 2 Abs. 1 GG.[321] Regelmäßig betreffen Steuergesetze allerdings die allgemeine Handlungsfreiheit in ihrer besonderen Ausprägung als vermögensrechtliche oder berufliche Entfaltungsfreiheit.[322] Vorrangig ist daher ein Eingriff in Art. 12 GG bzw. Art. 14 GG in Betracht zu ziehen; Art. 2 Abs. 1 GG hat insoweit die Funktion eines Auffanggrundrechts. Schranke der allgemeinen Handlungsfreiheit ist die verfassungsrechtliche Ordnung, also die Gesamtheit der Normen, die formell und materiell mit der Verfassung im Einklang stehen.[323] Ein Eingriff durch ein verfassungsmäßiges Gesetz ist daher gerechtfertigt. Auf das Steuerrecht bezogen kann man sagen, Art. 2 Abs. 1 GG sei ein „Grundrecht des Bürgers, nur auf Grund solcher Rechtsvorschriften zu Steuern herangezogen zu werden, die formell und materiell der Verfassung gemäß sind und deshalb zur verfassungsmäßigen Ordnung gehören."[324]

Gerechtfertigt sind Eingriffe in Art. 2 Abs. 1 GG nur dann, wenn sie dem Grundsatz der Verhältnismäßigkeit genügen.[325] An diesem Maßstab werden

[315] *Manssen,* in: von Mangoldt/Klein/Starck, GG, Art. 12 Abs. 1, Rn. 195.

[316] Vgl. *P. Kirchhof,* Besteuerungsgewalt und Grundgesetz, S. 58; zur Problematik der Lenkungsteuern vgl. nachfolgend 1. Teil. B.

[317] St. Rspr. des BVerfG, vgl. BVerfGE 6, 32, 26; 97, 332, 340.

[318] BVerfGE 9, 3, 11.

[319] *Jarass,* in: Jarass/Pieroth, GG, Art. 2, Rn. 3.

[320] BVerfGE 87, 153, 169.

[321] *Vogel,* HStR IV, § 87, Rn. 67 und 87; *Rodi,* Die Rechtfertigung von Steuern als Verfassungsproblem, S. 85 f.

[322] BVerfGE 87, 153, 169.

[323] BVerfGE 6, 32, 37 f.; 80, 137, 153; 90, 145, 172; 96, 10, 21.

[324] BVerfGE 19, 206, 216.

[325] *Pieroth/Schlink,* Grundrechte, Rn. 384; *Sachs,* Grundrechte, B 2, Rn. 37.

auch Abgabengesetze gemessen.[326] Sie müssen durch ausreichende Gründe des Gemeinwohls gerechtfertigt sein,[327] zu deren Förderung der steuergesetzliche Eingriff geeignet, erforderlich und angemessen ist.

Sofern keine spezielleren Grundrechte betroffen sind, ist ein Steuergesetz wenigstens im Rahmen von Art. 2 Abs. 1 GG auf seine Verfassungsmäßigkeit hin zu überprüfen. Insbesondere die bei Lenkungsteuern bedeutsame Gesetzgebungskompetenz kann wenigstens durch Art. 2 Abs. 1 GG gerügt werden.[328]

[326] Vgl. BVerfGE 75, 108, 155 f.; BFHE 141, 369, 384; *Jarass,* in: Jarass/Pieroth, GG, Art. 2, Rn. 21.
[327] *Vogel,* HStR IV, § 87, Rn. 87.
[328] Vgl. *Ossenbühl/Di Fabio,* StuW 1988, 349, 357.

B. Die Rechtfertigung von Lenkungsteuern

I. Die Lenkungsteuer als verfassungsrechtliches Problem

Unter steuerlichen Lenkungsnormen versteht man Steuernormen, die noch weiteren Zwecken neben der Einnahmeerzielung dienen sollen.[1] In Abgrenzung zum Begriff der Fiskalzwecknorm sind sie den Sozialzwecknormen zuzurechnen.[2] Bei den Lenkungsteuern macht sich der Gesetzgeber die doppelte Wirkungsweise[3] der Steuern zunutze. Keine Steuer hat nur eine finanzielle Belastung zur Folge. Stets sind mit der steuerlichen Belastung noch andere Auswirkungen verbunden, vor allem Vermeidungsreaktionen des Steuerpflichtigen.[4] Derartige Steuerwirkungen, die in Abgrenzung zur Belastungswirkung gemeinhin als Gestaltungswirkungen bezeichnet werden,[5] für einen bestimmten Zweck zu instrumentalisieren, ist die Grundidee der Lenkungsteuer. Entscheidendes Charakteristikum einer Lenkungsteuer ist damit ihr besonderer, über die Erzielung von Einnahmen hinausgehender Zweck (Lenkungszweck, Sozialzweck).[6] Das BVerfG hat die Lenkungsteuer im Hinblick auf die ihr eigene gestaltende Funktion und die besondere, aus der steuerlichen Belastung resultierenden Wirkungsweise als „eine in das Gewand eines Steuergesetzes gekleidete wirtschaftliche Lenkungsmaßnahme" beschrieben, die dem Steuerpflichtigen „ein bestimmtes wirtschaftliches Verhalten nahelegen" soll.[7]

Der Einsatz von Steuern zur Erreichung verschiedenster volkswirtschaftlicher oder politischer Zwecke ist – seit jeher[8] – weit verbreitet und es dürfte

---

1 *Weber-Grellet,* NJW 2001, 3657.

2 Vgl. *J. Lang,* in: Tipke/J. Lang, Steuerrecht, § 4, Rn. 21 f.

3 Siehe dazu eingehend *Birk,* Leistungsfähigkeitsprinzip, S. 68 ff.

4 Vgl. *F. Kirchhof,* DVBl. 2000, 1166, 1167.

5 Siehe Einleitung.

6 Vgl. in Bezug auf Steuersubventionen *Vogel,* StuW 1977, 97, 105; siehe auch *Böckli,* Indirekte Steuern und Lenkungssteuern, S. 44. Dagegen sind die äußeren, insbesondere rechtstechnischen Merkmale einer Lenkungsteuer nicht wesensbestimmend. Anhand der äußeren Form kann auch nicht zuverlässig zwischen Lenkungsteuern und Fiskalzwecksteuern differenziert werden. So sind Lenkungsteuern steuersystematisch gesehen zwar häufig Ausnahmebestimmungen oder Sondersteuern, dies unterscheidet sie aber nicht von Fiskalzwecksteuern, vgl. *Ruppe,* 8. ÖJT 1982, Bd. I, 1. Teil A, S. 50 f.

7 BVerfGE 16, 147, 161.

8 Vgl. *Trzaskalik,* StuW 1992, 135, 141 m. w. N. Als ein Mittel der Wirtschaftslenkung dient die Steuerpolitik zumindest seit Anfang des 20. Jahrhunderts, vgl. *Scheuner,* VVDStRL 11 (1954), S. 1, 41; *Stolleis,* Geschichte des öffentlichen Rechts in Deutschland, Bd. 3, S. 45 f.; siehe auch *Schüle,* VVDStRL 11 (1954), S. 75, 93; *Walz,*

heute kaum eine Steuer geben, die nicht in der ein oder anderen Weise lenkend eingesetzt wird.[9] Auch über den Bereich der Steuern hinaus ist spätestens seit Gründung der Bundesrepublik Deutschland die wachsende Bedeutung indirekter, sozial- und wirtschaftspolitischer motivierter Lenkungsmaßnahmen zu konstatieren.[10] Die Tabaksteuer ist insofern nur ein besonders prominenter Untersuchungsgegenstand, aber sicher nicht die einzige Steuer, bei der die Frage nach ihrer verfassungsrechtlichen Rechtfertigung als Lenkungsteuer zu stellen wäre.

Systematisch vorrangig vor der Rechtfertigung einer Lenkungsteuer ist die Frage nach der Zulässigkeit der Lenkung mit finanzwirtschaftlichen Mitteln überhaupt.[11] Dabei kann die Lenkung eine belastende oder begünstigende sein. Ziel begünstigender Lenkung ist die Erreichung einer Umverteilungswirkung. Die belastende Lenkung ist hingegen auf eine Verhaltensänderung beim Betroffenen gerichtet. Beide Formen der Intervention können mit den Mitteln des Steuerrechts – durch steuerliche Belastung bzw. Steuervergünstigungen – erreicht werden.[12] Derartige Lenkungsmaßnahmen sind als eigentümliches Betätigungsfeld des Sozialstaates anerkannt.[13] In der Verfolgung sozial- und wirtschaftspolitischer Ziele durch entsprechende Steuern wird vielfach sogar ein wesentliches Charakteristikum des „sozialen Rechtsstaats“[14] erkannt.[15] Wenn auch fraglich erscheint, inwieweit der Sozialstaat

Steuergerechtigkeit und Rechtsanwendung, S. 91 f.; BFH, BStBl. 1973 II, 754, 755. Schon die Merkantilisten und Kameralisten der absolutistischen Epoche waren sich aber über die Möglichkeit eines lenkenden Einsatzes von Steuern im klaren, vgl. *Knies,* Steuerzweck und Steuerbegriff, S. 10 ff. m. w. N.; *Mann,* Steuerpolitische Ideale, S. 48 f. m. w. N.; *Neumark,* Interventionistische und dirigistische Steuerpolitik, in: Wirtschafts- und Finanzprobleme des Interventionsstaates, S. 279.

9 *Friedrich Klein* konstatierte dies schon 1970, vgl. *ders.,* in: FS für Neumark, S. 229, 238 f.; ähnlich *Paulick,* in: FS für Neumark, S. 203, 212; zuletzt *Weber-Grellet,* DB 2002, 9, 11.

10 Vgl. *Scheuner,* VVDStRL 11 (1954), S. 1, 53 f.

11 Vgl. zur Zulässigkeit staatlicher Wirtschaftslenkung allgemein *Scheuner,* VVDStRL 11 (1954), S. 1 ff.; *Bellstedt,* Verfassungsrechtliche Grenzen der Wirtschaftslenkung durch Steuern, S. 44 f.; zur indirekten Lenkung durch die Finanzmacht des Staates *P. Kirchhof,* Verwalten durch „mittelbares“ Einwirken, S. 106 ff.

12 Vgl. zur Unterscheidung zwischen Umverteilungs- und Lenkungsbesteuerung *von Arnim,* VVDStRL Bd. 39 (1981), S. 286, 324. Freilich findet ein großer Teil der Interventionsmaßnahmen, vor allem im Bereich der Wirtschaftslenkung, außerhalb des Steuerrechts statt, z. B. in Form von Subventionsleistungen.

13 *Von Arnim,* VVDStRL Bd. 39 (1981), S. 286, 294 f.

14 *Forsthoff,* VVDStRL Bd. 12 (1954), S. 32.

15 Vgl. *J. Isensee,* in: FS für Ipsen (1977), S. 409, 410; *Paulick,* in: FS für Neumark, S. 203, 217.

einerseits wirtschaftspolitische Lenkung bedingt[16] und andererseits schon das Subsidiaritätsprinzip[17] derartige Maßnahmen begrenzt,[18] so ist jedenfalls zu konstatieren, dass zur Verfolgung sozialpolitischer Anliegen im sozialen Steuerstaat die steuerliche Lenkung grundsätzlich ein zulässiges Mittel ist.[19]

Festzuhalten ist, dass auch die Finanzwissenschaft den Möglichkeiten einer wirtschaftspolitischen Lenkung mit den Mitteln des Steuerrechts grundsätzlich zustimmend gegenübersteht.[20] Freilich unterscheidet sich die volkswirtschaftliche Betrachtung solcher Lenkungsmaßnahmen von der juristischen Analyse schon hinsichtlich ihrer Zielsetzung. Während es der Finanzwissenschaft in erster Linie auf die ökonomischen Auswirkungen des lenkenden Einsatzes der Besteuerung ankommt, hat die Steuerrechtswissenschaft deren rechtliche Implikationen, vor allem die Frage der Verfassungsmäßigkeit zu untersuchen. Für die hier anzustellende rechtliche Untersuchung ohne Belang ist daher auch die von *Neumark* aus finanzwissenschaftlicher Sicht geforderte Differenzierung zwischen „Steuerdirigismus" und „Steuerinterventionismus".[21] Unter steuerdirigistischen Maßnahmen versteht *Neumark* solche, die „einzelne Wirtschaftsgruppen (...), Erzeugungszweige, Konsumarten, Kapitalbildungs- und verwendungsformen" begünstigen oder benachteiligen. Den „Steuerdirigismus" lehnt *Neumark* prinzipiell ab; den „Steuerinterventionismus", d. h. die Einflussnahme auf ökonomische Globalgrößen (z. B. Produktion, Spar- und Konsumquoten, Beschäftigung), erachtet er dagegen als mit dem marktwirtschaftlichen Mechanismus konform und sogar förderlich.[22] Aus verfassungsrechtlicher Sicht ist diese Unterscheidung deswegen unbrauchbar, weil sie allein auf die Wirkungsbreite der Maßnahmen abstellt und so zu einem Verdikt gelangt, ohne die Grundrechtsrelevanz der

---

16 Dafür zuletzt insbesondere *Weber-Grellet,* NJW 2001, 3657, 3658; *ders.,* DB 2002, 9, 10 f., der den modernen Staat als Steuerungsstaat bezeichnet und ihm die Rolle eines Risikomanagers der Bürger zuweist.

17 Zum Subsidiaritätsprinzip als freiheitsrechtlichem Grundsatz vgl. *Merten,* Subsidiarität als Verfassungsprinzip, in: ders. (Hg.): Die Subsidiarität Europas, S. 77, 89 ff.

18 Vgl. *Paulick,* in: FS für Neumark, S. 203, 218 ff.

19 Vgl. *Weber-Grellet,* Steuern im modernen Verfassungsstaat, S. 44 ff.; *Bayer,* StuW 1972, 149, 153 ff.

20 Vgl. *Paulick,* in FS für Neumark, S. 203, 204 ff. m. w. N.

21 *Neumark,* Grundsätze gerechter und ökonomisch rationaler Steuerpolitik, S. 224; *ders.,* Interventionistische und dirigistische Steuerpolitik, in: Wirtschafts- und Finanzprobleme des Interventionsstaates, S. 279, 281 f.; kritisch *Haller,* in: FS für Neumark (1970), S. 85; siehe dazu auch *Ruppe,* 8. ÖJT 1982, Bd. I, 1. Teil A, S. 36 f.; *Selmer,* Steuerinterventionismus und Verfassungsrecht, S. 38 f.; *Paulick,* in: FS für Neumark, S. 203, 205 f.

22 *Neumark,* Grundsätze gerechter und ökonomisch rationaler Steuerpolitik, S. 224, 232.

Steuer zu prüfen. Im Rahmen der bei der Grundrechtsprüfung vorzunehmenden Verhältnismäßigkeitsprüfung kommt die hinter der Lenkungsteuer stehende Motivation zum Tragen, die *Neumark* ausdrücklich für unbeachtlich erklärt.[23] Aufgrund des Abwägungserfordernisses können selbst globale, lastengleiche Lenkungsteuern wie etwa ein Konjunkturzuschlag, nicht unbesehen als verfassungsgemäß deklariert werden.[24]

Grundsätzlich kann jede Steuer bzw. Steuerart Lenkungsteuer sein, wenn sie entsprechend ausgestaltet wird. Die Lenkung kann z. B. durch Steuerbefreiungen, Modifikation der Bemessungsgrundlage oder Differenzierung des Steuersatzes einer ansonsten fiskalisch motivierten Steuer erreicht werden oder indem eigens eine Steuer zur Verwirklichung einer bestimmten Lenkungsidee – etwa eine besondere Verbrauchsteuer – geschaffen wird.[25] Die steuerliche Lenkung kann begünstigend oder belastend sein. Die Erscheinungsformen der begünstigenden Lenkung sind die persönliche und sachliche Steuerbefreiung, besondere Abzugs- und Abschreibungstatbestände, die Zulassung bestimmter Rücklagen und Rückstellungen, sowie die Tarifermäßigung.[26] Die belastende Lenkung wird durch die Schaffung spezieller Steuern oder Steuertatbestände oder (seltener) Tariferhöhungen verwirklicht.

Belastungsgrund von Lenkungsteuern ist wie bei allen in Art. 106 GG aufgeführten Steuern die Zahlungsfähigkeit.[27] Wie stets, so müssen auch Lenkungsteuern in Bezug auf diese Belastungswirkung grundsätzlich gleichheitsgerecht ausgestaltet sein.[28] Damit kommt das Leistungsfähigkeitsprinzip auch im Bereich der Lenkungsteuern zur Anwendung.[29] Steuern, die vom Leistungsfähigkeitsprinzip abweichen, sind besonders zu rechtferti-

---

23 *Neumark,* Grundsätze gerechter und ökonomisch rationaler Steuerpolitik, S. 232.

24 Vgl. *von Arnim,* VVDStRL 39 (1981), S. 286, 337; *Selmer,* Steuerinterventionismus und Verfassungsrecht, S. 221 ff.

25 Vgl. *Ruppe,* 8. ÖJT 1982, Bd. I, 1. Teil A, S. 38; *Weber-Grellet,* Steuern im modernen Verfassungsstaat, S. 49 f.

26 Vgl. *Weber-Grellet,* NJW 2001,3657, 3660; *ders.,* DB 2002, 9, 12; *Ruppe,* 8. ÖJT 1982, Bd. I, 1. Teil A, S. 29 ff.

27 Kein geeigneter Belastungsgrund ist dagegen das Verhalten des Steuerpflichtigen, das mit der Lenkungsteuer beeinflußt werden soll, vgl. *P. Kirchhof,* HStR IV, § 88, Rn. 58; *Trzaskalik,* StuW 1992, 135, 141 und 148.

28 *Jachmann,* Verfassungsrechtliche Grenzen, S. 17.

29 *Birk,* Leistungsfähigkeitsprinzip, S. 240; *J. Lang,* in: Tipke/J. Lang, Steuerrecht, § 4, Rn. 85; *Jachmann,* Verfassungsrechtliche Grenzen, S. 17; *Selmer/Brodersen,* DVBl. 2000, 1153, 1156; *Huster,* Rechte und Ziele S. 376; *Weber-Grellet,* Steuern im modernen Verfassungsstaat, S. 51; Antwort auf Frage 22, BT-Drs. 13/3429; a. A. *Tipke,* StRO I, S. 495, gegen diesen: *Selmer,* FinArch n.F. 52 (1995), S. 234, 244.

gen.[30] Die Rechtfertigung gelingt nur, wenn die Grenzen der absoluten Leistungsfähigkeit eingehalten und der Grad der Divergenz von einer leistungsfähigkeitsgerechten Besteuerung zumutbar erscheint.

1. Belastende Lenkung

In ihrer Wirkungsweise unterscheidet sich die belastende Lenkung von der allgemeinen steuerlichen Belastung dadurch, dass die Lenkungswirkung, obwohl die Steuer auf eine Verhaltensänderung abzielt, gerade nicht durch einen direkten Verhaltensbefehl vermittelt wird.[31] Rechtsfolge des Steuertatbestandes ist nur die Begründung einer Geldleistungspflicht. Nur mittelbar wird dem Steuerpflichtigen durch die finanzielle Belastung das Verhalten nahegelegt, durch welches er die Abgabenlast verringern oder ganz vermeiden kann. Dem Steuerpflichtigen bleibt die freie Entscheidung über sein Verhalten.[32] Lenkungsteuern sind also eine Form mittelbarer Verhaltenssteuerung.[33] Die spezifische Wirkungsweise von Lenkungsteuern kann insofern als „elastisch"[34], andererseits, weil der Erfolg nur schwer kontrollierbar und kaum nachträglich beeinflussbar ist, als „unscharf" bezeichnet werden.[35]

2. Begünstigende Lenkung

Mittel der begünstigenden Lenkung sind Steuervergünstigungsnormen. In formaler Hinsicht ist die Steuervergünstigung bezogen auf die Steuerschuld ein Ausnahmetatbestand. Ist er erfüllt, wird der belastende Steuertatbestand verdrängt mit der Folge, dass die steuerliche Lastenzuteilung unterbleibt oder ermäßigt wird, was für die öffentliche Hand zu Mindereinnahmen führt.[36] Um einzelne Vorschriften als Steuervergünstigungen zu identifizieren, ist es allerdings nicht ausreichend, auf die Bezeichnung durch den Gesetzgeber zu vertrauen. Während die Literatur den Begriff der Steuervergünstigung als Oberbegriff versteht, der sowohl Steuerbefreiungen als auch

---

30 *Birk,* StuW 2000, 328, 330.

31 *Ruppe,* 8. ÖJT 1982, Bd. I, 1. Teil A, S. 34; a. A. *F. Kirchhof,* Abgabenrecht, Rn. 25 und 33

32 *P. Kirchhof* beschreibt die Option des Betroffenen, entweder die Steuerlast zu tragen oder oder den Tatbestand durch eine Verhaltensänderung zu vermeiden, als „Wahlschuld", JZ 1979, 153, 157; StuW 1984, 297, 308; HStR IV, § 87, Rn. 58. Kritisch dazu *Trzaskalik,* Gutachten E für den 63. DJT (2000), S. E 22 f.

33 BVerfGE 98, 106, 117.

34 *F. Kirchhof,* DVBl. 2000, 1166, 1168.

35 *P. Kirchhof,* Verwalten durch „mittelbares" Einwirken, S. 108; vgl. auch BVerfGE 38, 61, 82 unter Bezugnahme auf *Friauf,* Verfassungsrechtliche Grenzen, S. 33 ff.; *Ruppe,* 8. ÖJT 1982, Bd. I, 1. Teil A, S. 73; *ders.,* in: Herrmann/Heuer/Raupach, Einf. EStG, Anm. 57; *Trzaskalik,* Gutachten E für den 63. DJT (2000), S. E 24.

36 Vgl. *BMF* (Hg.), Achtzehnter Subventionsbericht, S. 10.

Steuerermäßigungen erfasst,[37] ist der Sprachgebrauch des Gesetzgebers insbesondere im Verbrauchsteuerrecht uneinheitlich.[38] So enthält das TabStG in seiner gegenwärtigen Fassung den Begriff der Steuervergünstigung überhaupt nicht mehr. Soweit Vergünstigungen im Tabaksteuerrecht ausdrücklich benannt werden, sind sie als Steuerbefreiungen bezeichnet.[39]

Jeder Versuch einer allgemeingültigen Definition des Begriffs der Steuervergünstigung steht vor dem Problem, Vergünstigungsnormen zuverlässig von anderen die Besteuerung einschränkenden Vorschriften abzugrenzen, denen sie in formaler Hinsicht gleichen.[40] Negative steuerliche Tatbestände oder Tatbestandselemente (negative Geltungsanordnungen[41]) haben in vielen Fällen keinen vergünstigenden Charakter, sondern dienen schlicht der Tatbestandsbegrenzung. Im Unterschied zu den Steuervergünstigungen durchbrechen sie nicht das einer Steuer zugrunde liegende Belastungsprinzip, sondern dienen der begrenzenden Ausgestaltung einer Steuer. Solche Vorschriften – auch als Ausgrenzungsbefreiungen bezeichnet – unterscheiden sich ihrer Funktion nach nicht vom Grundtatbestand.[42] Dagegen ist für die Steuervergünstigungen kennzeichnend, dass sie von dem Belastungsgedanken der betroffenen Steuer abweichen. Sofern die Steuer, auf die sich die Vergünstigungsnorm bezieht, das Leistungsfähigkeitsprinzip verwirklicht, stellt sich die Steuervergünstigung als Durchbrechung desselben dar.[43] Regelmäßig ist mit der Vergünstigung eine Lenkungsidee verbunden, zu deren Verfolgung der Gesetzgeber von dem Leistungsfähigkeitsprinzip als Grundprinzip der Besteuerung, einem nachgeordneten Prinzip oder einem anderen Lenkungszweck zu Gunsten des Steuerpflichtigen abweicht. Der Kern der Rechtfertigungsproblematik liegt mithin auch bei begünstigenden Lenkungsteuern in dem Zusammentreffen des legitimen sozialstaatlichen Bedürfnisses, Steuern

---

37 *J. Lang,* Systematisierung der Steuervergünstigungen, S. 26; *Förster,* Die Verbrauchsteuern, S. 79 f.; *Jatzke,* Das System des deutschen Verbrauchsteuerrechts, S. 104; *Müller,* Struktur, Entwicklung und Begriff der Verbrauchsteuern, S. 84; *J. Lang,* in: Tipke/J. Lang, Steuerrecht, § 7, Rn. 36.

38 Vgl. *Jatzke,* Das System des deutschen Verbrauchsteuerrechts, S. 102 f.; *Peters/Bongartz/Schröer-Schallenberg,* Verbrauchsteuerrecht, Rn. C 45.

39 Zu der Unterscheidung zwischen Steuervergünstigungen und Steuerbefreiungen im TabStG 1980 siehe *Jatzke,* Das System des deutschen Verbrauchsteuerrechts, S. 103 f.; *Caspers/Dittrich,* ZfZ 1980, 134, 136 ff.

40 *J. Lang,* Systematisierung von Steuervergünstigungen, S. 63 ff., 74 ff.; vgl. auch *Zitzelsberger,* StuW 1985, 197, 198 ff.

41 *Larenz,* Methodenlehre der Rechtswissenschaft, S. 259.

42 *Bayer,* StuW 1972, 149, 151.

43 Vgl. *J. Lang,* in: Tipke/J. Lang, Steuerrecht, § 7, Rn. 37; *Birk,* Steuerrecht I, § 5, Rn. 13.

gestaltend einzusetzen, mit dem Gleichbehandlungsanspruch der Steuerpflichtigen.[44] Sie gleichen den belastenden Lenkungsteuern darin, dass sie eine mittelbar verhaltenssteuernde Wirkung haben, die auf einer steuerlichen Behandlung beruht, welche vom Grundsatz der Besteuerung nach der Leistungsfähigkeit abweicht. Ebenso wie belastende Lenkungssteuern sind für lenkende Steuervergünstigungen in objektiver Hinsicht das Abweichen vom Prinzip der Besteuerung nach der Leistungsfähigkeit und in subjektiver Hinsicht der seitens des Gesetzgebers damit verbundene besondere Zweck charakteristisch. Ein Bedürfnis nach besonderer verfassungsrechtlicher Rechtfertigung der begünstigenden Lenkung ergibt sich freilich ohne Rücksicht auf die gesetzgeberische Motivation allein schon aus der Abweichung von der leistungsfähigkeitsgerechten Besteuerung. Zu prüfen ist, ob der jeweilige Lenkungszweck einen geeigneten Rechtfertigungsgrund abgibt.

In ihren Wirkungsmöglichkeiten sind begünstigende steuerliche Lenkungsnormen umfassender als belastende Lenkungsteuern. Während letztere stets auf eine Verhaltensänderung hinwirken, ist die steuerliche Förderung eines bestimmten Verhaltens nicht erst dann wirksam, wenn ein Steuerpflichtiger sein bisheriges Verhalten in Richtung des vom Gesetzgeber befürworteten Verhaltens ändert, sondern bereits dann, wenn der Steuerpflichtige ein förderungswürdiges Verhalten beibehält.[45]

II. Steuercharakter der Lenkungsteuern

Der Begriff der Lenkungssteuer impliziert zum einen, dass die lenkende Wirkung im Wege der steuerlichen Lastenzuteilung erreicht werden soll. Zum anderen schließt er die Aussage mit ein, dass die betreffende Abgabe dem Rechtsbegriff der Steuer entspricht.

Der Steuerbegriff des Verfassungsrechts, um den es hier geht, ist im Grundgesetz nicht definiert und kann daher nur im Wege der Auslegung aus dem verfassungsrechtlichen Kontext ermittelt werden.[46] Das BVerfG nimmt die Vorstellungen des historischen Gesetzgebers zum Ausgangspunkt seiner Interpretation. Es vertritt in seiner Rechtsprechung, der Begriff der Steuer werde im Grundgesetz im Sinn von § 1 Abs. 1 der Reichsabgabenordnung verwendet.[47] In der Literatur hat dieses sog. Rezeptionsargument überwie-

---

44 Vgl. *Neumark*, Grundsätze gerechter und ökonomisch rationaler Steuerpolitik, S. 72.

45 *Trzaskalik*, Gutachten E für den 63. DJT (2000), S. E 67.

46 *Birk*, in: HHSp, AO, § 3, Rn. 25; *Tipke*, StRO III, S. 1055.

47 BVerfGE 3, 407, 435; 7, 244, 251; 14, 76, 91; 29, 402, 408; 36, 66, 70; 38, 61, 69 f.; 55, 274, 299.

gend Zustimmung erfahren.[48] Dem liegt die Vorstellung zugrunde, dass der Verfassungsgeber nur deshalb auf eine eigenständige Begriffsdefinition im Grundgesetz verzichtete, weil er bei Schaffung der Finanzverfassung ohne weiteres vom einfachgesetzlich eingeführten und allgemein geläufigen Steuerbegriff der Reichsabgabenordnung ausging.[49] Nach jener, bis zum Erlass der Abgabenordnung 1977 unverändert gebliebenen Legaldefinition, sind Steuern „Geldleistungen, die nicht eine Gegenleistung für eine besondere Leistung darstellen und von einem öffentlich-rechtlichen Gemeinwesen zur Erzielung von Einkünften allen auferlegt werden, bei denen der Tatbestand zutrifft, an den das Gesetz die Leistungspflicht knüpft."[50]

1. „Zur Erzielung von Einkünften"

Seit Schaffung dieser Begriffsbestimmung im Jahr 1919 ist der Bedeutungsgehalt des Tatbestandsmerkmals „zur Erzielung von Einkünften" umstritten. Der dadurch ausgedrückte Verweis auf die Einnahmenerzielung als spezifischer Funktion der Steuer wirft die Frage auf, ob eine Abgabe, die daneben oder stattdessen andere Ziele verfolgt, noch eine Steuer im verfassungsrechtlichen Sinne ist. Gerade Lenkungsteuern sind angesichts des mit ihnen verbundenen wirtschafts- oder sozialpolitischen Gestaltungszwecks vor diesem Hintergrund auf ihre Vereinbarkeit mit dem verfassungsrechtlichen Steuerbegriff zu untersuchen. Zu klären ist, ob die oben erörterte[51] grundsätzliche verfassungsrechtliche Zulässigkeit von Steuern auch für Lenkungsteuern gegeben ist. Die weitere Konsequenz der Einordnung solcher Abgaben als Steuern ist kompetenzrechtlicher Natur: Für ein Steuergesetz im verfassungsrechtlichen Sinn gilt die Kompetenzverteilung des Art. 105 GG,[52] anderenfalls entscheidet sich die Zuständigkeit nach den in Art. 70 ff. GG geregelten Sachkompetenzen.[53] Weiterhin hat die Entscheidung darüber, ob eine Abgabe Steuer ist, Auswirkungen auf die Anwendbarkeit von Abgabenordnung (§ 1 AO), Einspruchsverfahren (§ 347 AO) und Finanzrechtsweg (§ 33 FGO).[54]

---

48 Vgl. *Birk*, Steuerrecht I, § 4, Rn. 3; *Wacke*, Das Finanzwesen der Bundesrepublik, S. 64; *Friauf*, Verfassungsrechtliche Grenzen, S. 13 ff.; *Selmer*, Steuerinterventionismus und Verfassungsrecht, S. 74 ff.; *ders.*, AöR 101 (1976), 238, 247, Fn. 40; kritisch *Starck*, in: FS für Wacke (1972), S. 193, 196.

49 Vgl. *F. Kirchhof*, Abgabenrecht, Rn. 71 f.

50 § 1 Abs. 1 S. 1 RAO vom 13. Dezember 1919, RGBl. 1919, 1993.

51 Siehe 1. Teil. A. I.

52 Vgl. *Friauf*, Verfassungsrechtliche Grenzen, S. 13.

53 Siehe unten 1. Teil. B. III.

54 Vgl. *Tipke*, StRO III, S. 1054; *Seer*, in: Tipke/Kruse, AO, § 1, Rn. 9 ff. und FGO, § 33, Rn. 17; *Tipke*, in: ders./Kruse, AO, § 347, Rn. 5.

Die Formulierung „zur Erzielung von Einkünften" kann sowohl als ein subjektives als auch objektives Merkmal interpretiert werden. Bei subjektivem Verständnis beschreibt die Formulierung die mit der Steuer verbundenen Vorstellungen des Gesetzgebers, also den üblicherweise auf die Erzielung von Einnahmen gerichteten „Vorsatz" des Gesetzgebers. Bei objektiv-funktionaler Auslegung weist sie dagegen auf die Aufkommenswirkung als dem tatsächlichen Erfolg der Besteuerung.

Nach verbreiteter Meinung soll es zumindest im Ergebnis für die Subsumtion unter das Merkmal „zur Erzielung von Einkünften" nicht auf die Vorstellungen des Gesetzgebers, sondern auf die Aufkommenswirkung ankommen.[55] Das Steuergesetz müsse „Ertragsrelevanz"[56] oder „Ertragsfunktion"[57] besitzen, d. h. regelmäßig zur Erzielung von Einnahmen beitragen. Dass der Wille des Gesetzgebers unter Umständen gerade nicht auf diese (Aufkommens-) Wirkung, sondern auf andere, politische Zwecke gerichtet ist, soll unerheblich sein. Letztlich wird damit das Merkmal „zur Erzielung von Einkünften" als rein objektive Voraussetzung des Steuerbegriffs verstanden.

Eine solche Interpretation kann sich – dem ersten Anschein nach – auf den erweiterten Steuerbegriff der Abgabenordnung 1977 stützen. Im Zuge der Reform der Abgabenordnung wurde nicht nur eine terminologische Anpassung der aus der Reichsabgabenordnung übernommenen Definition vorgenommen, weshalb jetzt in § 3 Abs. 1 S. 1 AO im Sinne der einkommensteuerrechtlichen Begriffsbildung zutreffend von der „Erzielung von Einnahmen" die Rede ist, sondern die Legaldefinition auch um die Aussage ergänzt, dass die Erzielung von Einnahmen Nebenzweck sein könne. Dies legt es nahe, für den Steuerbegriff statt auf das Motiv der Besteuerung nurmehr auf den Eintritt der fiskalischen Wirkung abzustellen. Zwar kann die einfachgesetzliche Steuerdefinition aufgrund der Normhierarchie für die Bestimmung des verfassungsrechtlichen Steuerbegriffs nur hilfsweise und ergänzend zu der Betrachtung der grundgesetzlichen Vorgaben nutzbar gemacht werden.[58] Sie ist aber jedenfalls insofern aufschlussreich, als der

---

[55] *P. Kirchhof,* HStR IV, § 88, Rn. 55; *Jakob,* in: FS für Offerhaus, S. 65, 73; *Stern,* Staatsrecht II, S. 1104; *Müller-Franken,* JuS 1997, 872, 873; *Osterloh/Brodersen,* JuS 1986, 53, 55; a. A. *Friauf,* Verfassungsrechtliche Grenzen, S. 15 f.

[56] *Knies,* Steuerzweck und Steuerbegriff, S. 123; *Birk,* Leistungsfähigkeitsprinzip, S. 199; *ders.,* in: HHSp, AO, § 3, Rn. 43.

[57] *Vogel,* BayVBl. 1980, 523, 524; *ders.,* HStR IV, § 87, Rn. 51; *F. Kirchhof,* DVBl. 2000, 1166, 1169.

[58] *Vogel,* HStR IV, § 87, Rn. 44; *Birk,* in: HHSp, AO, § 3, Rn. 25; *F. Kirchhof,* Abgabenrecht, Rn. 11; *Starck,* in: FS für Wacke (1972), S. 193, 196 f.

Steuerbegriff der Abgabenordnung der (damaligen) überwiegenden Literaturmeinung und der Rechtsprechung des BVerfG nachgebildet ist.[59]

Das BVerfG hat – wie dargelegt – anfänglich den grundgesetzlichen Steuerbegriff als mit dem traditionellen Steuerbegriff des § 1 Abs. 1 S. 1 Reichsabgabenordnung völlig identisch angesehen.[60] Es hat diese Definition von Anfang an so verstanden, dass die Verfolgung anderer Zwecke als der Einnahmenerzielung mit dem Mittel der Steuer grundsätzlich verfassungsrechtlich zulässig ist.[61] Dabei ist das BVerfG in seinen Entscheidungen zunächst wie selbstverständlich davon aus gegangen, dass es sich bei den nichtfiskalischen Zwecken um Nebenzwecke handelt, die jedenfalls dann im Rahmen einer im Übrigen verfassungsmäßigen Steuer unbedenklich mitverfolgt werden können, wenn sie selbst „verfassungsrechtlich neutral" sind, ihnen also ohnehin jede verfassungsrechtliche Relevanz fehlt.[62] Später hat das Gericht angesichts der Besteuerung des Werkfernverkehrs die schon im Rechtsgutachten vom 16.6.1954 über die Zuständigkeit des Bundes zum Erlass eines Baugesetzes[63] vertretene Ansicht bestätigt, dass die Einnahmeerzielung nicht Hauptzweck eines Steuergesetzes sein müsse.[64] Der Steuerbegriff müsse die wirtschafts- und gesellschaftspolitischen Aufgaben moderner Gesetzgebung berücksichtigen.[65] Auch Steuern, mit denen primär ein sonstiger Gestaltungszweck verfolgt wird, wobei die Erzielung von Einnahmen als ein Nebenzweck „völlig in den Hintergrund tritt"[66], stimmen nach Ansicht des BVerfG mit dem verfassungsrechtlichen Bild der Steuer überein.[67] Dem Steuerbegriff ist genügt, wenn die Einnahmenerzielung ein Zweck unter anderen ist.[68]

Im Grundsatz steht das BVerfG mithin einer Verfolgung interventionistischer Zwecke im Steuerrecht zustimmend gegenüber, gleich welcher Rang dem Lenkungszweck im Zweckgefüge der Norm zukommt. Inwieweit der

---

59 *Birk*, in: HHSp, AO, § 3, Rn. 7; heute wird allgemein von einer Kongruenz von einfachgesetzlichem und verfassungsrechtlichen Steuerbegriff ausgegangen, vgl. *Jakob*, in: FS für Offerhaus, S. 65, 72; *P. Kirchhof*, HStR IV, § 88, Rn. 54.

60 BVerfGE 3, 407, 435; 7, 244, 251; 29, 402, 408; 38, 61, 79 f.

61 BVerfGE 6, 55, 81.

62 BVerfGE 6, 55, 81; ebenso: BVerfGE 13, 181, 196 f.; 19, 101, 114.

63 BVerfGE 3, 407, 435 f.

64 BVerfGE 16, 147, 161.

65 BVerfGE 55, 274, 299; 67, 256, 282.

66 BVerfGE 55, 274, 299.

67 BVerfGE 3, 407, 436; 16, 147, 161; 19, 119, 125; 30, 250, 264; 38, 61, 80; 55, 274, 299.

68 BVerfGE 3, 407, 436.

Gesetzgeber von der Möglichkeit des lenkenden Einsatzes der Steuergesetze Gebrauch macht, steht damit in seinem freien Ermessen.[69] Diese Rechtsprechung verdient schon aus pragmatischen Gründen Zustimmung, denn häufig wird nicht mit Sicherheit feststellbar sein, was Haupt- und was Nebenzweck einer Steuer ist.[70]

Angesichts der Öffnung des Steuerbegriffs für außerfiskalische Zwecksetzungen bleibt gleichwohl festzuhalten, dass das BVerfG zwar zulässt, dass die Verfolgung fiskalischer Interessen ggf. nur minimal ausgeprägt ist, andererseits aber keineswegs völlig auf die subjektive Seite des Einnahmenerzielungsmerkmals verzichtet. Das BVerfG prüft im Rahmen der Subsumtion unter den grundgesetzlichen Begriff der Steuer das Vorliegen der Einnahmenerzielungsabsicht.[71] Dem folgt der BFH, der ebenfalls nicht etwa von einer nur objektiven Bedeutung der durch die Formulierung „zur Erzielung von Einnahmen“ beschriebenen Ertragsfunktion ausgeht.[72] Da die Aufkommenswirkung einer Steuer den Schluss auf die Einnahmenerzielungsabsicht zulässt,[73] dürfte in der Praxis die Subsumtion unter das subjektive Tatbestandsmerkmal „Einnahmenerzielungszweck“ regelmäßig gelingen. Ausnahmen sind hier nur Geldstrafen, die zwar dem Staatshaushalt zu Gute kommen, aber nicht mit dem Ziel der Staatsfinanzierung auferlegt werden, sondern ausschließlich Straffunktion haben.[74] Lenkungsteuern dagegen sind auf Einnahmenerzielung angelegt, denn der Gesetzgeber nimmt die Verfehlung des politischen Gestaltungsziels nur um des fiskalischen Erfolgs willen hin. Selbst eine Steuer, die allein auf einer außerfiskalischen Lenkungsintention des Gesetzgebers basiert, erfüllt noch den verfassungsrechtlichen Steuertatbestand, solange der Gesetzgeber die Aufkommenswirkung kennt und billigt.[75] Daraus folgt umgekehrt, dass auf Erdrosselung angelegte Abgaben, d. h. solche, bei denen der Gesetzgeber jeden fiskalischen Erfolg vermeiden will, keine Steuern sind.[76] In derartigen Fällen wird das aus dem eventuell

---

69 *Friauf*, Verfassungsrechtliche Grenzen, S. 11 f.

70 Vgl. *Vogel*, BayVBl. 1980, 523, 524; *Friauf*, Verfassungsrechtliche Grenzen, S. 17.

71 BVerfGE 16, 147, 161 f.; 38, 61, 80 f.; 57, 139, 168 f.

72 BFH BStBl. 1990 II, 510, 511 f.

73 *Birk*, in: HHSp, AO, § 3, Rn. 43; *Selmer*, Steuerinterventionismus und Verfassungsrecht, S. 127, Fn. 128; *Friauf*, Verfassungsrechtliche Grenzen, S. 16, Fn. 39; auch das BVerfG schließt aus dem Aufkommen auf den Einnahmenerzielungszweck, vgl. BVerfGE 36, 66, 70.

74 *F. Kirchhof*, Abgabenrecht, Rn. 74; siehe auch *Papier*, Die finanzrechtlichen Gesetzesvorbehalte und das grundgesetzliche Demokratieprinzip, S. 85 ff.

75 *Selmer*, Steuerinterventionismus und Verfassungsrecht, S. 125.

76 *J. Lang*, in: Tipke/J. Lang, Steuerrecht, § 3, Rn. 10.

trotzdem vorhandenen Aufkommen[77] folgende Indiz für das Vorhandensein einer Finanzfunktion durch die konträre, jede Einnahmenerzielung ablehnende Intention des Gesetzgebers widerlegt.[78] Lenkungsabgaben, mit denen keine Einnahmen generiert werden sollen (sog. Nullaufkommen), zählen daher nicht zu den Steuern.[79]

2. Voraussetzungslosigkeit

Das Merkmal der Voraussetzungslosigkeit[80] trifft auf Lenkungsteuern ebenso wie auf Fiskalzwecksteuern zu.[81] Steuern sind voraussetzungslos in dem Sinne, dass der Pflichtige für die Steuerzahlung keine Gegenleistung des Staates verlangen kann.[82] Dadurch unterscheidet sich die Steuer von den voraussetzungsgebundenen Vorzugslasten (Gebühren, Beiträge).[83] Für die Volkwirtschaftslehre ist die Voraussetzungslosigkeit das entscheidende Merkmal, das eine Zwangsabgabe zur Steuer werden lässt.[84] Auch Lenkungsteuern werden voraussetzungslos erhoben. Zwar instrumentalisieren sie die steuerliche Belastung für besondere Zwecke; dies ändert jedoch nichts daran, dass das Aufkommen ausschließlich fiskalischen Zwecken zukommt, ohne dass der Staat dadurch im Verhältnis zum Steuerpflichtigen zum Schuldner einer Gegenleistung würde.

3. Ergebnis

Kurz zusammengefasst gehören zum verfassungsrechtlichen Steuerbegriff drei Tatbestandsmerkmale. Erstens sind Steuern Geldleistungspflichten, die hoheitlich auferlegt werden. Zweitens werden Steuern mit Einnahmenerzielungsabsicht erhoben. Andere Intentionen können hinzutreten. Ob derartige Gestaltungswünsche gegenüber dem fiskalischen Interesse überwiegen, spielt für die Steuereigenschaft letztlich keine Rolle. Und drittens sind Steu-

---

77 Regelmäßig wird sich eine solche Steuer für die Mehrzahl der Betroffenen aufgrund ihrer Höhe und den daraus erwachsenden ökonomischen Konsequenzen allerdings als verwaltungsrechtlicher Befehl darstellen, so dass schon die objektiven Indizien gegen die Steuereigenschaft sprechen, vgl. *Selmer,* Steuerinterventionismus und Verfassungsrecht, S. 123.

78 Vgl. *Selmer,* Steuerinterventionismus und Verfassungsrecht, S. 127.

79 So letztlich auch *P. Kirchhof,* HStR IV, § 88, Rn. 55; *Friauf,* Verfassungsrechtliche Grenzen, S. 17; *Scholz/Aulehner,* BB 1991, 73, 74.

80 Vgl. *P. Kirchhof,* HStR IV, § 88, Rn. 51; *Mayer,* Deutsches Verwaltungsrecht, 1. Band, S. 315 f.

81 *Böckli,* Indirekte Steuern und Lenkungssteuern, S. 56.

82 *J. Isensee,* in FS für Ipsen (1977), S. 409, 416; vgl. auch *Tipke,* StRO III, S. 1063 ff.

83 Vgl. *Jachmann,* in: von Mangoldt/Klein/Starck, GG, Art. 105, Rn. 8; *F. Kirchhof,* Abgabenrecht, Rn. 75.

84 Vgl. *Homburg,* Allgemeine Steuerlehre, S. 3 f.

ern an keine Gegenleistung des Staates gebunden. Wie die vorangegangene Prüfung ergeben hat, entsprechen Lenkungsteuern in der Regel allen drei Voraussetzungen und zählen zu den Steuern im verfassungsrechtlichen Sinne.[85]

III. Gesetzgebungskompetenz für steuerliche Lenkungsnormen

1. Kompetenz zum Erlass belastender Lenkungsnormen

Das eben erörterte Problem der Subsumtion von Lenkungsteuern unter den verfassungsrechtlichen Steuerbegriff und die Frage der Gesetzgebungskompetenz sind eng miteinander verknüpft. Die Einordnung einer Lenkungsteuer als Steuer im verfassungsrechtlichen Sinn zieht die Maßgeblichkeit der Steuergesetzgebungskompetenz nach sich,[86] wenn der kompetenzrechtliche Begriff der Steuer mit dem allgemeinen verfassungsrechtlichen Steuerbegriff identisch ist.[87] Während es aber für die Frage, ob Lenkungsteuern Steuern im Sinne des Verfassungsrechts sind, vor allem auf die Intention des Gesetzgebers (Lenkungszweck bzw. Fiskalzweck) ankommt, resultiert die kompetenzrechtliche Problematik aus den gemessen am Regelungsinhalt überschießenden Wirkungen (sog. Gestaltungswirkungen). Norminhalt einer Lenkungsteuer ist zwar allein der die Zahlungspflicht begründende Tatbestand, Regelungserfolg aber nicht nur die Einnahmenerzielung, sondern die Einwirkung auf das Verhalten der Pflichtigen. Aus diesem Umstand folgern Teile der Literatur, dass für Lenkungsteuern – obschon es sich um Steuern handelt – die Besteuerungskompetenz (Art. 105 GG) nicht die geeignete[88] oder jedenfalls keine ausreichende Kompetenzgrundlage[89] sei. Zur Begründung dieser These lässt sich anführen, dass die durch Lenkungsteuern im Erfolgsfall erzeugte verhaltensbeeinflussende Wirkung im Ergebnis einem ordnungsrechtlichen Befehl gleichkommt. Sachliche und steuerliche Regelungen können also gemessen an ihren Wirkungen partiell identisch sein.[90]

---

[85] Vgl. *Jachmann,* in: von Mangoldt/Klein/Starck, GG, Art. 105, Rn. 3 f.; *P. Kirchhof,* HStR IV, § 88, Rn. 54; *Franz Klein,* Gleichheitssatz und Steuerrecht, S. 30.

[86] BVerfGE 98, 106, 118; vgl. *Friauf,* Verfassungsrechtliche Grenzen, S. 13.

[87] So BVerfGE 7, 244, 251; 29, 402, 408 f.; *Starck,* in: FS für Wacke (1972), S. 193, 207.

[88] Vgl. *Tipke,* StRO III, S. 1062; *Vogel,* HStR IV, § 87, Rn. 52, die für Lenkungsteuern die Sachkompetenz für einschlägig erachten, a. A. *Selmer,* Steuerinterventionismus und Verfassungsrecht, S. 160 f.

[89] Vgl. *P. Kirchhof,* HStR IV, § 88, Rn. 56; *ders.,* Besteuerungsgewalt und Grundgesetz, S. 72 ff.; *Friauf,* Verfassungsrechtliche Grenzen, S. 30 f.

[90] Dagegen ist eine völlige Wirkungsgleichheit von Sach- und Steuernorm nicht denkbar, da sich beide wenigstens durch die exklusiv der steuerlichen Regelung zukommende Finanzierungswirkung unterscheiden.

Es liegt daher nahe, in einem solchen Fall eine Regelung durch den Steuergesetzgeber nur zuzulassen, wenn dieser auch die Sachkompetenz innehat. In der Literatur hat diese Forderung nach einer doppelten Kompetenzgrundlage weite Verbreitung gefunden.[91] Der Gedanke fußt auf der Vorstellung, die Steuergesetzgebungskompetenz sei notwendige, aber nicht hinreichende Grundlage einer gestaltenden Steuer. Der Ansicht ist entgegenzuhalten, dass sich die kompetenzielle Zuordnung grundsätzlich nach dem Inhalt der konkreten Regelung richtet.[92] Daran gemessen sind Lenkungsteuern reine Steuernormen, da durch sie in rechtsverbindlicher Weise lediglich die Steuerpflicht normiert wird.[93] Insbesondere das bezweckte Ausweichverhalten des Steuerpflichtigen ist nicht von der Steuernorm vorgegeben.[94] Es handelt sich dabei um einen tatsächlichen Normreflex und gerade nicht um eine Rechtsfolge der Steuernorm, die von der lastenausteilenden Wirkung abgeschichtet werden könnte.[95] Der Regelungsinhalt eines Steuergesetzes – auch der einer Lenkungsteuer – beschränkt sich auf den Steuertatbestand mit Voraussetzungen und Rechtsfolgen. Lenkungsteuern normieren keine außersteuerlichen Verhaltenspflichten.[96] Sie treffen keine sachgesetzliche, sondern eine ausschließlich steuerliche Regelung. Mit anderen Worten: Die Lenkungsteuer ist keine reine Sachregelung. Sie ist aber auch keine hybride Norm, also nicht gleichzeitig Sach- und Steuergesetz. Folglich ist für Lenkungsteuern die Steuergesetzgebungskompetenz allein ausschlaggebend.[97]

Diese Lösung hat den Vorzug juristischer und begrifflicher Klarheit, vermag aber angesichts der Weite des damit dem Steuergesetzgeber eingeräumten Spielraums nicht vollends zu überzeugen. Die Gefahr einer Aushöhlung der Sachkompetenz ist nicht von der Hand zu weisen. Um dem zu begegnen, ist in der Literatur vorgeschlagen worden, in Fällen des Kompetenzmissbrauchs dem Steuergesetzgeber die Regelungszuständigkeit zu versagen. Dabei soll es vor allem auf die Intention des Gesetzgebers ankommen. Diesem soll es

---

91 *P. Kirchhof,* HStR IV, § 88, Rn. 56; *ders.*, Besteuerungsgewalt und Grundgesetz, S. 72 ff.; *Selmer,* Steuerinterventionismus und Verfassungsrecht, S. 160 ff.; *Friauf,* Verfassungsrechtliche Grenzen, S. 28 f.; *Stern,* Staatsrecht II, S. 1104 f.

92 *Trzaskalik,* Gutachten E für den 63. DJT (2000), S. E 32.

93 BVerfGE 98, 106, 117 f.; *Weber-Grellet,* Steuern im modernen Verfassungsstaat, S. 49; anders *Friauf,* Verfassungsrechtliche Grenzen, S. 19, der davon ausgeht, lenkende Steuern beinhalteten eine materielle Sachregelung; ähnlich *Tipke,* StRO I, S. 77 ff.

94 BVerfGE 98, 106, 118.

95 Für eine „Abschichtung der Rechtsfolgen im Steuerrecht" dagegen *Vogel,* StuW 1977, 97.

96 *Trzaskalik,* Gutachten E für den 63. DJT (2000), S. E 38.

97 Vgl. BVerfGE 3, 407, 435 f.; 7, 244, 254; 16, 147, 162; 36, 66, 70 f.; 38, 61, 79 f.; 98, 106, 122 ff.

verwehrt sein, die Steuergesetzkompetenz nur zum Eindringen in den Sachkompetenzbereich zu nutzen.[98] Allerdings ist zu bezweifeln, ob der Missbrauchsgedanke eine zuverlässige Kompetenzbeschränkung ermöglicht.[99] Vielmehr sind Fälle denkbar, in denen die missbräuchliche Intention des Steuergesetzgebers keineswegs offenkundig hervortritt, die aber dennoch zu einem Konflikt von Steuer und Sachgesetz führen. Dem gegenüber will das BVerwG die Kompetenz des Steuergesetzgebers nach objektiven Kriterien begrenzen. Der Steuergesetzgeber soll daran gehindert sein, solche Regelungen im Wege des Steuergesetzes zu treffen, die nach Gewicht und Wirkung einer unmittelbaren, gezielten Sachregelung gleichkommen.[100] Auch dieses objektive Merkmal dürfte allerdings der erforderlichen tatbestandlichen Präzision entbehren,[101] da unklar bleibt, unter welchen Voraussetzungen eine Steuernorm nach Gewicht und Auswirkung der entsprechenden Sachnorm identisch ist.

Auch mit Hilfe von Art. 31 GG, der den Vorrang des Bundesrechts gegenüber landesrechtlichen Regelungen statuiert, ist der Konflikt zwischen Sach- und Steuerkompetenz nicht zu entscheiden. Davon abgesehen, dass es dogmatisch zweifelhaft erscheinen mag, eine kompetenzrechtliche Problematik durch die Anwendung einer Kollisionsnorm lösen zu wollen, die ja voraussetzt, dass die konfligierenden Normen verfassungsgemäß, also auch kompetenzgemäß sind,[102] ist Art. 31 GG hier auch deshalb nicht zielführend, weil er einen Normenkonflikt voraussetzt, bei dem sich ein logischer Widerspruch[103] dadurch ergibt, dass derselbe Sachverhalt durch Vorschriften des Bundes- und des Landesrechts mit jeweils verschiedenen Rechtsfolgen geregelt ist.[104] Bei identischem Regelungsgegenstand der Vorschriften muss es dem einheitlichen Normadressaten unmöglich sein, beide Normen gleichermaßen zu erfüllen.[105]

---

98 *Starck*, in FS für Wacke (1972), S. 193, 209.

99 Vgl. den unbefriedigenden Versuch des BVerfG in der Entscheidung zu Vergnügungssteuer vom 10.5.1962 (E 14, 76, 99), den Kompetenzkonflikt durch Missbrauchserwägungen gestützt auf eine Unterscheidung nach Haupt- und Nebenzwecken des Steuergesetzes zu lösen. Krit. dazu *Selmer*, Steuerinterventionismus und Verfassungsrecht, S. 164; *Starck*, in: FS für Wacke (1972), S. 193, 208 f.

100 BVerwGE 96, 272, 290.

101 Vgl. *Jachmann*, in: von Mangoldt/Klein/Starck, Art. 105, Rn. 22.

102 *Heckmann*, Geltungskraft und Geltungsverlust von Rechtsnormen, S. 292 f.; *Hensel*, in: Anschütz/Thoma, Hdb. des Deutschen Staatsrechts, Bd. 2, S. 320.

103 Vgl. *Jarass*, AöR 126 (2001), 588,592 m. w. N.

104 Vgl. *Gubelt*, in: von Münch/Kunig, GG, Art. 31, Rn. 3; *März*, in: von Mangoldt/Klein/Starck, GG, Art. 31, Rn. 40.

105 *März*, in: von Mangoldt/Klein/Starck, GG, Art. 31, Rn. 41.

Eine derartige Kollisionslage ist zwischen lenkenden Steuerrechtsnormen und ordnungsrechtlichen Vorschriften in aller Regel nicht gegeben. Typischerweise begründen Steuerrechtsnormen eine Zahlungspflicht und unterscheiden sich daher in ihrer Rechtsfolge von Sachnormen. Dem Adressaten sollte es daher möglich sein, beide Vorschriften zu erfüllen.

Davon ausgehend, dass lenkende Steuern von der Steuergesetzgebungskompetenz gedeckt sind und es aufgrund ihres rein steuerlichen Regelungsinhalts auch keiner hinzutretenden Sachkompetenz bedarf, kann das Problem der sich überschneidenden Wirkungskreise von Lenkungsteuern und Sachregelungen nicht auf der Ebene der Gesetzgebungskompetenzen gelöst werden. Es ist festzuhalten, dass es aufgrund der gegebenen Kompetenzverteilung Bereiche gibt, die sowohl der unmittelbaren sachlichen Regelung als auch der mittelbaren Beeinflussung durch Lenkungsteuern zugänglich sind. Beide Wege sind gleichermaßen legitim,[106] da Steuer- und Sachkompetenz gleichrangig nebeneinander stehen. Konflikte entstehen bei dem gegebenen Nebeneinander von Kompetenzen[107], wenn sich die Gestaltungswirkungen einer Steuernorm und die ordnungsrechtlichen Maßnahmen des Sachgesetzgebers widersprechen. In solchen Fällen bedarf es trotz bestehender Regelungskompetenz der Beschränkung des einen oder anderen Kompetenzinhabers.

Zu untersuchen sind im Rahmen der vorliegenden Arbeit die Schranken der Steuerkompetenz. Zum Teil wird vertreten, Ausübungsschranken könnten in fremden Sachkompetenzen zu sehen sein.[108] Für diese Ansicht spricht, dass es sich bei der grundgesetzlichen Kompetenzverteilung nicht um ein Konglomerat zusammenhangloser Kompetenzzuweisungen, sondern um ein von materiellen Ordnungsprinzipien beherrschtes System handelt.[109] Diese Kompetenzordnung darf nicht „unterlaufen" oder „ausgehöhlt" werden.[110] Eine Schrankenziehung entlang fremder Sachkompetenzen bedeutet im Ergebnis jedoch die Zurückverlagerung der Problematik auf die Ebene der Zuständigkeitsverteilung. Wie bereits gezeigt wurde, kann an der Kompetenz des Steuergesetzgebers zum Erlass gestaltender Steuernormen jedoch kein

---

[106] Es steht im freien Ermessen des Gesetzgebers, Ordnungspolitik im Rahmen seiner Zuständigkeiten entweder durch steuerliche oder sachgesetzliche Regelungen zu betreiben, *Selmer*, Steuerinterventionismus und Verfassungsrecht, S. 161 f.

[107] *Rodi*, StuW 1999, 105, 114.

[108] *Knies*, Steuerzweck und Steuerbegriff, S. 143; zustimmend *Rodi*, StuW 1999, 105, 114.

[109] *Friauf*, Verfassungsrechtliche Grenzen, S. 28.

[110] BVerfGE 61, 149, 204 f.; *Selmer*, Steuerinterventionismus und Verfassungsrecht, S. 162.

Zweifel bestehen. Ebenso wie es verfehlt ist, eine Sachkompetenz für solche Normen zu fordern, kann die Ausübung der Steuergesetzkompetenz nicht durch die Existenz von Sachkompetenzen eingeschränkt sein.

Nach der von *Rodi*[111] geäußerten Ansicht soll die Kompetenz des Steuergesetzgebers auf bestimmte Gestaltungswirkungen beschränkt sein. Zulässig sollen zunächst solche Gestaltungswirkungen sein, die sich im Wege der Auslegung schon aus den Kompetenznormen ergeben,[112] weil sie gewissermaßen die unvermeidliche Folge einer dort ausdrücklich vorgesehenen Steuer[113] sind.[114] Legitime Gestaltungswirkungen sollen sich daneben aus Verfassungsprinzipien ergeben können.[115] Weitergehende Gestaltungswirkungen sollen dagegen nur bei bestehender Sachkompetenz verfolgt werden dürfen.[116] Diese Ansicht vermag nur im Ausgangspunkt zu überzeugen. Zurecht wendet sie sich gegen eine instrumentale Differenzierung und rückt die Wirkungsebene in den Vordergrund.[117] In der Tat kann es bei der Bestimmung von Kompetenzausübungsschranken nur darauf ankommen, bestimmte Effekte aus dem Einflussbereich des Steuergesetzgebers auszuklammern. Den Schlussfolgerungen *Rodis* ist aber entgegenzutreten. Angesichts der Lenkungskompetenz des Steuergesetzgebers kann es nicht überzeugen, wenn die Differenzierung auf der Wirkungsebene im Ergebnis dazu führen soll, dass für bestimmte Gestaltungswirkungen die Steuerkompetenz nicht als ausreichend erachtet wird. Letztlich wird das Problem damit wieder von der Frage der Kompetenzausübung auf die Ebene der kompetenzrechtlichen Zuordnung[118] zurückverlagert. Im Ergebnis wird damit nicht die Kompetenz des Steuergesetzgebers anerkannt und deren Ausübung zu beschränken versucht, sondern schon die Zuständigkeit negiert. Damit setzt sich *Rodi* in Widerspruch zu dem verfassungsrechtlichen Steuerbegriff, der Lenkungsteuern und Gestaltungswirkungen zulässt. Die Kompetenz dazu kann nur beim Steuergesetzgeber liegen; sie erfasst alle Arten von Gestaltungswirkungen ohne Rücksicht auf deren Legitimationsgrund. Lenkungsteuern

---

111 *Rodi*, StuW 1999, 105.

112 *Rodi*, StuW 1999, 105, 115.

113 *Rodi* nennt beispielhaft Straßengüterverkehrsteuer und Vermögensteuer, siehe *ders.*, StuW 1999, 105, 115, Fn. 139.

114 Solche Gestaltungswirkungen sollen dann auch keiner Rechtfertigung mehr bedürfen und auch keinen Kompetenzausübungsschranken unterworfen sein, so *Rodi*, StuW 1999, 105, 115.

115 So soll sich der Gesetzgeber bei sozialpolitisch motivierte Steuern auf das Sozialstaatsprinzip berufen dürfen, *Rodi*, StuW 1999, 105, 115.

116 *Rodi*, StuW 1999, 105, 115 f.

117 Vgl. *Rodi*, StuW 1999, 105, 116.

118 Vgl. *Rodi*, StuW 1999, 105, 115.

sind für jede sozial- oder wirtschaftspolitische Motivation[119] und die entsprechenden Gestaltungswirkungen auf den Gebieten der Sozial- und Wirtschaftpolitik offen.

Die zu untersuchende Frage erweist sich in Wahrheit weniger als ein Problem der Kompetenz denn als Problem eines Wertungswiderspruchs[120] zwischen Sachnorm und Steuernorm. Dies wird auch in der Rechtsprechung des BVerfG deutlich, das von der Kompetenz des Steuergesetzgebers zum Erlass gestaltender Steuernormen ausgehend Ausübungsschranken herauszubilden sucht.[121] Im Zentrum der Überlegungen des BVerfG steht dabei das aus dem Rechtsstaatsprinzip abgeleitete Gebot der Widerspruchsfreiheit der Rechtsordnung.[122] In der Konsequenz bestimmen sich die Schranken aus der Zusammenschau von sachgesetzlichen Regelungen und steuerlichen Gestaltungswirkungen. Im Gegensatz zu den beschriebenen Versuchen in der Literatur, die darauf abzielen, den Steuergesetzgeber in seinen Wirkungsmöglichkeiten durch restriktive Abgrenzung der Steuergesetzgebungskompetenz von der Sachgesetzgebungskompetenz zu beschränken, richtet das BVerfG den Blick auf den Normadressaten und zieht die Grenze der Steuergesetzgebungskompetenz dort, wo diesem das Handeln des Gesetzgebers widersprüchlich erscheinen muss.[123] Allein dieser Ansatz wird dem weiten verfassungsrechtlichen Steuerbegriff gerecht.[124]

Die bloße Feststellung eines Widerspruchs sagt andererseits nichts darüber aus, welche der Regelungen zurücktreten muss. Das BVerfG will diese Frage nach den Kriterien Rang, Zeitenfolge und Spezialität entscheiden.[125] Dem kann nicht in vollem Umfang gefolgt werden.[126] Zunächst ist festzuhalten, dass es sich bei diesen Kriterien um kollisionsrechtliche Regeln handelt, deren direkter Anwendungsbereich die Lösung von Normwidersprüchen etwa im Rahmen von Art. 31 GG ist.[127] Wie gezeigt wurde, liegt ein derartiger logischer Widerspruch zwischen Lenkungsteuer und Sachnorm typischerweise

---

[119] St. Rspr. des BVerfG; siehe BVerfGE 13, 181, 203; 16, 147, 161; 38, 61, 80; 43, 108, 120; 49, 343, 360; 65, 325, 354; 84, 239, 274; 93, 121, 147; 98, 106, 117.

[120] Vgl. *Larenz,* Methodenlehre der Rechtswissenschaft, S. 334 ff.; *Jarass,* AöR 126 (2001), 588, 592.

[121] BVerfGE 98, 106, 118 ff.

[122] BVerfGE 98, 106, 118 f.

[123] BVerfGE 98, 83, 97; 98, 106, 118 f.

[124] In letzter Konsequenz odnet dieser weite Steuerbegriff eine Kompetenzüberschneidung an, so *Jachmann,* in: von Mangoldt/Klein/Starck, GG, Art. 105, Rn. 24.

[125] BVerfGE 98, 106, 119.

[126] Krit. auch *Weber-Grellet,* NJW 2001, 3657, 3662 f.

[127] Vgl. *Jarass,* AöR 126 (2001), 588, 596.

nicht vor. Es kann also von vornherein nur darum gehen, die hergebrachten Kollisionsregeln analog anzuwenden oder argumentativ einzusetzen.

Der Widerspruch kann nicht nach dem Gesetzesrang gelöst werden. Ein Rangverhältnis zwischen Steuergesetz und Sachgesetz besteht nicht und es wäre auch nicht sinnvoll, analog Art. 31 GG grundsätzlich dem Bundesrecht Vorrang zu gewähren. Außerdem setzt der Grundsatz *lex superior derogat legi inferiori* voraus, dass die höherrangige – bundesrechtliche – Regelung kompetenzgemäß ist, was hier gerade fraglich ist.[128]

Ferner erscheint es bedenklich, der Zeitenfolge ausschlaggebende Bedeutung zuzumessen. Gegen die Anwendung des kollisionsrechtlichen Grundsatzes *lex posterior derogat legi priori*[129] ist einzuwenden, dass der lenkende Steuergesetzgeber, wenn er die spätere Norm schafft, aufgrund des Gebotes der Systemgerechtigkeit und des Erfordernisses der Folgerichtigkeit eher einem Kontinuitätsgebot[130] unterliegt, als dass ihm zuzubilligen wäre, frühere Regelungen des Sachgesetzgebers zu derogieren.

Auch das BVerfG selbst stellt in seiner Entscheidung zur Kasseler Verpackungsteuer letztlich nicht auf Rang und Zeitenfolge, sondern auf das Spezialitätsverhältnis zwischen Steuer- und Sachnorm ab.[131] Es folgt damit dem Grundatz *lex specialis derogat legi generali.*[132] Die spezielle Aufgabe des Sachgesetzes ist es demnach, Verhaltenspflichten zu regeln, während Steuergesetze Zahlungspflichten begründen.[133] Deshalb muss dem Steuergesetzgeber die Verhaltensbeeinflussung durch Lenkungsteuern verwehrt sein, soweit er sich damit in Widerspruch zu einer konkreten Verhaltensanweisung des Sachgesetzgebers oder der Gesamtkonzeption der sachlichen Regelung setzt.[134] Dieser Lösung des Kompetenzkonflikts zugunsten der spezielleren Norm ist zu folgen, weil sie kollisionsrechtlich fundiert ist und sich zudem auf die von der Kompetenzordnung vorgegebene Ausdifferenzierung grün-

---

128 Vgl. *Hensel,* in: Anschütz/Thoma, Hdb. des Deutschen Staatsrechts, Bd. 2, S. 320.

129 Vgl. *März,* in: von Mangoldt/Klein/Starck, GG, Art. 31, Rn. 14; *Hensel,* in: Anschütz/Thoma, Hdb. des Deutschen Staatsrechts, Bd 2, S. 314; *Heckmann,* Geltungskraft und Geltungsverlust von Rechtsnormen, S. 159 ff.

130 Vgl. *P. Kirchhof,* HStR V, § 124, Rn. 234, der willkürliche zur Unzeit erfolgende Rechtsänderungen einem Rechtfertigungszwang unterwerfen will.

131 BVerfGE 98, 106, 119.

132 Vgl. wiederum *März,* in: von Mangoldt/Klein/Starck, GG, Art. 31, Rn. 14; *Hensel,* in: Anschütz/Thoma, Hdb. des Deutschen Staatsrechts, Bd 2, S. 314, Fn. 127.

133 BVerfGE 98, 106, 119.

134 BVerfGE 98, 106, 119.

det und somit den hinter der grundgesetzlichen Verteilungsentscheidung stehenden materiellen Ordnungsprinzipien[135] Ausdruck verleiht.

2. Kompetenz zum Erlass begünstigender Lenkungsnormen

Die Problematik der Gesetzgebungskompetenz stellt sich auch für begünstigende Lenkungsnormen. Auch in diesem Zusammenhang werden die bei belastenden steuerlichen Lenkungsnormen bereits diskutierten Ansichten vertreten: Nach einer Meinung soll die Sachkompetenz (Art. 70 ff. GG) ausschlaggebend sein; eine andere hält eine doppelte Kompetenzgrundlage (Sach- und Steuerkompetenz) für erforderlich. Die dritte Ansicht will Steuervergünstigungen ausschließlich auf die Steuerkompetenz (Art. 105 GG) stützen.

Für Direktsubventionen auf gesetzlicher Grundlage ist die Sachkompetenz einschlägig, soweit es um wirtschaftslenkende Fördermaßnahmen geht also Art. 74 Abs. 1 Nr. 11 GG.[136] Dies soll nach der ersten Ansicht auch für Steuervergünstigungen gelten, die als indirekte Gesetzessubvention ebenfalls zu den Subventionen zu zählen seien.[137] Es könne nicht darauf ankommen, ob die Subvention durch wirtschaftsverwaltungsrechtlichen Verwaltungsakt oder im Rahmen eines Steuerschuldverhältnisses gewährt werde. Steuerliche Entlastungsnormen seien materiell Subventionen, da sie genauso wirkten wie offene Subventionen.[138] Für den Rückgriff auf Art. 74 Nr. 11 GG wird weiterhin angeführt, dass es sich bei wirtschaftslenkenden Steuervergünstigungen um Regelungen im Anwendungsbereich dieser Kompetenznorm (Recht der Wirtschaft) handle und es auf die gesetzestechnische Ausgestaltung demgegenüber nicht ankommen dürfe.[139] Auch fehle ein fiskalischer Beweggrund völlig, weshalb mangels Steuercharakters nur die Sachkompetenz ausschlaggebend sein könne.[140] Dagegen spricht, dass sich Steuervergünstigungen in der Regel als Modifikation eines gesetzlichen Steueranspruchs darstellen, also eine Verknüpfung zu fiskalisch motivierten Steuernormen aufweisen.[141] Daraus ziehen die Vertreter der zweiten Literaturmei-

---

[135] *Friauf,* Verfassungsrechtliche Grenzen, S. 28.

[136] *Rodi,* Die Subventionsrechtsordnung, S. 328; *Ipsen,* HStR IV, § 92, Rn. 51.

[137] Vgl. zur Einordnung als Subvention *Rodi,* Die Subventionsrechtsordnung , S. 47 und 326.

[138] *Tipke,* StuW 1988, 262, 273; *J. Lang,* in: Tipke/J. Lang, Steuerrecht, § 4, Rn. 22; *Vogel,* HStR IV, § 87, Rn. 52; *Bellstedt,* Verfassungsrechtliche Grenzen der Wirtschaftslenkung durch Steuern, S. 75.

[139] *Lambrecht,* in: Kirchhof/Söhn, EStG, § 7d, Rn. A 77.

[140] *Bayer,* StuW 1972, 149, 153.

[141] *Selmer,* Steuerinterventionismus und Verfassungsrecht, S. 130; *Trzaskalik,* Gutachten E für den 63. DJT (2000), S. E 75.

nung die Schlussfolgerung, für steuerliche Subventionen sei zusätzlich zur Sachkompetenz noch die Steuerkompetenz erforderlich (doppelte Kompetenzgrundlage).[142] Anders wiederum das BVerfG, das die Steuergesetzgebungskompetenz auch für Steuervergünstigungen als ausreichend erachtet.[143]

Nicht die mittelbare Lenkungswirkung einer Steuervergünstigung, die in der Tat den Bereich der Sachkompetenz betrifft, determiniert den materiellen Gehalt der Norm, sondern Regelungsinhalt und Normzusammenhang geben hierüber Auskunft. Ebenso wie im Bereich der belastenden Lenkung sind die in Rede stehenden begünstigenden Sozialzwecknormen solche des Steuerrechts. Ihre Rechtsfolge ist die Minderung des Steueranspruchs. Aus der Sicht des Steuerzahlers handelt es sich um Vorschriften, durch die der Steuergesetzgeber den Steueranspruch unter bestimmten Bedingungen und in gewissem Umfang zur Disposition stellt. Steuervergünstigungen tangieren aus diesem Grund unmittelbar nur den Steuerpflichtigen, während direkte Subventionen einen Anspruch für jeden entstehen lassen, der die Tatbestandvoraussetzungen erfüllt. Umgekehrt wirkt sich die Inanspruchnahme der Vergünstigung für den Fiskus als Steuermindereinnahme aus, die zu Lasten des jeweiligen Aufkommensberechtigten geht und nicht als Subventionsausgabe, die nach Art. 104a GG grundsätzlich von dem Inhaber der Sachkompetenz aufzubringen wäre. Angesichts dieser fundamentalen Unterschiede zu den Direktsubventionen ist die Kompetenz für Steuervergünstigungsnormen als ein Unterfall der Steuerkompetenz zu verstehen. Allerdings gilt hier entsprechend dem für belastende Lenkungsnormen Gesagten,[144] dass sich der Steuergesetzgeber durch Steuervergünstigungen nicht in Widerspruch zu den Maßnahmen des Sachgesetzgebers setzen darf. Eventuelle Widersprüchlichkeiten sind zugunsten des Sachgesetzgebers zu lösen.

IV. Rechtfertigung gleichheitswidriger Belastungswirkungen durch den Lenkungszweck

1. Rechtfertigung gleichheitswidriger Steuern

Für die belastende steuerliche Lenkung ist eine Abweichung vom Leistungsfähigkeitsprinzip zu Lasten des Steuerträgers charakteristisch.[145] Lenkungsteuern knüpfen an einen Zustand oder ein bestimmtes Verhalten des

---

[142] *P. Kirchhof,* HStR IV, § 88, Rn. 56; *ders.,* Besteuerungsgewalt und Grundgesetz, S. 72 ff.; *Bellstedt,* Verfassungsrechtliche Grenzen der Wirtschaftslenkung durch Steuern, S. 46; *Rodi,* Die Subventionsrechtsordnung, S. 332 f.

[143] Vgl. BVerfGE 36, 321 ff.; 81, 108 ff.

[144] Siehe den vorigen Abschnitt (1. Teil. B. III. 1.).

[145] Vgl. *von Arnim,* VVDStRL Bd. 39 (1981), S. 286, 320.

Betroffenen eine besondere steuerliche Last, ohne dass eine entsprechende besondere Leistungsfähigkeit gegeben wäre. Sie begründen somit eine unterschiedliche Behandlung der Gruppe der Adressaten der lenkenden Steuernorm gegenüber der Gruppe der anderen gleichermaßen leistungsfähigen Steuerpflichtigen. Belastende Lenkungsteuern widersprechen damit dem Gedanken der horizontalen Gerechtigkeit.[146]

Diese Durchbrechung des Leistungsfähigkeitsprinzips bedarf aber der Rechtfertigung.[147] Soweit die steuerliche Belastung den vom Leistungsfähigkeitsprinzip vorgegebenen Rahmen übersteigt, muss sich die Steuer aus besonderen Gründen als gerechtfertigt erweisen. Da es sich bei dem Leistungsfähigkeitsprinzip um die spezielle steuerrechtliche Ausprägung des Gleichheitssatzes handelt, sind an die Rechtfertigung grundsätzlich dieselben Maßstäbe anzulegen, die für die Rechtfertigung jedes gleichheitswidrigen Gesetzes gelten.

Ausschlaggebend für die Rechtfertigung von Ungleichbehandlungen ist das Verständnis des Gleichheitsgebots. Wird in diesem ein Willkürverbot gesehen, so kann der Verstoß gegen die Belastungsgleichheit durch irgendeinen vernünftigen sachlichen Grund gerechtfertigt werden. In diesem Sinne versteht das BVerfG das Gleichheitsgebot bei Ungleichbehandlungen von geringerer Intensität.[148] Das sind solche Ungleichbehandlungen, die sach- oder verhaltensbezogen erfolgen.[149] Regelmäßig kann die Ungleichbehandlung in diesen Fällen durch den Betroffenen beeinflusst und z. B. durch eine Verhaltensänderung vermieden werden.

Gesteigerte Anforderungen an die Rechtfertigung sind bei Ungleichbehandlungen von größerer Intensität zu stellen.[150] Derart intensive Ungleichbehandlungen finden sich in Fällen personenbezogener Differenzierungen, denen der Betroffene naturgemäß schwerer ausweichen kann. Ebenso zählen dazu aber auch solche Ungleichbehandlungen, die gleichzeitig den durch Freiheitsgrundrechte geschützten Bereich betreffen.[151] Solche Ungleichbehandlungen lassen sich nur rechtfertigen, wenn sie einer Verhältnismäßig-

---

146 *Weber-Grellet,* Steuern im modernen Verfassungsstaat, S. 51.

147 In diesem Sinne ist wohl auch die Vorgabe des BVerfG, der Lenkungszweck müsse gleichheitsgerecht ausgestaltet sein, zu verstehen, vgl. BVerfGE 93, 121, 148.

148 *Pieroth/Schlink,* Grundrechte, Rn. 439.

149 *Jarass,* NJW 1997, 2545, 2547.

150 *Pieroth/Schlink,* Grundrechte, Rn. 440.

151 *Jarass,* NJW 1997, 2545, 2547; *ders.,* Nichtsteuerliche Abgaben und lenkende Steuern unter dem Grundgesetz, S. 94; BVerfGE 91, 346, 362 f.

keitsprüfung standhalten,[152] deren Kern eine Abwägung von Zweck und Mittel ist. Dogmatisch gesehen erzwingt die freiheitsrechtliche Relevanz der Ungleichbehandlung die Anwendung der freiheitsrechtlichen Eingriffsdogmatik im Rahmen der gleichheitsrechtlichen Prüfung.[153] Statt einer Willkürprüfung ist eine Verhältnismäßigkeitsprüfung durchzuführen.

Die Grundrechtswirkungen der Besteuerung waren bereits Gegenstand der vorliegenden Darstellung. Insbesondere ihre freiheitsrechtliche Relevanz (vor allem hinsichtlich Art. 14, Art. 12 GG)[154] demonstriert die besondere Intensität steuerlicher Ungleichbehandlungen. Weicht der Steuergesetzgeber vom Leistungsfähigkeitsprinzip ab, ist es daher nicht mit einer Evidenzkontrolle auf der Basis der Willkürtheorie getan.[155] Ungleichbehandlungen auf dem Gebiet des Steuerrechts bedürfen zu ihrer Rechtfertigung gewichtiger sachlicher Gründe des Gemeinwohls, denen gegenüber sich die Beeinträchtigung als verhältnismäßig erweist. Als solche kommen die vom Gesetzgeber verfolgten Lenkungsziele in Betracht, die sich gegenüber dem Lenkungsmittel als angemessen erweisen müssen.[156] Somit stellt sich zunächst die Frage nach dem Gewicht von Lenkungszwecken, sodann ist die Verhältnismäßigkeit der steuerlichen Lenkungsmaßnahme zu prüfen.

2. Lenkungszweck

Die Rechtfertigung einer gleichheitswidrigen Besteuerung muss freilich dann kategorisch abgelehnt werden, wenn dem Leistungsfähigkeitsprinzip in jeder Hinsicht der Vorrang vor anderen Wertungen eingeräumt wird.[157] Damit würde dem Gleichheitssatz im Steuerrecht zu absoluter Geltung verholfen. Für einen derartigen grundrechtsdogmatischen Sonderweg besteht aber kein Grund. Andere verfassungsrechtlich relevante Zwecke und Wertungen müssen sich auch gegenüber der steuerlichen Lastengleichheit in begründeten Fällen durchsetzen können.[158] Dies bedeutet andererseits aber nicht, dass

---

[152] *Jarass*, in: Jarass/Pieroth; GG, Art. 3, Rn. 27.

[153] *Huster*, Rechte und Ziele, S. 374; siehe auch *von Arnim*, VVDStRL 39 (1981), S. 286, 327 f., Fn. 169.

[154] Mangels darin enthaltener Wertentscheidung ohne besondere Abwägungsrelevanz ist dagegen Art. 2 Abs. 1 GG, vgl. *Jarass*, Nichtsteuerliche Abgaben und lenkende Steuern unter dem Grundgesetz, S. 94.

[155] Vgl. *F. Kirchhof*, DVBl. 2000, 1166, 1173; so im Ergebnis auch *Tipke*, StRO I, S. 330.

[156] *Osterloh*, DStJG 24 (2001), 383, 401; von Arnim, VVDStRL 39 (1981), S. 286, 332 f.

[157] So in Bezug auf Steuervergünstigungen der Beschluß des 57. Deutschen Juristentages (Mainz 1988), Sitzungsbericht N, S. 211; siehe dazu *Tipke*, StRO I, S. 337. Für den Bereich der belastenden steuerlichen Lenkung wird ein derartiger absoluter Vorrang wohl nicht vertreten.

[158] *Schemmel*, StuW 1995, 39, 44 f.

das Leistungsfähigkeitsprinzip stets gegenüber anderen Gestaltungszwecken zurücktreten müsste. Auch dem Leistungsfähigkeitsprinzip wohnt ein eigener Gemeinwohlwert inne,[159] der zu verwirklichen ist. Zwischen dem Leistungsfähigkeitsprinzip und anderen legitimen interventionistischen Zielen besteht kein Rangverhältnis.[160]

Gegen eine Rechtfertigung gleichheitswidriger Lenkungsteuern wird weiterhin vorgetragen, der Lenkungszweck könne schon deswegen eine Steuer nicht legitimieren, weil diese voraussetzungslos erhoben werde.[161] Daran ist richtig, dass die Voraussetzungslosigkeit ein Charakteristikum der Steuern darstellt.[162] Voraussetzungslos ist aber nicht gleichbedeutend mit intentionslos. Voraussetzungslos sind Steuern vielmehr nur insofern, als sie keine Gegenleistung des Fiskus erforderlich machen. Mit anderen Worten: Die Steuer ist hinsichtlich ihres Aufkommens nicht mit einem individuellen oder gruppennützigen Verwendungszweck verbunden. Mit Steuern kann der Gesetzgeber aber dennoch bestimmte (Lenkungs-) Zwecke verfolgen. Ob und welche Zwecke mit einem Steuergesetz verbunden sind, ist im Wege der Auslegung zu ermitteln.[163] Dies erfordert eine mehrfache Differenzierung: Zunächst sind die finanzpolitischen Motive von den ordnungspolitischen Zielen eines Steuergesetzes zu trennen. Sodann kann es vorkommen, dass der Gesetzgeber nicht nur einen außerfiskalischen Zweck, sondern mehrere ins Auge gefasst hat. In solchen Fällen müssen die verschiedenen Sozialzwecke ermittelt werden. Angesichts dieses „Auslegungsaufwandes" das spezifische Zweckgefüge einer Norm schlicht zu ignorieren und allein die fiskalische Motivation gelten zu lassen,[164] erscheint letztlich als Kapitulation vor der Komplexität demokratischer Willensbildung und deren Umsetzung im Bereich der Steuergesetze.

Seit dem 19. Jahrhundert ist anerkannt, dass die Auslegung einer Norm objektiv zu erfolgen hat.[165] Der objektive Gesetzesinhalt ist nicht zu verwechseln mit dem Willen des historischen Gesetzgebers. Dessen Wertungen sind angesichts der sich beständig wandelnden Vorstellungen und Anschauungen

---

159 *Birk*, Leistungsfähigkeitsprinzip, S. 237.

160 Vgl. *Birk*, Leistungsfähigkeitsprinzip, S. 236 f.

161 *Trzaskalik*, Gutachten E für den 63. DJT (2000), S. E 14, Fn. 16.

162 Siehe 1. Teil. B. II. 2.; *P. Kirchhof*, HStR IV, § 88, Rn. 51.

163 *Jachmann*, in: von Mangoldt/Klein/Starck, GG, Art. 105, Rn. 26; *dies.*, Verfassungsrechtliche Grenzen, S. 17 f.; vgl. auch *Vogel*, StuW 1977, 97, 105.

164 So *Papier*, Die finanzrechtlichen Gesetzesvorbehalte und das grundgesetzliche Demokratieprinzip, S. 89 ff.; *ders.*, KritV 1987, 140, 143.

165 *Redeker/Karpenstein*, NJW 2001, 2825.

und der tatsächlichen Gegebenheiten (Normsituation[166]) nicht auf unbestimmte Zeit geeignet, die Rechtfertigung einer Steuer zu stützen.[167] Auf die Intention des historischen Gesetzgebers kann es im Rahmen einer objektiven Auslegung daher nur ankommen, soweit sie in hinreichend bestimmter Weise im Gesetz selbst erkennbar zum Ausdruck kommt. Entscheidend sind also Wortlaut und Sinnzusammenhang einer Vorschrift, nicht dagegen die Beweggründe und subjektiven Vorstellungen der am Gesetzgebungsverfahren Beteiligten, die nicht Inhalt der Regelung geworden sind.[168] Mithin wird regelmäßig auch dort, wo der ursprüngliche Wille des Gesetzgebers (etwa aus den Materialien) erkennbar ist, versucht werden müssen, den Zweck des Gesetzes objektiv zu ermitteln.[169] Im Leberpfennig-Beschluss hatte das BVerfG noch den Schluss aus der Entstehungsgeschichte auf den Gesetzeszweck ohne zusätzliche Anforderungen an die Konkretisierung des Zwecks im Gesetz zugelassen.[170] Die neuere Judikatur fordert für lenkende Steuern im Hinblick auf die objektive Auslegungsmethoden zu Recht eine „erkennbare Entscheidung des Gesetzgebers"[171] für die Lenkung und verlangt, der Lenkungszweck müsse „mit hinreichender Bestimmtheit tatbestandlich vorgezeichnet"[172] sein.[173] Im Ergebnis ist der Wille des historischen Gesetzgebers nur relevant, „sofern und soweit er im Gesetz seinen Ausdruck gefunden hat"[174].

---

166 *Vogel,* StuW 1977, 97, 105; siehe auch *ders.,* HStR IV, § 87, Rn. 52.

167 Daher ist die von *F. Kirchhof,* DVBl. 2000, 1166, 1173, angeregte und wohl auch von *Herdegen/Schön,* Ökologische Steuerreform, Verfassungsrecht und Verkehrsgewerbe, S. 56, grundsätzlich geforderte Angabe des Lenkungsziels in den Materialien oder der Präambel weit weniger geeignet, über den Gesetzeszweck dauerhaft Aufschluss zu geben, als die vom BVerfG (E 93, 121, 148) geforderte Umsetzung des Lenkungsziels in den Steuertatbestand. Im Hinblick auf eine bessere Nachvollziehbarkeit gesetzgeberischer Differenzierungen und Abwägungen ist gleichwohl eine den dahingehenden gesetzgeberischen Willen erläuternde Gesetzesbegründung (nicht nur für lenkende Steuergesetze) zu fordern, vgl. *Redeker/Karpenstein,* NJW 2001, 2825, 2829.

168 BVerfGE 1, 299, 312; 11, 126, 130; 54, 277, 297 ff.; 49, 128, 153; 61, 1, 45.

169 *Jachmann,* Verfassungsrechtliche Grenzen, S. 17 f.; *Birk,* Leistungsfähigkeitsprinzip, S. 240, Fn. 15; siehe auch *Vogel,* StuW 1977, 97, 105 f.; *ders.,* HStR IV, § 87, Rn. 52, der die Auslegung im Wege der objektiven Abschichtung bewerkstelligt.

170 BVerfGE 36, 66, 70; 38, 61, 80 f. und 86 f.

171 BVerfGE 93, 121, 147.

172 BVerfGE 93, 121, 148; 99, 280, 296.

173 Zustimmend *Osterloh,* DStJG 24 (2001), 383, 396; *F. Kirchhof,* DVBl. 2000, 1166, 1173; *P. Kirchhof,* Stbg 1996, 1, 6. In der Literatur wird abweichend auch vertreten, das Gebot der Zweckklarheit reduziere sich im Bereich der Lenkungsteuern auf eine bloße Obliegenheit des Gesetzgebers, so *Rodi,* JZ 2000, 827, 832.

174 *Vogel,* StuW 1977, 97, 105.

Die Sichtbarmachung des Lenkungszwecks im Steuertatbestand ist deswegen problematisch, weil sich das materielle Steuerrecht darauf beschränkt, Belastungstatbestände zu normieren. In diesen tritt die Intention des Gesetzgebers nicht offen zutage. Diese „thematische Enthaltsamkeit" ist für steuerliche Normen typisch.[175] Der Zweck ist aber auch durch objektive Auslegung nicht ohne Schwierigkeiten zu gewinnen, da aus der steuerlichen Belastung eines bestimmten Verhaltens alleine nicht auf eine Intention des Gesetzgebers, eben dieses Verhalten zu unterbinden, geschlossen werden kann.[176] Die tatbestandliche Ausgestaltung muss folglich über die bloße Belastung oder Begünstigung eines bestimmten Verhaltens, wie sie auch fiskalisch motivierten Steuernormen eigen ist, hinausgehen. Dies kann etwa dadurch geschehen, dass im Tatbestand nicht nur ein Verhalten belastet, sondern durch Abstufungen in der Belastung Verhaltensalternativen aufgezeigt werden. Für die begünstigende steuerliche Lenkung hat das BVerfG darauf hingewiesen, die Förderungstatbestände müssten deutlich umgrenzt und das Maß der Förderung zweckentsprechend ausfallen.[177]

Von zentraler Bedeutung für die Ermittlung des objektiven Gesetzeszwecks sind die Wirkungen der Norm.[178] Ebenso wie die Aufkommenswirkung ein Indiz für die Einnahmenerzielungsabsicht ist, deuten außerfiskalische Effekte auf einen Lenkungszweck hin. Der Rückschluss von der eingetretenen objektiven Lenkungswirkung auf die gesetzgeberische Motivation ist daher zumindest dann möglich, wenn die Lenkungswirkung eine geringe Breite hat und folglich mit einer zielgerichteten Tatbestandsausgestaltung einhergeht. Solche Lenkungsnormen geringer Wirkungsbreite sind von einer gewissen Eindeutigkeit, die zusätzliche Verdeutlichungen verzichtbar erscheinen lassen.[179] Auch das BVerfG lässt eine Rechtfertigung aus dem „objektiven Sinn und Zweck des Gesetzes" sowie dessen objektiver Wirkung, z. B. in ökonomischer Hinsicht, zu.[180] Insofern kann von einer „objektiv begründbaren Legitimation"[181] gesprochen werden. Zu dieser trägt es auch bei, wenn die Steuer ein bestimmtes Verhalten eindämmt, welches wie z. B. das Rauchen oder der Ausstoß von CO_2 anerkanntermaßen schädlich ist.

---

175 *Selmer,* Steuerinterventionismus und Verfassungsrecht, S. 66.

176 *Trzaskalik,* Gutachten E für den 63. DJT (2000), S. E 29.

177 BVerfGE 93, 121, 148.

178 Vgl. *K. Vogel,* StuW 1977, 97, 105.

179 Vgl. *Trzaskalik,* Gutachten E für den 63. DJT (2000), S. E 90.

180 BVerfGE 85, 238, 245.

181 *Herdegen/Schön,* Ökologische Steuerreform, Verfassungsrecht und Verkehrsgewerbe, S. 57

An die Ermittlung des Zwecks schließt sich die Frage nach seiner Gewichtigkeit an. Von vornherein zur Rechtfertigung einer Abweichung vom Leistungsfähigkeitsprinzip ungeeignet ist das fiskalische Interesse des Staates.[182] Reine Fiskalzwecksteuern müssen uneingeschränkt dem Grundsatz der Besteuerung nach der Leistungsfähigkeit Rechnung tragen. Der Fiskalzweck vermag daher eine ungleiche steuerliche Belastung nicht zu rechtfertigen.

Mindestvoraussetzung einer legitimen Lenkungsvorstellung ist, dass sie nicht selbst im Widerspruch zur Verfassung steht.[183] Es muss sich wenigstens um einen verfassungsrechtlich zulässiges Ziel handeln, das alternativ mit ordnungsrechtlichen Mitteln verfolgt werden könnte.[184] Fraglich ist aber, welchen Anforderungen der Lenkungszweck über seine verfassungsrechtliche Unbedenklichkeit und Tolerierung hinaus genügen muss. Auszugehen ist hierbei von der sozialstaatlichen Funktion und Begründung der Besteuerung. Da Steuern letztlich den Interessen der staatlichen Allgemeinheit zu dienen bestimmt sind, können auch lenkungssteuerliche Sonder- oder Minderbelastungen grundsätzlich nur aus Gründen des Gemeinwohls zu rechtfertigen sein.[185] Welche Gemeinwohlbelange eine Lenkungsteuer zu rechtfertigen vermögen, muss stets anhand der gegenwärtigen Situation geprüft werden; das Gewicht eines Lenkungszwecks ist veränderlich.[186] Jede Aussage über die Rechtfertigung einer Lenkungsteuer steht daher zwangsläufig unter dem Vorbehalt sich ändernder Umstände.

Birk fordert, die Verfolgung des Lenkungszwecks müsse durch die Verfassung nahe gelegt werden, was insbesondere dann der Fall sei, wenn es darum gehe, verfassungsrechtliche „Grundwertungen und Verpflichtungen" zu verwirklichen.[187] Derartig bedeutende Zwecke seien in jedem Fall geeignet, eine Ungleichbehandlung zu rechtfertigen, mit der Folge, dass sich die Verhältnismäßigkeitsprüfung in der Feststellung des Zwecks erschöpfe und auf eine Abwägung verzichtet werden könne. Dagegen müssen sich nach dieser Ansicht Lenkungszwecke, die nicht zu den „Leitlinien" der Verfassung zählen, darum nicht zwingend zu verwirklichen sind, gleichwohl aber für das

---

[182] BVerfGE 6, 55, 80; 19, 76, 84 f.; *Osterloh*, in: Sachs, GG, Art. 3., Rn. 145; *Tipke*, StRO I, S. 329 f.; *Selmer*, StuW 1978, 321, 328.

[183] *Birk*, Leistungsfähigkeitsprinzip, S. 245; *Jachmann*, Verfassungsrechtliche Grenzen, S. 18.

[184] Vgl. aus der Sicht des Schweizer Rechts *Böckli*, Indirekte Steuern und Lenkungssteuern, S. 105.

[185] *J. Lang*, in: Tipke/J. Lang, Steuerrecht, § 4, Rn. 126.

[186] *Von Arnim*, VVDStRL 39 (1981), S. 286, 334.

[187] *Birk*, Leistungsfähigkeitsprinzip, S. 245; diesem folgend *Rüfner*, in: BK-GG, Art. 3 Abs. 1, Rn. 209 a. E.

gemeine Wohl erstrebenswert erscheinen, erst in der Abwägung gegenüber dem Gemeinwohlwert der Besteuerung nach der Leistungsfähigkeit durchsetzen.[188] Hier ordnet *Birk* u. a. gesundheitspolitische Ziele ein. Bei solchen Zwecken müsse sich im Einzelfall erweisen, ob ihre Verfolgung von der Verfassung nahegelegt werde. Dies soll dann der Fall sein, wenn „verfassungsrechtliche Anknüpfungspunkte" den Schluss auf ihre Wertigkeit zuließen. Derartige Anknüpfungspunkte seien die Grundrechte, das Sozialstaatsprinzip und die Kompetenznormen.[189]

Die Ansicht *Birks* wird von *Tipke* als zu restriktiv kritisiert, da gewichtige Gemeinwohlwerte nicht erst dann vorlägen, wenn sie von Verfassungs wegen geboten seien.[190] Dem ist zuzustimmen. Abgesehen von der vorliegenden Problematik spielt die Legitimationskraft von Gemeinwohlbelangen bei Art. 12 GG eine bedeutende Rolle. In jenem Zusammenhang hat das BVerfG klargestellt, dass nicht nur absolute, vorstaatliche Rechtsgüter schutzwürdig sind (z. B. die Volksgesundheit[191]), sondern auch solche Gemeinwohlbelange Berücksichtigung finden müssen, die sich erst aus besonderen wirtschafts-, sozial- oder gesellschaftspolitischen Vorstellungen des Gesetzgebers ergeben, „die er also erst selbst in den Rang wichtiger Gemeinschaftsinteressen erhebt."[192] Auch über den Bereich der Berufsfreiheit hinaus muss für die steuerlichen Lenkungszwecke gelten, dass sie ggf. erst vom Gesetzgeber aus einer politischen Motivation heraus geschaffen werden können. Sie sind aufgrund dieser gesetzlichen Konstituierung zur Legitimation nicht von vornherein weniger geeignet als vorstaatliche Gemeinwohlbelange, bedürfen aber der Überprüfung auf ihre verfassungsrechtliche Unbedenklichkeit hin.[193]

Dieser offene Ansatz korrespondiert mit dem vom BVerfG dem Gesetzgeber zugestandenen weiten Entscheidungsspielraum bei der Auswahl der Steuergegenstände, der eine Ausrichtung an finanzpolitischen, sozialpolitischen oder steuertechnischen Erwägungen zulässt.[194] Dieser weite Gestaltungs-

---

[188] *Birk,* Leistungsfähigkeitsprinzip, S. 248.

[189] *Birk,* Leistungsfähigkeitsprinzip, S. 249.

[190] *Tipke,* StRO I, S. 332.

[191] Vgl. auch BVerfGE 17, 269, 276 f.

[192] BVerfGE 13, 97, 107; zur Kritik an der Rechtsfigur des gesetzlich konstituierten Gemeinwohls vgl. *R. Breuer,* HStR VI, § 148, Rn. 12 m. w. N.

[193] Vgl. BVerfGE 13, 97, 107.

[194] BVerfGE 13, 181, 203; 27, 58, 66; 29, 327, 335; 49, 343, 360; 65, 325, 354; 81, 108, 117; 84, 239, 271; 85, 238, 244; *Osterloh,* in: Sachs, GG, Art. 3, Rn. 135; *Gubelt,* in: von Münch/Kunig, GG, Art. 3, Rn. 51; *Jarass,* in: Jarass/Pieroth, GG, Art. 3, Rn. 46; *Selmer/Brodersen,* DVBl. 2000, 1153, 1158 f.

spielraum ist außerdem durch das Demokratieprinzip verfassungsrechtlich geboten und muss sich auch gegenüber anderen verfassungsrechtlichen Wertungen behaupten können.[195]

3. Verhältnismäßigkeit

Auf steuerliche Lenkungsnormen ist der Grundsatz der Verhältnismäßigkeit[196] (im weiteren Sinne) anzuwenden. Die Regelung muss also geeignet, erforderlich und angemessen sein.[197] Ob dies der Fall ist, erweist sich im Rahmen einer Abwägung des Lenkungszwecks gegen die Abweichung vom Leistungsfähigkeitsprinzip.[198]

a) Eignung der Steuer zur Erreichung des Lenkungszwecks

Die Lenkungsteuer muss geeignet sein, den jeweiligen Lenkungszweck zu erreichen.[199] Diesbezüglich ist zunächst zu konstatieren, dass Steuern nicht nur unterschiedliche Gestaltungswirkungen zur Folge haben, sondern vor allem Vermeidungsanstrengungen des Steuerpflichtigen herbeiführen.[200] Somit sind Lenkungsteuern grundsätzlich geeignet, dem Steuerpflichtigen ein anderes als das von der Steuer diskriminierte Verhalten nahe zu legen. Die einzelnen Lenkungsteuern sind zunächst daraufhin zu prüfen, ob das belastete Verhalten überhaupt vermeidbar ist und ggf. erwünschte Verhaltensalternativen bestehen, die zu ergreifen dem Steuerpflichtigen im Wege der steuerlichen Lenkung nahegelegt werden kann. Weiterhin ist sodann zu untersuchen, ob die von der Steuer ausgelösten Gestaltungswirkungen mit dem Lenkungsziel übereinstimmen.

In Bezug auf Verbrauchsteuern, die zur allgemeinen Umsatzsteuer hinzutreten und – was für die Tabaksteuer noch darzulegen sein wird[201] – dem Konsum der besteuerten Güter entgegenwirken sollen, kann allgemein gesagt werden, dass die Verteuerung eines Produkts bei gegebener Preiselastizität[202] der Nachfrage einen Rückgang derselben zur Folge hat.[203] Dies gilt auch, wenn die Preissteigerung auf Besteuerung zurückzuführen ist, da für die Preisbildung am Markt nur die Kosten an sich, nicht ihr Entstehungsgrund

---

195 Vgl. *Rodi,* Die Rechtfertigung von Steuern als Verfassungsproblem, S. 48 f.

196 Der Grundsatz der Verhältnismäßigkeit gilt auch im Steuerrecht, vgl. BFH BStBl. 2000 II, 229, 230; *Weber-Grellet,* Steuern im modernen Verfassungsstaat, S. 175.

197 *Weber-Grellet,* Steuern im modernen Verfassungsstaat, S. 174.

198 *Schemmel,* StuW 1995, 39, 45.

199 Vgl. *Kloepfer,* NJW 1971, 1585, 1588.

200 *Trzaskalik,* Gutachten E für den 63. DJT (2000), S. E 10.

201 Siehe unten 2. Teil. E. 4. a).

202 Zur Preiselastizität vgl. nur *Woll,* Allgemeine Volkswirtschaftslehre, S. 128 ff.

203 Vgl. *Haller,* Die Steuern, S. 294.

ausschlaggebend sind.[204] Ceteris paribus sollten sich infolge der steuerlichen Belastung Substitutionsprozesse ergeben, wodurch sich im Ergebnis die Bemessungsgrundlage verkleinert und die Steuereinnahmen sinken.[205]

Dem Gesetzgeber kommt auch beim lenkenden Einsatz von Steuern ein weiter Spielraum für die Beurteilung der Zwecktauglichkeit eines Gesetzes zu, weshalb nur solche Maßnahmen ausscheiden, die schon bei einer Prognose aus der Sicht des Gesetzgebers (ex ante) als schlechthin ungeeignet erscheinen müssen.[206] Insoweit ist es unschädlich, dass eine vergleichbare Maßnahme des Ordnungsrechts möglicherweise als wirkungsvoller einzuschätzen ist.[207] Geeignet ist jede erfolgversprechende Maßnahme, nicht nur die effektivste oder effizienteste.[208] Dies gilt freilich nur in Bezug auf Ziele, die erstrebenswert sind, gleichwohl aber nicht unbedingt erreicht werden müssen.[209] Mit anderen Worten: Nur wenn die Zielverfehlung noch hinnehmbar ist, kann die Steuer ein geeignetes Mittel sein. Aus dem gleichen Grund ist es auch keine Frage der Geeignetheit, sondern nur der rechtstechnischen Machbarkeit, ob in einem bestimmten Fall durch steuerliche Belastung oder Entlastung gelenkt wird.[210] So ist es zweifellos einfacher, unerwünschten

---

204 Vgl. *F. Kirchhof*, DVBl. 2000, 1166, 1170.

205 *Bareis/Elser*, DVBl. 2000, 1176, 1179. Regelmäßig dürften die tatsächlichen Gegebenheiten am Markt vom theoretischen Ideal des vollkommenen Marktes abweichen, was z. B. zur Folge haben kann, dass sich das Aufkommen aus der Lenkungsteuer erhöht statt zu sinken. Deshalb ist die Lenkungsteuer jedoch nicht ungeeignet, solange sie gleichwohl noch Verhaltensänderungen bewirkt, vgl. *Sacksofsky*, NJW 2000, 2619, 2621.

206 BVerfGE 30, 250, 262 ff.; 38, 61, 88 f.

207 Ob eine Lenkungsteuer einer ordnungsrechtlichen Maßnahme überlegen ist, kann nur im Einzelfall abhängig vom Lenkungsziel und der Ausgestaltung der Lenkungsteuer entschieden werden. Ordnungsrechtliche Maßnahmen sind nicht grundsätzlich besser geeignet als Lenkungsteuern. Vgl. hierzu *Trzaskalik*, Gutachten E für den 63. DJT (2000), S. E 12 ff.; *Homburg*, Allgemeine Steuerlehre, S. 198 ff.; *Weber-Grellet*, Steuern im modernen Verfassungsstaat, S. 47.

208 Fragen der steuerlichen Effizienz, die in der Finanzwissenschaft einen Schwerpunkt der Steuerlehre bilden (siehe z. B. *Homburg*, Allgemeine Steuerlehre, S. 159 ff.), spielen für die verfassungsrechtliche Prüfung von Steuern keine Rolle. Steuergerechtigkeit und Effizienz stehen gleichwohl in Zusammenhang. Ungleiche steuerliche Belastung führt (langfristig) regelmäßig zu Ineffizienz, während „steuerliche Gleichbehandlung sowohl dem Effizienzziel als auch dem Gerechtigkeitsziel dient", *Homburg*, Allgemeine Steuerlehre, S. 236.

209 *P. Kirchhof*, Stbg 1995, 68, 76 f.; *Weber-Grellet*, Steuern im modernen Verfassungsstaat, S. 53; vgl. in Bezug auf ökologische Zielsetzungen auch *Trzaskalik*, Gutachten E für den 63. DJT (2000), S. E 16; *Sacksofsky*, NJW 2000, 2619, 2623; *F. Kirchhof*, DÖV 1992, 233, 234; *ders.*, DVBl. 2000, 1166, 1169.

210 Vgl. *Ruppe*, 8. ÖJT 1982, Bd. I, 1. Teil A, S. 37.

Konsum (z. B. Tabakwaren) mit einer Verbrauchsteuer zu belegen, als alternative Verhaltensweisen zu belohnen. Ob die belastende oder die begünstigende Maßnahme wirkungsvoller wäre, ist unerheblich.

Lenkungsteuern sind auch nicht deswegen von vornherein ungeeignet, weil durch die Hinnahme der steuerlichen Belastung der bezweckten Lenkung ausgewichen werden kann.[211] Geeignet sind aus verfassungsrechtlicher Sicht alle Maßnahmen, die dem Lenkungszweck dienlich sind, indem sie seine Erreichung fördern, und nicht nur solche, durch die das Ziel mit Sicherheit erreicht werden kann.[212] Als ungeeignet erweisen sich dagegen Steuern, die vom Pflichtigen umgangen werden können. Gemeint sind Fälle, in denen der Besteuerungstatbestand durch ein gleichermaßen unerwünschtes Verhalten substituiert werden kann.[213] Die Ausgestaltung einer Lenkungsteuer muss somit auf größtmögliche Förderung der erstrebten Wirkungen gerichtet sein,[214] was in erster Linie durch eine in der Höhe empfindliche Steuerbelastung sichergestellt werden kann.[215]

b) Erforderlichkeit der Lenkungsteuer

Die zu prüfende Steuer muss sich auch als erforderlich erweisen. Dies ist gemeinhin der Fall, sofern ein milderes Mittel zur Zweckerreichung nicht zur Verfügung steht. Ein solches wäre freilich eine „lastengleiche Lenkungsteuer“[216], also die Erreichung des Lenkungszwecks im Rahmen der gleichheitsgerechten Besteuerung.[217] Diese Rechtsfigur ist jedoch selten anzutreffen,[218] da die Lenkung mit dem Mittel der Steuer regelmäßig gerade durch Unterschiede in der Belastungsintensität erreicht werden soll und es dann zwangsläufig zu einer Ungleichbehandlung kommt.

Erforderlich sind nur solche Lenkungsteuern, die maßvoll von der gleichheitsgerechten Steuerbelastung abweichen. Unter mehreren geeigneten Lenkungsteuern ist diejenige erforderlich, die den Steuerpflichtigen am gerings-

---

211 Vgl. *F. Kirchhof*, DVBl. 2000, 1166, 1169.
212 BVerfGE 30, 292, 316; 63, 88, 115; 96, 10, 23.
213 *F. Kirchhof*, DVBl. 2000, 1166, 1170; siehe dazu aus ökonomischer Sicht: *Bareis/Elser*, DVBl. 2000, 1176, 1179.
214 Vgl. *Böckli*, Indirekte Steuern und Lenkungssteuern, S. 111.
215 *F. Kirchhof*, Abgabenrecht, Rn. 48.
216 *Von Arnim*, VVDStRL 39 (1981), S. 286, 337.
217 *Birk*, Leistungsfähigkeitsprinzip, S. 241.
218 Ein Beispiel ist der bereits oben angeführte Konjunkturzuschlag, siehe dazu *von Arnim*, VVDStRL 39 (1981), S. 286, 337; *Selmer*, Steuerinterventionismus und Verfassungsrecht, S. 221 ff.

ten belastet.[219] Gerechtfertigt kann die steuerliche Ungleichbehandlung nur in dem Umfang sein, der zur Zielerreichung notwendig ist.[220]

Sofern in Bezug auf eine Lenkungsteuer festgestellt ist, dass es keine milderen Besteuerungsalternativen gibt, folgt daraus zugleich, dass diese Steuer auch gegenüber nichtsteuerlichen lenkenden Gesetzen das mildeste Mittel darstellt. Gegenüber ordnungsrechtlichen Maßnahmen stellen Lenkungsteuern stets die verhältnismäßig geringere Beeinträchtigung dar,[221] da sie bedingt durch ihre Wirkungsweise ohne unmittelbare Verhaltensanweisung auskommen.[222] Nicht nur, aber erst recht gegenüber einem Verbot erweist sich die Lenkungsteuer als weniger einschneidend.[223] Demgegenüber wird in der Literatur vertreten, es fehle angesichts der Tatsache, dass Lenkungsteuern keine Verhaltensregeln vorgeben, an einer Vergleichbarkeit mit ordnungsrechtlichen Maßnahmen. Steuerrechtliche und ordnungsrechtliche Maßnahmen existierten nebeneinander, ohne dass unter dem Gesichtspunkt der Eingriffsschwere ein Rangverhältnis ausgemacht werden könne.[224] Zu diesem Ergebnis kann allerdings nur gelangen, wer den Lenkungszweck ignoriert oder bestreitet, dass sich ein solcher aus dem Steuergesetzen ableiten lässt.[225] Im Rahmen der vorliegenden Arbeit wurde dagegen bereits aufgezeigt, wie der Lenkungszweck objektiv ermittelt werden kann. Die so ermittelte steuergesetzliche Zielvorstellung ist Tertium comparationis einer vergleichenden Betrachtung der Wirkungen von Steuergesetz und Ordnungsrecht. Im Ergebnis dieses Vergleichs ist das Steuergesetz das mildere Mittel, da es auf den Ordnungsbefehl verzichtet.

c) Angemessenheit

Die Ungleichbehandlung rechtfertigt sich als verhältnismäßig (im engeren Sinne), wenn sich das Lenkungsziel im Rahmen einer Abwägung gegenüber dem Mittel der konkreten, vom Leistungsfähigkeitsprinzip abweichenden

---

[219] *F. Kirchhof,* DVBl. 2000, 1166, 1171. Die praktische Schwierigkeit besteht darin festzustellen, bei welchem Maß steuerlicher Belastung die Zielerreichung noch gewährleistet ist.

[220] *Birk,* Leistungsfähigkeitsprinzip, S. 241.

[221] *P. Kirchhof,* Besteuerungsgewalt und Grundgesetz, S. 50 f.; *Vogel,* BayVBl. 1980, 523, 525; *Scholz/Aulehner,* BB 1991, 73 f.; *Weber-Grellet,* NJW 2001, 3657, 360; *ders.,* DB 2002, 9, 12.

[222] Anders insoweit *P. Kirchhof,* JZ 1979, 153, 157, der in der lenkenden Steuer einen (unverbindlichen) Verhaltensbefehl erblickt, wobei dem Steuerpflichtigen nur die Wahl zwischen Ausweichverhalten und tatbestandsmäßigem Verhalten bleibt.

[223] *Weber-Grellet,* Steuern im modernen Verfassungsstaat, S. 48.

[224] *Trzaskalik,* Gutachten E für den 63. DJT (2000), S. E 27.

[225] Vgl. *Trzaskalik,* Gutachten E für den 63. DJT (2000), S. E 29.

steuerlichen Belastung als angemessen erweist.[226] Dies erfordert, dass die Lenkungsteuer insgesamt, d. h. sämtliche mit ihr verbundenen Wirkungen, betrachtet werden.[227] Auf allgemeine Abwägungsmuster kann nicht zurückgegriffen werden, da der Gleichheitssatz stets sachbereichsbezogen anzuwenden ist.[228] Dies gilt zumal für den Bereich steuerlicher Ungleichbehandlungen.

Im Rahmen dieser Verhältnismäßigkeitsprüfung sind auch die Freiheitsrechte zu berücksichtigen.[229] Je weniger freiheitsbeeinträchtigend eine Lenkungsteuer ist, desto eher erscheint die bewirkte Ungleichbehandlung als angemessen. Verhältnismäßig sind also Lenkungsteuern, die das Lenkungsziel verfassungsrechtlich effizient erreichen.[230] Bei indirekten Lenkungsteuern mit regressiver Belastungswirkung besteht die Gefahr, dass wirtschaftlich Schwächere unangemessen benachteiligt werden und die Lenkungsteuer dem Sozialstaatsprinzip zuwiderläuft.[231] Dabei kommt es für die Frage der Angemessenheit auch auf die subjektive Leistungsfähigkeit des Steuerpflichtigen an, denn die Lenkungswirkung steigt mit sinkender Zahlungsfähigkeit überproportional an.[232]

Je nachdem werden manche Pflichtige die Lenkungswirkung als Empfehlung empfinden, während sie für andere einem Befehl gleichkommt.[233] Derartige Wirkungsdifferenzen müssen sich angesichts des Lenkungszwecks als angemessen erweisen. Die äußerste Grenze, die gleichermaßen aus dem Leistungsfähigkeitsprinzip wie den Freiheitsrechten begründet werden kann, bildet die absolute Leistungsfähigkeit des Steuerpflichtigen. Über dieses Maß hinaus kann kein noch so bedeutender Gestaltungszweck den Steuerzugriff rechtfertigen.[234]

---

226 Vgl. *Birk,* Leistungsfähigkeitsprinzip, S. 244; *Gubelt,* in: von Münch/Kunig, GG, Art. 3, Rn. 51; *Huster,* Rechte und Ziele, S. 372 und 377; *Ruppe,* in: Herrmann/Heuer/Raupach, EStG, Einf. ESt, Rn. 546; *Schemmel,* StuW 1995, 39, 45.

227 *Jachmann,* Verfassungsrechtliche Grenzen, S. 18.

228 *Gubelt,* in: von Münch/Kunig, GG, Art. 3, Rn. 50; *Osterloh,* in: Sachs, GG, Art. 3, Rn. 91.

229 *Jachmann*, Verfassungsrechtliche Grenzen, S. 18.

230 Vgl. *Jakob,* in: FS für Offerhaus, S. 65, 78.

231 *Friauf,* Verfassungsrechtliche Grenzen, S. 35 f.

232 Vgl. *Böckli,* Indirekte Steuern und Lenkungssteuern, S. 116.

233 *P. Kirchhof,* Stbg 1995, 68, 77.

234 *Weber-Grellet,* Steuern im modernen Verfassungsstaat, S. 169 und 175.

V. Rechtfertigung gleichheitswidriger Steuervergünstigungen durch den Lenkungszweck[235]

Für die begünstigende steuerliche Lenkung ist eine Abweichung vom Leistungsfähigkeitsprinzip zu Gunsten des Steuerträgers charakteristisch.[236] Steuervergünstigungen belohnen einen Zustand oder ein bestimmtes Verhalten des Begünstigten und begründen somit eine Vorzugsbehandlung der Gruppe der Adressaten dieser Steuernorm gegenüber einer anderen Gruppe, deren Mitglieder gleichermaßen leistungsfähig sind. Die Wirkungen von Steuervergünstigungen widersprechen mithin der Belastungsgleichheit.[237]

Auch die den Steuerpflichtigen begünstigende Durchbrechung des Leistungsfähigkeitsprinzips bedarf der Rechtfertigung. Wie bei der belastenden Lenkung können nur gewichtige sachliche Gründe, angesichts derer sich die Begünstigung als verhältnismäßig erweist, die Ungleichbehandlung legitimieren. Die vom Gesetzgeber verfolgten Lenkungsziele sind in die Abwägung mit dem Lenkungsmittel einzustellen. Auch für Steuervergünstigungen ist somit zunächst der Lenkungszweck zu ermitteln und anschließend die Verhältnismäßigkeit der steuerlichen Lenkungsmaßnahme zu prüfen.

1. Lenkungszweck

Steuerliche Lenkungsnormen – belastende wie begünstigende – erfahren ihre Rechtfertigung grundsätzlich durch das Gemeinwohlprinzip.[238] Wie schon bei der Rechtfertigung belastender Lenkungsteuern sind auch hier keine zu hohen Anforderungen an das Gewicht der Gemeinwohlzwecke zu stellen.[239] Dem Gesetzgeber kommt bei Steuervergünstigungen ein verglichen mit belastenden Lenkungsteuern noch weitergehenderer Gestaltungsspielraum zu.[240] Daher sind alle Belange anzuerkennen, die sich aus dem besonderen wirtschafts-, sozial- oder gesellschaftspolitischen Vorstellungen des Gesetzgebers ergeben.[241] Der verfolgte Gemeinwohlzweck muss allerdings geeignet sein zu begründen, warum der Gesetzgeber einer bestimmten Gruppe

---

235 Im Folgenden ausgeklammert bleibt die europarechtliche Rechtfertigung von Steuervergünstigungen. Ein Rechtfertigungsbedürfnis besteht insbesondere wegen des Beihilfenverbots (Art. 87 EG-Vertrag).

236 Vgl. *von Arnim*, VVDStRL Bd. 39 (1981), S. 286, 320.

237 Vgl. *Trzaskalik*, Gutachten E für den 63. DJT (2000), S. E 66.

238 Vgl. *Tipke*, StRO I, S. 340 ff.; *J. Lang*, in: Tipke/J. Lang, Steuerrecht, § 19, Rn. 2; *Lambrecht*, in: P. Kirchhof/Söhn, EStG § 7d, Rn. A 86.

239 Siehe oben 1. Teil. B. IV. 2.

240 So insbesondere *Lambrecht*, in: P. Kirchhof/Söhn, EStG, § 7d, Rn. A 86; wohl etwas restriktiver *Tipke*, StRO I, S. 341; *J. Lang*, in: Tipke/J. Lang, Steuerrecht, § 19, Rn. 70.

241 Siehe zuvor schon 1. Teil. B. IV. 2.

von Steuerpflichtigen eine Vergünstigung verschafft, die anderen Steuerpflichtigen gleicher Leistungsfähigkeit versagt bleiben muss.[242]

Das Gemeinwohlprinzip ist im Bereich der Steuervergünstigungen konkretisiert durch Bedürfnis- und Verdienstprinzip.[243] Nach dem Bedürfnisprinzip gerechtfertigt ist eine Steuervergünstigung, wenn einem wirtschaftlichen Entlastungsbedarf des Begünstigten über das schon durch das Leistungsfähigkeitsprinzip gebotene Maß hinaus entsprochen wird. Die Rechtfertigung erfolgt aus dem Verdienstprinzip, wenn das Allgemeininteresse die steuerliche Förderung eines bestimmten Verhaltens erfordert. Die Steuervergünstigung soll einen positiven Anreiz zu diesem Verhalten schaffen.

Am Verdienstprinzip sind vor allem wirtschaftslenkenden Steuervergünstigungen ausgerichtet. Sie sind als indirekte Subventionen zu unterscheiden von den Direktsubventionen, die dem Wirtschaftsverwaltungsrecht zugehören.[244] Während letztere offen im Hauhaltsplan ausgewiesen sind, sind Steuervergünstigungen versteckte Subventionen.[245] Möglich sind subjektive und objektive Steuervergünstigungen, je nachdem, ob sie beim Steuersubjekt oder Steuerobjekt ansetzen.[246] Zu den typischen Förderzwecken wirtschaftlenkender Steuervergünstigungen zählt die Förderung einzelner Branchen in Industrie, Handel und Dienstleistungen.[247]

2. Verhältnismäßigkeit

Auch für begünstigende Steuernormen gilt das Übermaßverbot.[248] Angesichts des Gemeinwohlzwecks müssen sie sich als geeignet, erforderlich und angemessen erweisen.[249] Die Geeignetheit und Erforderlichkeit einer Steuervergünstigung kann insbesondere durch Mitnahmeeffekte in Frage gestellt sein. Unter Mitnahmeeffekten versteht man die Inanspruchnahme von Steu-

---

242 *Trzaskalik,* Gutachten E für den 63. DJT (2000), S. E 84.

243 Vgl. *J. Lang,* in: Tipke/J. Lang, Steuerrecht § 4, Rn. 126 ff. und § 19, Rn. 70; *Tipke,* StRO I, S. 340 und 530.

244 *J. Lang,* in: Tipke/J. Lang, Steuerrecht, § 19, Rn. 5.

245 *J. Lang,* in: Tipke/J. Lang, Steuerrecht, § 19, Rn. 16; zu dem daraus resultierenden Transparenzproblem siehe *Trzaskalik,* Gutachten E für den 63. DJT (2000), S. E 69 ff.

246 *J. Lang,* in: Tipke/J. Lang, Steuerrecht, § 19, Rn. 17.

247 Vgl. (auch zu weiteren Förderzwecken) *J. Lang,* in: Tipke/J. Lang, Steuerrecht, § 19, Rn. 8.

248 *J. Lang,* in: Tipke/J. Lang, Steuerrecht, § 19, Rn. 75; *Ruppe,* in: Herrmann/Heuer/Raupach, Einf. ESt, Rn. 546; *Vogel,* in: FS für Ipsen (1977), S. 539, 552 f.

249 *Tipke,* StRO I, S. 342 ff.; *J. Lang,* in: Tipke/J. Lang, Steuerrecht, § 19, Rn. 71 und 75; *von Arnim,* VVDStRL 39 (1981), S. 286, 326; *Lambrecht,* in: P. Kirchhof/Söhn, EStG, § 7d, Rn. A 87 f.; *Ruppe,* 8. ÖJT 1982, Bd. I, 1. Teil A, S. 74; *Vogel,* in: FS für Ipsen (1977), S. 539, 553.

erentlastungen durch Steuerpflichtige, die sich auch ohne den materiellen Anreiz in der gewünschten Weise verhalten hätten. Sofern eine Steuervergünstigung ausschließlich „Mitnehmern" zugute kommt, verfehlt sie ihre Lenkungswirkung und ist ungeeignet.[250] Abgesehen von diesem Extremfall ist die Subvention zwar grundsätzlich geeignet, aber, soweit sie vermeidbare Mitnahmeeffekte bewirkt, nicht erforderlich.[251] Allerdings ist dem Gesetzgeber in Bezug auf Geeignetheit und Erforderlichkeit einer Steuervergünstigung ein Beurteilungsspielraum (Prognosespielraum) zuzugestehen, der sich auch auf die Einschätzung von Mitnahmeeffekten erstreckt.[252] Die Prüfung der Angemessenheit erfordert eine Abwägung, bei der die Intensität der Abweichung vom Leistungsfähigkeitsprinzip zu berücksichtigen ist.[253] Sowohl der Umfang der Steuervergünstigung als auch die Zahl der Begünstigten müssen in angemessenem Verhältnis zu dem intendierten Gemeinwohlzweck stehen.[254]

VI. Rechtfertigung von Gestaltungswirkungen belastender Lenkungsnormen durch den Lenkungszweck

Neben die durch die Steuer ausgelöste Belastungswirkung treten die Gestaltungswirkungen. Gestaltungswirkungen, die eine Lenkungsfunktion erfüllen sollen, können als Lenkungswirkungen bezeichnet werden. Sie bedürfen der verfassungsrechtlichen Rechtfertigung, wenn sie in Freiheitsgrundrechte eingreifen.[255]

Eingriffsqualität kann allerdings nur den dem Gesetzgeber zurechenbaren Wirkungen zukommen.[256] Dies ist in Bezug auf beabsichtigte Lenkungswirkungen unproblematisch.[257] Der Lenkungszweck ermöglicht deren Zurechnung. Daneben können – auch bei Lenkungsteuern – Gestaltungswirkungen ungezielt eintreten. Inwieweit unbeabsichtigte Steuerwirkungen dem Gesetzgeber zugerechnet werden können, soll hier unerörtert bleiben, da für die

250 Vgl. *Kulosa,* Verfassungsrechtliche Grenzen steuerlicher Lenkung, S. 81.

251 *Von Arnim,* VVDStRL 39 (1981), S. 286, 328.

252 Vgl. *Tipke,* StRO I, S. 343; *J. Lang,* in: Tipke/J. Lang, Steuerrecht, § 19, Rn. 75.

253 Vgl. *Birk,* Leistungsfähigkeitsprinzip, S. 244; *von Arnim,* VVDStRL 39 (1981), S. 286, 327; *Rodi,* Die Rechtfertigung von Steuern als Verfassungsproblem, S. 155; *Huster,* Rechte und Ziele, S. 371 und 377; a. A. *Trzaskalik,* Gutachten E für den 63. DJT (2000), S. E 83.

254 *Tipke,* StRO I, S. 345.

255 Vgl. *Jachmann,* Verfassungsrechtliche Grenzen, S. 21.

256 BVerfGE 66, 39, 60.

257 *Birk,* Leistungsfähigkeitsprinzip, S. 195 f.

Tabaksteuer davon auszugehen sein wird, dass die mit ihr verbundenen Gestaltungswirkungen intendiert sind.[258]

Ein solcher Eingriff durch den Gesetzgeber ist aber grundsätzlich rechtfertigbar, wenn er durch einen Gesetzesvorbehalt gedeckt ist. So kann der einfache Gesetzesvorbehalt des Art. 12 Abs. 1 S. 2 GG einen Eingriff in die Berufsfreiheit legitimieren. Im Bereich der Eigentumsgarantie ist der Gesetzgeber durch Art. 14 Abs. 1 S. 2 GG aufgefordert, den Inhalt und die Schranken des Eigentums durch Gesetze zu bestimmen. Die allgemeine Handlungsfreiheit (Art. 2 Abs. 1 GG) kann durch jedes formell und materiell verfassungsmäßige Gesetz eingeschränkt werden. Derartige gesetzliche Beschränkungen der Grundrechte sind jedoch ihrerseits mit Schranken versehen. Hier kommt bei Lenkungsteuern vor allem das Übermaßverbot zum Tragen.[259]

Die geforderte Verhältnismäßigkeit bezieht sich auf die gesetzgeberischen Zwecke und Mittel. Beide müssen sich zunächst für sich genommen als legitim erweisen, darüber hinaus aber auch in angemessener Relation zueinander stehen.[260] Verfassungslegitim sind solche Zwecke, deren Verfolgung dem Gesetzgeber nicht durch grundrechtliche Regelung untersagt ist. Ebenso verhält es sich mit den Mitteln. Zweck und Mittel sind dabei aufeinander bezogen. Daher müssen die eingesetzten Mittel geeignet, notwendig und angemessen sein. Geeignet sind alle Mittel, die den Zweck befördern. Erforderlich ist jedes Mittel, das nicht durch ein als gleich wirksam einzuschätzendes Mittel ersetzt werden kann, das den Grundrechtsträger geringer belasten würde. Hier kann wiederum konstatiert werden, dass Steuern grundsätzlich gegenüber ordnungsrechtlichen Verhaltensanweisungen das mildere Mittel sind.[261] Anders ist dies nur dann, wenn der Steuerpflichtige dem Besteuerungstatbestand nicht ausweichen kann, weil ein tatbestandsloses Alternativverhalten unmöglich ist.[262] Zusätzlich zu den vorstehenden Ein-

---

[258] Siehe unten 2. Teil. F. II. und III. Vgl. zur Zurechenbarkeit von Gestaltungswirkungen *Birk*, Leistungsfähigkeitsprinzip, S. 196 ff., 224 ff.; *Vogel*, HStR IV, § 87, Rn. 84.

[259] Freilich sind auch bei Steuergesetzen jegliche „Schranken-Schranken" zu beachten. Daher dürfen Steuergesetze keine Einzelfallgesetze sein und müssen der Wesensgehaltsgarantie, dem Bestimmtheitsgrundsatz und dem Zitiergebot genügen.

[260] Eine Eingriffsrechtfertigung durch Lenkungszwecke grundsätzlich ablehnend dagegen *Papier*, Die finananzrechtlichen Gesetzesvorbehalte und das grundgesetzliche Demokratieprinzip, S. 89 ff. Diese Ansicht ist im vorliegenden Zusammenhang mit den schon im Rahmen der Rechtfertigung von Ungleichbelastungen (siehe oben 1. Teil B. IV. 2.) vorgetragenen Argumenten abzulehnen.

[261] Siehe 1. Teil. B. IV. 3. b).

[262] Vgl. *Jachmann*, Verfassungsrechtliche Grenzen, S. 23; *Vogel*, BayVBl. 1980, 523, 525

schränkungen ist abschließend zu prüfen, ob Zweck und Beeinträchtigung in einem angemessenen Verhältnis zueinander stehen. Prüfungsmethode ist die Abwägung der öffentlichen und privaten Interessen.[263] Lenkungszweck und Gestaltungswirkung sind auf ihre Proportionalität hin zu untersuchen.

VII. Rechtfertigung von Gestaltungswirkungen begünstigender Lenkungsteuern

Bei lenkenden Steuervergünstigungen treten neben die Entlastungswirkung Gestaltungswirkungen in Form von Anstrengungen des Steuerpflichtigen, den Entlastungstatbestand zu verwirklichen. Wie schon zu Art. 12 Abs. 1 GG ausgeführt wurde,[264] berühren derartige Anreizwirkungen nicht die Freiheitsrechte der Begünstigten. Dies gilt auch für die allgemeine Handlungsfreiheit (Art. 2. Abs. 1 GG) derjenigen Verbraucher, die verbrauchsteuerlich begünstigte Waren konsumieren. Sie werden durch die Privilegierung in ihrer Konsumfreiheit nicht beeinträchtigt.

Zu den Gestaltungswirkungen zählen insbesondere bei wirtschaftslenkenden Vergünstigungen aber auch Wettbewerbsverzerrungen zu Lasten derer, denen die Inanspruchnahme der Steuerentlastung nicht gelingt oder überhaupt verwehrt ist. Soweit Steuervergünstigungen sich mittelbar als Belastung für die Nichtbegünstigten darstellen, ist es denkbar, dass sich eine subventionsbedingte Wettbewerbsverzerrung als gezielte Belastung der beruflichen Tätigkeit der nicht begünstigten Wettbewerber darstellt.[265] Solche Eingriffe sind gerechtfertigt, wenn sie angesichts des Gestaltungswecks verhältnismäßig sind. Je nach Schwere des Wettbewerbsnachteils sind nach der Stufentheorie des BVerfG[266] entsprechend gewichtige Gemeinwohlpositionen zur Rechtfertigung erforderlich.

---

[263] Vgl. *Pieroth/Schlink*, Grundrechte, Rn. 291. – Regelmäßig werden hier die gleichen öffentlichen Interessen ausschlaggebend sein, die schon im Rahmen der Rechtfertigung der ungleichen Lastenzuteilung (vgl. 1. Teil. B. IV. 3. c)) abwägungsrelevant waren; vgl. *Osterloh*, in: Sachs, GG, Art. 3, Rn. 141.

[264] Siehe oben 1. Teil. A. III. 2.

[265] Siehe oben 1. Teil. A. III. 2.

[266] Siehe oben 1. Teil. A. III. 2.

2. Teil. Die verfassungsrechtliche Rechtfertigung der Tabaksteuer

A. Überblick über das Tabaksteuerrecht

I. Die europarechtlichen Vorgaben für die Tabakbesteuerung

Die besonderen Verbrauchsteuern sind auf europäischer Ebene durch die Richtlinie 92/12/EWG (sog. Systemrichtlinie)[1] harmonisiert.[2] Die Struktur der Tabakbesteuerung regelt die Richtlinie 95/59/EG[3] (sog. Strukturrichtlinie), einen Mindeststeuersatz für Zigaretten normiert die Richtlinie 92/79/EWG[4], für die übrigen Tabakwaren die Richtlinie 92/80/EWG[5]. Darüber hinaus ist es zu einer vollständigen Harmonisierung der Verbrauchsteuern auf Tabakwaren bis heute nicht gekommen.[6]

Verbrauchsteuerpflichtige Waren sind außer Tabakwaren Mineralöle, Alkohol und alkoholische Getränke (Art. 3 der Richtlinie 92/12/EWG). Gegenstände der Tabakbesteuerung sind gemäß Art. 2 Abs. 1 der Richtlinie 95/59/EG Zigaretten, Zigarren und Zigarillos sowie Rauchtabak (Feinschnitt bzw. anderer Rauchtabak). Eine Definition dieser Waren enthalten Art. 3 ff. der Richtlinie 95/59/EG. Hierdurch unterscheidet sich die Tabaksteuer von den anderen Verbrauchsteuern, die infolge der Harmonisierung für die Bestimmung der jeweiligen Steuergegenstände auf die Kombinierte Nomenklatur verweisen.[7]

Steuergebiet ist das Gemeinschaftsgebiet (Art. 2 der Richtlinie 92/12/EWG). Eine Verbrauchsteuerpflicht besteht nach Art. 5 Abs. 1 der Richtlinie 92/12/EWG für im Gemeinschaftsgebiet hergestellte oder in dieses Gebiet aus einem Drittland eingeführte Erzeugnisse.

---

1 Richtlinie 92/12/EWG des Rates vom 25.2.1992 über das allgemeine System, den Besitz, die Beförderung und die Kontrolle verbrauchsteuerpflichtiger Waren, ABl. L 76 vom 23.3.1992, S. 1.

2 Vgl. *Förster*, in: Bleckmann, Europarecht, Rn. 2025 ff.

3 Richtlinie 95/59/EG des Rates vom 27.11.1995 über die anderen Verbrauchsteuern auf Tabakwaren als die Umsatzsteuer, ABl. L 291 vom 6.12.1995, S. 40.

4 Richtlinie 92/79/EWG des Rates vom 19.10.1992 zur Annäherung der Verbrauchsteuern auf Zigaretten, ABl. L 316 vom 31.10.1992, S. 8.

5 Richtlinie 92/80/EWG des Rates vom 19.10.1992 zur Annäherung der Verbrauchsteuern auf andere Tabakwaren als Zigaretten, ABl. L 316 vom 31.10.1992, S. 10.

6 *Kommission der Europäischen Gemeinschaften*, KOM(2001) 133 endgültig, Teil I, Tz. 1.2

7 *Peters/Bongartz/Schröer-Schallenberg*, Verbrauchsteuerrecht, Rn. C 69.

Die Steuer entsteht durch Überführung der verbrauchsteuerpflichtigen Waren in den steuerrechtlich freien Verkehr oder die Feststellung von Fehlmengen (Art. 6 der Richtlinie 92/12/EWG).

Im gewerblichen Verkehr mit verbrauchsteuerpflichtigen Waren gilt das Bestimmungslandprinzip. Werden verbrauchsteuerpflichtige Waren dagegen im privaten Reiseverkehr zwischen den Mitgliedstaaten verbracht, so findet eine Besteuerung ausschließlich im Ursprungsland statt, es sei denn die Waren sind zu gewerblichen Zwecken bestimmt (Art. 8 und 9 der Richtlinie 92/12/EWG).

Das Europarecht schreibt für Zigaretten einen Tarif vor, der aus einem mengenabhängigen Teil (spezifische Verbrauchsteuer bemessen je Wareneinheit) und einer wertabhängigen Komponente (Ad-Valorem-Verbrauchsteuer) zusammengesetzt ist. Die Steuer muss so ausgestaltet sein, dass sie mindestens 57 % des Kleinverkaufspreises von Zigaretten der gängigsten Preisklasse (einschließlich sämtlicher Steuern) und mindestens 60 Euro je 1000 Zigaretten der gängigsten Preisklasse beträgt.[8] Welche die gängigste Preisklasse ist, wird zu Jahresbeginn von den Mitgliedstaaten anhand der verkauften Steuerzeichen oder der Umsatzstatistiken bestimmt.[9] Der mengenabhängige Teil der Steuer bei Zigaretten muss mindestens 5 % und höchstens 55 % der Gesamtsteuerbelastung betragen, die sich aus der wertabhängigen und mengenabhängigen Verbrauchsteuer sowie der Umsatzsteuer ergibt.[10] Per 2002 liegt der mengenabhängige Steueranteil in Deutschland bei ca. 50 %.[11]

Die Steuer auf andere Tabakwaren als Zigaretten kann gemischt (wert- und mengenabhängig) als auch rein mengenabhängig oder rein wertabhängig ausgestaltet sein. Sofern ein gemischter oder rein wertabhängiger Steuersatz vorliegt, kann ein Mindeststeuersatz festgelegt werden, der für Zigarren und Zigarillos seit 1. Juli 2003 5 % des Kleinverkaufspreises einschließlich sämtlicher Steuern oder 11 Euro je 1000 Stück bzw. je Kilogramm beträgt.[12] Feinschnitttabak ist mit mindestens 33 % des Kleinverkaufspreises einschließlich sämtlicher Steuern oder 29 Euro je Kilogramm zu besteuern. Für anderen Rauchtabak (z. B. Pfeifentabak) muss die Verbrauchsteuerbelastung

---

8 Art. 2 Abs. 1 der Richtlinie 92/79/EWG.

9 *Kommission der Europäischen Gemeinschaften,* KOM(2001) 133 endgültig, Teil I, Tz. 2.6.

10 Art. 16 Abs. 2 der Richtlinie 95/59/EG.

11 *Benkwitz,* in: Das Deutsche Bundesrecht, VII D 31 (TabStG), Erl. zu § 4 Abs. 1 TabStG.

12 Art. 3 Abs. 1 S. 6 der Richtlinie 92/80/EWG.

mindestens 20 % des Kleinverkaufspreises einschließlich sämtlicher Steuern oder 20 Euro je Kilogramm betragen.

II. Das Tabaksteuergesetz

Derzeit in Kraft ist das Tabaksteuergesetz vom 21. Dezember 1992[13] zuletzt geändert durch das Gesetz zur Änderung des Tabaksteuergesetzes und anderer Verbrauchsteuergesetze vom 23.12.2003[14]. Das Tabaksteuergesetz setzt in dieser Fassung vier einschlägige EG-Richtlinien um.[15] Die Regelungen des Tabaksteuergesetzes werden ergänzt durch die vom Bundesministerium der Finanzen mit Zustimmung des Bundesrates aufgrund von § 31 TabStG i. V. m. § 212 Abs. 1 AO erlassene Verordnung zur Durchführung des Tabaksteuergesetzes (TabStV).[16]

1. Steuergegenstand

Gegenstand der Tabaksteuer sind Tabakwaren, zu denen § 1 S. 1 TabStG Zigaretten, Zigarren, Zigarillos und Rauchtabak zählt. Legaldefinitionen dieser Tabakwaren enthält § 2 TabStG entsprechend der Vorgabe der Art. 2 ff. der Richtlinie 95/59/EG. Zigarren und Zigarillos[17] sind demnach Tabakstränge, die mit einem Deckblatt oder einem Umblatt umhüllt und als solche zum Rauchen geeignet sind, sofern sie außerdem eine der in § 2 Abs. 1 Nr. 1 bis 4 TabStG normierten Eigenschaften aufweisen, also z. B. ganz aus natürlichem Tabak sind.[18]

Der Rechtsbegriff der Zigarette[19] ist in § 2 Abs. 2 TabStG definiert. Für die Einordnung eines Tabakstranges als Zigarette muss zunächst das positive Merkmal der unmittelbaren Eignung zum Rauchen gegeben sein. In einem zweiten Schritt ist das fragliche Produkt negativ von Zigarren und Zigarillos abzugrenzen: Nur Tabakstränge, die nicht Zigarren oder Zigarillos sind,

---

13 BGBl. I S. 2150.

14 BGBl. I S. 2924.

15 Siehe zuvor I.

16 Tabaksteuer-Durchführungsverordnung vom 14.10.1993, BGBl. I S. 1738, zuletzt geändert durch die Vierte Verordnung zur Änderung von Verbrauchsteuerverordnungen vom 20.12.2001, BGBl. I S. 3901.

17 Für steuerliche Zwecke wird seit 1989 nicht mehr zwischen Zigarren und Zigarillos unterschieden. Anders ist dies nach wie vor für die Bestimmung der Einreisefreimengen nach § 2 Abs. 1 Nr. 1 EF-VO sowie hinsichtlich der mengenabhängigen gesetzlichen Vermutung bezüglich des Verbringens zu privaten Zwecken (§ 22b TabStDVO i. V. m. § 20 TabStG), vgl. *Peters/Bongartz/Schröer-Schallenberg,* Verbrauchsteuerrecht, Rn. K 4.

18 Näher *Peters/Bongartz/Schröer-Schallenberg,* Verbrauchsteuerrecht, Rn. K 6.

19 Vgl. *Peters/Bongartz/Schröer-Schallenberg,* Verbrauchsteuerrecht, Rn. C 71.

werden als Zigaretten besteuert. Diese steuertechnische Gestaltung vermeidet Besteuerungslücken und Überschneidungen,[20] da Tabakstränge stets entweder Zigaretten oder Zigarren/Zigarillos sind, wenn sie die gemeinsame Grundvoraussetzung der unmittelbaren Eignung zum Rauchen erfüllen.[21] Die früher umstrittene steuerliche Behandlung von Tabaksträngen, die nicht unmittelbar zum Rauchen geeignet sind, sondern vom Konsumenten erst noch in eine Zigarettenpapierhülse gesteckt oder mit einem Zigarettenpapierblättchen umhüllt werden müssen (sog. Steckzigaretten oder Feinschnittrollen) dürfte durch § 2 Abs. 2 TabStG in der geltenden Fassung geklärt sein.[22] Danach werden Steckzigaretten und Feinschnittrollen ebenso wie Fertigzigaretten besteuert.[23] In der Praxis wird auf Rolltabak, insbesondere die sog. „West Single Packs", der Tabaksteuersatz für Feinschnitt angewendet. Die Europäische Kommission hält diese Praxis für europarechtswidrig und hat ein Vertragsverletzungsverfahren gegen die Bundesrepublik Deutschland eingeleitet.[24]

Weiterhin definiert das Gesetz den Rauchtabak als Oberbegriff zu Pfeifentabak und Feinschnitt (§ 2 Abs. 3 TabStG). Auch hier kommt es neben der Bearbeitungsform (z. B. geschnitten oder anders zerkleinert) entscheidend darauf an, dass sich der Tabak ohne weitere industrielle Bearbeitung zum Rauchen eignet. Rauchtabak ist grundsätzlich Pfeifentabak, Feinschnitt nur dann, wenn mehr als 25 vom Hundert des Gewichts der Tabakteile weniger als 1 mm lang oder breit sind (§ 2 Abs. 4 TabStG). Unter der Voraussetzung, dass er zur Selbstfertigung von Zigaretten bestimmt ist, gilt auch Rauchtabak, der nicht dieser Schnittbreite entspricht, als Feinschnitt (§ 2 Abs. 5 TabStG).

Zwecks Sicherung der fiskalischen Interessen regelt der Auffangtatbestand des § 3 TabStG die Besteuerung bestimmter Erzeugnisse, die Tabakwaren gleichgestellt sind.[25] Kraft gesetzlicher Fiktion gelten als Zigarren oder Zi-

---

20 *Benkwitz*, in: Das Deutsche Bundesrecht, VII D 31 (TabStG), Erl. zu § 2 Abs. 2 Nr. 1 TabStG.

21 *Peters/Bongartz/Schröer-Schallenberg*, Verbrauchsteuerrecht, Rn. K 5.

22 Vgl. zu diesem Problem *Jatzke*, Das System des deutschen Verbrauchsteuerrechts, S. 94 ff.; *Faltlhauser*, ZfZ 1993, 34; *Dittrich/Fenzl*, ZfZ 1993, 139; *Bongartz*, ZfZ 1993, 370 f.; *Geuenich*, ZfZ 1994, 365. Der Streit um die Steckzigarette hat auch die Gerichte beschäftigt, vgl. BVerfG, HFR 1993, 331; BFHE 178, 500; FG Düsseldorf, ZfZ 1994, 280 m. Anm. *Wewel*.

23 Am 31.12.2001 ist auch die Übergangsfrist für die Besteuerung von Tabakrollen (§ 32 Abs. 3 TabStG in der bis 31.12.2003 geltenden Fassung) abgelaufen.

24 Vgl. FAZ vom 19.12.2003, S. 12; Antwort auf Frage 36, BT-Drs. 15/1482, S. 19.

25 *Peters/Bongartz/Schröer-Schallenberg*, Verbrauchsteuerrecht, Rn. K 15.

garillos auch solche Produkte, die hinsichtlich Um- und Deckblatt den Zigarren oder Zigarillos zwar gleichen und auch zum Rauchen geeignet sind, die im Übrigen, d. h. hinsichtlich der Einlage, aber statt aus Tabak ganz oder teilweise aus anderen Stoffen bestehen. Steuerlich als Zigarette oder Rauchtabak gelten nach § 3 Abs. 2 TabStG solche Erzeugnisse, die sich unmittelbar bzw. ohne weitere industrielle Bearbeitung zum Rauchen eignen, wenn sie statt aus Tabak ganz oder teilweise aus anderen Stoffen bestehen. Eine Ausnahme besteht für Erzeugnisse, die ganz aus anderen Stoffen als Tabak bestehen, wenn sie ausschließlich medizinischen Zwecken dienen sollen und Arzneimittel im Sinne des Arzneimittelgesetzes sind (§ 3 Abs. 2 S. 2 TabStG). Nicht zu den Gegenständen der Tabaksteuer zählen Kautabak, Schnupftabak, Tabakersatzstoffe, Zigarettenhüllen, Zigarettenpapier und Rohtabak. In (verschiedenen) früheren Fassungen des Tabaksteuergesetzes waren auch diese Waren Objekte der Tabaksteuer.[26]

2. Steuersatz

Der Steuertarif (§ 4 TabStG)[27] setzt sich aus einem mengen- und einem wertbezogenen Teil zusammen. Für die verschiedenen Arten von Tabakwaren gelten unterschiedliche Steuersätze. Am höchsten belastet werden Zigaretten, für die die Steuer seit 1.3.2004 6,85 Cent je Stück sowie 24,27 % des Kleinverkaufspreises[28] beträgt. Entsprechend der Vorgabe in Art. 16 Abs. 5 der Richtlinie 95/59/EG (in der Fassung der Richtlinie 2002/10/EG[29]) ist für Zigaretten in § 4 Abs. 1 Nr. 5 TabStG einen Mindeststeuersatz festgelegt, der sich aus 96 % der Gesamtbelastung durch Tabaksteuer und Umsatzsteuer für Zigaretten der gängigsten Preisklasse[30] abzüglich der Umsatzsteuer des Kleinverkaufspreises der zu versteuernden Zigarette errechnet, soweit dieser Betrag die Tabaksteuer auf Zigaretten der gängigsten Preisklasse nicht übersteigt. Feinschnitt wird mit 27,03 Euro je Kilogramm und 16,67 % des Kleinverkaufspreises, mindestens aber 41,40 Euro je Kilogramm besteuert. Niedriger als bei Zigaretten und Feinschnitt ist der Tarif für Pfeifentabak (13,32 Euro je Kilogramm und 11,98 % des Kleinverkaufspreises). Die geringste Belastung entfällt auf Zigarren und Zigarillos mit 1,4 Cent je Stück

---

[26] Vgl. 2. Teil. B.

[27] In der verbrauchsteuergesetzlichen Terminologie bilden die Bemessungsgrundlage und der Steuersatz zusammen den Steuertarif, *Peters/Bongartz/Schröer-Schallenberg*, Verbrauchsteuerrecht, Rn. C 75 f.

[28] Der Kleinverkaufspreis ist definiert als der Stück- bzw. Kilogrammpreis, der durch den Hersteller oder Importeur bestimmt wird (§ 5 Abs. 1 S. 1 TabStG).

[29] Richtlinie 2002/10/EG vom 12.2.2002, ABl. L 46 vom 16.2.2002, S. 26.

[30] Die gängigste Preisklasse wird jährlich vom BMF bekanntgemacht (§ 4 Abs. 1 Nr.5 S. 3 TabStG).

und 1,3 % des Kleinverkaufspreises. Steuererhöhungen der Tabaksteuer sind zum 1.12.2004 und 1.9.2005 vorgesehen.[31]

3. Steuerbefreiung nach § 6 TabStG

§ 6 TabStG regelt die Fälle der steuerfreien Verwendung von Tabakwaren. Die Steuerbefreiung nach § 6 TabStG ist keine bedingte Steuervergünstigung im Sinne des § 50 AO, so dass es in Befreiungsfällen nicht zur Entstehung einer bedingten Steuerschuld kommt, sondern eine originäre Steuerfreiheit besteht.[32] Von der Steuer befreit sind Tabakwaren vor allem dann, wenn sie nicht zum Rauchen, sondern etwa zu amtlichen oder wissenschaftlichen Untersuchungen oder zu Prüfungszwecken verwendet werden (Abs. 1 Nr. 1). Zur Vermeidung einer Doppelbesteuerung befreit ist auch die Selbstherstellung von Zigaretten aus bereits versteuertem Feinschnitt (Abs. 1 Nr. 3). Weiterhin befreit sind Tabakwaren, die als Deputat von Herstellern an ihre Arbeitnehmer unentgeltlich abgegeben werden (Abs. 2).

4. Steuerentstehung

Die Entstehung der Tabaksteuer ist geknüpft an die Entnahme in den freien Verkehr, die legaldefiniert ist als das Entfernen aus dem Steuerlager oder die Entnahme im Steuerlager zum Verbrauch (§ 11 Abs. 1 S. 1 TabStG).[33] Schuldner der Tabaksteuer ist nach § 11 Abs. 1 S. 2 TabStG der Inhaber des Steuerlagers, also in der Regel der Hersteller oder Importeur.[34] Dieser hat die Steuer durch Entwerten und Anbringen von Steuerzeichen an den Kleinverkaufspackungen zu entrichten (§ 12 Abs. 1 TabStG). Für den Bezieher der Steuerzeichen entsteht eine von der Tabaksteuerschuld unabhängige Steuerzeichenschuld[35] in Höhe des Steuerwertes der von ihm bezogenen Steuerzeichen (§ 12 Abs. 2 TabStG).[36] Werden mit Steuerzeichen versehene Tabakwaren aus dem Steuerlager entfernt, so führt dies nicht nur zum Ent-

---

31 Vgl. § 1 Abs. 1 Nr. 1 – 4 TabStG.

32 *Benkwitz,* in: Das Deutsche Bundesrecht, VII D 31 (TabStG), Erl. zu §§ 6 und 7 TabStG.

33 Vgl. zu den Entstehungstatbeständen des Verbrauchsteuerrechts *Beermann,* DStZ 1998, 306; *Müller,* Struktur, Entwicklung und Begriff der Verbrauchsteuern, S. 57 ff.

34 Die Lagerung von Tabakwaren in einem Tabakwarenlager unter Steueraussetzung ist gem. § 9 Abs. 2 TabStG erlaubnispflichtig. Die Erlaubnis wird vor allem Herstellern und Importeuren erteilt, vgl. § 10 S. 2 TabStG.

35 Str. ist, ob die Steuerzeichenschuld eine Verbrauchsteuer eigener Art darstellt, so *Caspers/Dittrich,* ZfZ 1980, 106, 109; *Jatzke,* Das neue Verbrauchsteuerrecht in der Bundesrepublik Deutschland, S. 60; a. A. *Friedrich,* ZfZ 1989, 98, 100; *Peters/Bongartz/Schröer-Schallenberg,* Verbrauchsteuerrecht, Rn K 75.

36 *Benkwitz,* in: Das Deutsche Bundesrecht, VII D 31 (TabStG), Erl. zu § 12 Abs. 2 TabStG.

stehen der Tabaksteuer, sondern im selben Zeitpunkt auch zum Erlöschen. Davon unberührt bleibt die Steuerzeichenschuld, die mit Tilgung erlischt, also vor oder auch nach dem Entstehen der Tabaksteuer.[37]

Ausnahmsweise kann die Tabaksteuer auch schon mit der Herstellung der Waren entstehen. Dies ist nach § 11 Abs. 3 TabStG dann der Fall, wenn die Produktion in einem Betrieb erfolgt, dem die nach § 9 Abs. 2 TabStG erforderliche Erlaubnis fehlt. Steuerschuldner ist der Hersteller. Die Vorschrift dient der Sicherung des Steueraufkommens.[38] Werden Tabakwaren unmittelbar aus einem Drittland eingeführt, so entsteht die Tabaksteuerschuld gleichzeitig mit der Zollschuld.[39] § 21 TabStG erklärt in solchen Fällen grundsätzlich das Zollrecht für anwendbar.[40]

5. Ein- und Ausfuhr von Tabakwaren

Die Ausfuhr von Tabakwaren aus dem Verbrauchsteuergebiet der Europäischen Gemeinschaft erfolgt unter Steueraussetzung, d. h. unversteuert (§ 17 TabStG). Ebenfalls unter Steueraussetzung dürfen unter bestimmten Bedingungen Tabakwaren im Steuergebiet der Bundesrepublik Deutschland oder im innergemeinschaftlichen Steuerversandverfahren befördert werden (§§ 15, 16 TabStG). Die Tabaksteuer entsteht dann erst mit der Entnahme in den freien Verkehr am jeweiligen Bestimmungsort.[41] Damit wird auf EU-Ebene das Bestimmungslandprinzip verwirklicht.[42] Tabakwaren, die bereits in einem anderen Mitgliedstaat im freien Verkehr befindlich waren, dürfen dagegen nicht zu gewerblichen Zwecken in das deutsche Steuergebiet importiert werden (vgl. § 19 i. V. m. § 12 Abs. 1 TabStG). Dies bedeutet auch, dass der Versandhandel mit Waren des freien Verkehrs über die Grenze unzulässig ist.[43] Zulässig und steuerfrei ist die Einfuhr von Tabakwaren, die Privatpersonen in einem anderen Mitgliedstaat im freien Verkehr für ihren Eigenbedarf erwerben und selbst in das Steuergebiet verbringen (§ 20 Abs. 1

---

37 *Jatzke*, Das neue Verbrauchsteuerrecht in der Bundesrepublik Deutschland, S. 60.

38 *Benkwitz*, in: Das Deutsche Bundesrecht, VII D 31 (TabStG), Erl. zu § 11 Abs. 3 TabStG.

39 *Jatzke*, Das System des deutschen Verbrauchsteuerrechts, S. 236.

40 Zur verfassungsrechtlichen Zulässigkeit dieser dynamischen Verweisung *Müller*, Struktur, Entwicklung und Begriff der Verbrauchsteuern, S. 67 ff.; *Friedrich*, DStJG 11 (1988), 97, 105; *ders.*, StuW 1995, 15, 27.

41 Das Entziehen der Tabakwaren und gleichgestellte Unregelmäßigkeiten im Verkehr unter Steueraussetzung haben nach § 18 TabStG die Steuerentstehung zur Folge.

42 Vgl. *Müller*, Struktur, Entwicklung und Begriff der Verbrauchsteuern, S. 53.

43 *Benkwitz*, in: Das Deutsche Bundesrecht, VII D 31 (TabStG), Erl. zu § 19 TabStG; *Jatzke*, Das neue Verbrauchsteuerrecht in der Bundesrepublik Deutschland, S. 63.

TabStG).[44] Sollen Tabakwaren des freien Verkehrs aus dem deutschen Steuergebiet in einen anderen Mitgliedstaat verbracht werden, ist es nach § 22 TabStG zur Vermeidung einer Doppelbesteuerung erforderlich, die Versteuerung rückgängig zu machen, indem die Steuerzeichen unter Steueraufsicht vernichtet oder ungültig gemacht werden und die Waren unter Steueraufsicht in einen anderen Mitgliedstaat verbracht werden. Dieselbe Regelung findet auf den Export von Tabakwaren des freien Verkehrs in Drittländer Anwendung.

6. Preisbindung

Für Tabakwaren besteht eine vollständige Preisbindung des Einzelhandels.[45] Der auf dem Steuerzeichen angegebene Packungspreis bzw. der Kleinverkaufspreis bei der Abgabe an Verbraucher gemäß § 24 Abs. 1 TabStG nicht unterschritten werden. Das Überschreiten dieses Preises ist nach § 26 TabStG ebenfalls unzulässig. Wird der Kleinverkaufspreis trotz des Verbots überschritten, so hat dies eine entsprechende zusätzliche Steuerbelastung zur Folge (§ 26 TabStG).

---

44 § 20 Abs. 3 TabStG stellt klar, dass die Lieferung eines ausländischen Tabakhändlers an einen deutschen Verbraucher (z. B. im Wege des Internethandels) als Verbringung zu gewerblichen Zwecken zu werten ist, auf die § 19 i. V. m. § 12 Abs. 1 TabStG Anwendung findet, vgl. Begründung des Gesetzentwurfs, BT-Drs. 15/1313, S. 7.

45 *Benkwitz,* in: Das Deutsche Bundesrecht, VII D 31 (TabStG), Erl. zu §§ 24, 26 TabStG.

B. Die Geschichte der Tabaksteuer

I. Tabakgenuss und Tabaksteuer

Gemessen an der langen Historie der Verbrauchsteuern, die etwa im Fall der Salzsteuer bis in die Anfänge des Frankenreichs unter den Merowingern zurückverfolgt werden können,[1] muss die Tabaksteuer als eine junge Steuer erscheinen. Ihre „Geburtsstunde" fällt in eine Zeit, in der neben den traditionellen Kontributionen, die regelmäßig die Form von Kopf- und Grundsteuern hatten, allmählich die Besteuerung des Verbrauchs durch sog. Akzisen[2] an Bedeutung gewann.[3] Diese im 17. Jahrhundert stattfindende Entwicklung gründet sich auf den vermehrten Geldbedarf der absolutistischen Herrscher, der sich im Wesentlichen auf deren aufwendige Hofhaltung und die Kosten für Beamten und Söldnerheere zurückführen lässt.[4] Bemerkenswert ist aus heutiger Sicht, dass die Erhebung von Akzisen in dieser Zeit eine gerechte Verteilung der steuerlichen Lasten zu befördern vermochte, weil so grundsätzlich auch der Verbrauch durch Adel und Klerus belastet werden konnte, ohne andererseits die Steuerprivilegien dieser Stände antasten zu müssen.[5] Ob der vielfältigen Einsatzmöglichkeiten der Akzise, der erhebungstechnischen Vorteile einer indirekten Steuer und der ihr zugeschriebenen „Unmerklichkeit"[6] stellte sich diese Form der Besteuerung in den Augen der zeitgenössischen Literatur als wahre „Goldgrube" dar.[7]

Die Entdeckung des Tabaks ging einher mit der Entdeckung Amerikas. Nach Europa gelangte Tabak Ende des 15. oder Anfang des 16. Jahrhunderts, wo er zunächst als Zierpflanze und Heilmittel kultiviert wurde. Die Anfänge des Feldanbaus liegen im 17. Jahrhundert. Seit 1620 wird in Straßburg, ab 1660 im übrigen Elsass und 1681 in Brandenburg Tabak angebaut.[8] Das Tabakrauchen verbreitete sich in Europa seit Ende des 16. Jahrhunderts, in weite-

---

1 Vgl. *Peters/Bongartz/Schröer-Schallenberg*, Verbrauchsteuerrecht, Rn. A 4; *Homburg*, Allgemeine Steuerlehre, S. 32.

2 Der Begriff „Akzise" wurde nicht einheitlich verwendet, bezeichnet aber zumeist eine Verbrauchsteuer, vgl. *Mann*, Steuerpolitische Ideale, S. 50 ff.

3 *Homburg*, Allgemeine Steuerlehre, S. 35 f.

4 *Schomburg*, Lexikon, Stichwort „Accise".

5 *Homburg*, Allgemeine Steuerlehre, S. 39; zum Teil wurden freilich auch von den Akzisen Befreiungen gewährt, vgl. *Schomburg*, Lexikon, Stichwort „Accise-Freiheit"; *Senckpiehl*, Strukturwandlungen des Verbrauchsteuerrechts, S. 30 f.

6 *Mann*, Steuerpolitische Ideale, S. 53 f.

7 Vgl. den Titel der Schrift von Christian Tenzel (alias Christianus Teutophilus) „Entdeckte Goldgrube in der Accise", veröffentlicht 1685.

8 *Schomburg*, Lexikon, Stichwort „Tabakbesteuerung".

rem Ausmaß aber erst während des Dreißigjährigen Krieges durch holländische und englische Truppen. Mancherorts wurde auf die neue, als Laster empfundene Mode mit Verboten reagiert, so in Bayern 1652/53 und in Tirol 1658. Zwecks Eindämmung des Tabakkonsums – wie auch des Verbrauchs anderer sog. „Lüsternheitswaren", z. B. Kaffee, Tee[9] – wurden aber schon bald finanzpolitische Mittel eingesetzt. Teils wurden Tabakmonopole geschaffen, teils auch schon eine Verbrauchsbesteuerung eingeführt.[10]

Damit sind die beiden Grundformen der fiskalischen Ausbeutung des Tabakkonsums angesprochen. Ob die Steuer oder das Monopol den Vorzug verdient, ist seither von rechtswissenschaftlicher wie auch finanzwissenschaftlicher Seite wiederholt streitig diskutiert worden.[11] Vor allem aus fiskalischen Gründen ist immer wieder die Einführung eines Tabakmonopols gefordert und zeitweise auch realisiert worden. Wie die Besteuerung ist das Monopol eine hoheitliche Maßnahme, die aber nicht stets in staatlicher Regie ausgeführt, sondern in zahlreichen Fällen im Wege der Verpachtung an Private übertragen wurde.[12] Grundsätzlich kann das Monopol als besondere Erhebungsform der Verbrauchsteuern verstanden werden, bei der der Staat zusätzlich zu der steuerlichen Belastung noch den Unternehmergewinn vereinnahmt.[13] Ein Tabakmonopol kann auf verschiedene Weise verwirklicht werden.[14] Denkbar ist zum einen ein Total- oder Vollmonopol, das Produktions-, Groß- und Kleinhandelsmonopole vereint[15] und bei dem der Staat somit den Tabakmarkt von der Erzeugung der Rohstoffe bis zum Einzelhandel beherrscht. Zum anderen kann sich der Staat auf ein Teilmonopol beschränken und etwa durch Kontingentierung des Anbaus und den Ankauf der gesamten Rohtabakproduktion ein sog. Rohtabakmonopol schaffen.[16] Ein Teilmonopol ist auch als Branchenmonopol denkbar, z. B. als Zigarettenmonopol.[17] In jedem Fall besteht die Möglichkeit, einzelne Monopolrechte an Private im Rahmen einer Konzession bzw. unter Kontingentierung zu über-

---

9 *Homburg*, Allgemeine Steuerlehre, S. 39.

10 *Schomburg*, Lexikon, Stichwort „Tabakbesteuerung".

11 Zuletzt Ende der 20er Jahre des 20. Jahrhunderts, dazu siehe unten 2. Teil. B. V.

12 Sinn und Zweck der Verpachtung von Akzisen war es stets, das Erhebungsrisiko auf Private abzuwälzen und hinsichtlich des Abgabenaufkommens Kalkulationssicherheit zu erlangen, *Senckpiehl*, Strukturwandlungen des Verbrauchsteuerrechts, S. 36, Fn. 97; *Hackenberg*, Die Verpachtung von Zöllen und Steuern, S. 76 f.

13 Vgl. *Schomburg*, Lexikon, Stichwort „Monopol".

14 Dazu ausführlich *Bräuer*, Reichs-Tabakmonopol oder Tabak-Verbrauchsteuer?, S. 1 ff.

15 *Goetzeler*, Das deutsche Tabaksteuerrecht, S. 13.

16 Vgl. *Marx*, Die Tabaksteuer, S. 20.

17 *Bräuer*, Reichs-Tabakmonopol oder Tabak-Verbrauchsteuer?, S. 5.

tragen. Typischerweise wurden zumindest der Tabakanbau und der Kleinverkauf nicht vom Staat selbst betrieben.[18]

Die historischen Varianten der Tabaksteuer unterscheiden sich zunächst im Besteuerungsobjekt. Während alle frühen Formen der Tabaksteuer die Rohstoffgewinnung belasteten (sog. Rohtabaksteuer), hat sich in Deutschland seit dem 20. Jahrhundert die Besteuerung der fertigen Tabakwaren durchgesetzt (sog. Fabrikatsteuer oder Fertigerzeugnissteuer). Rohtabak- und Fabrikatsteuer unterscheiden sich zwangsläufig auch in der Person des Steuerschuldners. Die Rohtabaksteuer ist grundsätzlich vom Tabakpflanzer – ausnahmsweise auch von dessen Abnehmer – zu entrichten. Die Fabrikatsteuer belastet dagegen in jedem Fall erst die zweite Stufe der Produktion und lässt den Tabakanbau unberührt. Als Bemessungsgrundlage der Rohtabaksteuer dienten Gewicht oder Anbaufläche. Der Übergang zur Wertbesteuerung erfolgte erst mit der Einführung der Fabrikatsteuer, obwohl steuertechnisch auch die Wertbesteuerung des Rohtabaks denkbar gewesen wäre. Bis zum heutigen Tage ist für die Tabaksteuer charakteristisch, dass sich ihre Bemessungsgrundlage aus einer mengen- und einer wertbezogenen Komponente zusammensetzt.

Die Steuersatzstruktur der Tabaksteuer hat im geschichtlichen Verlauf verschiedentlich Ausdifferenzierungen erfahren, die wiederum von der gewählten Bemessungsgrundlage abhängig sind. So ist bei der Rohtabakbesteuerung nach Tabaksorte oder Qualität, bei der Fabrikatsteuer nach Tabakprodukten (Zigarre, Zigarette, Rauchtabak etc.) differenziert worden. Bis 1972 wurde die Wertsteuer zudem nicht durch einen einheitlichen Vomhundertsatz ausgedrückt, sondern der Gesetzgeber definierte bestimmte Kleinverkaufspreise oder Preisgruppen[19], denen dann jeweils ein mengenabhängiger Steuerbetrag zugeordnet wurde.

Die folgenden Abschnitte geben einen kurzen Überblick über die Entwicklung der Tabaksteuer in Deutschland seit dem 17. Jahrhundert. Die Darstellung konzentriert sich auf die Kernpunkte der Tabakbesteuerung: Steuergegenstand, Steuerschuldner, Steuersatz und Erhebungsform der jeweiligen Tabaksteuergesetze. Daneben wird von den Vorstellungen des Gesetzgebers über Sinn, Zweck und Wirkung der Tabakbesteuerung die Rede sein. Diese subjektiven Aspekte sind für die verfassungsrechtliche Rechtfertigung der Tabaksteuer als Lenkungsteuer bedeutsam.[20] Für die Zeit von 1949 bis 2003 werden in groben Zügen auch empirische Erkenntnisse der Wirtschafts- und

---

[18] Vgl. Meyers Lexikon (1929), Bd. 11, Stichwort „Tabaksteuer".

[19] Sog. Gruppensteuer, vgl. *Schröter*, ZfZ 1957, 327.

[20] Vgl. oben 1. Teil. B. IV. 2., V. 2., VI. und VII.

Sozialwissenschaften über die ökonomischen Wirkungen der Besteuerung auf Preis und Absatz von Tabakwaren referiert, die Aufschluss darüber geben sollen, ob die Vorstellungen des Gesetzgebers vom Einsatz der Tabaksteuer zutreffend waren und zur Verfolgung welcher Ziele die Tabakbesteuerung geeignet ist.

II. Die Anfänge der Tabakbesteuerung im 17. und 18. Jahrhundert

In Deutschland zählte Bayern, das 1669 die Tabaksteuer als Rohmaterialsteuer mit zwei Steuersätzen einführte, zu den Vorreitern der Tabakbesteuerung. Der Besteuerung unterlag der Tabak, der „eingeführt und verzehrt" wurde.[21] Die Motive dieser Steuer dürften weniger fiskalischer als vielmehr sittlicher Natur gewesen sein.[22] Schon 1675 wurde die Tabakbesteuerung wieder aufgegeben und statt dessen der gesamte Tabak- und Pfeifenhandel an einen Händler verpachtet. Von 1692 bis 1717 folgte eine staatliche Tabakregie, danach die Freigabe des Tabakhandels.[23]

Der in der Kurpfalz seit 1699 erhobene „Licent"[24] belastete den Tabak nach dem Verkaufspreis, den der Hersteller erzielte. Auch für Tabakspfeifen wurden eine Abgabe fällig, der sog. „Tabakspfeifen-Licent".[25] Außerdem musste jeder, der rauchen wollte, eine Konzession erwerben.[26] Auch Hessen versuchte ab 1647 eine Wertbesteuerung des Tabaks, ging aber 1687 zu einer Besteuerung nach dem Gewicht über, die es erlaubte, die inländischen Erzeugnisse und deren Export zu begünstigen.[27] Tabaksteuern sind ferner aus Brandenburg-Preußen (seit 1658)[28] und Münster (seit 1655)[29] bekannt.

Während des 18. Jahrhunderts unternahm Preußen mehre Versuche, ein Tabakmonopol zu etablieren, den ersten 1719. Schon fünf Jahre später kehrte man wieder zur Akzise zurück. Nach Ende des Siebenjährigen Krieges schuf *Friedrich der Große* Zwecks Förderung der preußischen Wirtschaft neben

---

21 *Schomburg,* Lexikon, Stichwort „Tabakbesteuerung". Eine ebenfalls nach der Qualität des Tabaks differenzierende Tabakakzise ist auch aus Osnabrück (1690/1700) bekannt, siehe wiederum *Schomburg,* a. a. O.

22 Vgl. *Wagner,* Steuergeschichte, S. 85.

23 *Schomburg,* Lexikon, Stichwort „Tabakbesteuerung".

24 *Wolf,* in: Schultz (Hg.), Mit dem Zehnten fing es an, S. 162, 168.

25 Vgl. *Schomburg,* Lexikon, Stichwort „Tabakspfeifen-Licent".

26 Kurfürstlich pfälzische Licent-Taxe und Consumptions-Ordnung, veröffentlicht am 15.10.1699, zit. nach *Schomburg,* Lexikon, Stichwort „Tabakbesteuerung".

27 *Schomburg,* Lexikon, Stichwort „Tabakbesteuerung".

28 *Senckpiehl,* Strukturwandlungen des Verbrauchsteuerrechts, S. 33.

29 *Schomburg,* Lexikon, Stichwort „Tabakbesteuerung".

anderen Monopolgesellschaften mit der General-Tabaks- und Pachtungs-Gesellschaft[30] wieder ein Tabakmonopol, dessen Verpachtung jedoch an der mangelnden Kapitalkraft der Pächter und Widerständen im Generaldirektorium[31] scheiterte, weshalb Preußen ab 1766 die Monopolverwaltung in eigener Regie betrieb.[32] *Friedrich Wilhelm II.* hob 1787 die Preußische Regieverwaltung und das Tabakmonopol auf und gab die Tabakherstellung frei.[33] 1797 wurde das Tabakmonopol wieder eingeführt, um nach dem Regierungsantritt *Friedrich Wilhelms III.* noch im selben Jahr wieder abgeschafft zu werden.[34]

Auch andere Länder bedienten sich zeitweise des Tabakmonopols: Die Kurpfalz ab 1736, Württemberg von 1758 bis 1770,[35] außerdem einige Landesteile Österreichs[36].

III. Die Entwicklung der Tabaksteuer in den deutschen Einzelstaaten im 19. Jahrhundert

Zu Beginn des 19. Jahrhunderts entwickelten sich die Verbrauchsteuern aus den Akzisen.[37] In Preußen wurde die Neuordnung auf dem Gebiet der indirekten Steuern und Zölle im Rahmen des *Stein-Hardenbergschen* Reformwerkes[38] vorangetrieben. Die unzähligen (städtischen) Akzisen wurden zunächst durch sog. „Consumtions-Steuern", dann ab 1818 durch Verbrauchsteuern ersetzt, die als Eingangsakzise neben den Zoll traten.[39] Durch das Zoll- und Verbrauchssteuergesetz vom 26.5.1818[40] wurde die Einfuhr von Tabak mit einem Gewichtszoll belastet. Seit 1819 erhob Preußen auch eine den inländischen Tabakanbau treffende Tabaksteuer in der Form der Ge-

---

30 Eigentlich: Octroirte General-Tobacks-Pachtungs-Compagnie, gegründet 1765, vgl. *Senckpiehl,* Strukturwandlungen des Verbrauchsteuerrechts, S. 34.

31 Das General-Oberfinantz-Kriegs- und Domainen Directorii, kurz Generaldirektorium, war bis 1806 die oberste preußische Verwaltungsbehörde, deren Zuständigkeit u. a. die Finanzen umfaßte, vgl. *Schomburg,* Lexikon, Stichwort „Generaldirektorium".

32 *Schomburg,* Lexikon, Stichwort „Tabakbesteuerung" und „Tabaksmonopol".

33 *Senckpiehl,* Strukturwandlungen des Verbrauchsteuerrechts, S. 34.

34 *Wagner,* Steuergeschichte, S. 137; *Goetzeler,* Das deutsche Tabaksteuerrecht, S. 13.

35 *Wagner,* Steuergeschichte, S. 89.

36 *Wagner,* Steuergeschichte, S. 118 f. m. w. N. und S. 410.

37 *Peters/Bongartz/Schröer-Schallenberg*, Verbrauchsteuerrecht, Rn. A 5.

38 Vgl. dazu *Pausch,* ZfZ 1976, 41.

39 *Senckpiehl,* Strukturwandlungen des Verbrauchsteuerrechts, S. 36 ff.

40 Gesetz über den Zoll und die Verbrauchs-Steuer von ausländischen Waaren und über den Verkehr zwischen den Provinzen des Staats vom 26.5.1818, Preuß. GS S. 65.

wichtsteuer.[41] Die Überwälzung dieser von den Tabakpflanzern zu zahlenden Steuer auf die Konsumenten dürfte jedoch weitgehend misslungen sein.[42]

1828 ersetzte Preußen die gewichtsbezogene Tabaksteuer durch eine Flächensteuer,[43] deren Steuersatz nach vier Klassen differenziert und nach einem fiktiven Durchschnittsertrag entsprechend der Güte des Bodens und den klimatischen Bedingungen bemessen war. Bei Gründung des Zollvereins (1833) war Preußen der einzige deutsche Staat, welcher eine Tabaksteuer erhob.[44] In Baden und Württemberg waren Versuche, die Tabakbesteuerung zu etablieren, zwischenzeitlich gescheitert: In Württemberg bestand von 1808 bis 1820 ein fiskalisch unergiebiges und im Vollzug problembehaftetes Verkaufsmonopol. Die darauf 1821 in Württemberg eingeführte Tabaksteuer, zu deren Zahlung die Tabakhändler und Produzenten verpflichtet waren, wurde 1828 im Zuge einer Zolleinigung mit Bayern ersatzlos aufgegeben.[45] In Baden wurde 1812 eine Tabaksteuer nach dem Gewicht (sog. Waagsteuer) eingeführt. Auch diese Steuer blieb finanziell unergiebig und wurde 1818 abgeschafft.[46]

Der Zollvereinigungsvertrag vom 22.3.1833[47] beließ den Einzelstaaten die Kompetenz zur Erhebung von Verbrauchsteuern.[48] Um den freien Warenverkehr mit verbrauchsteuerbelasteten Waren, auf die sich der Zollvereinigungsvertrag nicht erstreckte,[49] zu ermöglichen, bildeten die Vertragsstaaten Verbrauchsteuergemeinschaften.[50] Preußen initiierte den sog. Tabaksteuerverband, in dessen Gebiet preußisches Tabaksteuerrecht zur Anwendung gelangte; er umfasste neben Preußen Sachsen, den thüringischen Zoll- und Handelsverein, Kurhessen, Lippe, Braunschweig, Hannover, Oldenburg und Luxemburg.[51]

---

41 Gesetz wegen Besteuerung des inländischen Branntweins, Braumalzes, Weinmostes und der Tabaksblätter vom 8.2.1819, Preuß. GS, S. 97.

42 *Marx,* Die Tabaksteuer, S. 8; *Wündisch,* Das Tabaksteuergesetz, S. 7.

43 Vgl. Allerhöchste Kabinetsorder vom 29.3.1828, Preuß. GS S. 39.

44 *Wulkow/Leimbach,* Tabaksteuergesetz, S. VII.

45 *Marx,* Die Tabaksteuer, S. 9.

46 *Marx,* Die Tabaksteuer, S. 10.

47 Preuß. GS S. 145.

48 *Hesse,* ZfZ 1962, 289.

49 Art. 7 lit. b Zollvereinigungsvertrag.

50 Z. B. Reichsbiersteuergemeinschaft, Reichsbranntweinsteuergemeinschaft, vgl. *Troost,* Gemeinsamer Markt und Verbrauchssteuern, S. 23 f.

51 Vgl. *Goetzeler,* Das deutsche Tabaksteuerrecht, S. 15.

Eine gemeinsame Tabakbesteuerung in sämtlichen Mitgliedstaaten des Zollvereins, die zwischenzeitlich vor allem von den süddeutschen Staaten, die ein Tabakmonopol nach dem Vorbild Österreichs und Frankreichs anstrebten, gefordert worden war, kam erst auf der Grundlage des neuen, zwischen dem 1867 entstandenen Norddeutschen Bund, Bayern, Württemberg, Baden und Hessen geschlossenen Zollvereinsvertrages vom 8.7.1867[52] zustande. Im neuen Zollvereinsvertrag war das Ziel einer übereinstimmenden Besteuerung des Tabaks in den Vereinsstaaten ausdrücklich festgeschrieben und eine entsprechende Gesetzgebungskompetenz für den Zollverein begründet.[53] Auf dieser Kompetenzgrundlage konnte durch Bundesgesetz vom 26.5.1868[54] eine Tabaksteuer in der Form der Flächensteuer, jedoch ohne die in Preußen und dem Tabaksteuerverband angewendeten Abstufungen nach Klassen, eingeführt werden.[55]

IV. Die Tabak- und Zigarettensteuer im Deutschen Reich

Die Reichsverfassung vom 15.4.1871 wies die Gesetzgebungs- und Ertragshoheit (in Art. 35 bzw. Art. 70 der Reichsverfassung) über die gemeinschaftlichen Verbrauchsteuern – mit Ausnahmen im Bereich der Bier- und Branntweinbesteuerung – dem Reich zu.[56] Die Verbrauchsteuern bildeten eine der wesentlichen Einnahmequellen des Reichs, das sich im Übrigen vor allem aus den Überschüssen des Post- und Telegraphenwesens, den Zöllen, sowie (subsidiär) den Matrikularbeiträgen der Bundesstaaten finanzierte.[57] Die direkten Steuern waren Sache der Bundesstaaten.

Ein erstes Tabaksteuergesetz auf dieser Kompetenzgrundlage wurde am 16.7.1879[58] erlassen. Die Tabaksteuer hatte nach dem neuen Gesetz grundsätzlich die Form einer Gewichtsteuer und nur bei kleinsten Anbauflächen[59] noch die einer Flächensteuer und trat neben die schon zuvor bestehenden Einfuhrzölle auf Rohtabak und Tabakfabrikate. In der Konsequenz dieser Bemessungsgrundlagen blieb der Wert des Tabaks für die Steuerbemessung

---

52 BGBl. S. 81.
53 Art. 3 § 4 i. V. m. Art. 7 Zollvereinsvertrag.
54 BGBl. S. 319.
55 § 1 TabStG 1868; *Peters/Bongartz/Schröer-Schallenberg*, Verbrauchsteuerrecht, Rn. A 5; *Marx*, Die Tabaksteuer, S. 11 f.
56 Vgl. *Peters/Bongartz/Schröer-Schallenberg*, Verbrauchsteuerrecht, Rn. A 5; *Hesse*, ZfZ 1962, 289, 290.
57 Vgl. *Witt*, in: Schultz (Hg.), Mit dem Zehnten fing es an, S. 189, 193 f.
58 RGBl. S. 245.
59 D. h. bis zu einer Größe von 4 a, vgl. § 23 TabStG 1879.

unberücksichtigt.[60] Steuergegenstand der Gewichtssteuer war der fermentierte oder getrocknete fabrikationsreife Tabak.[61] Steuerschuldner war zunächst der Tabakpflanzer,[62] an dessen Stelle in der Regel derjenige trat, der den Tabak vom Tabakpflanzer erwarb.[63]

Die vom Reichstag eingesetzte sog. Tabak-Enquêtekommission[64] hatte sich zuvor mehrheitlich gegen die Einführung eines Tabakmonopols – sei es auch nur in Form des Rohtabakmonopols – und auch gegen eine Fabrikatsteuer nach amerikanischem Vorbild[65] ausgesprochen. Trotzdem favorisierte *Bismarck* weiterhin den Gedanken eines staatlichen Tabakmonopols, von dem er sich bedeutende Einnahmen für das Reich erhoffte.[66] In der Folge kam es im Jahr 1882 zu einer Vorlage der Reichsregierung zur Einführung eines Fabrikations- und Handelsmonopols. Den durch das Monopol vor allem belasteten unteren Bevölkerungsschichten wollte *Bismarck* das Tabakmonopol schmackhaft machen, indem er es in einen politischen Zusammenhang mit der Aufkommensverwendung stellte: Die Einnahmen aus dem Tabakmonopol sollten für die Unfall- und Altersversorgung, eine Beteiligung des Reichs an den zuvor ausschließlich gemeindlich finanzierten Schul- und Armeneinrichtungen und für die Herstellung eines umfassenden Kanalsystems in Preußen genutzt werden und sich somit „als das Patrimonium des Arbeiters und des Armen am Staate" darstellen.[67] *Bismarck* scheiterte jedoch mit seinem Vorhaben, das erhebliche Entschädigungszahlungen und die Umstrukturierung eines privatwirtschaftlich etablierten Wirtschaftszweiges erfordert hätte.[68]

Ein zunächst 1893 und in ähnlicher Fassung 1895 nochmals eingebrachter Gesetzentwurf sah erstmals die Besteuerung der Fertigerzeugnisse nach dem Wert – d. h. nach dem vom Hersteller dem Händler berechneten Preis – vor

60 *Wündisch,* Das Tabaksteuergesetz, S. 8; *Marx,* Das Tabaksteuergesetz, S. 17.
61 § 2 S. 2 TabStG 1879.
62 § 16 Abs. 1 S. 3 i. V. m. § 5 S. 1 TabStG 1879.
63 § 11 TabStG 1879.
64 Die Arbeit der Kommission beruhte auf dem Gesetz vom 16.6.1878 (RGBl. S. 129) betreffend Erhebungen über den Tabakanbau, die Tabakfabrikation und den Tabakhandel; siehe *Marx,* Die Tabaksteuer, S. 14 f.
65 Vgl. dazu *Marx,* Die Tabaksteuer, S. 26 f.
66 *Wündisch,* Das Tabaksteuergesetz, S. 8; *Jahr,* ZfZ 1939, 141 f.; kritisch zu einem Tabakmonopol *Marx,* Die Tabaksteuer, S. 20 ff.
67 *Bismarck,* Votum an das Preußische Staatsministerium vom 22.8.1881, Gesammelte Werke, Bd. VI c, S. 221 f.; siehe zur Haltung *Bismarcks* auch *Groß,* Tabakwirtschaft und Tabaksteuer, S. 14.
68 Vgl. Meyers Großes Konversationslexikon (1908), Stichwort „Tabaksteuer".

(sog. Fakturenwertsteuer[69]), konnte im Reichstag jedoch keine Mehrheit finden.[70] 1905 scheiterte ein Entwurf, der eine Erhöhung der Steuersätze im geltenden System beinhaltete.[71] Letztlich blieb das Tabaksteuergesetz von 1879 bis zur Reichsfinanzreform 1909 unverändert. Der Grund dafür dürfte vor allem in der guten Haushaltslage des Reichs in den achtziger und neunziger Jahren des 19. Jahrhunderts zu sehen sein. Die Haushaltsüberschüsse, die das Reich vor allem aus Zöllen und Verbrauchsteuern bei gleichzeitiger Finanzierung der Rüstungsausgaben über Staatsanleihen erzielte,[72] machten eine Erhöhung der indirekten Steuern in dieser Zeit unnötig.

Dies änderte sich im ersten Jahrzehnt des 20. Jahrhunderts. Der rasch wachsende Finanzbedarf des Reichs führte nicht nur zur Einführung direkter Reichssteuern[73], sondern ließ den Gesetzgeber zunächst die Schaumweinsteuer erfinden, um sodann – auch weil das Tabaksteueraufkommen pro Kopf der Bevölkerung im Deutschen Reich unter den industrialisierten europäischen Staaten das niedrigste war[74] – die Zigaretten durch das Zigarettensteuergesetz vom 3.6.1906[75] einer Besteuerung nach dem Kleinverkaufspreis zu unterwerfen. Der Steuersatz für Zigaretten war nach Preisklassen gestaffelt (sog. Gruppensteuer) und betrug in jeder Preisklasse mindestens 10 % des Kleinverkaufspreises.[76] Steuergegenstände waren außerdem Zigarettentabak und Zigarettenhüllen. Die Zigarettensteuer trat neben die allge-

---

69 *Wulkow/Leimbach,* Tabaksteuergesetz, S. IX; *Schröter,* ZfZ 1957, 257; zur Fakturenwertsteuer allgemein *Schröter,* ZfZ 1958, 7.

70 Der Steuersatz für Zigarren und Zigaretten sollte in dem Entwurf von 1893 33⅓ %, für Kau- und Schnupftabak 50 % und für Rauchtabak 66⅔ % betragen. Der Entwurf von 1895 sah eine Steuer von 25 % auf Zigarren und Zigaretten und einen einheitlichen Satz von 40 % für Kau-, Schnupf- und Rauchtabak vor, *Marx,* Die Tabaksteuer, S. 18 f.; kritisch zu den ökonomischen Konsequenzen des Gesetzentwurfs *ders.,* a. a. O., S. 27 ff.; siehe ferner *Wündisch,* Das Tabaksteuergesetz, S. 8; *Arlt,* Das Tabaksteuergesetz, S. 1; *Weber,* Die Tabaksteuer und die Tabakabgaben-Vergütung, S. 22 f.; *Michaelis,* ZfZ 1934, 284, 285.

71 *Wulkow/Leimbach,* Tabaksteuergesetz, S. IX.

72 *Witt,* in: Schultz (Hg.), Mit dem Zehnten fing es an, S. 189, 195.

73 Reichserbschaftsteuer (1906), Wehrbeitrag (1913) und Reichsvermögenszuwachssteuer (1913).

74 *Wagner,* Steuergeschichte, S. 304 f. Das Aufkommen in den USA belief sich 1903 auf umgerechnet 2,4 Mark pro Kopf der Bevölkerung, noch wesentlich darüber lagen die Erträge aus den Tabakmonopolen in Frankreich (6,9 Mark pro Kopf), Italien (5 Mark pro Kopf) und Österreich (4,3 Mark pro Kopf), vgl. Meyers Großes Konversationslexikon (1908), Stichwort „Tabaksteuer".

75 RGBl. S. 631.

76 § 2 S. 1 Ziff. 1 ZigarettenStG 1906.

meine nach dem Gewicht bemessene Tabaksteuer[77] und stellte, da eine vergleichbare Zusatzsteuer auf andere Tabakwaren nicht existierte, eine Sonderbelastung dar. Diese Belastungsentscheidung erklärt sich daraus, dass Zigaretten damals vorwiegend von wohlhabenderen Bevölkerungsschichten konsumiert wurden, während die Pfeife als Attribut des „kleinen Mannes" erschien.[78] Die Zigarettenbesteuerung erfüllte aber auch eine Schutzfunktion zugunsten des Tabakanbaus in der heimischen Landwirtschaft und der mittelständischen Zigarrenindustrie, deren Fortbestand durch die wachsende Popularität der Zigaretten gefährdet erschien.[79] Gleichzeitig wurde von der Regierung die größere Gesundheitsschädlichkeit der Zigaretten gegenüber Zigarren und Rauchtabak betont. Auch aus diesem Grund sollte einer Verdrängung der Zigarre durch die Zigarette mit Hilfe der Zigarettensteuer begegnet werden.[80]

Die Zigarettensteuer war die erste Form der Tabaksteuer, die mittels Steuerzeichen (Banderolen) erhoben wurde. Diese Erhebungsform bedingte auch die Statuierung eines Verpackungszwangs.[81] Schon gleich nach ihrer Einführung übertraf das Aufkommen aus der Zigarettensteuer das der Tabaksteuer.[82]

1908 scheiterte die Regierung mit dem Entwurf eines Tabakverbrauchsteuergesetzes, durch welches die Tabaksteuer einheitlich zur Fabrikatwertsteuer nach dem Vorbild der Zigarettenbesteuerung umgestaltet werden sollte.[83] Dem Vorhaben lag – neben bedeutenden fiskalischen Interessen – die Erkenntnis zugrunde, dass es der Tabaksteuer als Verbrauchsteuer daran gelegen sein musste, den Aufwand der Raucher zu belasten, welcher im Kleinverkaufspreis der Tabakwaren zum Ausdruck kommt.[84] Der Reichstag lehnte den Entwurf ab, beeinflusst vom Tabakgewerbe, das befürchtete, die Einführung einer Zeichensteuer mache alle Tabakwaren ähnlich den Zigaretten

77 Vgl. § 2 S. 1 ZigarettenStG 1906.

78 *Wündisch,* Das Tabaksteuergesetz, S. 9; *Weber,* Die Tabaksteuer und die Tabakabgaben-Vergütung, S. 25.

79 *Flügler,* Tabakindustrie und Tabaksteuer, S. 7 f.; *Groß,* Tabakwirtschaft und Tabaksteuer, S. 17.

80 *Elster,* Wörterbuch der Volkswirtschaft, 3. Band, „Tabakbesteuerung" IV. 3.; *Flügler,* Tabakindustrie und Tabaksteuer, S. 8 f.

81 Zu dem bis heute bestehenden Verpackungszwang vgl. *Birk/Förster,* ZfZ 1988, 34.

82 Siehe die Übersicht bei *Wagner,* Steuergeschichte, S. 316.

83 *Schröter,* ZfZ 1957, 257.

84 *Jahr,* ZfZ 1939, 141, 142.

zum Markenartikel. Der mit einem Markenprodukt verbundene Reklameaufwand aber überfordere kleinere Produzenten.[85]

Die Reichsfinanzreform von 1909[86] brachte eine Erhöhung der Steuer- und Zollsätze[87] und für den Import ausländischen Tabaks einen Zuschlag zum Gewichtszoll in Höhe von 40 % des Rechnungswertes.[88] Da der ausländische Tabak für teurere Tabakprodukte verwendet wurde, sollte dieser Tabakwertzoll vor allem leistungsfähige Verbraucher treffen[89] und im Übrigen den inländischen Tabakanbau vor der Konkurrenz durch Importe schützen.[90] 1916 wurden die Steuer- und Zollsätze nochmals erhöht und ein Kriegsaufschlag für zigarettensteuerpflichtige Erzeugnisse eingeführt.[91] Für die Finanzierung der Kriegskosten spielte die Tabaksteuer jedoch, wie die Verbrauchsteuern im Allgemeinen, eine untergeordnete Rolle. Der Großteil des kriegsbedingten Finanzbedarfs von 164 Milliarden Mark wurde durch Staatsanleihen, nur 10 % davon durch (direkte) Steuern finanziert.[92] Andererseits wurden zu dieser Zeit mit der Einführung der Umsatzsteuer (zunächst ab 1916 als Stempelabgabe, ab 1918 dann als Bruttoallphasenumsatzsteuer) die Grundlagen für die Entwicklung der indirekten Steuern gelegt.[93]

V. Die Neuordnung des Tabaksteuerrechts in der Weimarer Republik

Die Weimarer Reichsverfassung vom 11.8.1919[94] wies in Art. 8 die Steuergesetzgebungskompetenz weitgehend dem Reich zu und etablierte eine eigene Steuerverwaltung des Reichs (Art. 83 WRV). Diese hatte das Besteuerungsverfahren fortan nach den Vorschriften der Reichsabgabenordnung zu betreiben. Aus steuergeschichtlicher Sicht ist der Beginn der Weimarer Republik darüber hinaus von der *Erzberger'schen* Finanzreform geprägt, durch

85 *Michaelis,* ZfZ 1934, 284, 286.
86 Gesetz wegen Änderung des Tabaksteuergesetzes vom 15.7.1909, RGBl. S. 705.
87 § 1 TabStG.
88 § 1a TabStG.
89 *Wündisch,* Das Tabaksteuergesetz, S. 9.
90 Krit. *Groß,* Tabakwirtschaft und Tabaksteuer, S. 19 ff.
91 Gesetz über die Erhöhung der Tabakabgaben vom 12.6.1916, RGBl. S. 507.
92 *Stolleis,* Geschichte des öffentlichen Rechts in Deutschland, Bd. 3, S. 221.
93 *Holtfrerich,* in: Schultz (Hg.), Mit dem Zehnten fing es an, S. 200, 204.
94 RGBl. S. 1383.

die das Einkommensteuergesetz, das Körperschaftssteuergesetz und das Kapitalertragsteuergesetz geschaffen wurden.[95]

Am 12.9.1919 beschloss die Deutsche Nationalversammlung die Neuordnung des Tabaksteuerrechts durch ein neues Tabaksteuergesetz,[96] das am 1.4.1920 in Kraft trat. Getragen wurde es im Wesentlichen von dem fiskalischen Interesse an der Steigerung des Tabaksteueraufkommens.[97] Von der auch erwogenen Verstaatlichung des Tabakgewerbes wurde abgesehen, da man davon ausging, die mit einem freien Gewerbe verbundenen Vorteile – vor allem die verbrauchsanregende Wirkung der in einem marktwirtschaftlichen Wettbewerb zu erwartenden Produktvielfalt – würden die Vorteile, die der Staat als Hersteller und Händler von Tabakerzeugnissen erzielen könnte, letztlich übersteigen, so dass die Partizipation am Erfolg der privaten Tabakwirtschaft im Wege der Besteuerung vorzugswürdig erschien.[98] Im Bereich der Zigarrenfertigung, die im Gegensatz zur Zigarettenherstellung weitgehend von Hand erfolgte, schien es aus arbeitsmarktpolitischen Gründen geboten, die Vielzahl der bestehenden Betriebe vor allem im süddeutschen Raum zu erhalten. Auch auf die Verstaatlichung des Zwischenhandels mit Tabakerzeugnisses und des Rohtabakhandels wurde verzichtet.[99]

Das Tabaksteuergesetz 1919 markiert den doppelten Systemwechsel von der Rohtabakbesteuerung zur Fertigerzeugnisbesteuerung und von der Gewichtsteuer zur Wertsteuer (in der Form der Gruppensteuer). Es basierte wesentlich auf dem 1908 im Reichstag gescheiterten Entwurf eines Tabakverbrauchsteuergesetzes.[100] Steuergegenstände waren jetzt die fertigen Tabakerzeugnisse und Zigarettenpapier,[101] nur ausnahmsweise noch Rohtabak und Halberzeugnisse.[102] Mit der Fertigerzeugnisbesteuerung einher ging die Bemessung der Steuer nach dem Kleinverkaufspreis statt wie zuvor nach dem Gewicht. Am niedrigsten belastet wurden Pfeifen-, Kau- und Schnupf-

---

95 Einkommensteuergesetz vom 29.3.1920, RGBl. S. 359; Kapitalertragsteuergesetz vom 29.3.1920, RGBl. S. 345; Körperschaftssteuergesetz vom 30.3.1920, RGBl. S. 393.

96 Reichstabaksteuergesetz vom 12.9.1919, RGBl. S. 1667.

97 *Wündisch*, Das Tabaksteuergesetz, S. 10.

98 Vgl. Begründung zum Entwurf des Tabaksteuergesetzes 1919, ausschnittweise wiedergegeben bei *Arlt*, Das Tabaksteuergesetz, S. 2 f.

99 Vgl. *Arlt*, Das Tabaksteuergesetz, S. 3 f.

100 Vgl. *Schröter*, ZfZ 1957, 257; *Goetzeler*, Das deutsche Tabaksteuerrecht, S. 17; *Michaelis*, ZfZ 1934, 284, 286.

101 § 1 TabStG 1919.

102 § 5 Abs. 5 TabStG 1919; den Wandel von der Rohstoff- bzw. Materialsteuer zur Fabrikatsteuer haben heute – nicht zuletzt aufgrund der Verbrauchsteuerharmonisierung – alle Verbrauchsteuern vollzogen, vgl. *Peters/Bongartz/Schröer-Schallenberg*, Verbrauchsteuerrecht, Rn. C 68.

tabak, am höchsten Zigaretten.[103] Die Steuerentstehung knüpfte an den Übergang in den freien Verkehr an und die Tabaksteuer war fortan – wie zuvor nur für die Zigarettenbesteuerung vorgeschrieben, die nun im Tabaksteuergesetz mitgeregelt wurde – durch die Verwendung von Steuerzeichen zu entrichten.[104] Steuerpflichtiger war grundsätzlich der Hersteller bzw. Importeur.[105] Das Tabaksteuergesetz 1919 führte auch den Verpackungszwang ein.[106] Hinsichtlich der steuertechnischen Ausgestaltung ist das Tabaksteuergesetz 1919 damit als Vorläufer des geltenden Tabaksteuerrechts erkennbar.

Das Gesetz zur Erhöhung einzelner Verbrauchsteuern vom 8.4.1922[107] ersetzte den ab einer bestimmten Preisklasse geltenden absoluten Steuerhöchstbetrag zugunsten eines proportionalen Höchstsatzes und beinhaltete eine inflationsbedingte Änderung der Durchstafflung der Tabaksteuersätze sowie wirtschaftspolitisch motivierte Steuerermäßigungen für feingeschnittenen Rauchtabak[108], sofern dieser zu mindestens 50 % aus einheimischen Tabaken gefertigt wurde.[109] Mehr als die Hälfte der deutschen Tabakproduktion wurde in der Folge für Feinschnitt verwendet.[110]

Im Zuge der Neuordnung der Reichsfinanzen (Beendigung der Inflation u. a. durch Einführung der Rentenmark) wurde ab 1.12.1923 für die Bemessung der Tabaksteuer auf den Goldwert der Tabakerzeugnisse abgestellt.[111] Die Staffelung der Steuersätze nach Preisklassen wurde aufgegeben und durch einen einheitlichen Steuersatz – 40 % des Kleinverkaufspreises bei Zigaretten und feingeschnittenem Rauchtabak, 20 % bei Zigarren und Pfeifentabak – ersetzt.

1925 wurde eine Gewichtsteuer auf den bei der Zigarettenherstellung verwendeten Rohtabak (Materialsteuer) eingeführt, die neben die nach dem

103 *Michaelis,* ZfZ 1934, 284, 286.
104 § 11 Abs. 1 TabStG 1919.
105 § 9 Abs. 1 TabStG 1919.
106 §§ 14 f. TabStG 1919.
107 RGBl. I S. 380.
108 Unter feingeschnittenem Rauchtabak („Feinschnitt“) versteht man Rauchtabak, der zur Selbstfertigung von Zigaretten bestimmt ist (vgl. heute § 2 Abs. 5 TabStG, näher 2. Teil. A. II. 1.). Die Definition von Feinschnitt nach Maß und Zahl hat sich im Laufe der Geschichte der Tabaksteuer immer wieder geändert.
109 *Wulkow/Leimbach,* Tabaksteuergesetz, S. XI f.
110 *Elster,* Wörterbuch der Volkswirtschaft, 3. Band, „Tabakbesteuerung“ IV. 3.; *Michaelis,* ZfZ 1934, 284, 287.
111 Verordnung der Reichsregierung vom 30.10.1923, RGBl. I S. 1045.

Kleinverkaufspreis bemessene Steuer trat.[112] Statt einer reinen Fabrikatwertbesteuerung war die Zigarettenbesteuerung fortan eine kombinierte Rohstoffmengen- und Fabrikatwertsteuer.[113] Auf importierte Zigaretten kam eine Ausgleichssteuer in Höhe der Materialsteuer zur Anwendung.[114] Der Satz der Wertsteuer auf Zigaretten wurde zunächst von 40 % auf 20 % abgesenkt, die Material- und Ausgleichssteuer dafür von 250 RM pro Doppelzentner auf 900 RM angehoben.[115] Schon 1926 wurde die Zigarettensteuer aber wieder auf 30 % erhöht und die Material- und Ausgleichssteuer auf 400 RM pro Doppelzentner abgesenkt.[116]

Auch hier zeigt sich wieder eine Sonderbelastung der Zigaretten, die vor allem wirtschaftspolitisch motiviert war.[117] Während Zigaretten auch damals schon industriell gefertigt wurden, lag die Zigarrenherstellung in der Hand kleiner und mittelständischer Betriebe. Diese sollten von einer steuerlichen Zusatzbelastung verschont bleiben, zumal eine Rohtabaksteuer naturgemäß die rohstoffintensive Zigarrenfertigung besonders trifft.[118] Zudem wurde zur Zigarettenproduktion überwiegend importierter Tabak verwendet, während der im Inland vor allem von Kleinbauern hergestellte Rohstoff nur zur Fertigung von Rauchtabak und Zigarren zum Einsatz kam.[119] Die höhere Besteuerung der Zigaretten förderte die Selbstherstellung und beeinträchtigte das Aufkommen der Zigarettenbesteuerung.[120]

Im Zuge der Reichsfinanzreform für das Haushaltsjahr 1930 wurde durch das Gesetz zur Änderung des Tabaksteuergesetzes vom 22.12.1929[121] die Tabaksteuer erhöht. Dabei wurden die Steuersätze für feingeschnittenen Rauchtabak, Pfeifentabak und Zigarettenpapier verhältnismäßig stärker als die Zigarettensteuer angehoben. Der Steuersatz auf Zigarren (sowie auf Kau- und Schnupftabak) blieb unverändert, insbesondere um die Arbeitsplätze im betroffenen Teil des Tabakgewerbes nicht zu gefährden.[122] Da-

---

112 §§ 93 ff. TabStG in der Fassung des Gesetzes über Erhöhung der Bier- und Tabaksteuer vom 10.8.1925, RGBl. I S. 244, 266.

113 *Wulkow,* ZfZ 1930, 458, 459.

114 § 101 TabStG (in der Fassung von 1925, siehe Fn. 112).

115 Verordnung über die steuerliche Belastung der Zigaretten vom 11.8.1925, RGBl. I S. 260.

116 Zweite Verordnung über die steuerliche Belastung der Zigaretten vom 18.5.1926, RGBl. I. S. 225.

117 *Groß,* Tabakwirtschaft und Tabakindustrie, S. 36 ff.

118 Vgl. *Schröter,* ZfZ 1957, 289, 290.

119 Vgl. *Elster,* Wörterbuch der Volkswirtschaft, 3. Band, „Tabakbesteuerung" IV. 3.

120 *Wulkow,* ZfZ 1930, 28, 29.

121 RGBl. I S. 234.

122 *Wulkow,* ZfZ 1930, 28, 29 f.

durch sollte Substitutionseffekten zu Lasten der Zigarette entgegengewirkt werden, um den fiskalischen Erfolg der Steuererhöhung zu sichern und gleichzeitig die von der Wirtschaftskrise betroffene Zigarettenindustrie zu schonen.[123] Zur Sicherung der erwarteten Steuer(mehr)einnahmen wurde gleichzeitig eine Kontingentierung der inländischen Zigarettenherstellungsbetriebe eingeführt, die deren Rentabilität sichern und sie vor ausländischem Wettbewerb schützen sollte.[124] Jedem Herstellungsbetrieb wurde eine bestimmte Gesamtmenge herzustellender Zigaretten zugeteilt. Soweit die Produktion das Kontingent überstieg oder – wie bei ausländischen Anbietern – ein Kontingent nicht bestand, war ein Tabaksteueraufschlag von 100 % auf den üblichen Tabaksteuersatz zu entrichten.[125] Nach dem Willen des Gesetzgebers sollten die Steuererhöhung und die mit der Kontingentierung verbundenen wirtschaftlichen Nachteile nicht durch Preiserhöhungen auf die Verbraucher oder durch Beschränkung der Margen auf den Handel übergewälzt werden können. Die Reichsregierung wurde ermächtigt, entsprechende Maßnamen zu treffen.[126] Steuereinnahmen, soweit sie auf den Erhöhungsbetrag entfallen, waren daher letztlich ein Entgelt für das zugeteilte Kontingent.[127] Zur Sicherung und Förderung des deutschen Tabakanbaus sah das Gesetz in der Fassung von 1929 weiterhin die Zahlung einer Subvention vor, die nach einer Verfügung des Reichsministers für Ernährung und Landwirtschaft für die Verwendung inländischen Tabaks zur Zigarrenherstellung gewährt wurde.[128] Die Maßnahmen des Jahres 1929 zeigen besonders drastisch, dass das Tabaksteuerrecht seit den zwanziger Jahren nicht nur fiskalisch inspiriert war, sondern in erheblichem Umfang wettbewerbslenkend und regulierend eingesetzt wurde.[129] Die Novelle brachte ferner die Anpassung des TabStG an die Reichsabgabenordnung.[130]

---

123 *Wulkow/Leimbach,* Tabaksteuergesetz, S. XXI.

124 Art. II des Gesetzes vom 22.12.1929; *Arlt,* Das Tabaksteuergesetz, S. 13; *Wulkow,* ZfZ 1930, S. 28, 30 f.

125 Art. IV des Gesetzes vom 22.12.1929.

126 Art. V des Gesetzes vom 22.12.1929.

127 Vgl. Redebeitrag des Reichstagsabgeordneten *Rademacher* (DNV) abgedruckt in: *Arlt,* Das Tabaksteuergesetz, S. 17.

128 Art. IV des Gesetzes vom 22.12.1929; *Arlt,* Das Tabaksteuergesetz, S. 16; *Wulkow,* ZfZ 1930, S. 28, 32.

129 Vgl. *Schröter,* ZfZ 1957, 257, 258.

130 Andere Verbrauchsteuern waren schon durch Gesetz vom 9.7.1923, RGBl. I S. 557, an die Reichsabgabenordnung von 1919 angepasst worden. Die in den Grundzügen einheitliche Struktur der Verbrauchsteuergesetze, die auch heute trotz zahlreicher Änderungen noch erkennbar ist, basiert auf dieser Gesetzgebung, vgl. *Peters/Bongartz/Schröer-Schallenberg,* Verbrauchsteuerrecht, Rn. A 5 und C 44.

Das Gesetz war in Bezug auf die Zigarettenkontingentierung ein Provisorium, da die Kontingentierung nur bis zum 31.3.1931 vorgesehen war.[131] Aufgrund dieses vorläufigen Charakters wurde es häufig als Vorstufe eines Staatsmonopols angesehen. Das Für und Wider eines staatlichen Tabakmonopols war die bestimmende Frage in der politischen Diskussion des Tabaksteuerrechts in dieser Zeit.[132] Dies belegen auch die in dieser Zeit durchgeführten Untersuchungen zur Frage des Tabakmonopols.[133]

Die Weltwirtschaftskrise hatte die finanzwirtschaftliche Konsequenz steigender Haushaltsdefizite. Nach dem Ende der parlamentarischen Republik im März 1930 wurden zur Deckung des Haushalts Verbrauchsteuererhöhungen im Wege der Notverordnung durchgesetzt. So erfolgte durch Verordnung vom 1.12.1930[134] die nächste Tabaksteuererhöhung, die von einer massiven Anhebung der Zölle auf Rohtabak begleitet wurde. Der Zoll wandelte sich vom wirtschaftspolitisch motivierten Schutzzoll hin zum fiskalisch begründeten Finanzzoll, dessen Funktion der einer allgemeinen Materialsteuer entsprach.[135] Zum Ausgleich wurden die seit 1925 bestehende Materialsteuer auf Zigarettentabak und die damit korrespondierende Ausgleichssteuer ermäßigt.[136] Die Subventionierung des inländischen Tabakanbaus, die erst ein Jahr zuvor eingeführt worden war, wurde wieder aufgehoben. Zur Rentabilitätssicherung wurde der Tabakanbau statt dessen kontingentiert.[137] Durch die Maßnahmen erhöhte sich die Steuerbelastung der Zigaretten auf 50,9 % des durchschnittlichen Kleinverkaufspreises, was in Verbindung mit der schlechten Wirtschaftslage den Zigarettenverbrauch stark zurückgehen ließ. Um diesem wirtschaftlich und fiskalisch ungünstigen Effekt zu begegnen, erfolgte 1931 wiederum eine Anpassung der Zigarettenbesteuerung, durch die preisgünstige Zigaretten entlastet und teuere Preisklassen höher belastet wurden.[138]

---

131 Art. II § 1 des Gesetzes vom 22.12.1929; später verlängert um ein Jahr durch die Verordnung des Reichspräsidenten zur Behebung finanzieller, wirtschaftlicher und sozialer Notstände vom 26.7.1930, RGBl. I S. 311, vgl. *Wulkow/Leimbach*, Tabaksteuergesetz, S. XXVII; *Wulkow*, ZfZ 1930, 281.

132 Vgl. *Arlt*, Das Tabaksteuergesetz, S. 18 f.

133 Z. B. *Bräuer*, Reichs-Tabakmonopol oder Tabak-Verbrauchsteuer?; *Stolper*, in: Der deutsche Volkswirt 1929, S. 1527; *Flügler*, Tabakindustrie und Tabaksteuer, S. 73 f. und 398 ff.

134 Verordnung des Reichspräsidenten zur Sicherung von Wirtschaft und Finanzen vom 1.12.1930, RGBl. I S. 517.

135 *Wulkow/Leimbach*, Tabaksteuergesetz, S. XXVII.

136 2. Teil. Kap. III. Art. 1 Ziff. 8 der Verordnung vom 1.12.1930.

137 Vgl. *Wulkow*, ZfZ 1930, 458, 463 f.; *Michaelis*, ZfZ 1934, 284, 288.

138 Vgl. *Wulkow*, ZfZ 1931, 243, 244 m. w. N.

VI. Das Tabaksteuerrecht während Drittem Reich und Besatzungszeit

Die nächste wesentliche Änderung erfuhr das Tabaksteuerrecht durch das Gesetz vom 13.12.1934.[139] Darin wurde der Reichsminister der Finanzen zu Steuerrückvergütungen an kleine und mittlere Herstellungsbetriebe ermächtigt. Während die Steuersätze im Übrigen unverändert blieben, wurde durch die TabStVO die Steuer für sog. Schwarze Zigaretten, d. h. solche, die zu mindestens 50 % aus inländischem Tabak gefertigt wurden, ermäßigt. Die Änderungen waren im Gegensatz zu den Tabaksteuererhöhungen während der Weimarer Republik nicht fiskalisch motiviert, sondern folgte den Lenkungsvorstellungen der nationalsozialistischen Wirtschaftsauffassung.[140] Das Gesetz ermächtigte außerdem den Reichsminister der Finanzen, das TabStG neu zu fassen.[141] Dazu kam es schließlich 1939.[142] Die Neufassung unternahm vor allem eine grundlegende systematische Überarbeitung. Entsprechend der Grundprinzipien des Verbrauchsteuerrechts sollte im Mittelpunkt der Regelungen des TabStG die besteuerte Ware stehen, durch deren Konsum der Verbraucher zum Steuerträger wird.[143] Dies bedeutete eine Neugliederung des TabStG, in der der Besteuerung von Fertigerzeugnissen und der des Rohtabaks jeweils eigene Abschnitte neben den gemeinsamen Vorschriften zugewiesen wurden. Ferner wurden nicht steuerrechtliche Bestimmungen – u. a. Zolltarifvorschriften und Strafnormen – aus dem TabStG herausgelöst. Der Steuerentstehungstatbestand knüpfte nunmehr in Abkehr von der bisherigen Formulierung, in der vom „Übergang von Tabakerzeugnissen (...) in den freien Verkehr" die Rede war,[144] und der Rechtsprechung des Reichsfinanzhofs folgend an die Entfernung der steuerbaren Waren aus dem Herstellungsbetrieb an.[145] Entsprechende Formulierungen des Steuerentstehungstatbestandes wurden auch in die anderen Verbrauchsteuergeset-

---

[139] Gesetz zur Änderung des Tabaksteuergesetzes vom 13.12.1934, RGBl. I S. 1229.
[140] *Wulkow/Leimbach*, Tabaksteuergesetz, S. XL ff.
[141] Vgl. Art. 4 des Gesetzes vom 13.12.1934.
[142] Bekanntmachung der neuen Fassung des Tabaksteuergesetzes vom 4.4.1939, RGBl. I S. 721.
[143] *Jahr*, ZfZ 1939, 141, 142 f.
[144] § 1 TabStG 1929; ähnlich § 10 TabStG 1919.
[145] § 4 Abs. 1 TabStG 1939; der RFH hatte schon den bisherigen Steuerentstehungstatbestand in dieser Weise verstanden, das RG war ihm darin jedoch in mehreren strafrechtlichen Entscheidungen nicht gefolgt, vgl. RFHE 33, 135 m. w. N.; *Jahr*, ZfZ 1939, 141, 144.

ze, die ebenfalls in dieser Zeit neu gefasst wurden,[146] aufgenommen. Sie sind für die heutige Verbrauchsteuersystematik prägend.[147] Die Steuersätze blieben unverändert. Auch die Steuervergünstigungen, u. a. für Feinschnitt und Schwarze Zigaretten aus mindestens 50 % aus inländischem Tabak, blieben erhalten. Hier ging es nach wie vor darum, den Absatz von Tabak aus inländischem Anbau zu fördern.[148]

Ab September 1939 kam zur Tabaksteuer ein Kriegszuschlag in Höhe von 20 % des Kleinverkaufspreises hinzu.[149] Von November 1941 an wurde dieser Zuschlag auf 50 % des Kleinverkaufspreises erhöht.[150]

Nach dem Ende des Zweiten Weltkriegs setzte die Militärregierung im Juni 1948 für das Vereinigte Wirtschaftsgebiet die Tabaksteuersätze neu fest.[151] Schon vier Monate später wurde es nötig, die Steuersätze zu ermäßigen, so dass Zigarren mit 46 % und Zigaretten mit 60 % des Kleinverkaufspreises besteuert wurden. Die Steuer für Feinschnitt betrug 55 %, für Pfeifentabak 45 %, für Kautabak 20 % und für Schnupftabak 25 % des Kleinverkaufspreises.[152] Als Folge dieser hohen Tabaksteuerbelastung waren das Kippensammeln und der sog. Besatzungsschmuggel, d. h. die illegale Weitergabe von Zigaretten durch Angehörige der Besatzungsmächte aus ihren Rationen, weit verbreitet.[153]

VII. Das Tabaksteuerrecht in der Bundesrepublik Deutschland

Die Finanzverfassung des Grundgesetzes weist seit 1949 das Aufkommen der Verbrauchsteuern und damit auch das der Tabaksteuer[154] dem Bund

---

146 Vgl. Gesetz über die Neufassung von Verbrauchsteuergesetzen vom 8.9.1938, RGBl. I S. 1162.

147 *Peters/Bongartz/Schröer-Schallenberg*, Verbrauchsteuerrecht, Rn. A 5.

148 *Jahr*, ZfZ 1939, 141, 145.

149 Erste Durchführungsbestimmungen über den Kriegszuschlag zum Kleinhandelspreis von Bier, Tabakwaren und Schaumwein vom 4.9.1939, RGBl. I S. 1615.

150 Zweite Durchführungsverordnung über den Kriegszuschlag zum Kleinhandelspreis von Bier, Tabakwaren und Schaumwein vom 30.10.1941, RGBl. I S. 666.

151 Gesetz Nr. 64 vom 20.6.1948, WiGBl. 1948, Beilage Nr. 4; zu den Änderungen des Tabaksteuergesetzes in den anderen Gebieten Deutschlands in der Zeit zwischen dem Ende des Zweiten Weltkrieges und der Gründung der Bundesrepublik Deutschland vgl. § 1 des Gesetzes vom 2.8.1950, BGBl. S. 351.

152 Gesetz vom 21.10.1948, WiGBl. 1948 S. 102; Anordnung vom 23.10.1948, WiGBl. 1948 S. 123.

153 *Schröter*, ZfZ 1976, 98, 101.

154 Zur Verbrauchsteuereigenschaft der Tabaksteuer siehe 2. Teil. C. II.

zu.[155] Aus der Ertragshoheit leitet sich die Gesetzgebungskompetenz des Bundes ab.[156]

1951 wurde der Steuersatz auf Zigarren von 46 % je nach Preisklasse auf 30 % bzw. 35 % gesenkt,[157] um die Zigarrenindustrie vor dem Zusammenbruch zu bewahren.[158] Ein besonderes Gesetz regelte die Besteuerung des Kleinpflanzertabaks, d. h. von Tabak, der für den Hausbedarf angebaut wurde.[159] Für bestimmte Tabakwaren wurde in Bezug auf die unteren Preisklassen 1951 eine Mindestmenge von 50 % inländischer Tabake vorgeschrieben.[160]

Das Tabaksteueraufkommen wurde nach dem Ende des Zweiten Weltkrieges durch Schmuggel von Zigaretten über die Grenze und den Besatzungsschmuggel[161] stark beeinträchtigt. Um diesen Missstand zu beseitigen, sah sich der Gesetzgeber veranlasst, durch eine Senkung der Tabaksteuer das Preisniveau von Zigaretten zu ermäßigen. Diese Maßnahme sollte auch der notleidenden, zu dieser Zeit noch in allen Zweigen vom Mittelstand geprägten Tabakindustrie[162] helfen. Da mithin eine Verlagerung des Verbrauchs von illegalen erworbenen zu legal erworbenen Tabakerzeugnissen bewirkt werden sollte, erschien die Neuregelung gesundheitspolitisch neutral.[163]

Die Neufassung des TabStG vom 6.5.1953[164] übernahm im Wesentlichen die schon im TabStG 1939 enthaltenen Regelungen. Die Materialsteuer auf den zur Zigarettenfertigung verwendeten Tabak wurde abgeschafft, da für sie keine fiskalische Notwendigkeit mehr bestand.[165] Übrig blieb die nach Preisklassen gestaffelte Fabrikatsteuer.[166] Für die meisten Zigaretten belief sich die Tabaksteuerbelastung auf ca. 57 % des Kleinverkaufspreises. Zigar-

155 Art. 106 Abs. 1 GG in der Fassung vom 23. Mai 1949; jetzt Art. 106 Abs. 1 Nr. 2 GG.
156 Art. 105 Abs. 22 Nr. 1 GG in der Fassung vom 23. Mai 1949; jetzt Art. 105 Abs. 2 GG; näher zur Gesetzgebungskompetenz siehe oben 1. Teil. B. III.
157 Gesetz über die Senkung der Tabaksteuer für Zigarren vom 2.8.1950, BGBl. S. 351.
158 Vgl. BT-Drs. I/3861, S. 26.
159 Gesetz zur Regelung des Kleinpflanzertabaks im Erntejahr 1950 vom 2.3.1951, BGBl. I S. 158.
160 Gesetz über steuerliche Behandlung von Tabakerzeugnissen besonderer Eigenart vom 21.7.1951, BGBl. I S. 469.
161 Siehe 2. Teil. B. VI. a. E.
162 Zur damaligen Struktur der Tabakindustrie vgl. *Schröter*, ZfZ 1959, 97; *Pietsch*, ZfZ 1959, 68, 69.
163 Vgl. Begründung zum Entwurf des TabStG 1953, BT-Drs. I/3861, S. 25 f.
164 BGBl. I S. 169.
165 Vgl. Begründung zum Entwurf des TabStG 1953, BT-Drs. I/3861, S. 26 f.
166 Vgl. § 3 TabStG 1953.

ren wurden einheitlich mit 23 % besteuert. Privilegiert waren Zigaretten der günstigsten Preisklasse, wenn sie zu mindestens 50 % aus Inlandstabak hergestellt wurden, sowie Feinschnitt mit mindestens 50 % Inlandstabak.[167] Kleinen und mittleren Betrieben wurden Steuererleichterungen gewährt.[168]

Infolge einer Krise in der Rauchtabakindustrie[169] wurden 1955 die Steuersätze für Feinschnitt und Pfeifentabak deutlich gesenkt. Die Subvention kleiner und mittlerer Betriebe durch Steuererleichterungen wurde ausgeweitet.[170] 1956 wurde der Zigarrensteuersatz auf 19 % gesenkt und den Unternehmen Steuervergütungen gewährt, um den Anstieg von Rohtabakpreisen und Löhnen in der Zigarrenindustrie zu kompensieren.[171]

1957 erhielt die Tabaksteuer auf Zigaretten, Feinschnitt und Pfeifentabak die Form einer Gruppensteuer.[172] Damit sollte den Herstellern eine größere Freiheit in der Preisbildung eingeräumt werden.[173] Das zuvor bestehende System fester Preisklassen wurde nur für Zigarren beibehalten. Die Steuersätze für Zigaretten wurden gegenüber dem Gesetz von 1953 geringfügig gesenkt, um einen Ausgleich für Kostensteigerungen bei Rohtabak, Kartonagen und Löhnen zu schaffen.[174] Die Steuersenkung bei Feinschnitt war außerdem sozialpolitisch motiviert, denn sie sollte nach der Vorstellung des Gesetzgebers weniger bemittelten Rauchern den Konsum erleichtern.[175] Für Feinschnitt und Pfeifentabak wurde die Steuerbelastung nochmals deutlich reduziert. Bei Kau- und Schnupftabak wurde die Fabrikatsteuer durch eine Rohtabaksteuer ersetzt.[176]

---

167 Vgl. dazu *Schröter*, Das Tabaksteuergesetz, § 3, Anm. 5 und 6.

168 §§ 80 ff. TabStG 1953.

169 Vgl. Begründung des Gesetzentwurfs, BT-Drs. II/1596, S. 6; Bericht des Ausschusses für Finanz- und Steuerfragen, zu BT-Drs. II/1724, S. 1.

170 Zweites Gesetz zur Änderung des Tabaksteuergesetzes vom 15.11.1955, BGBl. I S. 720.

171 Drittes Gesetz zur Änderung des Tabaksteuergesetzes vom 24.12.1956, BGBl. I S. 1078; vgl. Bericht des Ausschusses für Finanz- und Steuerfragen, zu BT-Drs. II/2934, S. 1.

172 Viertes Gesetz zur Änderung des Tabaksteuergesetzes vom 30.3.1957, BGBl. I S. 310.

173 Bericht des Ausschusses für Finanz- und Steuerfragen, zu BT-Drs. II/3176, S. 1.

174 Bericht des Ausschusses für Finanz- und Steuerfragen, zu BT-Drs. II/3176, S. 1.

175 Bericht des Ausschusses für Finanz- und Steuerfragen, zu BT-Drs. II/3176, S. 2.

176 § 76a TabStG in der Fassung des Vierten Gesetzes zur Änderung des Tabaksteuergesetzes vom 30.3.1957.

Einige systematische Anpassungen an Änderungen im Bereich des Zollrechts brachten die Verbrauchsteueränderungsgesetze vom 10.10.1957[177] und 16.8.1961[178].

Seit Anfang der 60er Jahre lagen Studien vor, die die mit dem Rauchen (vor allem von Zigaretten) verbundenen Gesundheitsgefahren belegten.[179] Ein unmittelbarer Einfluss dieser Erkenntnisse auf die Tabaksteuer bzw. ihren lenkenden Einsatz lässt sich jedoch nicht feststellen. Vielmehr beließ es der Gesetzgeber bei den seit der Neufassung des Tabaksteuergesetzes 1953 mehrfach abgesenkten Steuersätzen.

Ab 1.3.1967 wurden die Steuererleichterungen für kleine und mittlere Betriebe der Tabakindustrie zurückgeführt.[180] Struktur- und arbeitsmarktpolitische Erwägungen und europarechtliche Bedenken ließen es angezeigt erscheinen, derartige Erhaltungssubventionen für nicht mehr wettbewerbsfähige Betriebe zumindest zu verringern.[181] Die Besteuerung der Zigarren nach Preisklassen wurde abgeschafft und durch eine Wertbesteuerung in Höhe von 19 % des Kleinverkaufspreises ersetzt. Die Preisgruppen für die Zigarettenbesteuerung wurden modifiziert, um eine reine Wertsteuerkomponente erweitert und die Steuer erhöht. Dadurch stieg der durchschnittliche Kleinverkaufspreis von Zigaretten um 9,71 %. Ein Absatzrückgang von 3,33 % war die Folge.[182]

Zum 1.7.1968 wurde die Tabaksteuer auf Zigaretten bezogen auf die Menge je nach Preisgruppe um 0,08 bis 0,23 Pf., der Satz der Wertsteuer um einen Prozentpunkt gesenkt.[183] Ziel war es, ein angemessenes Verhältnis von spezieller Verbrauchsteuer und Mehrwertsteuer herzustellen.[184] Kleinverkaufspreis und Zigarettenabsatz blieben dadurch insgesamt unverändert, es kam aber zu Verschiebungen der Marktanteile zwischen den Preisklassen zuguns-

---

177 Gesetz zur Änderung von Verbrauchsteuergesetzen (Verbrauchsteueränderungsgesetz) vom 10.10.1957, BGBl. I S. 1704.

178 Gesetz zur Anpassung von Verbrauchsteuergesetzen an das Zollrecht (Zweites Verbrauchsteueränderungsgesetz) vom 16.8.1961, BGBl. I S. 1323.

179 Vgl. die Studie des britischen Royal College of Physicians (1962) und der amerikanische Terry-Report (1964), Nachweise bei *Bramsemann*, Tabak und Volkswirtschaft – eine Bilanz, S. 2 f.

180 Siebentes Gesetz zur Änderung des Tabaksteuergesetzes (Zweites Steueränderungsgesetz 1966) vom 28.12.1966, BGBl. I S. 747.

181 Begründung des Gesetzentwurfs, BT-Drs. V/1068, S. 24.

182 *Körner/Okada/Waller*, Wirkungen von Tabaksteuererhöhungen, S. 40.

183 Achtes Gesetz zur Änderung des Tabaksteuergesetzes vom 27.6.1968, BGBl. I S. 757.

184 Begründung des Gesetzentwurfs, BT-Drs. V/2832, S. 6.

ten teurerer Zigaretten.[185] Die Besteuerung von Feinschnitt blieb unverändert.

Zur Vorbereitung auf die erste Phase der Harmonisierung des Verbrauchsteuerrechts in der EG[186] fielen ab 1970 einer Entschließung des Rates der EG folgend[187] die steuerlichen Vergünstigungen für die Verwertung inländischen Tabaks weg.[188] Ab 1.8.1971 wurden die bisher fünf Preisgruppen bei Zigaretten und Feinschnitt auf zwei Preisgruppen reduziert, die bei gleichem spezifischem Steuersatz einer unterschiedlichen proportionalen Belastung unterlagen.[189] Auch für Feinschnitt wurde eine Wertsteuerkomponente eingeführt (15 % bzw. 18,5 % des Kleinverkaufspreises). Die Mengensteuer wurde für beide Preisgruppen vereinheitlicht, die Wertsteuer blieb differenziert. Kleinverkaufspreis und Zigarettenabsatz blieben dadurch insgesamt unverändert, es kam aber zu Verschiebungen der Marktanteile zwischen den Preisklassen zugunsten teurerer Zigaretten.[190] Beim Feinschnitt ergab sich angesichts eines im Durchschnitt um 1,57 % gestiegenen Kleinverkaufspreises ein überproportionaler Absatzrückgang von 6,7 %, der auch dem sich ändernden Konsumverhalten zuzuschreiben ist (Trend zur Fertigzigarette).[191]

Zum 1.9.1972 wurde die Gruppenbesteuerung aufgegeben. Die Mengensteuer auf Zigaretten stieg um 29,4 %. Die Wertsteuer wurde um 0,49 bzw. 1,02 Prozentpunkte erhöht.[192] Der Steuererhöhung lag eine fiskalische Motivation zugrunde; erwartet wurden erhebliche Mehreinnahmen an Tabaksteuer.[193] Resultat war ein Anstieg des Zigarettenpreises um 17,61 % verbunden mit einem Absatzrückgang um 6,17 %.[194] Der spezifische Steuersatz auf Feinschnitt wurde mehr als verdoppelt, während der Wertsteuersatz auf dem Niveau der günstigeren Preisklasse angesiedelt wurde. Der durchschnittliche Kleinverkaufspreis von Feinschnitt stieg um 17,73 %. Gleich-

185 *Körner/Okada/Waller*, Wirkungen von Tabaksteuererhöhungen, S. 37.

186 Der besseren Übersicht wegen wird die europarechtliche Entwicklung im folgenden Abschnitt separat behandelt.

187 ABl. C 50/1 vom 28.4.1970.

188 Neuntes Gesetz zur Änderung des Tabaksteuergesetzes vom 19.11.1970, BGBl. I S. 1533.

189 Zehntes Gesetz zur Änderung des Tabaksteuergesetzes vom 23.7.1971, BGBl. I S. 1051.

190 *Körner/Okada/Waller*, Wirkungen von Tabaksteuererhöhungen, S. 37.

191 *Körner/Okada/Waller*, Wirkungen von Tabaksteuererhöhungen, S. 66 f.

192 Elftes Gesetz zur Änderung des Tabaksteuergesetzes vom 3.3.1972, BGBl. I S. 261.

193 Begründung des Gesetzentwurfs, BT-Drs. VI/2899, S. 6.

194 *Körner/Okada/Waller*, Wirkungen von Tabaksteuererhöhungen, S. 41.

wohl kam es – entgegen der Intention des Gesetzgebers[195] – zu einer Verbrauchsverlagerung von der Zigarette zum Feinschnitt, dessen Absatz um 25 % anstieg.[196] Die Steuerbelastung der Zigarren wurde nur gering angehoben, um die wirtschaftlichen Probleme der Zigarrenindustrie nicht zu verschärfen.[197]

1977 sah sich der Gesetzgeber aufgrund der Haushaltslage des Bundes gezwungen, neben der Mehrwertsteuer auch die Tabaksteuer und die Branntweinsteuer zu erhöhen.[198] Per 1.1.1977 wurde die Mengensteuer auf Zigaretten um 4,5 % gesenkt; die Wertsteuer um 8,68 Prozentpunkte erhöht.[199] Der durchschnittliche Kleinverkaufspreis der Zigaretten erhöhte sich um 14,89 %, der Absatz verlor 10,05 %.[200] Der proportionale Steueranteil bei Feinschnitt wurde um 3,27 Prozentpunkte erhöht, um Verbrauchsverlagerungen von der Zigarette zum Feinschnitt zu verhindern.[201] Der durchschnittliche Kleinverkaufspreis von Feinschnitt stieg um 10,67 %. Die gleichzeitige Substitution der Zigaretten durch Feinschnitt ließ dessen Absatz um 150 % ansteigen.[202] Der Zigarrensteuersatz blieb unverändert, um die in wirtschaftlichen Schwierigkeiten befindliche Zigarrenindustrie und damit die dort befindlichen Arbeitsplätze nicht zusätzlich zu gefährden.[203]

Die weitere Harmonisierung des Tabaksteuerrechts in der EG durch sog. Definitionsrichtlinie[204] aus dem Jahr 1978 machte zum 1.1.1980 eine Neufassung des Tabaksteuergesetzes erforderlich.[205] Das Tabaksteuerrecht sollte an die nunmehr vom Europarecht vorgegebenen Gruppen von Tabakwaren und deren begriffliche Abgrenzung angepasst werden.[206] Daneben wurde das Verhältnis von proportionalem und spezifischen Zigarettensteuersatz ohne wesentliche Änderung der Gesamtbelastung neu gewichtet: Einer Reduzierung der Mengensteuer pro Zigarette um 16,7 % steht eine Anhebung der

---

195 *BMWF,* ZfZ 1972, 61.

196 *Körner/Okada/Waller,* Wirkungen von Tabaksteuererhöhungen, S. 68.

197 Begründung des Gesetzentwurfs, BT-Drs. VI/2899, S. 6.

198 Begründung des Gesetzentwurfs, BT-Drs. 7/4518, S. 6.

199 Gesetz zur Änderung des Tabaksteuergesetzes und des Gesetzes über das Branntweinmonopol vom 5.7.1976, BGBl. I S. 1770.

200 *Körner/Okada/Waller,* Wirkungen von Tabaksteuererhöhungen, S. 41.

201 Begründung des Gesetzentwurfs, BT-Drs. 7/4518, S. 6.

202 *Körner/Okada/Waller,* Wirkungen von Tabaksteuererhöhungen, S. 68.

203 Bericht des Finanzausschusses, BT-Drs. 7/5096, S. 4; *Caspers/Dittrich,* ZfZ 1976, 290.

204 Richtlinie 79/32/EWG; siehe sogleich VIII.

205 Tabaksteuergesetz (TabStG 1980) vom 13.12.1979, BGBl. I S. 2118; ausführlich zur Neufassung: *Caspers/Dittrich,* ZfZ 1980, 66, 106, 134, 205, 238, 263.

206 Begründung des Gesetzentwurfs, BR-Drs. 229/79, S. 21.

Wertsteuer wurde um 5,8 Prozentpunkte gegenüber. Kleinverkaufspreis und Zigarettenabsatz blieben dadurch – erwartungsgemäß[207] – insgesamt unverändert, es kam aber zu Verschiebungen der Marktanteile zwischen den Preisklassen zugunsten teurerer Zigaretten.[208] Die Steuer auf Feinschnitt blieb unverändert. Der zuvor einheitliche Steuersatz für Zigarren wurde differenziert nach Zigarren und Zigarillos. Dabei wurde die Steuer auf Zigarillos geringfügig, diejenige auf Zigarren deutlich gesenkt. Letzteres sollte dem Erhalt von Arbeitsplätzen in den für die Zigarrenherstellung typischen kleineren Betrieben dienen,[209] deren Steuerprivilegien harmonisierungsbedingt wegfallen mussten.[210]

Aus den genannten Gründen blieb bei der Tabaksteuererhöhung 1982 der Steuersatz auf Zigarillos nahezu, derjenige auf Zigarren gänzlich unverändert. Durch das Verbrauchsteueränderungsgesetz 1982[211] wurde zum 1.6.1982 vor allem die Steuer auf Zigaretten und Feinschnitt in beträchtlichem Maße erhöht. Im Gesetzentwurf werden dafür fiskalischen Erfordernisse angeführt, aber auch ausdrücklich klargestellt, dass die Erhöhung der Tabaksteuer auch gesundheitspolitisch erwünscht sei. Die Steuersätze basierten auf einer Abwägung sozialer, wirtschaftlicher und fiskalischer Belange.[212] Die Mengensteuer auf Zigaretten wurde um 37,8 % und die Wertsteuer um 1,4 Prozentpunkte erhöht. Der durchschnittliche Kleinverkaufspreis der Zigaretten stieg um 24,37 %, der Absatz fiel um 20,65 %.[213] Der spezifische Steuersatz auf Feinschnitt wurde um 78,72 % erhöht, der proportionale Steueranteil stieg um 13,53 Prozentpunkte. Dadurch sollte der schon seit 1977 zu beobachtenden dauerhaften Verbrauchsverlagerung von Fabrikzigaretten zu selbsthergestellten Zigaretten entgegengewirkt werden.[214] Im Vergleich zu 1981 ging der Absatz an Markenzigaretten zum Normalpreis per 1983 um 32 % zurück; die vorher praktisch bedeutungslosen Handelsmarken und neue eingeführte Niedrig-Preis-Zigaretten erreichten 1983 einen Marktanteil von 23 % der Fertigzigaretten. Der Anteil der selbstgedrehten Zigaretten am gesamten Zigarettenkonsum erhöhte sich von 8 % im Jahr 1981 auf 12 % im Jahr 1983. Der gesamte Zigarettenkonsum sank von 147,5 Mrd. Stück (1981) auf 140,6 Mrd. Stück (1983).

---

207 Begründung des Gesetzentwurfs, BR-Drs. 229/79, S. 21 ff.
208 *Körner/Okada/Waller*, Wirkungen von Tabaksteuererhöhungen, S. 38.
209 Vgl. *Caspers/Dittrich*, ZfZ 1982, 41.
210 Begründung des Gesetzentwurfs, BR-Drs. 229/79, S. 24.
211 Gesetz zur Änderung von Verbrauchsteuergesetzen vom 22.12.1981, BGBl. I S. 1562.
212 Begründung des Gesetzentwurfs, BT-Drs. 9/797, S. 7; BT-Drs. 9/844, S. 8.
213 *Körner/Okada/Waller*, Wirkungen von Tabaksteuererhöhungen, S. 41.
214 Begründung des Gesetzentwurfs, BT-Drs. 9/797, S. 8; BT-Drs. 9/844, S. 9.

Die für 1982 erwarteten Mehreinnahmen von 1,4 Mrd. DM wurden um 0,5 Mrd. DM verfehlt; erreicht wurde ein Anstieg um 955 Mio. DM.[215] Bis zur deutschen Wiedervereinigung hat sich der Zigarettenabsatz von diesem Rückgang nicht mehr erholt. Der steuerlichen Lenkung können folglich auch langfristige Erfolge beschieden sein.[216] Aus Rücksicht auf die in der Pfeifentabakherstellung im Vergleich mit der Produktion von Zigaretten und Feinschnitt größeren Zahl kleiner und mittlerer Hersteller und die wesentlich geringeren Substitutionseffekte, wurde die Tabaksteuer auf Pfeifentabak in geringerem Maße erhöht; immerhin ist aber auch hier eine durchschnittliche Mehrbelastung von 46,4 % zu verzeichnen.[217]

Die nächste Tabaksteuererhöhung erfolgte nach sieben Jahren durch das Verbrauchsteueränderungsgesetz 1988.[218] Ein erhöhter staatlicher Finanzbedarf sollte durch Erhöhungen der Tabaksteuer und der Mineralölsteuer gedeckt werden.[219] Auch erschien dem Gesetzgeber der aufgrund der Preissteigerung zu erwartende Absatzrückgang bei Tabakwaren begrüßenswert.[220] Für die Tabaksteuererhöhung wird im Gesetzentwurf geltend gemacht, sie beruhe auf einer Abwägung wirtschaftlicher, fiskalischer, gesundheitlicher und sozialer Belange.[221] Zum 1.5.1989 stieg die Mengensteuer auf Zigaretten um 9,4 % während die Wertsteuer unverändert blieb. Dies löste einen Anstieg des durchschnittlichen Kleinverkaufspreises um 3,45 % und einen Absatzrückgang um 4,46 % aus.[222] Der mengenabhängige Steuersatz auf Feinschnitt wurde um 90,5 % erhöht, der proportionale Steuersatz um 1,8 Prozentpunkte gesenkt. Der durchschnittliche Kleinverkaufspreis von Feinschnitt stieg um 19,29 %. Dies verhinderte entsprechend der gesetzgeberischen Motivation[223] eine weitere Verbrauchsverlagerung von der Fabrikzigarette zur selbstgedrehten Zigarette.[224] Zigarren und Zigarillos wurden wieder einem einheitlichen Steuersatz unterworfen, wodurch Zigarillos etwas entlastet wurden. Die Tabaksteuer auf Pfeifentabak wurde, um eine Gefährdung

---

215 *Börsch-Supan/Schnabel,* Volkswirtschaft in fünfzehn Fällen, S. 144; *Zimmermann,* Die Tabaksteuer, S. 88 ff.

216 *BMF,* Monatsbericht 04/2002, S. 67, 73.

217 *Caspers/Dittrich,* ZfZ 1982, 41, 42.

218 Gesetz zur Änderung von Verbrauchsteuergesetzen vom 20.12.1988, BGBl. I S. 2270.

219 Begründung des Gesetzentwurfs, BT-Drs. 11/2970, S. 10.

220 Begründung des Gesetzentwurfs, BT-Drs. 11/2970, S. 11.

221 Begründung des Gesetzentwurfs, BT-Drs. 11/2970, S. 14.

222 *Körner/Okada/Waller,* Wirkungen von Tabaksteuererhöhungen, S. 41.

223 Begründung des Gesetzentwurfs, BT-Drs. 11/2970, S. 10.

224 Der Absatz des Feinschnitts sank um 0,87 %, vgl. *Körner/Okada/Waller,* Wirkungen von Tabaksteuererhöhungen, S. 69.

der Pfeifentabakindustrie und des beteiligten Handels zu vermeiden, nur moderat erhöht.[225]

In der Folge wuchs der staatliche Finanzbedarf vor allem durch die deutschen Wiedervereinigung und den Golfkrieg weiter, weshalb neben der Einführung des Solidaritätszuschlags durch das Solidaritätsgesetz[226] per 1.3.1992 unter anderem die Tabaksteuer erhöht wurde. Die tabaksteuerlichen Regelungen des Solidaritätsgesetzes wurden allerdings noch vor ihrem Inkrafttreten durch das Steueränderungsgesetz 1992 modifiziert.[227] Letzteres beinhaltete eine neue Steuerstruktur, indem – bei gleichzeitiger Erhöhung der Steuerbelastung – das Gewicht von der Wertsteuer hin zur Mengensteuerkomponente verlagert wurde.[228] Ziel war es, langfristig die fiskalische Ergiebigkeit der Tabaksteuer angesichts der zunehmenden Bedeutung von Billig- und Handelsmarken bei Zigaretten und Feinschnitt zu sichern.[229] Im Ergebnis stieg die Mengensteuer auf Zigaretten um 34,3 % auf 8,3 Pf. je Stück; die Wertsteuer sank um 6,7 Prozentpunkte auf 24,8 % des Kleinverkaufspreises. Die Mengensteuer auf Feinschnitt stieg um 88,8 % auf 30,21 DM je kg;[230] der Wertsteuersatz sank um 11,88 Prozentpunkte auf 18,12 % des Kleinverkaufspreises. Die Verkaufspreise von Feinschnitt stiegen, der Feinschnittabsatz sank um 0,21 %. Nach Schätzung des BMF sollten im Jahr 1993 Steuermehreinnahmen von 1,2 Mrd. DM erzielt werden. Letzten Endes war aber ein Rückgang des realen Tabaksteueraufkommens zu verzeichnen, so dass der Lenkungseffekt zu Lasten des Fiskalzwecks ging.[231] Die Tabakindustrie versuchte, die Steuererhöhungen durch die Entwicklung der 1991 eingeführten Steckzigaretten (auch sog. „Rolls") zu kompensieren. Dieses innovative Tabakprodukt steht aus Sicht des Konsumenten zwischen Feinschnitt und Fabrikzigaretten. Besteuert wurden die Steckzigaretten zunächst wie Feinschnitt. Folge der Steuererhöhungen war ein Rückgang des Zigarettenabsatzes um ca. 10 % und – entgegen der Absicht des Gesetzgebers[232] –

---

[225] Bericht des Finanzausschusses, BT-Drs. 11/3390, S. 18.

[226] Gesetz zur Einführung eines befristeten Solidaritätszuschlages und zur Änderung von Verbrauchsteuer- und anderen Gesetzen vom 24.6.1991.

[227] Gesetz zur Entlastung der Familien und zur Verbesserung der Rahmenbedingungen für Investitionen und Arbeitsplätze vom 25.2.1992, BGBl. I S. 297.

[228] *Körner/Okada/Waller*, Wirkungen von Tabaksteuererhöhungen, S. 11.

[229] Bericht des Finanzausschusses, BT-Drs. 12/1506, S. 167 u. 189.

[230] Dies entspricht einer spezifischen Steuerbelastung von 1,6 Pf. je Zigarette (vorher) bzw. 3,02 Pf. (nachher), unter der Annahme, dass sich aus einem Kilogramm Feinschnitt 1000 Zigaretten selbstdrehen lassen, vgl. *Börsch-Supan/Schnabel*, Volkswirtschaft in fünfzehn Fällen, S. 145.

[231] *BMF*, Monatsbericht 04/2002, S. 67, 74.

[232] Begründung des Gesetzentwurfs, BT-Drs. 12/220, S. 10.

ein Absatzanstieg bei Feinschnitt in den ersten fünf Monaten des Jahres 1992 um 19,9 %, wesentlich bedingt durch die Steckzigaretten, deren Marktvolumen sich 1992 verdreifachte.[233] Weiterhin war eine Zunahme des Schmuggels von Tabakwaren zu verzeichnen.

1992 wurde mit dem Verbrauchsteuer-Binnenmarktgesetz[234] die sog. Systemrichtlinie zum Verbrauchsteuerrecht[235], die Änderungen der Struktur- und der Definitionsrichtlinie[236] und die Richtlinien zur Annährung der Verbrauchsteuern auf Zigaretten[237] und andere Tabakwaren[238] umgesetzt. Insbesondere das durch die Systemrichtlinie vorgegebenen Verfahren der Steueraussetzung machte es erforderlich, u. a. das Tabaksteuergesetz neu zu fassen.[239] Die geänderte Strukturrichtlinie gebot die Beschränkung der Steuergegenstände auf Zigaretten, Zigarren und Rauchtabak (Feinschnitt und Pfeifentabak); die Besteuerung von Zigarettenhüllen, Zigarettenpapier, Roh-, Kau- und Schnupftabak wurde abgeschafft. Die Steuersätze für Zigaretten, Feinschnitt und Pfeifentabak wurden unverändert beibehalten. Zigarren und Zigarillos wurden entlastet, indem der Steuersatz um 8 Prozentpunkte auf den von der Richtlinie 92/80/EWG geforderten Mindeststeuersatz von 5 % des Kleinverkaufspreises gesenkt wurde. Hierdurch sollten Wettbewerbsverzerrungen zu Lasten der deutschen Zigarren- und Zigarilloindustrie gegenüber anderen EG-Staaten vermieden werden.[240]

Eine Änderung der Systemrichtlinie durch die Richtlinie 94/74/EG[241] erforderte 1996 entsprechende Anpassungen betreffend das innergemeinschaftli-

---

233 *Körner/Okada/Waller,* Wirkungen von Tabaksteuererhöhungen, S. 70; *Körner,* ifo Schnelldienst 21/1992, 18; *Börsch-Supan/Schnabel,* Volkswirtschaft in fünfzehn Fällen, S. 147.

234 Gesetz zur Anpassung von Verbrauchsteuer- und anderen Gesetzen an das Gemeinschaftsrecht sowie zur Änderung anderer Gesetze vom 21.12.1992, BGBl. I S. 2150.

235 Richtlinie 92/12/EWG.

236 Richtlinie 92/78/EWG.

237 Richtlinie 92/79/EWG.

238 Richtlinie 92/80/EWG.

239 Begründung des Gesetzentwurfs, BT-Drs. 12/3432, S. 68.

240 Bericht des Finanzausschusses, BT-Drs. 12/3893, S. 153. Der zusätzlich für Zigarren und Zigarillos beibehaltene Mindeststeuerbetrag von 3,1 Pf. pro Stück erwies sich als europarechtswidrig, vgl. EuGHE 2000 S. I-4619, BFH/NV, 2003, 878.

241 Richtlinie 94/74/EG des Rates vom 22.12.1994 zur Änderung der Richtlinie 92/12/EWG des Rates vom 25.2.1992 über das allgemeine System, den Besitz, die Beförderung und die Kontrolle verbrauchsteuerpflichtiger Waren, ABl. L 365 vom 31.12.1994, S. 46.

che Steuerversandverfahren.[242] 1998 wurden die Mindeststeuersätze für Zigarren, Zigarillos und Pfeifentabak abgeschafft, nachdem die EG-Kommission deren Unzulässigkeit nach der Richtlinie 92/80/EWG festgestellt hatte.[243] Die Tabaksteuer betrug fortan für Zigarren und Zigarillos 2,6 Pf. pro Stück und 1 % des Kleinverkaufspreises.[244] Der Mindeststeuersatz für Zigaretten wurde erhöht und in § 4 Abs. 3 TabStG eine Ermächtigung zugunsten des BMF zur Sicherstellung europarechtlich vorgeschriebenen globalen Mindestverbrauchsteuer für Zigaretten eingeführt.[245] Außerdem wurde das BMF in § 4 Abs. 4 TabStG n. F. ermächtigt, bei Umsatzsteuererhöhungen zur Kompensation des sog. Kaskadeneffektes den wertabhängigen Tabaksteueranteil zu mindern.[246]

Von der Ermächtigung nach § 4 Abs. 3 TabStG machte das BMF erstmals 1998 Gebrauch und erhöhte den spezifischen Zigarettensteuersatz auf 9,22 Pf. und senkte den Wertsteuersatz auf 21,96 %.[247] Der Gesamtkonsum an Zigaretten erhöhte sich 1998 trotzdem um 1,1 %, wovon vornehmlich niedrigpreisige Marken und Handelsmarken profitierten.[248] Die Tendenz zu preisgünstigen Zigaretten setzte sich 1999 bis 2001 in einem insgesamt eher stagnierenden Markt fort[249] und machte im Jahr 2000 weitere Anpassungen des Zigarettensteuersatzes zur Einhaltung der Mindeststeuer erforderlich (spezifischer Steuersatz: 9,69 Pf.; Wertsteuersatz: 21,6 % ab 1.12.2000).[250]

Mit Blick auf die Einführung des Euro-Bargeldes am 1.1.2002 wurden mit Wirkung ab diesem Tag die spezifischen Steuersätze von DM auf Euro umgestellt.[251] Gleichzeitig wurde die Zigarettensteuer in ihrem mengenabhängigen Steueranteil um 3 % und der Wertsteuersatz um einen hundertstel Prozentpunkt erhöht, um die europarechtlich vorgeschriebene Mindeststeuerbe-

---

[242] Gesetz zur Änderung von Verbrauchsteuergesetzen und des EG-Amtshilfe-Gesetzes vom 12.7.1996, BGBl. I S. 962.

[243] Begründung des Gesetzentwurfs, BT-Drs. 13/9956, S. 8.

[244] Zweites Gesetz zur Änderung von Verbrauchsteuergesetzen vom 26.5.1998, BGBl. I S. 1121.

[245] Vgl. dazu *Jarsombeck,* ZfZ 1998, 69 f.

[246] Bericht des Finanzausschusses, BT-Drs. 13/10280, S. 12.

[247] Verordnung zur Änderung des Tabaksteuergesetzes vom 2.6.1998, BGBl. I S. 1182.

[248] Tabakjahrbuch 2000, S. 29.

[249] Vgl. Tabakjahrbuch 2001, S. 30; Tabakjahrbuch 2002, S. 30; Tabakjahrbuch 2003, S. 32.

[250] Zweite Verordnung zur Änderung des Tabaksteuergesetzes vom 27.7.2000, BGBl. I S. 1273.

[251] Gesetz zur Änderung von Verbrauchsteuergesetzen und des Finanzverwaltungsgesetzes sowie zur Umrechnung zoll- und verbrauchsteuerrechtlicher Euro-Beträge (Zwölftes Euro-Einführungsgesetz – 12. EuroEG) vom 16.8.2001, BGBl. I S. 2081.

lastung der Zigaretten mit Tabaksteuer in Höhe von 57 % des Kleinverkaufspreises zu erreichen.[252] Der Mindeststeuersatz in Höhe von 13,7 Pf. je Zigarette wurde durch eine in § 4 Abs. 1a TabStG geregelte dynamische Mindeststeuer ersetzt. Ziel der Regelung war es, das Steueraufkommen gegen das Risiko von Steuerausfällen infolge von Preissenkungen zu sichern.[253] Die Mindeststeuer belief sich auf 90 % der Gesamtbelastung durch die Tabaksteuer und Umsatzsteuer für die Zigaretten der gängigsten Preisklasse[254] abzüglich der Umsatzsteuer des Kleinverkaufspreises der zu versteuernden Zigaretten.

Noch bevor die im Zuge der Euro-Einführung geplante Steuererhöhung in Kraft treten konnte, wurde der Satz der Tabaksteuer nochmals durch das Gesetz zur Finanzierung der Terrorbekämpfung geändert.[255] Wie schon aus der Bezeichnung des Gesetzes ersichtlich, sollen durch die darin vorgesehenen Steuererhöhungen Maßnahmen zur Bekämpfung des internationalen Terrorismus finanziert werden.[256] Der mengenabhängige Zigarettensteuersatz wurde stufenweise zunächst ab 1.1.2002 um 9,6 % auf 5,59 Cent je Stück, sodann ab 1.1.2003 um weitere 10,4 % auf 6,17 Cent erhöht. Der Wertsteuersatz steigt auf 23,31 % und schließlich 24,23 % des Kleinverkaufspreises. Der spezifische Satz für Feinschnitt belief sich ab 2002 auf 19,15 Euro, ab 2003 auf 21,40 Euro je Kilogramm; der proportionale Satz betrug 17,02 % (2002) bzw. 18,32 % des Kleinverkaufspreises (2003).[257] Zweck der gestuften Anhebung der Steuersätze war es, erhebliche dauerhafte Verbrauchsrückgänge zu vermeiden, um den fiskalischen Erfolg des Gesetzes zu gewährleisten und Arbeitsplatzverluste in der Zigarettenindustrie zu verhindern.[258]

Nach der Steuererhöhung zum 1.1.2002 reduzierte sich die Anzahl konsumierter Zigaretten um 1,33 %. Bei Jugendlichen wurde ein Rückgang um 1,12 %, bei einkommensschwächeren Konsumenten um 2,98 % ermittelt.[259] Die Steuererhöhung vom 1.1.2003 führte zu einem Rückgang der Anzahl konsumierter Zigaretten um 0,06 %. Jugendliche verminderten ihren Ziga-

---

252 Begründung des Gesetzentwurfs, BT-Drs. 14/6143, S. 14.

253 Bericht des Finanzausschusses, BT-Drs. 14/6458, S. 25.

254 Die gängigste Preisklasse wird jährlich vom Bundesministerium der Finanzen bekanntgemacht.

255 Gesetz zur Finanzierung der Terrorbekämpfung vom 10.12.2001, BGBl. I S. 3436.

256 Begründung des Gesetzentwurfs, BT-Drs. 14/7062, S. 4.

257 Vgl. § 4 Abs. 1 Nr. 1 und Nr. 3 lit. a, § 32 Abs. 6a und 7a TabStG.

258 Bericht des Finanzausschusses, BT-Drs. 14/7332, S. 4 f.

259 *Hanewinkel/B. Isensee,* Umsetzung, Akzeptanz und Auswirkungen der Tabaksteuererhöhung vom 1. Januar 2002, S. 25.

rettenverbrauch um 4,16 %, einkommensschwächere Konsumenten um 1,56 %.[260]

Zum 1.3.2004 wurde die Tabaksteuer wiederum erhöht. Weitere Anhebungen sind für den 1.12.2004 und den 1.9.2005 vorgesehen.[261] Das erwartete Steuermehraufkommen soll zur Abgeltung von Aufwendungen der Krankenkassen für versicherungsfremde Leistungen durch den Bund dienen.[262] Hintergrund ist die Neuordnung der gesetzlichen Krankenversicherung durch das GKV-Modernisierungsgesetz,[263] wonach versicherungsfremde Leistungen pauschal aus Steuermitteln aufgebracht werden. Außerdem wird die Steuererhöhung mit positiven gesundheitspolitischen Auswirkungen begründet. Besonders die Anhebung der Steuer für Zigaretten soll dem Tabakkonsum von Jugendlichen entgegen wirken.[264] Der spezifische Steuersatz für Zigaretten steigt von 6,17 Cent auf 6,85 Cent (März 2004), dann auf 7,56 Cent (Dezember 2004) und schließlich auf 8,27 Cent (September 2005). Für den Wertsteuersatz sind folgende Stufen festgelegt: 24,27 %, 24,82 % und 25,29 %. Außerdem steigen die Steuersätze für die übrigen vom Tabaksteuergesetz erfassten Tabakwaren. Der Erhöhung der Steuer für Zigarren und Zigarillos, Feinschnitt und Pfeifentabak kommt neben der Zigarettensteuererhöhung aber keine selbständige Finanzierungsfunktion zu, sondern erfolgt, um zu vermeiden, dass Zigarettenraucher auf diese Waren ausweichen.[265] Die Steuer auf Feinschnitt beträgt ab 1.3.2004 27,03 Euro je Kilogramm und 16,67 % des Kleinverkaufspreises, ab 1.12.2004 30,55 Euro je Kilogramm und 17,94 % des Kleinverkaufspreises und ab 1.9.2005 34,06 Euro je Kilogramm und 19,04 % des Kleinverkaufspreises. Die Steuer auf Zigarren und Zigarillos erhöht sich ebenfalls schrittweise und zwar bis auf 1,4 Cent je Stück und 1,5 % des Kleinverkaufspreises. Der Pfeifentabak-Steuersatz steigt bis auf 15,66 Euro je Kilogramm und 13,46 % des Kleinverkaufspreises. Als „flankierende Maßnahme“[266] zur substanziellen Sicherung des Steueraufkommens wurde u. a. die Mindeststeuerregelung für Zigaretten neu gefasst. Der neue Mindeststeuersatz des § 4 Abs. 1 Nr. 5 TabStG soll den von

---

260 *Hanewinkel/B. Isensee,* Umsetzung, Akzeptanz und Auswirkungen der Tabaksteuererhöhung vom 1. Januar 2003, S. 21.

261 Gesetz zur Änderung des Tabaksteuergesetzes und anderer Verbrauchsteuergesetze vom 23.12.2003, BGBl. I S. 2924.

262 Begründung des Gesetzentwurfs, BT-Drs. 15/1313, S. 6.

263 Gesetz zur Modernisierung der gesetzlichen Krankenversicherung vom 14. November 2003, BGBl. I S. 2190.

264 Bericht des Finanzausschusses, BT-Drs. 15/1726, S. 6.

265 Begründung des Gesetzentwurfs, BT-Drs. 15/1313, S. 6.

266 Begründung des Gesetzentwurfs, BT-Drs. 15/1313, S. 6.

Billigzigarettenanbietern ausgenutzten Effekt, dass mit dem Preis die absolute Mehrwertsteuerbelastung sinkt, durch eine entsprechende Erhöhung der absoluten Tabaksteuerbelastung ausgleichen.[267]

VIII. Geschichte der Tabaksteuerharmonisierung

Dass ein gemeinsamer europäischer Markt mit freiem Warenverkehr zwischen den Mitgliedstaaten die Harmonisierung der Verbrauchsteuern erfordern würde, wurde schon bei Gründung der Europäischen Wirtschaftsgemeinschaft im Jahr 1957 erkannt.[268] Eine erste Konkretisierung der Harmonisierungsbestrebungen brachte 1970 ein Richtlinienentwurf der EG-Kommission, der die Harmonisierung der Verbrauchsteuern auf Alkohol, Bier, Wein und alkoholfreie Getränke zum Gegenstand hatte.[269] Im gleichen Jahr unterbreitete die Kommission dem Rat auch einen Richtlinienvorschlag zur Tabakbesteuerung.[270] Ziel war es, in mehreren Stufen, deren erste am 1.7.1971 begann, die Tabaksteuerstrukturen, insbesondere die Relation zwischen proportionaler und spezifischer Verbrauchsteuer auf Zigaretten, zu harmonisieren. Zwischen den Mitgliedstaaten war vor allem umstritten, ob der Zigarettensteuersatz mengen- oder wertabhängig ausgestaltet werden sollte. Deutschland befürwortete einen mengenabhängigen Steuersatz,[271] konnte sich damit aber nur teilweise gegen die anderen Mitgliedstaaten durchsetzen, die eine wertbezogene Tabaksteuer favorisierten. Die erste Harmonisierungsrichtlinie, die 1972 erlassen wurde, legte für Zigaretten eine gemischte Steuersatzstruktur fest, bei der sich die Steuer aus einem spezifischen und einem proportionalen Teilbetrag zusammensetzt.[272] Als Steuergegenstände nannte diese Richtlinie Zigarren und Zigarillos, Rauchtabak, Zigaretten, Schnupftabak und Kautabak.[273] Eine genaue begriffliche Bestimmung dieser Tabakwaren erfolgte 1978 durch die sog. Definitionsrichtlinie.[274] Diese beinhaltete insbesondere eine lückenlose Abgrenzung von Zigarren und Zigaretten, indem alle Tabakstränge als Zigaretten definiert wur-

---

[267] Begründung des Gesetzentwurfs, BT-Drs. 15/1313, S. 7.

[268] *Jatzke,* Das System des deutschen Verbrauchsteuerrechts, S. 23.

[269] *Jatzke,* Das System des deutschen Verbrauchsteuerrechts, S. 24.

[270] Vorschlag vom 20.11.1970, ABl. C 4/22 vom 18.1.1971.

[271] *Dittrich,* ZfZ 1978, 130; *Caspers/Dittrich,* ZfZ 1976, 290, 292; *Jatzke,* Das System des deutschen Verbrauchsteuerrechts, S. 24; *ders.*, ZfZ 1999, 398.

[272] Richtlinie 72/464/EWG des Rates vom 19.12.1972 über die anderen Verbrauchsteuern auf Tabakwaren als die Umsatzsteuer, ABl. L 303 vom 31.12.1972, S. 1.

[273] Art. 3 der Richtlinie 72/464/EWG.

[274] Richtlinie 79/32/EWG des Rates vom 18.12.1978 über die anderen Verbrauchsteuern auf Tabakwaren als die Umsatzsteuer, ABl. L 10 vom 16.1.1979, S. 8.

den, die nicht unter die positiv gefasste Zigarrendefinition subsumiert werden konnten. Das deutsche Tabaksteuerrecht ging damals noch umgekehrt vor und beschrieb die Zigaretten abschließend.[275] Die Umsetzung erfolgte – wie oben beschrieben – durch das Tabaksteuergesetz 1980. Im Rahmen der am 1.7.1978 begonnenen zweiten Harmonisierungsstufe wurde außerdem die 1972 beschlossene Steuerstruktur, vor allem hinsichtlich des Verhältnisses von spezifischem Steueranteil zur Gesamtbelastung bei der Besteuerung von Zigaretten modifiziert.[276]

Neuerlichen Anschub erhielten die Bestrebungen zu einer Verbrauchsteuerharmonisierung zunächst durch das im Juni 1985 von der Kommission vorgelegte „Weißbuch für die Vollendung des Binnenmarktes".[277] Auf der Grundlage der darin enthaltenen Vorschläge

wurde im Jahr 1986 die Einheitliche Europäische Akte[278] verabschiedet und dadurch in Art. 8a EWGV (jetzt Art. 14 EGV) das Ziel der Vollendung des Binnenmarktes bis zum 31.12.1992 festgeschrieben. Dementsprechend sah Art. 99 EWGV (jetzt Art. 93 EGV) neben der Harmonisierung der Umsatzsteuern und sonstiger indirekter Steuern auch die Harmonisierung der Verbrauchsteuern vor. In der Folge wurde 1987 ein erstes Richtlinienpaket vorgeschlagen, das eine Vereinheitlichung der Steuersätze der Umsatzsteuer und der besonderen Verbrauchsteuern auf Alkohol, Bier, Wein, Tabak und Mineralöl beinhaltete.[279] Dieses sog. Cockfield-Paket fand jedoch keine Zustimmung, weil die Mitgliedstaaten eine derart weitgehende Harmonisierung ablehnten.[280] Erst im Jahr vor der Vollendung des Binnenmarktes gelang es, das Verbrauchsteuersystem so auszugestalten, dass ein einheitlicher Wirtschaftsraum entstehen konnte. Dazu bedurfte es vor allem im Hinblick auf

---

275 Vgl. *Dittrich,* ZfZ 1979, 98, 99 f.

276 Richtlinie 77/805/EWG vom 19.12.1977, ABl. L 338 vom 28.12.1977, S. 22; ausf. dazu *Dittrich,* ZfZ 1978, 130.

277 KOM (85) 310 endg.; BR-Drs. 289/85.

278 Gesetz zur Einheitlichen Europäischen Akte vom 28.2.1986, BGBl. II 1986, S. 1102.

279 Vorschlag für eine Richtlinie des Rates zur Annäherung der Verbrauchsteuersätze auf alkoholische Getränke und in anderen Erzeugnissen enthaltenen Alkohol vom 7.8.1987, KOM (87) 328 endg., ABl. C 250 vom 18.9.1987, S. 4; Vorschlag für eine Richtlinie des Rates zur Annäherung der Verbrauchsteuern auf Zigaretten vom 7.8.1987, KOM (87) 325 endg., ABl. C 251 vom 19.9.1987, S. 3; Vorschlag für eine Richtlinie des Rates zur Annäherung der Verbrauchsteuern auf andere Tabakerzeugnisse als Zigaretten vom 7.8.1987, KOM (87) 326 endg., ABl. C 251 vom 19.9.1987, S. 4; Vorschlag für eine Richtlinie des Rates zur Annäherung der Verbrauchsteuersätze auf Mineralöle vom 7.8.1987, KOM (87) 327 endg., ABl. C 262 vom 1.10.1987, S. 8.

280 Vgl. *Peters/Bongartz/Schröer-Schallenberg,* Verbrauchsteuerrecht, Rn. A 11 f. m. w. N.

die Verwirklichung des Bestimmungslandprinzips[281] im grenzüberschreitenden innergemeinschaftlichen Warenverkehr verfahrensrechtlicher Regelungen, die die vom Rat schließlich am 25.2.1992 erlassene sog. Systemrichtlinie zum Verbrauchsteuerrecht[282] enthält. Ergänzend zu dieser Richtlinie erlassen wurden die Strukturrichtlinien betreffend die Besteuerung von Mineralölen[283] und Alkohol und alkoholischen Getränken[284]. Die Tabaksteuerstrukturrichtlinie aus dem Jahr 1972 und die Definitionsrichtlinie aus dem Jahr 1978 wurden abgeändert.[285] Weitere Richtlinien legen Mindeststeuersätze für die verbrauchsteuerpflichtigen Waren fest.[286] Neben der Vereinheitlichung verfahrensrechtlicher Regelungen wurde so der Kreis der Steuergegenstände und Steuerbefreiungen europarechtlich festgelegt, während eine Harmonisierung der Steuersätze – abgesehen von den Mindeststeuersätzen und den Vorgaben für die Steuersatzstruktur im Tabaksteuerrecht – noch nicht gelungen ist.[287]

Die genannten Richtlinien wurden durch das Verbrauchsteuer-Binnenmarktgesetz[288] vom 21.12.1992 in nationales Recht umgesetzt.[289]

---

[281] Ausnahmen vom Bestimmungslandprinzip bestehen für das Verbringen von Waren durch Privatpersonen für den Eigenbedarf, vgl. *Schröer-Schallenberg,* in: Birk (Hg.), Handbuch des Europäischen Steuer- und Abgabenrechts, § 27, Rn. 11.

[282] Richtlinie 92/12/EWG des Rates vom 25.2.1992 über das allgemeine System, den Besitz, die Beförderung und die Kontrolle verbrauchsteuerpflichtiger Waren, ABl. L 76 vom 23.3.1992, S. 1.

[283] Richtlinie 92/81/EWG des Rates vom 19.10.1992 zur Harmonisierung der Struktur der Verbrauchsteuern auf Mineralöle, ABl. L 316 vom 31.10.1992, S. 12.

[284] Richtlinie 92/83/EWG des Rates vom 19.10.1992 zur Harmonisierung der Verbrauchsteuern auf Alkohol und alkoholische Getränke, ABl. L 316 vom 31.10.1992, S. 21.

[285] Richtlinie 92/78/EWG des Rates vom 19.10.1992 zur Änderung der Richtlinien 72/464/EWG und 79/32/EWG über die anderen Verbrauchsteuern auf Tabakwaren als die Umsatzsteuer, ABl. L 316 vom 31.10.1992, S. 5.

[286] Richtlinie 92/79/EWG des Rates vom 19.10.1992 zur Annäherung der Verbrauchsteuern auf Zigaretten, ABl. L 316 vom 31.10.1992, S. 8; Richtlinie 92/80/EWG des Rates vom 19.10.1992 zur Annäherung der Verbrauchsteuern auf andere Tabakwaren als Zigaretten, ABl. L 316 vom 31.10.1992, S. 10; Richtlinie 92/84/EWG des Rates vom 19.10.1992 über die Annäherung der Verbrauchsteuersätze auf Alkohol und alkoholische Getränke, ABl. L 316 vom 31.10.1992, S. 29, und Richtlinie 92/82/EWG des Rates vom 19.10.1992 zur Annäherung der Verbrauchsteuersätze für Mineralöle, ABl. L 316 vom 31.10.1992, S. 19.

[287] Vgl. im Einzelnen, *Schröer-Schallenberg,* in: Birk (Hg.), Handbuch des Europäischen Steuer- und Abgabenrechts, § 27.

[288] Gesetz zur Anpassung von Verbrauchsteuer- und anderen Gesetzen an das Gemeinschaftsrecht sowie Änderung anderer Gesetze vom 21.12.1992, BGBl. I S. 2150; Berichtigung in: BGBl. I 1993, S. 169.

[289] Vgl. *Bongartz,* ZfZ 1993, 370.

Änderungen unter anderem der Systemrichtlinie durch die 2. Verbrauchsteuer-Vereinfachungsrichtlinie[290] führten auf nationaler Ebene zum Verbrauchsteueränderungsgesetz vom 12.7.1996[291].

1995 wurden die Tabaksteuerstrukturrichtlinie und die Definitionsrichtlinie zu einer einheitlichen Strukturrichtlinie zusammengefasst.[292] Das „Europäische Tabaksteuerrecht" besteht mithin derzeit aus vier Richtlinien, der allgemeinen Verbrauchsteuersystemrichtlinie (Richtlinie 92/12/EWG), der Tabaksteuerstrukturrichtlinie (Richtlinie 95/59/EG) sowie der beiden Mindestverbrauchsteuerrichtlinien betreffend Zigaretten (Richtlinie 92/79/EWG) bzw. andere Tabakwaren (Richtlinie 92/80/EWG). Der Status quo kann als teilweise Harmonisierung beschrieben werden, für die die Vereinheitlichung des Katalogs der tabaksteuerpflichtigen Waren und die Einführung von Mindeststeuersätzen kennzeichnend ist.

Nur am Rande bemerkt sei, dass es bis heute trotz der weitgehenden Harmonisierung der Verbrauchsteuern in der EU und der damit verbundenen Systematisierung des europäischen Verbrauchsteuerrechts vor allem durch die Systemrichtlinie[293] noch nicht zur Schaffung eines einheitlichen Verbrauchsteuergesetzes in Deutschland gekommen ist. Die Diskussion um diese Frage soll in dieser Arbeit jedoch nicht aufgenommen werden, da sie keinen unmittelbaren Bezug zur Problematik der Tabaksteuerrechtfertigung aufweist.[294]

---

290 Richtlinie 94/74/EG des Rates vom 22.12.1994 zur Änderung der Richtlinie 92/12/EWG über das System, den Besitz, die Beförderung und die Kontrolle verbrauchsteuerpflichtiger Waren, der Richtlinie 92/81/EWG zur Harmonisierung der Verbrauchsteuern auf Mineralöle und der Richtlinie 92/82/EWG zur Annäherung der Verbrauchsteuern auf Mineralöle, ABl. L 365 vom 31.12.1994, S. 46.

291 Gesetz zur Änderung von Verbrauchsteuergesetzen und des EG-Amtshilfegesetzes vom 12.7.1996, BGBl. I S. 962.

292 Richtlinie 95/59/EG des Rates vom 27.11.1995 über die anderen Verbrauchsteuern auf Tabakwaren als die Umsatzsteuer, ABl. L 291 vom 6.12.1995, S. 40.

293 Richtlinie 92/12/EWG des Rates vom 25.2.1992 über das allgemeine System, den Besitz, die Beförderung und die Kontrolle verbrauchsteuerpflichtiger Waren, ABl. L 76 vom 23.3.1992, S. 1.

294 Vgl. zur Diskussion um ein einheitliches Verbrauchsteuergesetz *Jatzke,* Das System des deutschen Verbrauchsteuerrechts, S. 31 ff.

C. Einordnung der Tabaksteuer im Steuersystem

I. Steuereigenschaft

Steuern im Sinne des Grundgesetzes sind Geldzahlungspflichten, die dem Einzelnen voraussetzungslos zum Zweck der Einnahmenerzielung im Interesse des Staates auferlegt werden.[1] Diesem Fiskalzweck entsprechen Steuern in aller Regel nur, wenn sie eine von der Einnahmenerzielungsabsicht getragene Aufkommenswirkung haben. Im Jahr 2002 betrug das Tabaksteueraufkommen 13,778 Milliarden Euro.[2] Damit ist die Tabaksteuer nach der Mineralölsteuer die ertragreichste besondere Verbrauchsteuer.[3] Dieses Steueraufkommen beweist die Ertragsrelevanz der Tabaksteuer und indiziert die Einnahmenerzielungsabsicht des Gesetzgebers. Vor diesem Hintergrund verbleiben unter Zugrundelegung der vorausgegangenen Ausführungen zum Begriff der Steuer[4] keine Zweifel daran, dass es sich bei der Tabaksteuer um eine Steuer im verfassungsrechtlichen Sinne handelt.

II. Die Tabaksteuer – eine Verbrauchsteuer?

Das deutsche Steuerrecht kennt eine Vielzahl von Verbrauchsteuern. Dieser Umstand ist steuergeschichtlich und fiskalisch bedingt. Die besonderen Verbrauchsteuern sind historisch betrachtet Vorläufer der Umsatzsteuer als allgemeiner Verbrauchsteuer. Sie wurden nach Einführung der Umsatzsteuer aufgrund ihrer erheblichen fiskalischen Bedeutung, d. h. um des Aufkommens willen, beibehalten.[5]

Verbrauchsteuern sind im Grundgesetz ausdrücklich genannt. So ist in Art. 105 Abs. 2a GG die Gesetzgebungsbefugnis hinsichtlich örtlicher Verbrauchsteuern geregelt und Art. 106 Abs. 1 Nr. 2 GG bestimmt die Verteilung des Ertrages der übrigen Verbrauchsteuern. Diese Regelungen beziehen sich auf jegliche Verbrauchsteuern. Es lässt sich daraus entnehmen, dass Verbrauchsteuern grundsätzlich verfassungsrechtlich anerkannt sind.[6] Die speziellen Verbrauchsteuern führt das Grundgesetz dagegen nicht auf (mit Ausnahme der Biersteuer in Art. 106 Abs. 2 Nr. 5 GG). Art. 93 des EG-Vertrages nennt Verbrauchsabgaben als einen Spezialfall indirekter Steuern, zu deren Harmonisierung der Rat der Europäischen Union berufen ist.

---

1 Vgl. 1. Teil. B. II.
2 *Statistisches Bundesamt,* Statistisches Jahrbuch 2003, S. 534.
3 Vgl. auch *Benkwitz,* in: Das Deutsche Bundesrecht, VII D 31 (TabStG), Einleitung.
4 Vgl. 1. Teil. B. II.
5 Vgl. *Tipke,* StRO II, S. 1038.
6 Vgl. *Sacksofsky,* NJW 2000, 2619, 2622.

Eine gesetzliche Definition des Verbrauchsteuerbegriffs fehlt. Dies gilt gleichermaßen für das einfache Recht wie für Verfassungsrecht und Europarecht. Das Grundgesetz verwendet den Begriff der Verbrauchsteuern ohne über deren konstitutive Merkmale Aufschluss zu geben.[7] Aus diesem Umstand wird gefolgert, das Grundgesetz setze den Begriff der Verbrauchsteuer so voraus wie er traditionell verstanden werde.[8] Dies ist insofern problematisch als ein wissenschaftlicher Konsens über den Verbrauchsteuerbegriff zu keiner Zeit bestanden hat.[9] Es handelt sich um einen Typenbegriff, dessen Inhalt sich teilweise erst durch Abgrenzung von anderen Steuertypen bzw. im Vergleich mit diesen erschließt.[10]

Ausgangspunkt der Begriffsbestimmung kann die in der Begründung des Finanzverfassungsgesetzes vom 23.12.1955[11] enthaltene Definition sein. Demnach sind Verbrauchsteuern solche Steuern, welche den Verbrauch vertretbarer Güter des ständigen Bedarfs belasten und aufgrund eines äußerlich erkennbaren Vorgangs (z. B. Übergang in den Wirtschaftsverkehr) von demjenigen als Steuerschuldner erhoben werden, in dessen Sphäre sich dieser Vorgang verwirklicht; sie werden regelmäßig nicht vom Steuerschuldner getragen, sondern auf den Endverbraucher überwälzt. Schon die Gesetzesbegründung nennt ausdrücklich die Tabaksteuer als eine Verbrauchsteuer im Sinne von Art. 106 Nr. 2 GG.[12]

Der Begriff der Verbrauchsteuer erklärt sich damit maßgeblich durch das Belastungsziel. Besteuert werden soll der private[13] Verbrauch, d. h. die sich im Konsum als einer Form der Einkommensverwendung manifestierende Leistungsfähigkeit.[14] Daher muss das Objekt einer Verbrauchsteuer zum

---

7 *Müller,* Struktur, Entwicklung und Begriff der Verbrauchsteuern, S. 143.

8 BFHE 141, 369, 370 f.; *Dänzer-Vanotti,* BB 1989, 754.

9 Vgl. zu den unterschiedlichen traditionellen Definitionsversuchen *Förster,* Die Verbrauchsteuern, S. 46 ff.

10 *Müller,* Struktur, Entwicklung und Begriff der Verbrauchsteuern, S. 136.

11 Gesetz zur Änderung der Finanzverfassung vom 23.12.1955, BGBl. I, S. 817 ff.

12 BT-Drs. II/480, S. 107, Tz. 160.

13 Nur die Besteuerung des privaten Verbrauchs ist für die Verbrauchsteuern charakteristisch, nicht dagegen die produktive Verwendung, vgl. *Müller,* Struktur, Entwicklung und Begriff der Verbrauchsteuern, S. 118; *Schmölders,* Zur Begriffsbestimmung der Verbrauchsteuern, S. 88 ff.; *Birk/Förster,* DB 1985, Beilage 17, 4; *J. Lang,* DStJG 15 (1993), S. 115, 135.

14 Sog. Verbrauchsteuerprinzip, vgl. *Weber-Grellet,* Steuern im modernen Verfassungsstaat, S. 183; *Tipke,* StRO II, S. 976; *J. Lang,* in: Tipke/J. Lang, Steuerrecht, § 3, Rn. 32 und § 14, Rn. 1. Siehe oben 1. Teil. A. II. 4. b); *Herdegen/Schön,* Ökologische Steuerreform, S. 28; a. A. *Beermann,* DStJG 11 (1988), 283, 284 f.

konsumtiven Verbrauch geeignet sein.[15] Verbrauch ist gegeben, wenn mit dem Steuergegenstand[16] derart verfahren wird, dass er seine Eigenschaft als Steuergegenstand verliert.[17] Verbrauchstatbestand der Tabakwaren ist das Rauchen, wodurch die stoffliche Substanz der verwendeten Ware verändert und weitgehend vernichtet wird (auch sog. substanzieller Verbrauch).[18] Das Tabaksteuergesetz unterstellt, dass die erfassten Steuergegenstände – Zigaretten, Zigarren, Zigarillos und Rauchtabak[19] – zum Rauchen verwendet werden. In § 2 TabStG wird ausdrücklich die Eignung zum Rauchen als Merkmal einer Zigarette, eines Zigarillos, einer Zigarre und von Rauchtabak genannt. Gleichwohl ist das Rauchen nicht tatbestandliche Voraussetzung für das Entstehen der Steuerschuld. Die Art der Verwendung des Steuergegenstandes ist andererseits auch nicht schlechthin irrelevant. So wird bei bestimmten Erzeugnissen, die aufgrund ihres geringen Tabakanteils nicht Tabakwaren sind, die Eigenschaft als Zigarre, Zigarillo, Zigarette oder Rauchtabak nach § 3 TabStG fingiert, wenn diese Produkte abgesehen von dem Tabakanteil die sonstigen in § 2 TabStG genannten Voraussetzungen, vor allem die Eignung zum Rauchen, besitzen. Nach § 3 Abs. 2 S. 1 TabStG können Produkte, die gänzlich aus anderen Stoffen als Tabak bestehen, allein aufgrund ihrer Eignung zum Rauchen als Tabakwaren im Sinne des TabStG qualifiziert werden. Ausgenommen sind solche rauchbaren Erzeugnisse, die überhaupt nicht aus Tabak bestehen, nur dann, wenn sie ausschließlich zu medizinischen Zwecken dienen und Arzneimittel im Sinne des Arzneimittelgesetzes sind (§ 3 Abs. 2 S. 2 TabStG). Weiterhin spielt die Verwendung für die in § 6 TabStG normierten Steuerbefreiungen eine Rolle. Privilegiert ist danach etwa die Verwendung von Tabakwaren zu amtlichen und wissenschaftlichen Untersuchungen.[20] Unmittelbare Bedeutung für die Entstehung der Tabaksteuer hat die Art der Verwendung bei der Entnahme im Steuerlager zum Verbrauch. Grundsätzlich lässt die Entnahme von Tabakwaren ohne Entfernung aus dem Steuerlager die Tabaksteuer nicht entstehen. Nach der

---

15 *Förster*, Die Verbrauchsteuern, S. 63; *Müller*, Struktur, Entwicklung und Begriff der Verbrauchsteuern, S. 114 f.; *Jachmann*, in: von Mangoldt/Klein/Starck, GG, Art. 105, Rn. 48.

16 Im Verbrauchsteuerrecht steht der Begriff „Steuergegenstand" für die körperlichen Substanzen, deren tatbestandsmäßiger Umgang, z. B. das Entfernen aus dem Steuerlager, die Steuerschuld auslöst, vgl. *Peters/Bongartz/Schröer-Schallenberg*, Verbrauchsteuerrecht, Rn. C 65.

17 *Peters/Bongartz/Schröer-Schallenberg* Verbrauchsteuerrecht, Rn. C 3; *Müller*, Struktur, Entwicklung und Begriff der Verbrauchsteuern, S. 61.

18 Vgl. *Peters/Bongartz/Schröer-Schallenberg*, Verbrauchsteuerrecht, Rn. C 3.

19 § 1 TabStG.

20 § 6 Abs. 1 Nr. 1 lit. a) bzw. f) TabStG.

Regelung in § 11 Abs. 1 S. 1 2. Alt. TabStG wird aber der unmittelbare Verbrauch beim Hersteller steuerlich erfasst. Dieser steuerliche Anknüpfungspunkt weist ohne Zweifel auf den Verbrauch als Belastungsgrund der Tabaksteuer.[21] Ihrer Ausgestaltung nach kann die Tabaksteuer daher als eine verwendungsorientierte Warensteuer beschrieben werden. Durch die Bedeutung, die der konkreten Verwendungsform für die Steuerentstehung sowie für etwaige Steuerbefreiungen zukommt und der Relevanz der Verbrauchseignung für die Definition der Steuergegenstände, insbesondere der fiktiven Qualifikation eines Produktes als Tabakware gemäß § 3 TabStG, unterscheidet sie sich von den Objektsteuern und erhebt die Besteuerung des Verbrauchs zum Belastungsziel.[22]

Da der konsumatorische Realakt nicht tatbestandliche Voraussetzung der Steuerpflicht ist und darüber hinaus auch aus praktischen Gründen nicht als die Steuerpflicht auslösendes Moment taugt (Wie sollte etwa an das Rauchen als rein tatsächlichem Vorgang zuverlässig eine Steuerpflicht gekoppelt werden?[23]), bedarf es für die Steuerentstehung eines Anknüpfungspunktes, der in zeitlicher Nähe zum Verbrauch selbst liegt,[24] dem Übergang der Sache aus dem steuerlichen Nexus[25] in den freien Verkehr.[26] Die Tabaksteuer entsteht demgemäss durch Entfernen der Tabakwaren aus dem Steuerlager oder

---

21 Vgl. *Müller*, Struktur, Entwicklung und Begriff der Verbrauchsteuern, S. 119.

22 Da der Verbrauch nicht die Steuerentstehung bedingt, ist bei Verbrauchsteuern im allgemeinen nicht gewährleistet, dass nur der konsumtive Verbrauch (durch den Endverbraucher) besteuert wird. Erfasst wird häufig auch der produktive Verbrauch, was vor allem von finanzwissenschaftlicher Seite kritisiert wird, vgl. dazu jeweils m. w. N. *Peters/Bongartz/Schröer-Schallenberg*, Verbrauchsteuerrecht, Rn. C 6; *Förster*, Die Verbrauchsteuern, S. 53. Die Fälle, in denen Tabakwaren nicht konsumtiv verbraucht werden, dürften vollständig von den Steuerbefreiungstatbeständen des § 6 TabStG erfasst werden, so dass die nähere Befassung mit dieser Problematik im Rahmen der vorliegenden Arbeit nicht angezeigt ist.

23 Vgl. dazu *Förster*, Die Verbrauchsteuern, S. 63 f.

24 Vgl. *Förster*, Die Verbrauchsteuern, S. 55.

25 Die Annahme eines steuerlichen Nexus geht zurück auf eine Entscheidung des RFH (RFHE 3, 160, 161), in der dieser den Eintritt einer steuerlichen Verstrickung (steuerlicher Nexus) infolge der Erzeugung oder Einfuhr eines Gegenstandes als wesentliches Merkmal einer Verbrauchsabgabe ansieht.

26 BVerfGE 16, 64, 74; *Lechelt*, NWB Fach 14, S. 215; *P. Kirchhof*, HStR IV, § 88, Rn. 157; *Müller*, Struktur, Entwicklung und Begriff der Verbrauchsteuern, S. 134 f. – Im Unterschied zu Verbrauchsteuern knüpfen Verkehrsteuern an Vorgänge des Rechtsverkehrs an.

durch Entnahme zum Verbrauch im Steuerlager (§ 11 Abs. 1 TabStG).[27] Dieser Anknüpfungspunkt eröffnet außerdem die Möglichkeit, die Steuererhebung nicht direkt beim Konsumenten vorzunehmen, sondern den Unternehmer, der die Waren herstellt oder vertreibt – im Fall der Tabaksteuer den Inhaber des Steuerlagers[28] –, zur Zahlung zu verpflichten.[29] Erhebungstechnisch erweisen sich die Verbrauchsteuern mithin als indirekte Steuern.[30] Im Gegensatz zur Umsatzsteuer, die ebenfalls indirekt erhoben wird, handelt es sich bei der Tabaksteuer um eine Einphasensteuer.[31]

In der Konsequenz der einstufigen Steuererhebung beim Hersteller bzw. Importeur ist es für eine Verbrauchsteuer wesentlich, dass der Unternehmer die Steuer als Teil des Endverkaufspreises auf den Verbraucher überwälzen kann.[32] Anderenfalls würde das Ziel verfehlt, den Verbraucher je nach seinem Verbrauch und der dadurch indizierten Leistungsfähigkeit[33] zu belasten (Privatkonsumsteuer[34]), ohne den Wettbewerb zwischen den Unternehmen zu beeinträchtigen (Wettbewerbsneutralität).[35] Angesichts der steuertechnisch bedingten Erhebung der Steuer beim Unternehmer ist die Überwälzung somit erforderlich, um die gleichheitsrechtlich relevante Belastungswirkung beim Konsumenten eintreten zu lassen.[36] Ob die Überwälzung tatsächlich gelingt, ist für die Einordnung einer Steuer als Verbrauchsteuer ohne Bedeutung, solange die Möglichkeit der Überwälzung nach der „Konzeption des Gesetzgebers“[37] grundsätzlich besteht.[38] Es genügt die Möglichkeit

27 Abweichend davon kann die Tabaksteuer ausnahmsweise dann schon mit der Herstellung entstehen, wenn in einem nicht zugelassenen Betrieb produziert wird (§ 11 Abs. 3 TabStG).

28 § 11 Abs. 1 S. 2 TabStG.

29 *Lechelt,* NWB Fach 14, S. 215.

30 Die Erhebung der Steuer beim Unternehmer ist zwar ein typisches, jedoch nicht zwingendes Merkmal der Verbrauchsteuern, vgl. BFHE 141, 369, 375; *Lechelt,* NWB F 14, 215; a. A. *Jachmann,* in: von Mangoldt/Klein/Starck, GG, Art. 105, Rn. 49.

31 Vgl. zum Schweizer Recht: *Böckli,* Indirekte Steuern und Lenkungssteuern, S. 249 und 258 ff.

32 Kritisch *Beermann,* DStJG 11 (1988), 283 f.

33 Siehe oben 1. Teil. A. II. 4. b) und BVerfGE 98, 106, 124; *Jachmann,* in: von Mangoldt/Klein/Starck, GG, Art. 105, Rn. 49.

34 Im Gegensatz zu einer Produktionsmittel- oder Faktorverbrauchsteuer, vgl. *J. Lang,* DStJG 15 (1993), S. 115, 136 ff. m. w. N.; *Herdegen/Schön,* Ökologische Steuerreform, S. 29; *Bach,* StuW 1995, 264, 272; *Müller-Franken,* JuS 1997, 872, 875.

35 *Jachmann,* StuW 2000, 239, 244; siehe zur Wettbewerbsneutralität der Verbrauchsteuer auch: *J. Lang,* DStJG 15 (1993), S. 115, 137.

36 Vgl. *Birk,* Leistungsfähigkeitsprinzip, S. 71.

37 BVerfGE 27, 375, 384.

einer kalkulatorischen Überwälzung, d. h. der Steuerpflichtige muss die Steuer in seiner Kalkulation berücksichtigen und so wirtschaften können, dass die Umsatzerlöse nicht nur den Steuerbetrag und die Unkosten decken, sondern in der Regel noch einen Gewinn erzielt wird.[39] Nach neuerer Rechtsprechung des BVerfG muss die Verbrauchsteuer auf Überwälzung „angelegt" sein.[40] Dies ist bei einer Verbrauchsteuer, die wie die Tabaksteuer beim Unternehmer vor dem Verkauf an einen privaten Endverbraucher erhoben wird, grundsätzlich der Fall:[41] Die Steuer kann als Teil des Verkaufspreises an den Konsumenten weitergegeben werden. Inwieweit die Überwälzung tatsächlich gelingt, hängt sodann ausschließlich von der Marktgegebenheiten, genauer gesagt von der jeweiligen Angebots- und Nachfrageelastizität ab.[42]

Auch für die Tabaksteuer gilt, dass ihre Überwälzung möglich, wenn auch nicht gesichert ist. Aus rechtlicher Sicht wird die Überwälzung auf den Verbraucher durch die Preisbindung bei Tabakwaren begünstigt, wodurch für Hersteller, Importeure und Handel eine gewisse Kalkulationssicherheit erreicht wird.

Unschädlich ist, dass dem Hersteller als Steuerschuldner für den Fall der Insolvenz eines Abnehmers eine Entlastungsmöglichkeit zu Lasten des Fiskus nicht eingeräumt wird. Die Tabaksteuerpflicht bleibt also auch dann bestehen, wenn die Abwälzung schon auf der Großhandelsstufe ausnahmsweise misslingt. Dies ist auch konsequent, da es nach den dargestellten Merkmalen für eine Verbrauchsteuer typisch ist, dass der Steuerschuldner das mit der Überwälzung verbundene wirtschaftliche Risiko trägt. Anders ist dies im Mineralölsteuerrecht, das in § 53 MinöStV eine Entlastungsmöglichkeit bei Zahlungsausfällen im Handel vorsieht. Obschon davon auszugehen ist, dass die Mineralölsteuerschuldner durch die ihnen gewährte Entlastungsmög-

---

38 Vgl. BVerfGE 14, 76, 96; 27, 375, 384; RFHE 7, 266, 269; 9, 12, 127; BFHE 122, 20, 23; 141, 369, 375; *Maunz,* in: Maunz/Dürig, GG, Art. 105, Rn. 49; *Förster,* Die Verbrauchsteuern, S. 98; *Jatzke,* Das System des deutschen Verbrauchsteuerrechts, S. 75; *Ossenbühl/Di Fabio,* StuW 1988, 349, 353 f.; *Peters/Bongartz/Schröer-Schallenberg,* Verbrauchsteuerrecht, Rn. C 12; *Birk/Förster,* DB 1985, Beilage 17, 7; *J. Lang,* DStJG 15 (1993), S. 115, 134 ff.; *Dänzer-Vanotti,* BB 1989, 754, 755.

39 Vgl. BVerfGE 31, 8, 20.

40 Vgl. BVerfGE 98, 106, 124; dem folgend *Herdegen/Schön,* Ökologische Steuerreform, S. 29, *Jachmann,* in: von Mangoldt/Klein/Starck, GG, Art. 105, Rn. 49; *F. Kirchhof,* Abgabenrecht, Rn. 90.

41 Vgl. *Förster,* Die Verbrauchsteuern, S. 98.

42 Vgl. BVerfGE 14, 76, 96; *Homburg,* Allgemeine Steuerlehre, S. 108; *Peters/Bongartz/Schröer-Schallenberg,* Verbrauchsteuerrecht, C 12; *Förster,* Die Verbrauchsteuern, S. 98.

lichkeit als Gruppe gegenüber der Gruppe der anderen Verbrauchsteuerschuldner in nicht zu rechtfertigender Weise bevorzugt werden und § 53 MinöStV daher gegen Art. 3 Abs. 1 GG verstößt,[43] ist diese Ungleichbehandlung nicht durch Einführung inhaltsgleicher Regelungen in den anderen Verbrauchsteuergesetzen zu beseitigen. Vielmehr erscheint es angesichts der für das Verbrauchsteuerrecht prägenden Zuweisung des Überwälzungsrisikos an den Steuerschuldner vorzugswürdig, die Vorzugsbehandlung der Mineralölsteuerschuldner abzuschaffen.[44]

Dass der Gesetzgeber im Tabaksteuerrecht, obwohl er dem Unternehmer das Risiko der Überwälzung aufbürdet, die Intention besitzt, diesen nicht mit der Tabaksteuer zu belasten, zeigt sich weiterhin an der Regelung zur Fälligkeit der Steuerzeichenschuld in § 13 TabStG. Die Zahlungsfrist beträgt für Zigaretten und Rauchtabak bis zu 42 Tage, für Zigarren und Zigarillos bis zu 70 Tage. Damit soll gewährleistet sein, dass bei regelmäßigem Geschäftsverlauf die Steuer auf den Verbraucher abgewälzt ist, bevor sie seitens des Unternehmers gezahlt werden muss.[45] Die Tabaksteuer entsteht also beim Unternehmer, belastet wird, soweit die Überwälzung gelingt, letztlich jedoch der Konsument. Da sich der Steuertarif gemäß § 4 TabStG u. a. nach der Menge des Steuergegenstandes (Bemessungsgrundlage) multipliziert mit dem Steuersatz bemisst,[46] wird durch die Tabaksteuer der Verbrauch indirekt besteuert.

Zu Recht ist daher die Tabaksteuer als Verbrauchsteuer allgemein anerkannt.[47] Auch der Gesetzgeber bezeichnet sie in § 1 S. 3 TabStG ausdrücklich als Verbrauchsteuer.[48]

---

[43] Dazu ausführlich *Jatzke,* Das System des deutschen Verbrauchsteuerrechts, S. 257 ff., insbesondere S. 260 ff.

[44] Näher *Jatzke,* Das System des deutschen Verbrauchsteuerrechts, S. 265 ff.

[45] *Benkwitz,* in: Das Deutsche Bundesrecht, VII D 31 (TabStG), Erl. zu § 13 TabStG.

[46] Hinzu kommt als weitere Steuerbemessungsgrundlage der Kleinverkaufspreis, der zwar indirekt auch von der Menge abhängt, in erster Linie aber eine wertbezogene Komponente darstellt. Allgemein zur Steuerbemessungsgrundlage der Verbrauchsteuern vgl. *Förster,* Die Verbrauchsteuern, S. 77 ff.

[47] *Lechelt,* NWB, Fach 14, S. 215, 216; vgl. auch *Jachmann,* in: von Mangoldt/Klein/Starck, GG, Art. 105, Rn. 50; *F. Kirchhof,* Steuerliche Doppelbelastung, S. 24.

[48] Die Qualifikation durch den Gesetzgeber ist allerdings nicht konstitutiv; vgl. zur Umsatzsteuer BVerfGE 31, 314, 331 ff.; zur badischen Weinabgabe BVerfGE 7, 244, 252. Im Übrigen sagt § 1 S. 3 TabStG nur, dass es sich um eine Verbrauchsteuer im Sinne der AO handelt, was nicht weiterführt, da die AO den Begriff der Verbrauchsteuer nicht definiert; vgl. *Peters/Bongartz/Schröer-Schallenberg,* Verbrauchsteuerrecht, Rn. C 1.

III. Die Tabaksteuer – eine Lenkungsteuer?

Nach der oben gegebenen Definition von Lenkungsteuern unterscheiden sich diese von anderen Steuern durch den mit ihnen verfolgten Lenkungszweck.[49] Bei den Lenkungsteuern nutzt der Gesetzgeber die steuerlichen Gestaltungswirkungen gezielt zur Erreichung dieses Zwecks.

Als Lenkungsteuer ist die Tabaksteuer demnach einzuordnen, wenn sie für einen bestimmten Zweck instrumentalisiert wird. Der Lenkungszweck ist durch Auslegung des Steuertatbestandes zu ermitteln.[50] Insbesondere der Steuersatz kann Aufschluss über den Lenkungszweck geben.[51]

Die Tabaksteuer belastet indirekt den Verbrauch von Tabakwaren. Der Steuersatz ist abhängig von der Art der Tabakwaren: Zigaretten werden höher als Zigarren besteuert; Pfeifentabak geringer als Feinschnitt.[52] Die Gründe für diese Differenzierung offenbaren sich nicht auf den ersten Blick. Denkbar ist, dass diese tatbestandliche Gestaltung auf eine gesundheitspolitische Lenkungsintention zurückgeht. Möglicherweise sind dafür aber auch fiskalische Gründe gegeben. Andererseits könnten die unterschiedlichen Tabaksteuersätze wirtschaftspolitisch oder fiskalisch motiviert sein.

Die tatbestandliche Ausgestaltung legt es nahe, dass der Steuergesetzgeber sich die allgemein vorherrschende Ansicht über die unterschiedlichen gesundheitlichen Gefahren, die mit dem Genuss der verschiedenen Tabakprodukte einhergehen, zu Eigen gemacht hat. In der EU sterben in jedem Jahr eine halbe Million Menschen an den Folgen des Tabakkonsums, der damit die wichtigste vermeidbare Todesursache darstellt.[53] Die Gesundheitsschädlichkeit sowohl des Rauchens als auch des Passivrauchens kann nach dem heutigen Stand der medizinischen Forschung als erwiesen gelten.[54] Das BVerfG hat hierzu in seinem Beschluss vom 22.1.1997 ausgeführt, die Gesundheitsschädlichkeit des Rauchens sei allgemein anerkannt; außerdem gefährde das Rauchen auch die Gesundheit der nicht rauchenden Mitmenschen.[55]

---

49 Vgl. 1. Teil. B. I.

50 Vgl. 1. Teil. B. IV. 2.

51 *Peters/Bongartz/Schröer-Schallenberg,* Verbrauchsteuerrecht, Rn. C 30.

52 Vgl. § 4 Abs. 1 TabStG.

53 *Kommission der Europäischen Gemeinschaften,* KOM(2001) 133 endgültig, Teil I, Tz. 4.3; *dies.*, KOM(2001) 283 endgültig, Begründung, Tz. 7.3.2.

54 *Faber,* DVBl. 1998, 745, 748 f. m. w. N. (zum Passivrauchen); ferner *Bramsemann,* Tabak und Volkswirtschaft – eine Bilanz, S. 75 ff.

55 BVerfGE 95, 173, 184 f.

Jährlich sterben in Deutschland etwa 100.000 Menschen an den Folgen des (aktiven) Zigarettenrauchens; Raucher leiden mit größerer Wahrscheinlichkeit als Nichtraucher an Krebserkrankungen (vor allem an Lungen-, Mund- und Kehlkopfkarzinomen), Herz-Kreislauf-Erkrankungen, Magen- und Zwölffingerdarmgeschwüren, chronisch obstruktiven Lungenerkrankungen, Genschäden und Augenerkrankungen.[56] Hauptursache dieser Gesundheitsschäden sind das im Tabakrauch enthaltene Kohlenmonoxid und die Kondensate.[57] Von den Inhaltsstoffen des Tabakrauches sind 43 als krebserzeugend eingestuft.[58]

Die Gesundheitsgefahren durch Passivrauchen sind weniger evident. Noch in den siebziger und achtziger Jahren des vergangenen Jahrhunderts wurde in Rechtsprechung und juristischer Literatur unter Bezugnahme auf den damaligen medizinischen Wissensstand überwiegend vertreten, das Passivrauchen sei eine bloße Belästigung.[59] Obwohl anerkannt ist, dass auch das Passivrauchen gesundheitlich nicht unbedenklich ist, bleibt das genaue Ausmaß der Schädlichkeit nach wie vor umstritten.[60] Nachgewiesen ist, dass ungeborene Kinder und Säuglinge durch Passivrauchen gefährdet werden und dass bei Personen, die Tabakrauch einatmen, Erkrankungen der Atemwege hervorgerufen oder verschlimmert werden können.[61] Medizinische Untersuchungen weisen außerdem darauf hin, dass bei regelmäßigem Passivrauchen über lange Zeit ein erhöhtes Risiko für Lungenkrebs und für Herzinfarkt besteht.[62] Die Gefahren des Passivrauchens beruhen auf dem sog. Nebenstromrauch, der im Unterschied zum sog. Hauptstromrauch nicht unmittelbar vom Raucher inhaliert wird. Der Nebenstromrauch macht 75 % des gesamten Rauches aus und weist gegenüber dem Hauptstromrauch eine erhöhte Konzentration karzinogener und toxischer Stoffe auf.[63]

---

56 *Kröger*, in: Böning/Wiesbeck/Beck-Doßler (Hg.): Vom Genuss zur Sucht, S. 13, 18 f.; *Haustein*, Tabakabhängigkeit, S. 103 ff.

57 *Kröger*, in: Böning/Wiesbeck/Beck-Doßler (Hg.): Vom Genuss zur Sucht, S. 13, 19.

58 *Braun*, in: Böning/Wiesbeck/Beck-Doßler (Hg.): Vom Genuss zur Sucht, S. 49.

59 BayVerfGH NJW 1987, 2921, 2922; OLG Hamm NJW 1983, 583; VG Freiburg, NJW 1978, 2352; *Scholz*, DB 1979, Beilage Nr. 10, S. 5 und 15 f.; gegen diesen aber schon *Suhr*, JZ 1980, 166; vgl. ferner *Faber*, DVBl. 1998, 745, 748.

60 Vgl. *Stammkötter*, Rauchen und Rauchverbote, S. 35 ff.; *Zapka*, Passivrauchen und Recht, S. 30 ff.; *Haustein*, Tabakabhängigkeit, S. 267 ff.; *Rahmede*, Passivrauchen, S. 10 ff.

61 Ziff. 26 der Erwägungsgründe zur Richtlinie 2001/37/EG.

62 *Kröger*, in: Böning/Wiesbeck/Beck-Doßler (Hg.): Vom Genuss zur Sucht, S. 13, 19.

63 *Kröger*, in: Böning/Wiesbeck/Beck-Doßler (Hg.): Vom Genuss zur Sucht, S. 13, 19.

Das Rauchen von Zigaretten wird gemeinhin als schädlicher erachtet als der Konsum von Zigarren oder Pfeifentabak, da üblicherweise nur Zigarettenrauch inhaliert wird. Im Rahmen der vorliegenden Arbeit kann die Richtigkeit derartiger Ansichten über die spezifischen Gesundheitsgefahren verschiedener Rauchwaren nicht verifiziert werden. Dies ist auch nicht erforderlich, um den Lenkungszweck zu bestimmen, denn für die Ermittlung der gesetzgeberischen Intention ist das tatsächliche Maß der Schädlichkeit unerheblich. Entscheidend ist, ob und welche gesundheitspolitischen Vorstellungen der Gesetzgeber mit der Tabaksteuer verbunden hat. Deshalb steht der Annahme eines gesundheitspolitischen Lenkungszwecks auch nicht entgegen, dass die Gesundheitsschädlichkeit des jeweiligen Tabakproduktes nicht tatbestandliche Voraussetzung für die Besteuerung ist bzw. sich der Steuersatz nach Schädlichkeit bemisst,[64] zumal eine derartige Ausgestaltung gemeinschaftswidrig wäre.[65] Dass theoretisch Tabakwaren denkbar sind, die die Tatbestandsmerkmale des § 2 TabStG erfüllen, aber unschädlich für die Gesundheit der Raucher sind, kann einer gesundheitspolitischen Zielsetzung erst recht nicht entgegengehalten werden.[66]

Wenn auch nur vereinzelt, so finden sich doch in den Gesetzesmaterialien eindeutige Hinweise auf eine gesundheitspolitische Zielsetzung. Schon 1906 wurde die Einführung der Zigarettensteuer mit der besonderen Schädlichkeit der Zigaretten begründet.[67] 1982 wurde die Erhöhung der Tabaksteuer u. a. mit gesundheitspolitischen Argumenten begründet,[68] ebenso diejenige des Jahres 1988[69].

Zur Bestimmung des Lenkungszwecks können auch andere Rechtsnormen herangezogen werden, die unmittelbar oder mittelbar gegen den Tabakkonsum gerichtet sind und damit eine gesundheitspolitische Funktion erfüllen. Zu denken ist an das Verbot, Tabakwerbung in Hörfunk und Fernsehen auszustrahlen (§ 22 Abs. 1 LMBG), die Einschränkungen bezüglich des Inhalts der Tabakwerbung (§ 22 Abs. 2 LMBG), sowie das Verbot von Pressewerbung und Sponsoring zugunsten von Tabakerzeugnissen auf europäischer

---

64 So aber *F. Kirchhof*, Steuerliche Doppelbelastung, S. 27.

65 *Peters/Bongartz/Schröer-Schallenberg*, Verbrauchsteuerrecht, Rn. K 23; Antwort auf die schriftliche Anfrage des Abgeordneten Amling (SPD), BT-PlPr. 08/70 vom 27.1.1978, S. 5576, Anlage 49.

66 So aber *Friedrich*, ZfZ 1989, 98, 99.

67 Siehe 2. Teil. B. IV.

68 BT-Drs. 9/844, S. 8.

69 Vgl. Begründung des Gesetzentwurfs, BT-Drs. 11/2970, S. 14.

Ebene,[70] weiter an die Verpflichtung zur Anbringung von Warnhinweisen auf Verpackungen von Tabakwaren,[71] die gesetzlich geregelten Höchstgrenzen des Teer-, Nikotin- und Kohlenmonoxidgehaltes in Zigaretten[72] oder das Verbot, Tabakwaren an Kinder und Jugendliche unter 16 Jahren in der Öffentlichkeit (z. B. in Gaststätten oder Verkaufsstellen) abzugeben oder ihnen das Rauchen zu gestatten[73]. Dies spricht dafür, dass sich auch der Steuergesetzgeber von der Gesundheitsproblematik leiten lässt.[74]

Gerade im Hinblick auf das Gebot der Widerspruchsfreiheit der Rechtsordnung liegt eine solche Auslegung nahe. Der Gesundheitsschutz findet seine verfassungsrechtliche Grundlage im Grundrecht auf Leben und körperliche Unversehrtheit (Art. 2 Abs. 2 S. 1 GG), in der Menschenwürde (Art. 1 Abs. 2 S. 1 GG) und im Sozialstaatsprinzip (Art. 20 Abs. 1 GG).[75] Hierbei handelt es sich um einen Schutzauftrag, der den Gesetzgeber verpflichtet, das Leben und die körperliche Unversehrtheit der Bürger vor Bedrohungen zu schützen.[76] Auf europäischer Ebene haben sich die Mitgliedstaaten in Art. 152 Abs. 1 des EG-Vertrages zur Sicherstellung eines hohen Gesundheitsschutzniveaus verpflichtet.[77] Diese Verpflichtung umfasst die Bekämpfung von Krankheiten auch im Wege der Verhütung und Beseitigung von

---

70 Richtlinie 2003/33/EG des Europäischen Parlaments und des Rates vom 26.5.2003 zur Angleichung der Rechts- und Verwaltungsvorschriften der Mitgliedstaaten über Werbung und Sponsoring zugunsten von Tabakerzeugnissen, ABl. L 152 vom 20.6.2003, S. 16. Gegen diese Richtlinie haben die Bundesrepublik Deutschland und die Nürburgring GmbH Klagen eingereicht, vgl. ABl. C 275 vom 15.11.2003, S. 31 bzw. 48. Die erste Tabakwerberichtlinie (Richtlinie 98/43/EG vom 6.7.1998, ABl. L 213 vom 30.7.1998, S. 9), hatte der EuGH in seiner Entscheidung C-376/98 vom 5.10.2000 für nichtig erklärt.

71 §§ 7 f. der Tabakprodukt-Verordnung vom 20.11.2002 (BGBl. I, S. 4434); zur Verfassungsmäßigkeit von Warnhinweisen vgl. BVerfGE 95, 173.

72 § 2 Tabakprodukt-Verordnung.

73 § 10 Abs. 1 JuSchG. Nach § 10 Abs. 2 i. V. m. § 30 Abs. 2 JuSchG ist ab 2007 das Angebot von Tabakwaren in Automaten nur noch gestattet, wenn sichergestellt ist, dass Kinder und Jugendliche unter 16 Jahren keine Tabakwaren entnehmen können; näher *Liesching*, NJW 2002, 3281 f.

74 Auf einen gesundheitspolitischen Lenkungszweck weist auch die immer wieder geführte Diskussion um ein Werbeverbot, vgl. dazu *Peters/Bongartz/Schröer-Schallenberg*, Verbrauchsteuerrecht, Rn. K 2 m. w. N.

75 *Scholz*, DB 1979, Beilage Nr. 10, S. 16; *Doehring*, in FS für Zeidler, Bd. 2, S. 1553, 1555; *Jung*, Das Recht auf Gesundheit, S. 250.

76 Vgl. *Selmer*, in: FS für Vogel, S. 405, 422.

77 Erstmals wurde der Gesundheitsschutz im Maastrichter Vertrag als eigenständiger Politikbereich der Gemeinschaft anerkannt. Der aktuelle Art. 152 EGV geht auf den Vertrag von Amsterdam zurück.

Ursachen der Gesundheitsgefährdung, so dass eine Verbesserung der Gesundheit der Bevölkerung erreicht wird. Art. 152 EG-Vertrag hat als Querschnittsklausel zur Konsequenz, dass der Gesundheitsschutz auf dem gleichen hohen Niveau in allen Politikbereichen der Gemeinschaft sicherzustellen ist.[78] Aus diesem Grund muss nach Ansicht der EG-Kommission der Gesundheitsschutz bei der Bemessung des Preises von Tabakwaren vorrangig berücksichtigt werden.[79] Auf internationaler Ebene haben die Mitgliedstaaten der Weltgesundheitsorganisation am 21.5.2003 ein Rahmenübereinkommen zur Tabakkontrolle verabschiedet, das zur Verminderung des Tabakkonsums an erster Stelle die Erhebung von Steuern auf Tabakwaren vorsieht.[80]

Festzuhalten ist eine Kongruenz von gesundheitspolitischen Vorstellungen und Ausgestaltung der Tabaksteuer. Die tatbestandliche Ausgestaltung der Tabaksteuer ist auch nicht bloß zufällig durch ein Unterlassen des Gesetzgebers entstanden.[81] Für die Tabaksteuer kann im Ergebnis aus der tatbestandlichen Ausgestaltung auf einen zugrundeliegenden gesundheitspolitischen Lenkungszweck geschlossen werden.[82]

---

78 *Geiger,* EGV, Art. 152, Rn. 2; *Schmidt am Busch,* in: Grabitz/Hilf, EGV, Art. 152, Rn. 41. Problematisch ist insofern die Kollision mit anderen Zielen des EG-Vertrages. Der Politik der Gemeinschaft ist mit Blick auf die Subvention des Tabakanbaus bei gleichzeitiger Bekämpfung des Tabakkonsums der Vorwurf der Widersprüchlichkeit zu machen, *Schmidt am Busch,* a. a. O., Rn. 45. Ein grundsätzlicher Vorrang des Gesundheitsschutzes vor anderen Vertragszielen besteht nicht.

79 *Kommission der Europäischen Gemeinschaften,* KOM(2001) 133 endgültig, Teil I, Tz. 4.2

80 Vgl. WHO Framework Convention on Tobacco Control, World Health Assembly Resolution 56.1 vom 21.5.2003, Art. 6.

81 Vgl. zur Vermögensteuer: BVerfGE 93, 121, 147 f.

82 So auch *J. Lang,* in: Tipke/J. Lang, Steuerrecht, § 8, Rn. 106; *Voß,* DStJG Bd. 11 (1988), S. 261, 280; *Mußgnug,* JZ 1991, 993, 997; Gutachten der Steuerreformkommission 1971, Kap. X, Tz. 38; *Caspers/Dittrich,* ZfZ 1980, 66, 70; *P. Kirchhof,* Stbg 1995, 68, 77; *Weber-Grellet,* Steuern im modernen Verfassungsstaat, S. 73; *Homburg,* Allgemeine Steuerlehre, S. 201; *Haller,* Die Steuern, S. 362; *Neumark,* Grundsätze gerechter und ökonomisch rationaler Steuerpolitik, S. 140; *BMF,* Monatsbericht 04/2002, S. 67, 70; *Selmer,* in: FS für Vogel, S. 405, 428; vgl. auch *Benkwitz,* in: Das Deutsche Bundesrecht, VII D 31, Erl. zu § 4 Abs. 1 TabStG; *Caesar/Goetzke/Mackscheidt,* Finanzwissenschaftliche Analyse der Tabaksteuerharmonisierung in der EG, S. 207 ff.; a. A. (ohne Begründung) *Peters/Bongartz/Schröer-Schallenberg,* Verbrauchsteuerrecht, Rn. K 2; kritisch ferner *Tipke,* StRO II, S. 1076 ff.; *Papier,* KritV 1987, 140, 143; *Brümmerhoff,* Finanzwissenschaft, S. 534; ablehnend auch *Schröter,* ZfZ 1976, 2, 4; *ders.,* ZfZ 1976, 98; für das Schweizer Recht den gesundheitspolitischen Lenkungs-

Andererseits wird vertreten, die geringere steuerliche Belastung anderer Tabakwaren im Vergleich zu Zigaretten sei eine Konsequenz der geringeren steuerlichen und wirtschaftlichen Ergiebigkeit derselben.[83] Demnach würde sich die Steuersatzvariation aus dem fiskalischen Interesse erklären:[84] Der Gesetzgeber befürchtet Steuerausfälle, würde z. B. Feinschnitt steuerlich gleich belastet wie Zigaretten und entschließt sich daher zu einem wesentlich niedrigeren Steuersatz. In der Tat stellt Feinschnitt vor allem in einkommensschwachen Gruppen ein Substitut für Zigaretten dar.[85] Die niedrigere Besteuerung dieses Produktes könnte somit einem fiskalischen Interesse dienen, da mit dem Selbstdrehtabak denjenigen Konsumenten eine steuerlich günstigere Alternative zur (Fertig-) Zigarette angeboten wird, die andernfalls das Rauchen gänzlich aufgeben und als Steuerträger ausfallen würden. Dagegen spricht, dass gravierende Steuerausfälle drohen, wenn Feinschnitt im Verhältnis zu Fertigzigaretten so günstig besteuert wird, dass ein besonders großer Teil der Zigarettenkonsumenten zum Selbstdrehen übergeht.[86] Die besseren Argumente sprechen dafür, in der Begünstigung des Feinschnitts eine Maßnahme zur Förderung der Steuergerechtigkeit zu sehen. Wie jede besondere Verbrauchsteuer wirkt die Tabaksteuer regressiv.[87] Je kleiner das Einkommen eines Rauchers um so bedeutender ist der Anteil seiner Ausgaben für Tabakwaren am Gesamtbetrag seiner Einkommensverwendung. Entsprechend verstärken sich die Belastungs- und Gestaltungswirkungen der Tabaksteuer mit abnehmender Leistungsfähigkeit der betroffenen Verbraucher. Die Begünstigung von Feinschnitt als einem typischerweise von weniger leistungsfähigen Rauchern nachgefragten Produkt, wirkt diesem Regressionseffekt entgegen und fördert somit die Steuergerechtigkeit im Binnenbereich des Tabaksteuerrechts.

Derartige Erwägungen können andererseits die Begünstigung von Zigarren, Zigarillos und Pfeifentabak nicht erklären, da deren wirtschaftliche und fis-

---

zweck der Tabaksteuer bejahend *Böckli,* Indirekte Steuern und Lenkungssteuern, S. 51.

83 *Geuenich,* ZfZ 1994, 365.

84 So auch *Caspers/Dittrich,* ZfZ 1980, 66, 70; *Peters/Bongartz/Schröer-Schallenberg,* Verbrauchsteuerrecht, Rn. K 2.

85 Vgl. *Kommission der Europäischen Gemeinschaften,* KOM(2001) 133 endgültig, Teil I, Tz. 2.29; Bericht des Finanzausschusses, BT-Drs. 9/979, S. 13 f.

86 Vgl. die diesbezügliche Argumentation im Rahmen der Tabaksteuererhöhung 1982, BT-Drs. 9/844, S. 9.

87 Vgl. *Homburg,* Allgemeine Steuerlehre, S. 156.

kalische Bedeutung gering ist.[88] Hier zeigt sich die wirtschafts- und sozialpolitische Dimension der Tarifstruktur.[89] Die Variation des Steuersatzes folgt insofern aus dem Gedanken, andere Tabakwaren als die Zigarette wirtschaftlich zu fördern, um ihre Wettbewerbsfähigkeit zu stützen.[90] Letzteres ist ein wesentlicher Grund für die steuerliche Günstigerstellung der Zigarren. In der Vergangenheit bestand in Deutschland, vor allem in Baden und Westfalen, eine bedeutsame Zigarrenindustrie, die zu fördern seit jeher einer der Gründe für die steuerliche Vorzugsbehandlung der Zigarren war.[91] Auch in der Gegenwart wird die steuerliche Vorzugsbehandlung von Zigarren, Zigarillos und Pfeifentabak damit begründet, die wirtschaftliche Lage und die Wettbewerbsfähigkeit der jeweiligen Industriezweige fördern zu wollen, um die Arbeitsplätze in diesem Bereich zu erhalten.[92] Der Verzicht auf die Besteuerung von Kau- und Schnupftabak seit 1993 ist wirtschaftspolitisch motiviert. Geschützt werden soll die vor allem bayrische Schnupftabakindustrie.[93] Zum Teil sind derartige Privilegien aber im Zuge der europäischen Harmonisierung auch abgebaut worden. So sind die Steuererleichterungen für „Kleinpflanzer“ in Form einer teilweisen Rückerstattung der Tabaksteuer (§ 27 TabStG a. F.),[94] 1979 bzw. 1982 ausgelaufen.[95]

Im Ergebnis ist für die Tabaksteuer eine dreifache gesetzgeberische Motivation zu konstatieren:[96]

Erstens ist mit der Tabaksteuer ein gesundheitspolitischer Lenkungszweck verbunden. Ziel des Gesetzgebers ist es insofern durch die Besteuerung von Tabakwaren das Rauchen einzudämmen. Hier macht sich der Gesetzgeber das ökonomische Gesetz von der Preisabhängigkeit der Nachfrage zunutze. Auf dieser gesundheitspolitischen Motivation gründet sich zum einen die

---

88 In der EU liegt der Zigarrenkonsum bei nicht einmal 1 % des Gesamtverbrauchs an Tabakwaren, vgl. *Kommission der Europäischen Gemeinschaften,* KOM(2001) 133 endgültig, Teil I, Tz. 2.25.

89 *Caspers/Dittrich,* ZfZ 1980, 66, 70 f.

90 *Geuenich,* ZfZ 1994, 365.

91 Vgl. *Neumark,* Grundsätze gerechter und ökonomisch rationaler Steuerpolitik, S. 234 f.

92 BT-Drs. 9/844, S. 8 f.

93 *Jatzke,* Das System des deutschen Verbrauchsteuerrechts, S. 124; *Zeitler,* ZfZ 1993, 338, 340; a. A. *Bongartz,* ZfZ 1993, 370.

94 Vgl. *Neumark,* Grundsätze gerechter und ökonomisch rationaler Steuerpolitik, S. 241 f.

95 *Caspers/Dittrich,* ZfZ 1980, 263, 266.

96 Siehe schon *Papier,* Die finanzrechtlichen Gesetzesvorbehalte und das grundgesetzliche Demokratieprinzip, S. 90, der allerdings nur von zwei Motiven, Fiskalzweck und gesundheitspolitischem Lenkungszweck, ausgeht.

grundsätzliche Entscheidung über die Steuerwürdigkeit des Tabakkonsums. Aber auch hinsichtlich der Ausgestaltung des Steuertatbestandes, insbesondere bezüglich der Abstufung der Steuersätze je nach Art des Produktes (Zigarette, Zigarre, Rauchtabak, etc.) ist anzunehmen, dass u. a. gesundheitspolitische Erwägungen zum Tragen kommen.

Zweitens ist die Tabaksteuer wirtschaftspolitisch motiviert. Die wirtschaftspolitischen Ziele begründen allerdings nicht die grundsätzliche Entscheidung für eine Besteuerung von Tabakwaren. Mittels der Tabaksteuer soll die Marktdominanz der Zigarette zugunsten anderer Produkte (z. B. Zigarren) durchbrochen werden und diesen zu größerer Wettbewerbsfähigkeit verholfen werden. Daraus erklärt sich die Steuersatzvariation in § 4 TabStG, wodurch Zigaretten stärker belastet werden als andere Tabakprodukte.

Drittens aber wird die Tabaksteuer aus einem fiskalischen Interesse heraus erhoben. Selbst wenn die aufgezeigten wirtschaftspolitischen und gesundheitspolitischen Motive entfielen, könnte auf die Einnahmen aus der Tabaksteuer nicht ohne eine Kompensation der damit verbundenen Steuerausfälle verzichtet werden. Damit relativiert sich das Gewicht, das vor allem dem gesundheitspolitischen Lenkungszweck für die grundsätzliche Entscheidung über die Erhebung einer Tabaksteuer zukommt. Es ist davon auszugehen, dass die Tabaksteuer daneben auch heute noch fiskalisch motiviert ist.

Dieses Motivationsbündel ist kein rein deutsches Phänomen, sondern bestätigt sich auch in der europäischen Perspektive. In ihrem Bericht über die Tabakbesteuerung in der EU hat die Kommission festgestellt, dass sich die Mitgliedstaaten bei der Festlegung der Tabaksteuersätze nicht nur von fiskalischen Interessen leiten lassen, sondern auch die Bereiche Gesundheitsschutz, Agrarpolitik, Betrugsbekämpfung und Beschäftigungsförderung berücksichtigen.[97]

[97] *Kommission der Europäischen Gemeinschaften,* KOM(2001) 133 endgültig, Teil I, Tz. 1.1.

D. Formelle Verfassungsmäßigkeit der Tabaksteuer

I. Gesetzgebungskompetenz des Bundes

Das Tabaksteuergesetz ist Bundesgesetz. Da es sich bei der Tabaksteuer um eine Verbrauchsteuer im Sinne des Art. 106 Abs. 1 Nr. 2 GG handelt,[1] deren Ertrag alleine dem Bund zusteht, kann dieser sich auf die konkurrierende Gesetzgebungszuständigkeit auf dem Gebiet der Verbrauchsteuern nach Art. 105 Abs. 2 i. V. m. Art. 106 Abs. 1 Nr. 2 GG berufen. Nach der hier vertretenen Ansicht ist damit die Kompetenz des Bundesgesetzgebers auch im Hinblick auf den lenkungsteuerlichen Charakter der Tabaksteuer[2] gegeben ist.[3]

Nach anderer Ansicht soll bei einer Lenkungsteuer dagegen die Sachkompetenz ausschlaggebend sein. Vertreten wird auch, der Gesetzgeber müsse zum Erlass von Lenkungsteuern über eine Doppelkompetenz, d. h. über Sach- und Steuergesetzgebungskompetenz verfügen.[4] Im Hinblick auf diese Auffassungen sei der Vollständigkeit halber im Folgenden kurz erörtert, ob auch eine Sachkompetenz gegeben wäre. Dabei wird unterstellt, dass die bundesgesetzliche Regelung zur Herstellung gleichwertiger Lebensverhältnisse im Bundesgebiet und zur Wahrung der Rechts- und Wirtschaftseinheit im gesamtstaatlichen Interesse erforderlich ist (Art. 72 Abs. 2 GG).

Die konkurrierende Gesetzgebung erstreckt sich auf das Recht der Wirtschaft (Art. 74 Abs. 1 Nr. 11 GG). Zur Wirtschaft in diesem Sinne zählen zumindest die im Klammerzusatz ausdrücklich genannten Bereiche, darunter Industrie, Handwerk, Gewerbe und Handel. Damit werden die Tabakwarenerzeugung und der Tabakwarenhandel von Art. 74 Abs. 1 Nr. 11 GG erfasst. Unter Industrie ist u. a. eine fabrikmäßige Herstellung von Verbrauchsgütern zu verstehen.[5] Hierzu zählt die Zigarettenfabrikation. Soweit die Herstellung von Tabakerzeugnissen nicht im Wege fabrikmäßiger Massenproduktion erfolgt, ist sie dem Handwerk oder Gewerbe zuzuordnen. Es erübrigt sich, auf die im Detail schwierige und umstrittene Definition

---

1 Vgl. 2. Teil. C. II.
2 Siehe oben 2. Teil. C. III.
3 Vgl. 1. Teil. B. III.
4 Siehe oben 1. Teil. B. III. 1.
5 *Kunig*, in : von Münch/Kunig, GG, Art. 74, Rn. 47.

dieser Begriffe[6] näher einzugehen. Die Gesetzgebungskompetenz in Wirtschaftssachen schließt wirtschaftslenkende Normen ein.[7]

Nicht zur Wirtschaft im Sinne des Art. 74 Abs. 1 Nr. 11 GG zählt die Landwirtschaft,[8] also auch der Tabakanbau. Soweit die Lenkung also eine subventive Gestaltungswirkung zugunsten der landwirtschaftlichen Produktion, d. h. den Anbau von Tabak entfaltet, ergibt sich die Sachgesetzgebungskompetenz aus Art. 74 Abs. 1 Nr. 17 GG.

Nach Art. 74 Abs. 1 Nr. 19 GG ist der Bund weiterhin auch zu sachgesetzlichen Maßnahmen gegen gemeingefährliche Krankheiten kompetent. Gemeingefährliche Krankheiten sind solche, die zu schweren Gesundheitsschäden oder zum Tod führen können.[9] Hierzu gehört jedenfalls Krebs.[10] Maßnahmen im Sinne der Norm sind nicht nur solche zur Bekämpfung akuter Erkrankungen (Gefahrenabwehr), sondern auch der Bereich der Prävention (Risikovorsorge).[11] Zwischen Tabakkonsum, insbesondere in der Form des Rauchens, und Krebserkrankungen besteht ein wissenschaftlich nachgewiesener ursächlicher – wenngleich nicht monokausaler – Zusammenhang.[12] Maßnahmen gegen den Tabakkonsum sind daher als präventive Maßnahmen gegen eine gemeinschädliche Krankheit zu werten und von Art. 74 Abs. 1 Nr. 19 GG gedeckt.

Auch insofern die Tabakbesteuerung über den Gesundheitsschutz auch dem Jugendschutz dient, ist Art. 74 Abs. 1 Nr. 19 GG Kompetenzgrundlage. Diese Norm ist Lex specialis für den Bereich des Gesundheitsschutzes und geht der im Rahmen der Zuständigkeit für die öffentliche Fürsorge gegebenen Jugendschutzkompetenz des Bundes (Art. 74 Abs. 1 Nr. 7 GG) vor.[13]

Eine Kompetenz zu gesundheitsschützenden Maßnahmen besteht darüber hinaus auch gemäß Art. 74 Abs. 1 Nr. 20 GG. Hiernach darf der Bund u. a. Regelungen zum Schutz beim Verkehr mit Lebens- und Genussmitteln tref-

6 Vgl. *Oeter,* in: von Mangoldt/Klein/Starck, GG, Art. 74, Rn. 107 f.

7 Vgl. BVerfGE 4, 7, 13; 8, 143, 148; 67, 256, 274; *Degenhart,* in Sachs, GG, Art. 74, Rn. 41; *Oeter,* in: von Mangoldt/Klein/Starck, GG, Art. 74, Rn. 96; *Rengeling,* HStR IV, § 100, Rn 167.

8 *Kunig,* in: von Münch/Kunig, GG, Art. 74, Rn. 50.

9 *Degenhart,* in Sachs, GG, Art. 74, Rn. 71.

10 *Rengeling,* HStR IV, § 100, Rn. 213; *Kunig,* in: von Münch/Kunig, Art. 74, Rn. 90; *Degenhart,* in: Sachs, GG, Art. 74, Rn. 71; *Oeter,* in: von Mangoldt/Klein/Starck, GG, Art. 74, Rn. 170.

11 *Oeter,* in: von Mangoldt/Klein/Starck, GG, Art. 74, Rn. 170; *Kunig,* in: von Münch/Kunig, GG, Art. 74, Rn. 90.

12 BVerfGE 95, 173, 184 f. m. w. N.

13 *Degenhart,* in Sachs, GG, Art. 74, Rn. 33.

fen. Tabakerzeugnisse zähen zu den Genussmitteln in diesem Sinne.[14] Schutz im Sinne dieser Vorschrift ist vor allem der Schutz vor gesundheitlichen Gefahren.[15]

Allerdings erstreckt sich die Regelungskompetenz des Bundes nicht auf den Schutz der Gesundheit schlechthin.[16] Art. 74 Abs. 1 Nr. 19 und 20 GG enthält keine Globalermächtigung für das Gebiet des Gesundheitswesens, sondern erfasst nur die ausdrücklich genannten Teilgebiete.[17] Dem Einsatz der Tabaksteuer zum Zwecke des Gesundheitsschutzes sind demnach Grenzen gesetzt, sofern die Sachkompetenz für erforderlich gehalten wird. Aber auch nach der hier vertretenen Auffassung, dass die Steuerkompetenz für Lenkungsteuern ausreichend ist, folgt daraus, dass soweit auf dem Gebiet des Gesundheitsschutzes die Länder von ihrer Gesetzgebungskompetenz Gebrauch gemacht haben, im Hinblick auf die Widerspruchsfreiheit der Rechtsordnung der lenkende Einsatz der Tabaksteuer Beschränkungen unterworfen sein kann.

Derzeit sind aber landesgesetzliche Regelungen nicht ersichtlich, denen gegenüber sich die Tabaksteuer hinsichtlich ihrer gesundheitspolitischen Zielsetzung als widersprüchlich erweisen würde. Es ist daher insgesamt davon auszugehen, dass der Gesetzgeber bei Erlass des Tabaksteuergesetzes im Rahmen seiner Gesetzgebungskompetenz gehandelt hat.

Selbst wenn mit den vorstehend abgelehnten Ansichten bei Lenkungsteuern die Sachkompetenz – neben oder anstelle der Steuerkompetenz – für erforderlich erachtet wird,[18] steht damit fest, dass das Tabaksteuergesetz kompetenzgemäß zustande gekommen ist. Der Gesetzgeber kann sich auf die durch Art. 74 Abs. 1 Nr. 11, 17, 19 und 20 GG gewährte sachliche Regelungsbefugnis stützen. Nach der hier vertretenen Auffassung, dass auch im Bereich der Lenkungsteuern alleine die Steuerkompetenz ausschlaggebend ist, folgt die Zuständigkeit des Bundesgesetzgebers dagegen aus Art. 105 Abs. 1 Nr. 2, Abs. 2 i. V. m. Art. 106 Abs. 1 Nr. 2 GG.

---

[14] *Kunig*, in: von Münch/Kunig, GG, Art. 74, Rn. 97.

[15] *Oeter*, in: von Mangoldt/Klein/Starck, GG, Art. 74, Rn. 184; *Kunig*, in: von Münch/Kunig, GG, Art. 74, Rn. 97.

[16] *Jahn*, DÖV 1989, 850, 854.

[17] *Oeter*, in: von Mangoldt/Klein/Starck, GG, Art. 74, Rn. 169; *Rengeling*, HStR IV, § 100, Rn. 212.

[18] Siehe oben 1. Teil. B. III. 1.

II. Formelle Verfassungsmäßigkeit im Übrigen

Da über die Frage der Gesetzgebungskompetenz hinaus keine Bedenken gegen die formelle Verfassungsmäßigkeit des Tabaksteuergesetzes bestehen, ist das Tabaksteuergesetz mithin insgesamt formell verfassungsgemäß.

E. Tabaksteuer und Steuergerechtigkeit

I. Die Verbrauchsteuerbelastung des Tabakkonsums

1. Das Leistungsfähigkeitsprinzip im Tabaksteuerrecht

Aus der allgemeinen Grundrechtsbindung des Gesetzgebers resultiert auch eine Bindung für das Gebiet der Steuergesetze. Dabei kommt es zunächst nicht darauf an, welche Intention der Gesetzgeber mit der Steuer verfolgt. Gleich, ob ein Steuergesetz als Lenkungsteuer oder Fiskalzwecksteuer betrachtet wird, muss es sich an den Grundrechten messen lassen. Bedeutung erlangt der Gesetzeszweck erst auf der Ebene der Rechtfertigung von Grundrechtsbeeinträchtigungen. Die Tabaksteuer ist daher anhand von Art. 3 GG auf die Verwirklichung des Grundsatzes der Steuergerechtigkeit hin zu überprüfen. Maßstab dafür ist das Leistungsfähigkeitsprinzip;[1] eine Abweichung der Tabaksteuer davon bedarf der Rechtfertigung.

Im Folgenden wird zunächst zu untersuchen sein, ob der Konsum als Indikator der Leistungsfähigkeit im Tabaksteuerrecht adäquat umgesetzt ist, ob also die Bemessungsgrundlage der Tabaksteuer die Zahlungskraft der Konsumenten korrekt erfasst. Im Anschluss daran ist auf die Belastungswirkung der Tabakbesteuerung einzugehen. Hierbei ist ein mehrdimensionaler Ansatz zu verfolgen. Es liegt in der Natur einer speziellen Verbrauchsteuer, die verschiedene Tabakwaren (Zigaretten, Zigarren, Rauchtabak) zu Gegenständen hat, dass entsprechend viele Vergleichsgruppen gebildet werden können. So sind die von der Tabaksteuer erfassten Waren einerseits mit solchen Konsumgütern zu vergleichen, die keiner speziellen Verbrauchsteuer, sondern nur der allgemeinen Umsatzsteuer unterliegen.[2] Andererseits müssen aber auch die Belastungsdifferenzen zwischen den verschiedenen Tabakwaren betrachtet werden.[3]

---

[1] Die Verbrauchsteuereigenschaft der Tabaksteuer steht der Anwendung des Leistungsfähigkeitsprinzips nicht entgegen, *Voß,* DStJG Bd. 11 (1988), 284; *Jatzke,* Das System des deutschen Verbrauchsteuerrechts, S. 58 ff.; a. A. BFHE 141, 369, 382; *Kruse,* StuW 1990, 322, 328; siehe auch *Peters/Bongartz/Schröer-Schallenberg,* Verbrauchsteuerrecht, Rn. C 21 f.

[2] Siehe sogleich unter 3. und 4.

[3] Siehe 2. Teil. E. II.

2. Die Bemessungsgrundlage der Tabaksteuer

a) Kombinierte Wert- und Mengensteuer

Die Tabaksteuer zeichnet sich durch eine kombinierte, sowohl wert- als auch mengenabhängige Bemessungsgrundlage aus.[4] Darin unterscheidet sie sich von den übrigen besonderen Verbrauchsteuern, die sämtlich rein mengenabhängig ausgestaltet sind.[5] Ihre kombinierte Bemessungsgrundlage lässt die Tabaksteuer als Fremdkörper im System der Verbrauchsbesteuerung erscheinen. Diese Systemabweichung indiziert einen Gleichheitsverstoß.[6] Allerdings haben die Ausführungen im 1. Teil dieser Arbeit[7] gezeigt, dass eine leistungsfähigkeitsgerechte Konsumbesteuerung am besten durch Anknüpfen an den Wert der betreffenden Ware erreicht werden kann. Dies gilt auch für die Tabaksteuer als einer vor allem gesundheitspolitisch motivierten Lenkungsteuer.[8] Der am Markt gebildete Preis ist für die Teilhabe des Staates am Konsum der aussagekräftigste Indikator, da sich am Preis besser noch als an der Verbrauchsmenge das Leistungspotential des Einzelnen ablesen lässt. Die deutsche Steuerrechtsordnung weist außerdem mit der Umsatzsteuer und den besonderen Verkehrssteuern des Bundes weitere verbrauchsbelastend wirkende Steuern auf, die an den Wert anknüpfen.[9] Obwohl also aus gleichheitsrechtlicher Sicht eine wertbezogene Verbrauchsbesteuerung zu präferieren wäre, bedeutet dies nicht, dass die allein nach der Menge bemessenen besonderen Verbrauchsteuern das Gleichbehandlungsgebot verletzen. Zu bedenken ist, dass die Wertbesteuerung aus steuertechnischer Sicht mit größerem Aufwand verbunden ist als eine Besteuerung in Abhängigkeit von der Menge, da eine den Endverbraucher belastende Wertbesteuerung voraussetzt, dass im Zeitpunkt des Entstehens der Steuer der Verkaufspreis der letzten Handelsstufe (Steuerwert) bekannt ist.[10] Vor diesem Hintergrund

4 Vgl. 2. Teil. A. II. 2. Zur gemischten Steuersatzstruktur aus ökonomischer Sicht vgl. *Caesar/Goetzke/Mackscheidt*, Finanzwissenschaftliche Analyse der Tabaksteuerharmonisierung in der EG, S. 107 ff.

5 *F. Kirchhof*, Steuerliche Doppelbelastung, S. 34; *Peters/Bongartz/Schröer-Schallenberg*, Verbrauchsteuerrecht, K 20.

6 Siehe oben 1. Teil. A. II. 8.

7 Siehe 1. Teil. A. II. 4. b).

8 *Haller*, Die Steuern, S. 362; ähnlich *Schröter*, ZfZ 1957, 257, 259.

9 *F. Kirchhof*, Steuerliche Doppelbelastung, S. 35.

10 Das Problem der Bestimmung des Steuerwertes war in der Vergangenheit vor allem bei der Leuchtmittelbesteuerung akut. Die Leuchtmittelsteuer wurde bis 1974 nach dem listenmäßigen Kleinverkaufspreis bemessen, einem Verfahren, das sich insbesondere seit Aufhebung der Preisbindung der zweiten Hand ab 1. Januar 1974 als problematisch erwies. Siehe dazu BFH ZfZ 1975, 335; *Winkler*, ZfZ 1974, 130; *Friauf*, StuW 1973, 311.

rechtfertigt sich die bei den übrigen besonderen Verbrauchsteuern vorgenommene Mengenbesteuerung als typisierende Regelung, die es erlaubt, auf eine Preisbindung zu verzichten.[11]

Dagegen ist es bei der Tabaksteuer versagt, die Mengenbesteuerungskomponente mit dem Argument der typisierenden Vereinfachung zu rechtfertigen, da ja ohnehin die Voraussetzungen für eine Wertbesteuerung gegeben sein müssen. Sinn und Zweck der Mengensteuer kann es in der Kombination mit einer Wertsteuer nur sein, die regressiven Wirkungen einer Wertsteuer zu vermeiden und somit das Steueraufkommen, z. B. bei einem Preiskampf, in gewissem Umfang zu sichern.[12] Dem Tabaksteuerrecht misslingt an dieser Stelle eine konsequente Umsetzung des Konsums in die Bemessungsgrundlage. Allerdings dürfte darin keine so wesentliche Abweichung vom Leistungsfähigkeitsprinzip zu sehen sein, dass der Tabaksteuer schon allein deshalb der Vorwurf des Gleichheitsverstoßes zu machen wäre.

b) Gegenseitige Besteuerung von Tabaksteuer und Umsatzsteuer

Neben der Kombination aus einem mengen- und einem wertbezogenen Element zeichnet sich die Bemessungsgrundlage der Tabaksteuer dadurch aus, dass sich ihre proportionale Komponente nicht nach dem Nettoentgelt, sondern nach dem Kleinverkaufspreis, also dem umsatzsteuerlichen Bruttobetrag bemisst. Umgekehrt schließt auch die Umsatzsteuer die Tabaksteuer in ihre Bemessungsgrundlage ein, so dass letztlich eine gegenseitige Besteuerung von Tabaksteuer und Umsatzsteuer erfolgt. Bei einer vereinfachten Berechnung, die den Aufschaukelungseffekt, der sich aus der gegenseitigen Berücksichtigung der Steuern außerdem ergibt,[13] außer Acht lässt und sich auf einen Rechenschritt beschränkt, beträgt für Zigaretten bei einem Tabaksteuersatz von 24,23 vom Hundert und einer Umsatzsteuer in Höhe von 16 vom Hundert der Satz dieser „Tabaksteuer auf die Umsatzsteuer“ 3,8768 vom Hundert des Nettokleinverkaufspreises. Der entsprechende Satz der „Umsatzsteuer auf die Tabaksteuer“ liegt etwas über diesem Wert, da noch die mengenbezogene Tabaksteuerkomponente zu berücksichtigen ist.

Im Folgenden soll die gegenseitige Besteuerung von Umsatzsteuer und Tabaksteuer zunächst unter dem Gesichtspunkt der Systemgerechtigkeit geprüft werden.[14] Dabei wird sich erweisen, dass unter diesem Aspekt durchgreifende gleichheitsrechtliche Bedenken nicht bestehen. Daran anschlie-

---

[11] *Peters/Bongartz/Schröer-Schallenberg*, Verbrauchsteuerrecht, Rn. C 80.

[12] Vgl. *Caspers/Dittrich*, ZfZ 1976, 290, 292.

[13] Dazu siehe unten d).

[14] Siehe aa) und bb).

ßend ist zu erörtern, wie sich die gegenseitige Besteuerung zum Leistungsfähigkeitsprinzip verhält.[15]

aa) Berücksichtigung der Tabaksteuer bei der Bemessungsgrundlage der Umsatzsteuer

Bemessungsgrundlage für die Umsatzsteuer ist gemäß § 10 Abs. 1 S. 1 UStG der Umsatz, der nach dem Entgelt bemessen ist. Unter Entgelt versteht der Gesetzgeber alles, was der Leistungsempfänger aufwendet, um die Leistung zu erhalten, abzüglich der Umsatzsteuer (§ 10 Abs. 1 S. 2 UStG). Zum Entgelt rechnen auch die vom Unternehmer geschuldeten Verbrauchs- und Verkehrssteuern, öffentlichen Gebühren und Abgaben, auch wenn diese auf den Leistungsempfänger überwälzt werden.[16] Daher sind Verbrauchsteuern in die Bemessungsgrundlage der Umsatzsteuer einbezogen, außer der Tabaksteuer z. B. auch die Kaffeesteuer, die Stromsteuer und die Mineralölsteuer. Sie können auch nicht als durchlaufende Posten von der Bemessungsgrundlage der Umsatzsteuer ausgenommen werden.[17] Der Einschluss von Abgaben in die Bemessungsgrundlage der Umsatzsteuer gründet sich auf den Wunsch des Gesetzgebers, durch die Umsatzsteuer eine möglichst umfassende allgemeine Verbrauchsbesteuerung sicherzustellen.[18] Dass eine gegenseitige Besteuerung in Bezug auf bestimmte Verkehrsteuern nicht stattfindet, steht zu diesem systematischen Grundprinzip nicht in Widerspruch. Dieses Ergebnis beruht vielmehr darauf, dass die betroffenen verkehrsteuerpflichtigen Vorgänge nach § 4 Nr. 9 und Nr. 10 lit. a UStG von der Umsatzsteuer gänzlich befreit sind und gerade nicht auf einer Ausnahme von dem Prinzip der Einbeziehung öffentlicher Abgaben des Leistenden in die Bemessungsgrundlage der Umsatzsteuer. Dies zeigt sich auch daran, dass eine Umsatzbesteuerung der Grunderwerbsteuer stattfindet, sofern der leistende Unternehmer nach § 9 UStG für die Umsatzsteuerpflicht optiert hat.[19] Nicht im Widerspruch zu dieser Grundaussage steht es auch, dass der Effekt der gegenseitigen Besteuerung dadurch abgemildert sein kann, dass nur ein ermäßigter Umsatzsteuersatz zur Anwendung gelangt. Aktuell ist dies noch bei der Besteuerung von Kaffee der Fall.[20] Die Einbeziehung der

---

[15] Siehe cc).

[16] Abschn. 149 Abs. 6 S. 3 UStR 2000.

[17] Abschn. 152 Abs. 3 UStR 2000; BFH BStBl. II 1970, 648.

[18] Vgl. *F. Kirchhof*, Steuerliche Doppelbelastung, S. 33.

[19] Grund für den Verzicht auf die Umsatzsteuerbefreiung ist es, Vorsteuer abziehen zu können, was bei steuerfreien Umsätzen nach § 15 Abs. 2 UStG verwehrt ist.

[20] Früher ebenso bzgl. Tee, Salz und Zucker, die jedoch keiner besonderen Verbrauchsteuer mehr unterliegen.

Tabaksteuer in die Bemessungsgrundlage der Umsatzsteuer stellt sich vor diesem Hintergrund als systemgemäß dar.[21]

bb) Berücksichtigung der Umsatzsteuer bei der Bemessungsgrundlage der Tabaksteuer

Umgekehrt wird die Tabaksteuer auch auf die Umsatzsteuer erhoben, denn der wertbezogene Teil des Tabaksteuertarifs bemisst sich in Abhängigkeit vom Kleinverkaufspreis, der die Umsatzsteuer enthält (§ 4 Abs. 1 i. V. m. § 5 Abs. 1 TabStG).

Insofern die Tabaksteuer auch auf die Umsatzsteuer erhoben wird, nimmt sie hinsichtlich des Belastungseffektes unter den besonderen Verbrauchs- und Verkehrsteuern eine Sonderstellung ein. Die übrigen besonderen Verbrauchsteuern besteuern die Umsatzsteuer schon deswegen nicht, weil sie rein spezifisch bemessen werden. Die Verkehrsteuergesetze nehmen zwar ebenso wie die Tabaksteuer die Umsatzsteuer grundsätzlich nicht aus der Bemessungsgrundlage aus. Eine solche Regelung ist bei den Verkehrsteuern aber regelmäßig auch überflüssig, da eine Umsatzbesteuerung der betroffenen Vorgänge wegen der Exemtion nach § 4 UStG ohnehin nicht vorkommt. Nur ausnahmsweise kommt es doch zu einer Besteuerung der Umsatzsteuer durch Verkehrsteuern, wenn der den umsatzsteuerbaren Umsatz ausführende Unternehmer nach § 9 UStG für die Umsatzsteuer optiert hat. So bemisst sich die Grunderwerbsteuer nach dem Wert der Gegenleistung (§ 8 Abs. 1 GrEStG), wozu die in Rechnung gestellte Umsatzsteuer gehört.[22] Die Tabaksteuer folgt demgegenüber dem von der Umsatzsteuer für das Verbrauchsteuerrecht systemprägend vorgegebenen Prinzip, andere Steuern und Abgaben in einer wertbezogenen Bemessungsgrundlage mitzuerfassen.[23]

cc) Leistungsfähigkeitsprinzip und gegenseitige Besteuerung von Umsatz- und Tabaksteuer

Grundsätzlich indiziert jede Form der Einkommens- oder Vermögensverwendung ein gewisses Maß an Leistungsfähigkeit. Fraglich ist insoweit, ob auch die Bezahlung einer Steuer, hier der Umsatz- bzw. Tabaksteuer, die spezifische Leistungsfähigkeit des Leistenden dokumentiert und somit zur Grundlage der Bemessung der jeweils anderen Steuer gemacht werden kann. In der Literatur wird vertreten, nur die Aufwendung für den Nettopreis sei

---

21 *F. Kirchhof*, Steuerliche Doppelbelastung, S. 33.

22 *Heinz/Kopp/Mayer*, Verkehrsteuern, S. 141; *Klenk*, in: Sölch/Ringleb, UStG, § 9, Rn. 125.

23 § 4 UStG hat Ausnahmecharakter, vgl. BVerfGE 36, 321, 336 f.

Ausdruck individueller Leistungsfähigkeit. So werde die Leistungsfähigkeit schon durch die Umsatzsteuer abgeschöpft, weshalb der Bruttopreis keine weitere Leistungsfähigkeit indiziere und somit nicht als Bemessungsgrundlage einer besonderen Verbrauchsteuer dienen dürfe.[24] Umgekehrt verbiete es sich aus demselben Grund auch, die besondere Verbrauchsteuer in die Bemessungsgrundlage der allgemeinen Umsatzsteuer einzubeziehen.[25] Daran ist richtig, dass Indikator der Konsumleistungsfähigkeit im Steuerstaat nur der Kaufpreis abzüglich der Verbrauchs- und Verkehrsteuern sein kann. Der Steuerstaat finanziert sich durch Teilhabe am Erfolg der privaten Marktwirtschaft, darf also für die Verbrauchsbesteuerung ausschließlich an den Teil des Entgelts anknüpfen, der dem Leistungserbringer für seine Leistung zufließt. An der Zahlungskraft des Leistungsempfängers soweit sie auf die Steuer entfällt, kann der Staat dagegen nicht teilhabeberechtigt sein. Es ist daher zutreffend, dass sich die Umsatzsteuer nach dem Nettoentgelt bemisst.

Gleichwohl ist eine „Steuer von der Steuer“ deswegen nicht zwingend unzulässig. Das Leistungsfähigkeitsprinzip gibt jenseits des Bereichs absoluter Leistungsunfähigkeit keine strikten Belastungsgrenzen vor. An ein und denselben Leistungsfähigkeit indizierenden Tatbestand können eine oder auch mehrere Steuern anknüpfen, deren Höhe der Gesetzgeber, von freiheitsrechtlichen Begrenzungen abgesehen, weitgehend frei festlegen darf. Angesichts des Gestaltungsspielraums bei der Bestimmung des Steuersatzes[26] beeinträchtigt die Einbeziehung der steuerlichen Leistung in die Bemessungsgrundlage einer anderen Steuer nicht zwingend die Verwirklichung der Steuergerechtigkeit. Zwar ist die Steuerzahlung als Leistungsfähigkeitsindikator ungeeignet und sollte daher nicht Bemessungsgrundlage einer anderen Steuer sein. Andererseits kommt es für die Belastungswirkung einer Verbrauchsteuer im Ergebnis nicht darauf an, ob sie aus einem entsprechend erhöhten Steuersatz, der auf das Nettoentgelt (den steuerstaatlich fundierten Leistungsfähigkeitsindikator) angewendet wird, oder zum Teil aus einer „Steuer von der Steuer“ resultiert. So ließe sich das gegenwärtige Belastungsniveau des Tabakkonsums auch bei Vermeidung der gegenseitigen Besteuerung von Umsatz- und Tabaksteuer beibehalten, wenn zum Ausgleich der Tabaksteuersatz entsprechend erhöht würde. Solange der Gesetzgeber die absolute Höhe der steuerlichen Belastung des Konsumvorganges im Auge hat, unterliegt es daher keinen durchgreifenden verfassungsrechtlichen

24 *F. Kirchhof*, Steuerliche Doppelbelastung, S. 38 f.
25 *Haller*, Die Steuern, S. 362 f.; *Tipke*, StRO II, S. 1081 ff.
26 BVerfGE 93, 121, 136.

Bedenken, dass sich die Umsatz- und die Tabaksteuer zum Teil gegenseitig besteuern.

In der Gesetzgebungsgeschichte der Tabakbesteuerung ist verschiedentlich dokumentiert, dass dem Gesetzgeber die Folgen der Kumulation von Tabaksteuer und Umsatzsteuer durchaus bewusst sind und die Gesamtbelastung durch beide Steuern Gegenstand der Überlegungen des Gesetzgebers ist.[27] Die gegenseitige Besteuerung wäre aber z. B. dann problematisch, wenn die Gesetzgebungskompetenz für Umsatz- und Tabaksteuer auseinander fielen. Dies ist im Rahmen der geltenden Finanzverfassung theoretisch denkbar, da Umsatz- und Tabaksteuer nach Art. 105 Abs. 2 GG in den Bereich der konkurrierenden Zuständigkeit fallen. Da der Bundesgesetzgeber gegenwärtig aber sowohl die Umsatz- als auch die Tabaksteuer regelt, bestehen letztlich keine Bedenken.[28]

c) Selbstbesteuerung von Tabak- und Umsatzsteuer

Die Bemessung der Tabaksteuer u. a. nach dem Kleinverkaufspreis bedeutet, da der Kleinverkaufspreis als Bruttopreis die Tabaksteuer enthält, eine Selbstbesteuerung der Tabaksteuer. In einem rechnerischen Circulus vitiosus führt jede Erhöhung des Kleinverkaufspreises zu einer Erhöhung der Tabaksteuer, die wiederum einen Anstieg des Kleinverkaufspreises zur Folge hat.

Mittelbar besteuert sich aufgrund der Bruttobemessung der Tabaksteuer aber auch die Umsatzsteuer selbst. Zwar stellt § 10 Abs. 1 S. 2 UStG ausdrücklich auf das Entgelt abzüglich der Umsatzsteuer ab. Da diese Bemessungsgrundlage aber die Tabaksteuer beinhaltet, die wiederum in ihrer eigenen

---

27 Vgl. Begründung des Entwurfs des Achten Gesetzes zur Änderung des Tabaksteuergesetzes, BT-Drs. V/2832, S. 6: „Er [der Entwurf] trägt damit dem Ersuchen des Deutschen Bundestages vom 23. Januar 1968 Rechnung, im Bereich der Tabakwirtschaft ein angemessenes Verhältnis von spezieller Verbrauchsteuer und Mehrwertsteuer herzustellen (Stenographischer Bericht über die 149. Sitzung)." Ferner Bericht der Bundesregierung über die Änderungen der Steuerbelastung, die die Einbeziehung der speziellen Verbrauchsteuern in die Bemessungsgrundlage der Mehrwertsteuer bei verbrauchsteuerpflichtigen Waren zur Folge hat, ZfZ 1968, 57, 59 f.; Begründung des Entwurfs des Solidaritätsgesetzes, BT-Drs. 12/220, S. 7: „Dies [die Erhöhung der Tabaksteuer] ist ebenso wie die vorgesehene Höhe der Gesamtbelastung (Tabaksteuer + Mehrwertsteuer) mit dem von der Kommission der EG zur Harmonisierung der Tabaksteuer vorgeschlagenen Zielsteuersatz für Zigaretten noch zu vereinbaren."

28 Dies gilt im Ergebnis auch für das aus der Rechtstechnik der gegenseitigen Besteuerung folgende Problem der versteckten dynamischen Verweisung, vgl. dazu *F. Kirchhof,* Steuerliche Doppelbelastung, S. 56 ff.

Bemessungsgrundlage die Umsatzsteuer einschließt, kommt es letztlich zu einer indirekten Selbstbesteuerung auch der Umsatzsteuer.

aa) Selbstbesteuerung der Tabaksteuer

Die Selbstbesteuerungseffekte bei der Tabaksteuer begegnen systematischen Bedenken, da keine andere Verbrauchsteuer des Bundes zwingend zu einer Selbstbesteuerung führt. Die anderen besonderen Verbrauchsteuern vermeiden das Problem schon dadurch, dass sie sich ausschließlich mengenbezogen bemessen, die Umsatzsteuer, indem sie auf das Nettoentgelt abstellt. Bei den Verkehrsteuern ergibt sich ein uneinheitliches Bild. Bei der Feuerschutzsteuer ist die Selbstbesteuerung seit 1.1.2002 ausgeschlossen, da nach § 4 Abs. 2 n. F. FeuerschStG die Feuerschutzsteuer nicht zum Versicherungsentgelt als der Bemessungsgrundlage zählt.[29] Die Rennwett- und Lotteriesteuer wird ebenfalls nicht als Steuer von der Steuer erhoben (§ 37 Abs. 1 S. 3 RennwLottAB), da Bemessungsgrundlage nach § 17 S. 3 RennwettlottG der Nennwert der Lose oder Wettscheine ausschließlich der Steuer ist. Die Versicherungsteuer bemisst sich nach dem Versicherungsentgelt, zu dem die Prämie, nicht aber die Versicherungsteuer gehört.[30] Eine Selbstbesteuerung findet daher nicht statt. Auch wenn der Versicherer die Steuer in das Versicherungsentgelt eingerechnet oder in seinen Geschäftsbüchern das Versicherungsentgelt und die Steuer in einer Summe gebucht hat und die Steuer vom Gesamtbetrag der Versicherungsentgelte berechnet (§ 5 Abs. 2 VerStG), ist die Berechnung mathematisch so zu korrigieren, dass eine Selbstbesteuerung der Versicherungsteuer vermieden wird.[31] Allerdings kann bei der Grunderwerbsteuer eine Selbstbesteuerung stattfinden. Die Grunderwerbsteuer bemisst sich prinzipiell nach dem Wert der Gegenleistung (§ 8 Abs. 1 GrEStG), wobei der Gegenleistung die Grunderwerbsteuer weder hinzugerechnet noch von ihr abgezogen wird (§ 9 Abs. 3 GrEStG). Insofern kommt es zu einer mittelbaren Selbstbesteuerung, wenn der Verkäufer die Grunderwerbsteuer übernimmt und deswegen der Kaufpreis entsprechend erhöht ist.[32]

Der Vergleich der Tabaksteuer mit den anderen indirekten Steuern zeigt, dass der Gesetzgeber im gegenwärtigen System bei Wertsteuern sowohl die Brutto- als auch die Nettobemessung benutzt. Die Umsatzsteuer, die seit

---

[29] Zuvor bestand zur Neutralisierung des Selbstbesteuerungseffekts lediglich eine Tarifermäßigung gemäß § 4 Abs. 2 a. F. FeuerschStG, siehe dazu *Heinz/Kopp/Mayer*, Verkehrsteuern, S. 403.

[30] Vgl. § 3 Abs. 1 VerStG; § 10 Abs. 1 S. 2 Nr. 4 und 5 VerstG.

[31] Vgl. BT-Drs. 14/7062, S. 5.

[32] Vgl. *Sack*, in: Boruttau, GrEStG, § 9, Rn. 631.

1968 als Nettosteuer ausgestaltet ist,[33] hat sich insoweit nicht als systemprägend durchsetzen können. Letzteres gründet sich u. a. darauf, dass das Nebeneinander von Brutto- und Nettosteuern ohnehin nicht zwingend zu Belastungsdifferenzen führt, da – bei einphasiger Erhebung – der Steuersatz in Abhängigkeit von der gewählten Art der Bemessung ausgleichend variiert werden kann. Auch war Ziel der Umsatzsteuerreform 1967 nicht, die Nettobesteuerung systembildend für den gesamten Bereich der indirekten Steuern einzuführen, sondern es ging dem Gesetzgeber darum, Steuerkumulationen im Allphasensteuersystem zu beseitigen, um eine Wettbewerbsverzerrung zwischen ein- und mehrstufigen Unternehmen zu vermeiden.[34] Aus der Vermeidung von Selbstbesteuerungseffekten bei der Umsatzsteuer lässt sich daher nicht schließen, dass diese Effekte auch bei der als Einphasensteuer erhobenen Tabaksteuer ausgeschlossen werden müssten. Auch im Vergleich mit den übrigen besonderen Verbrauchsteuern und den Verkehrsteuern lässt sich ein Systemverstoß der Tabaksteuer nicht ausmachen. Eine Selbstbesteuerung ist grundsätzlich nur bei Mengensteuern und Nettowertsteuern ausgeschlossen. Soweit aber eine Bruttobemessung stattfindet, sind die Selbstbesteuerungseffekte hinzunehmen und ggf. durch Anpassung des Steuersatzes zu kompensieren. Die Selbstbesteuerung der Tabaksteuer erweist sich als systemkonform.

bb) Selbstbesteuerung der Umsatzsteuer

Aufgrund der dargelegten steuertechnischen Gestaltung kommt es auch zu einer teilweisen Selbstbesteuerung der Umsatzsteuer.[35] Dieser Effekt steht im Widerspruch zu ihrer Ausgestaltung als Nettosteuer. Im System der Allphasen-Nettoumsatzsteuer mit Vorsteuerabzug soll der Verbrauch letztlich nur einmal und zwar bezogen auf das Nettoentgelt belastet werden. Da dem Verbrauchsteuersystem derartige Selbstbesteuerungseffekte aber – wie anhand der Tabaksteuer dargestellt – nicht eben fremd sind, muss auch für die Umsatzsteuer aus steuersystematischer Sicht diese Ausnahme von der Nettobesteuerung hingenommen werden. Dies gilt um so mehr angesichts des Umstandes, dass die Selbstbesteuerung der Umsatzsteuer nicht etwa auf eine im Umsatzsteuerecht selbst beheimatete Ausnahme von der Nettobesteuerung zurückgeht, sondern nur mittelbar aufgrund der Besonderheiten des Tabaksteuerrechts und daher auch in der Wirkung beschränkt auf den Bereich des Tabakkonsums auftritt.

---

33 *Lippross*, Umsatzsteuer, S. 28.

34 Vgl. BVerfGE 21, 12; 37, 38, 46.

35 Vgl. Finanzausschuß des Deutschen Bundestages, BT-Drs. 12/3893, S. 153; BT-Drs. 13/10280, S. 12.

cc) Selbstbesteuerung und Leistungsfähigkeit

Mit Blick auf das Leistungsfähigkeitsprinzip ist wiederum festzuhalten, dass die Zahlung einer Verbrauchsteuer grundsätzlich keine Leistungsfähigkeit indiziert und konsequenterweise weder die Tabaksteuer noch die Umsatzsteuer jeweils zu ihrer eigenen Bemessungsgrundlage rechnen dürften. Auf die mit Bezug zur gegenseitigen Besteuerung von Umsatz- und Tabaksteuer gemachten Ausführungen sei verwiesen.[36] Die gesetzgeberische Gestaltungsfreiheit lässt es zu, einen zusätzlichen Belastungseffekt statt durch Erhöhung des Steuersatzes durch Einbeziehung einer Steuer in ihre eigene Bemessungsgrundlage zu schaffen. Auch hier gilt, dass durchgreifende Bedenken unter dem Gesichtspunkt der Leistungsfähigkeit gegen die Selbstbesteuerung letztlich nicht bestehen, da davon ausgegangen werden kann, dass der Gesetzgeber die unter Einbeziehung der Selbstbesteuerung erzeugte Gesamtbelastung des jeweiligen Verbrauchsvorganges im Auge hat. Es bleibt freilich zu prüfen, ob die Bemessungsgrundlage im Übrigen die Leistungsfähigkeit korrekt abbildet und die Gesamtbelastung gerechtfertigt erscheint.

d) Kaskadenwirkung

Der Mechanismus von gegenseitiger Besteuerung von Tabak- und Umsatzsteuer und teilweiser Selbstbesteuerung beider Steuern führt zu einer Kaskadenwirkung.[37] Die Berücksichtigung von Tabak- und Umsatzsteuer bei der Bemessungsgrundlage der jeweils anderen Steuer bewirkt nicht nur bei der ersten Berechnung eine höhere Steuer, sondern setzt sich in abnehmenden Schritten unendlich fort. Dieser Effekt macht sich außerdem bei einer Erhöhung des Steuersatzes der Umsatzsteuer oder Tabaksteuer bemerkbar, indem er eine gemessen am Umfang der Steuersatzerhöhung überproportionale Steigerung der Steuerbelastung bewirkt.[38]

Dieser Sondereffekt ist in steuersystematischer Hinsicht verwirrend, letztlich aber ebenso unschädlich wie die Einrechnung der jeweils anderen Steuer in die Bemessungsgrundlage und die teilweise Selbstbesteuerung. Da es sich bei der Aufschaukelungswirkung ebenfalls um eine Folge der Bruttobemessungsgrundlage des wertbezogenen Teils der Tabaksteuer handelt, kann auf die zuvor gemachten Ausführungen zu den systematischen Anforderungen des Verbrauchsteuerrechts verwiesen werden. Die Kaskadenwirkung ist grundsätzlich eine systemimmanente Folge der Ausgestaltung des

---

36 Siehe oben b).

37 *F. Kirchhof*, Steuerliche Doppelbelastung, S. 48 f.; *Jarsombeck*, ZfZ 1997, 227, 228; *Jatzke*, ZfZ 1999, 398, 399.

38 *F. Kirchhof*, Steuerliche Doppelbelastung, S. 15 f.; *Jatzke*, ZfZ 1999, 398, 399.

Steuertatbestandes. Sie kann nur durch eine Ausnahmeregelung vermieden werden. Dies ist etwa beim Zusammentreffen von Grunderwerbsteuer und Umsatzsteuer aufgrund der Option nach § 9 Abs. 1 UStG i. V. m. § 9 Abs. 3 GrEStG der Fall. Der Kaskadeneffekt wird hier vermieden, indem nach Abschn. 149 Abs. 7 S. 5 UStR bei der Bemessung der Umsatzsteuer die (hälftige) Grunderwerbsteuer nur insoweit heranzuziehen ist, als sie ihrer Höhe nach noch nicht durch die Umsatzsteuer beeinflusst ist und andererseits die Umsatzsteuer bei Ermittlung der grunderwerbsteuerlichen Gegenleistung nur mit dem Betrag zugrunde gelegt wird, der sich ohne Berücksichtigung der Grunderwerbsteuer als Teil des umsatzsteuerlichen Entgelts ergibt,[39] die Einbeziehung der jeweils anderen Steuer also auf einen Rechenschritt beschränkt bleibt. Diese Ausnahmeregelung bestätigt, dass der Kaskadeneffekt dem Verbrauchsteuerrecht grundsätzlich systemimmanent ist.

Wiederum steht das Leistungsfähigkeitsprinzip einer solchen steuertechnischen Gestaltung jedenfalls dann nicht entgegen, wenn der Gesetzgeber den Kaskadeneffekt kennt und die daraus resultierende Belastungssteigerung bedacht hat. Dass dies der Fall ist, zeigt sich anhand der in § 4 Abs. 4 TabStG enthaltenen Gegenformel, die es dem Bundesministerium der Finanzen ermöglicht, die Auswirkungen der Erhöhung der Umsatzsteuer auf die Tabaksteuerbelastung durch Änderung des wertabhängigen Steueranteils zu neutralisieren.[40]

e) Ergebnis

Die Bemessungsgrundlage der Tabaksteuer ist im Ergebnis gleichheitsrechtlich nicht zu beanstanden. Die kombinierte mengen- und wertabhängige Steuerbemessung erweist sich als zulässig, wenn auch eine rein am Wert orientierte Besteuerung zu präferieren wäre.

Die gegenseitige Besteuerung von Tabak- und Umsatzsteuer ist systemgemäß, da sie dem verbrauchsteuerrechtlichen Prinzip entspricht, andere Steuern und Abgaben in einer wertbezogenen Bemessungsgrundlage mitzuerfassen. Die gegenseitige Besteuerung verstößt auch nicht gegen das Leistungsfähigkeitsprinzip, da das resultierende Belastungsniveau auch ohne die Steuerkumulation herbeigeführt werden könnte. Gleiches gilt für die durch die gegenseitige Besteuerung mittelbar verursachten Selbstbesteuerungs- und Kaskadeneffekte.

---

[39] *Heinz/Kopp/Mayer,* Verkehrsteuern, S. 141.

[40] Vgl. *Jatzke,* ZfZ 1999, 398, 400; *Jarsombeck,* ZfZ 1997, 227, 228; *Benkwitz,* in: Das Deutsche Bundesrecht VIII D 31 (TabStG), Erl. zu § 4 Abs. 4.

3. Doppelbelastung der Tabakwaren

Der Tabakkonsum ist in zweifacher Hinsicht mit Verbrauchsteuern belastet. Einerseits ist die Lieferung auch von Tabakwaren ein nach § 1 Abs. 1 Nr. 1 UStG umsatzsteuerpflichtiges Geschäft.[41] Insoweit wird der Verkauf von Tabakwaren mit 16 % vom Nettoentgelt besteuert (§ 12 Abs. 1 i. V. m. § 10 Abs. 1 UStG). Andererseits ist der Tabakkonsum entsprechend den oben schon dargestellten Vorschriften mit Tabaksteuer belastet.

Eine Befreiung von der Umsatzsteuer, wie sie in § 4 Nr. 9 UStG für Umsätze, die der Grunderwerbsteuer, Rennwett- und Lotteriesteuer, sowie der Spielbankabgabe unterliegen, enthalten und außerdem durch § 4 Nr. 10 lit. a UStG für versicherungsteuerpflichtige Leistungen vorgesehen ist, um eine doppelte Belastung der betroffenen Umsätze zu vermeiden, besteht hinsichtlich der Tabaksteuer nicht. Diese Vorschriften lassen sich auch nicht analog auf Doppelbelastungen, die durch das Zusammentreffen der Umsatzsteuer mit einer anderen Verkehrs- oder Verbrauchsteuer entstehen, anwenden. Ihnen ist kein allgemeines Verbot der Doppelbesteuerung – auch nicht bezogen auf den Bereich der Verkehrs- und Verbrauchsteuern – zu entnehmen.[42] Einer erweiternden Auslegung des § 4 Nr. 9 UStG in Bezug auf die Tabaksteuer ist der BFH ausdrücklich entgegengetreten.[43]

Durch die steuerliche Doppelbelastung unterscheidet sich der Tabakkonsument von den Konsumenten anderer Waren. Während also z. B. der Kaffeetrinker hinsichtlich des Verbrauchs nur mit der Umsatzsteuer belastet wird, muss der Raucher noch zusätzlich die Tabaksteuer tragen.

Die Doppelbelastung durch Tabak- und Umsatzsteuer hat auch der Gesetzgeber erkannt. So wurde im Nachgang zur Umsatzsteuerreform 1968 die Tabaksteuer gesenkt, um zu einem angemessenen Verhältnis von Tabaksteuer und Umsatzsteuer zu gelangen.[44] Außerdem sieht seit 1998 § 4 Abs. 4 TabStG vor, dass die Tabaksteuer bei einer Erhöhung der Umsatzsteuer in bestimmtem Umfang vermindert werden kann.[45] Auch der Gemeinschaftsgesetzgeber behandelt das Problem der Doppelbelastung in den Erwägungsgründen der Tabaksteuerstrukturrichtlinie.[46] Da die auf Zigaretten erhobene

---

41 Zur Verbrauchsteuereigenschaft der Umsatzsteuer vgl. 1. Teil. A. II. 5. b).

42 BFH BStBl. III 1957, 378, 380; II 1970, 648, 651 f.; 1971, 789; 1973, 126, 127; *Heidner,* in: Bunjes/Geist, UStG, § 4 Nr. 9, Rn. 2; *Köhler,* in: Plückebaum/Malitzky, UStG, § 4 Nr. 9, Rn. 1; *Klenk,* in: Rau/Dürrwächter, UStG, § 4 Nr. 9, Rn. 1 f.

43 BFH BStBl. III 1957, 378, 380.

44 Siehe 2. Teil. B. VII.

45 Siehe dazu schon oben 2. Teil. E. I. 2 d).

46 Richtlinie 95/59/EG vom 27. November 1995, ABl. L 291 vom 6.12.1995, S. 40.

Umsatzsteuer die gleiche Wirkung habe wie eine proportionale Verbrauchsteuer, sei es angebracht, die Umsatzsteuer bei der Festlegung des Verhältnisses zwischen dem spezifischen Teilbetrag der Verbrauchsteuer und der Gesamtsteuerbelastung zu berücksichtigen.[47]

Aus verfassungsrechtlicher Sicht wirft diese Doppelbelastung ein gleichheitsrechtliches Problem auf. Der Steuergesetzgeber behandelt eine Gruppe von Konsumenten (die Raucher) anders als die Übrigen, indem er sie zusätzlich besteuert. Maßstab gleichheitsgerechter Belastung ist das Leistungsfähigkeitsprinzip. Entscheidend ist daher, dass die Leistungsfähigkeit adäquat erfasst wird. Hiefür stehen verschiedene Indikatoren zur Verfügung,[48] die nebeneinander anwendbar sind. Die Sonderbesteuerung der Raucher wäre daher zulässig, wenn diesen typischerweise eine besonders hohe Leistungsfähigkeit zukäme.

Für eine solche Einschätzung spricht, dass Tabakwaren keine lebensnotwendigen Verbrauchsgüter, sondern Waren des gehobenen Bedarfs sind. Im Unterschied zur Umsatzsteuer berührt die Tabaksteuer nicht den Bereich des indisponiblen Konsums.[49] Dieser Umstand beweist aber keine erhöhte Leistungsfähigkeit der Tabakwarenkonsumenten.[50] Wie schon gezeigt wurde, lässt die Art des Konsumgutes nicht auf besondere Leistungsfähigkeit schließen.[51] Dieses allgemein gefundene Ergebnis wird für den Bereich des Tabakkonsums durch volkswirtschaftliche Untersuchungen zum Zigarettenverbrauch bestätigt, die zeigen, dass die Menge der von einem Raucher pro Tag konsumierten Zigaretten in allen Nettoeinkommensgruppen beinahe identisch ist.[52] Daraus kann gefolgert werden, dass der Tabakkonsum typischerweise nicht auf erhöhte Leistungsfähigkeit schließen lässt.[53]

Die Zusatzbelastung durch die Tabaksteuer als besonderer Verbrauchsteuer erweist sich damit als Ungleichbehandlung, da die Zusatzbelastung nur einen Teil der Verbrauchsakte trifft. Eine solche Ungleichbehandlung bewirken auch die anderen besonderen Verbrauchsteuern. Man kann daher allgemein sagen, dass die Erhebung von Verbrauchsteuern auf spezielle Güter der

---

47 Ziff. 4 der Erwägungsgründe zur Richtlinie 95/59/EG.

48 Siehe oben 1. Teil. A. II. 4.

49 Daher stellt sich die Frage nach der Steuerfreiheit des Existenzminimums nicht.

50 A. A. *Jatzke*, Das System des deutschen Verbrauchsteuerrechts, S. 87; *F. Kirchhof*, Steuerliche Doppelbelastung, S. 30.

51 Siehe 1. Teil. A. II. 5. b).

52 *Zimmermann*, Die Tabaksteuer, S. 114 ff.

53 So im Erg. auch *Sacksofsky*, NJW 2000, 2619, 2622; ähnlich *K. H. Ossenbühl*, Die gerechte Steuerlast, S. 134.

horizontalen Steuergerechtigkeit entgegenwirkt und das Leistungsfähigkeitsprinzip verletzt.[54] In einem an der Leistungsfähigkeit ausgerichteten Steuersystem haben spezielle Verbrauchsteuern grundsätzlich keinen Platz und bedürfen daher der besonderen Rechtfertigung.[55]

Eine Antwort auf die damit aufgeworfene Frage nach der Rechtfertigung solcher Ungleichbelastungen lässt sich angesichts der Systemlosigkeit der Auswahl der Verbrauchsteuergegenstände[56] nicht für alle Verbrauchsteuern einheitlich geben. Es ist für jede Verbrauchsteuer separat zu prüfen, ob der Gesetzgeber die ihm zukommende Gestaltungsfreiheit bei der Erschließung von Steuerquellen ordnungsgemäß ausgeübt hat, d. h. ob er durch die Verfolgung bestimmter Sozialzwecke gerechtfertigt ist.[57] Im Rahmen der vorliegenden Untersuchung muss sich herausstellen, von welchen gesundheitspolitischen, sozialpolitischen oder volkswirtschaftlichen Interessen der Gesetzgeber sich hinsichtlich der Tabaksteuer hat leiten lassen und ob die Ungleichbehandlung angesichts dieser Zwecke verhältnismäßig ist.

4. Rechtfertigung der Doppelbelastung

Die Umsatzsteuer unterliegt als allgemeine, leistungsfähigkeitsgerechte Verbrauchsteuer grundsätzlich keinen gleichheitsrechtlichen Bedenken.[58] Erst das Hinzutreten der Tabaksteuer bewirkt die Ungleichbelastung, die zu rechtfertigen ist. Für die Rechtfertigung der Doppelbelastung der Raucher mit Umsatzsteuer und Tabaksteuer kommt es infolgedessen allein darauf an, ob sich die Tabaksteuer im Hinblick auf ihre Belastungswirkung als verhältnismäßige Lenkungsteuer erweist.

a) Bestimmung des objektiven Lenkungszwecks

Wie bereits gezeigt, verbindet der Gesetzgeber mit der Tabaksteuer eine dreifache Zwecksetzung.[59] Neben fiskalischen Interessen verfolgt er gesundheits- und wirtschaftspolitische Zwecke. In gesundheitspolitischer Hinsicht soll die Bevölkerung vor den Gefahren des Tabakkonsums geschützt werden. Wirtschaftspoltisches Ziel ist die Stärkung der heimischen Tabakindustrie. Während die Bekämpfung des Tabakkonsums im Wege der steuerli-

---

54 *Homburg,* Allgemeine Steuerlehre, S. 225; *K. H. Ossenbühl,* Die gerechte Steuerlast, S. 134.

55 Vgl. *Tipke,* StRO II, S. 1050.

56 *Peters/Bongartz/Schröer-Schallenberg,* Verbrauchsteuerrecht, Rn. C 26; *Jatzke,* Das System des deutschen Verbrauchsteuerrechts, S. 56; *P. Kirchhof,* HStR IV, § 88, Rn. 166; *Förster,* Die Verbrauchsteuern, S. 60; *Tipke,* StRO II, S. 1045 und 1050 f.

57 Vgl. BVerfGE 85, 238, 244.

58 Vgl. *Tipke,* StRO II, S. 979 ff.

59 Vgl. 2. Teil. C. III.

chen Zusatzbelastung des Rauchens erfolgt, sollen gleichzeitig durch Differenzierung des Steuersatzes auch wirtschaftspolitische Interessen verfolgt werden. Für die Rechtfertigung der Doppelbelastung ist demnach der gesundheitspolitische Lenkungszweck ausschlaggebend; der wirtschaftspolitische Lenkungszweck kommt erst bei der Rechtfertigung der unterschiedlichen Steuersätze zum Tragen. Dagegen scheiden die fiskalischen Interessen als Rechtfertigungsüberlegung schon deshalb aus, weil sie grundsätzlich ungeeignet sind, ein Abweichen von einer gleichheitsgerechten Steuerlastverteilung zu legitimieren.[60] Dies gilt auch für besondere fiskalische Zwecksetzungen, wie sie etwa aufgrund der Ertragsverteilung denkbar sind. So könnte eine Erhöhung der Tabaksteuer nicht mit dem Argument gerechtfertigt werden, dass es einer Korrektur der Steuerverteilung zugunsten des Bundes bedürfe.[61] Denn eine mangelhafte Verteilung des Steueraufkommens darf nicht dadurch ausgeglichen werden, dass einzelne Gruppen von Steuerpflichtigen zu einer höheren Steuerlast herangezogen werden.[62]

b) Legitimität des gesundheitspolitischen Lenkungszwecks

Mit dem weiten Entscheidungsspielraum des Gesetzgebers bei der Auswahl der Steuergegenstände korrespondiert eine entsprechend große Vielfalt zulässiger Lenkungszwecke.[63] Grundsätzlich kann der Gesetzgeber jeden Gemeinwohlbelang aufgreifen und in eine Lenkungsmaßnahme steuerlicher oder ordnungsrechtlicher Art umsetzen. Das Motiv muss nicht vom Grundgesetz explizit vorgegeben sein; auch durch den Gesetzgeber erst konstituierte Gemeinwohlbelange sind grundsätzlich zur Rechtfertigung einer Lenkungsteuer geeignet, wenn sie verfassungsrechtlich unbedenklich sind.[64]

Der Gesundheitsschutz ist ein verfassungsrechtlich und europarechtlich fundierter Lenkungszweck.[65] Das BVerfG hat die legitimierende Funktion der gesundheitspolitischen Interessen der Allgemeinheit und der damit verquick-

---

60 Siehe oben 2. Teil. C. III.

61 Vgl. *F. Kirchhof,* Steuerliche Doppelbelastung, S. 31.

62 BVerfGE 21, 160, 169.

63 BVerfGE 27, 58, 66; 29, 327, 335; 81, 108, 117; 84, 239, 271; 85, 238, 244; *Osterloh,* in: Sachs, GG, Art. 3, Rn. 135; *Gubelt,* in: von Münch/Kunig, GG, Art. 3, Rn. 51; *Jarass,* in: Jarass/Pieroth, GG, Art. 3, Rn. 45; *Selmer/Brodersen,* DVBl. 2000, 1153, 1158 f.

64 Siehe oben 1. Teil. B. IV. 2.

65 Siehe 2. Teil. C. III. Der Gesundeitsschutz findet seine Grundlage im Grundrecht auf Leben und körperliche Unversehrtheit (Art. 2 Abs. 2 S. 1 GG), in der Menschenwürde (Art. 1 Abs. 2 S. 1 GG) und im Sozialstaatsprinzip (Art. 20 Abs. 1 GG) und ist außerdem durch Art. 152 Abs. 1 EGV geboten.

ten sozialpolitischen und volkswirtschaftlichen Aspekte für lenkende Steuern schon in seiner Entscheidung zur Schankerlaubnissteuer anerkannt.[66]

Lenkungszweck der Tabaksteuer ist aber nicht der Gesundheitsschutz im Allgemeinen, sondern der Schutz der Bevölkerung vor den Gefahren des Tabakkonsums. Es muss zwischen Rauchern (Aktivrauchern) und Nichtrauchern (Passivrauchern) unterschieden werden. Lenkungszweck ist einerseits der Schutz der Raucher vor sich selbst, andererseits der Schutz der Nichtraucher vor den Rauchern.

Trotz der nachgewiesenen Gefährlichkeit des Aktivrauchens[67] ist der Schutz der Volksgesundheit rechtlich gerade insofern problematisch, als er den Schutz der Raucher vor dem eigenen Konsum beinhaltet. Bezogen auf jeden einzelnen Raucher kommt zum Tragen, dass im Fall der Selbstgefährdung keine staatliche Schutzpflicht besteht.[68] Ein solcher „Grundrechtsschutz vor sich selbst“ auf der Grundlage des Art. 2 Abs. 2 S. 1 GG lässt sich mit der allgemeinen Handlungsfreiheit nicht vereinbaren.[69] Vielmehr stellt ein Rauchverbot aus der Sicht der Raucher einen Eingriff in die allgemeine Handlungsfreiheit als Abwehrrecht dar und bedarf der Rechtfertigung.[70] Soll die Selbstgefährdung unterbunden werden, muss diese Beeinträchtigung der allgemeinen Handlungsfreiheit verhältnismäßig sein, also durch Abwägung der Intensität der Beeinträchtigung mit höherrangigen Allgemeininteressen legitimiert sein.[71] Zu diesen zählt der Jugendschutz, der es erfordert, Jugendliche vor den Gefahren des Aktivrauchens zu bewahren. Auch über das besondere Schutzbedürfnis der Jugendlichen hinaus ist die Volksgesundheit „ein wichtiges Gemeinschaftsgut (...), dessen Schutz Einschränkungen der Freiheit des Einzelnen zu rechtfertigen vermag.“[72] Eine Gefahr für die Volksgesundheit ist bei einer Vielzahl von Selbstgefährdungen anzunehmen und kann in den Grenzen des Übermaßverbotes eine gesetzliche Beschrän-

66 BVerfGE 13, 181, 203.

67 Siehe 2. Teil. C. III.

68 *J. Isensee*, HStR V, § 111, Rn. 89 und 113 f.; *Hillgruber*, Der Schutz des Menschen vor sich selbst, S. 142 ff.

69 Vgl. *Scholz*, DB 1979, Beilage Nr. 10, S. 15; *von Münch*, in: FS für Ipsen (1977), S. 113 ff., 125 ff.; *Hillgruber*, Der Schutz des Menschen vor sich selbst, S. 111 ff.

70 *J. Isensee*, HStR V, § 111, Rn. 114; hinsichtlich der verfassungsrechtlichen Begründung des Rechts auf Selbstgefährdung differenzierend *Fischer*, Die Zulässigkeit aufgedrängten staatlichen Schutzes vor Selbstschädigung, S. 29 ff.

71 *Lorenz*, HStR VI, § 128, Rn. 63; vgl. auch BVerfGE 59, 275, 278.

72 BVerfGE 7, 377, 414.

kung der allgemeinen Handlungsfreiheit rechtfertigen.[73] Die weite Verbreitung des Tabakkonsums in der Bevölkerung stellt eine derartige Gefahr für die Volksgesundheit dar. Das Rauchen beeinträchtigt über die Gefahren für den einzelnen hinaus auch die Belange der Allgemeinheit, die im Zweifel solidarisch für die volkswirtschaftlichen Kosten des gesundheitsschädlichen Verhaltens der Raucher aufkommen muss.[74] Dem Konsum von Tabakwaren stehen mithin erhebliche gesundheitspolitische, sozialpolitische und volkswirtschaftliche Interessen entgegenstehen. Sofern, was noch zu prüfen sein wird, die Tabaksteuer im Übrigen verhältnismäßig ist, kann sie mithin unter dem Aspekt des Schutzes der Volksgesundheit gerechtfertigt sein.

Hinsichtlich der Legitimität des Nichtraucherschutzes stellt sich das Problem der Selbstgefährdung nicht. Wie bereits dargelegt wurde,[75] ist das Passivrauchen wenn nicht eine Gesundheitsverletzung[76] so doch wenigstens eine Gesundheitsgefährdung[77]. Die Nichtraucher können sich darauf berufen, der Staat müsse sie vor dieser Beeinträchtigung ihres Rechts auf körperliche Unversehrtheit (Art. 2 Abs. 2 S. 1 GG) schützen. Der Schutzbereich dieses Grundrechts umfasst die Gesundheit im biologisch-physiologischen Sinn.[78] Ein Aspekt ist die Freiheit vor Verletzung der körperlichen Gesundheit.[79] Das Recht auf körperliche Unversehrtheit ist nicht nur gegen den Staat gerichtet, sondern entfaltet Drittwirkung zwischen den Rechtsgenossen.[80] Mit dieser Drittwirkung korrespondiert eine Schutzpflicht des Staates.[81] Dieser

---

73 Vgl. *Martens,* DÖV 1976, 457, 460; diesem ausdrücklich folgend *Scholz,* DB 1979, Beilage Nr. 10, S. 15; ferner *von Münch,* in FS für Ipsen (1977), S. 113, 126.

74 Vgl. *Doehring,* in FS für Zeidler, Bd. 2, S. 1553, 1556 ff.; in Bezug auf die Folgekosten von verkehrsunfallbedingten Personenschäden bei Verletzung der Anschnallpflicht siehe BGHZ 74, 25, 34. Das Ausmaß der Folgekosten und die volkswirtschaftlichen Effekte des Rauchens können im Rahmen dieser Arbeit nicht untersucht werden. Es sei lediglich darauf hingewiesen, dass die Ergebnisse der volkswirtschaftlichen Forschung zu den Folgekosten des Rauchens uneinheitlich sind. Insbesondere ist ungeklärt, ob aus gesamtgesellschaftlicher Sicht die Kosten des Rauchens (vor allem medizinische Kosten) größer sind als der Nutzen (z. B. in Form des Tabaksteueraufkommens), vgl. *Behrend/Sangha/Überla,* Folgekosten des Rauchens, S. 125 ff.

75 Siehe 2. Teil. C. III.

76 So *J. Isensee,* HStR V, § 111, Rn. 107.

77 So BVerfGE 95, 173, 184 f. m. w. N.; *Faber,* DVBl. 1998, 745, 800; offen gelassen von BVerfG NJW 1998, 2961, 2962.

78 Vgl. BVerfGE 56, 54, 73; *Starck,* in: von Mangoldt/Klein/Starck, GG, Art. 2, Rn. 177

79 *Dürig,* in: Maunz/Dürig, GG, Art. 2 Abs. 2, Rn. 30.

80 *Starck,* in: von Mangoldt/Klein/Starck, Art. 2, Rn. 188.

81 *Lorenz,* HStR VI, § 128, Rn. 44; *Starck,* in: von Mangoldt/Klein/Starck, Art. 2, Rn. 188; *Kunig,* in: von Münch/Kunig, GG, Art. 2, Rn. 67; zur Drittwirkung als Voraussetzung der Schutzpflicht *J. Isensee,* HStR V, § 111, Rn. 134.

muss sich schützend und fördernd vor die in Art. 2 Abs. 2 S. 1 GG genannten Rechtsgüter Leben und körperliche Unversehrtheit stellen und sie insbesondere vor rechtswidrigen Eingriffen vonseiten anderer bewahren.[82] Der Staat ist daher zum Schutz der Nichtraucher vor den Gefahren des Passivrauchens verpflichtet.[83]

c) Verhältnismäßigkeit von Steuerbelastung und Lenkungszweck

aa) Geeignetheit

Die Verhältnismäßigkeit eines Mittels setzt zunächst voraus, dass es zu dem erstrebten Zweck überhaupt geeignet ist; untaugliche Mittel können nie verhältnismäßig sein. Geeignet sind Mittel, durch die der gewünschte Erfolg gefördert wird.[84] Soweit die Tabaksteuer auf den Verbraucher abgewälzt wird, es also infolge der Tabaksteuer zu einer Verteuerung des Bruttopreises von Tabakwaren kommt, hat dies einen Nachfragerückgang nach Tabakprodukten zur Folge.[85] Je nach Umfang der Steuererhöhung ist der Nachfrage-

---

82 BVerfGE 39, 1, 42; 46, 160, 164; 49, 24, 53; 53, 30, 57; 88, 203, 251.

83 *Faber,* DVBl. 1998, 745, 749.

84 BVerfGE 30, 292, 316; 33, 171, 187; 67, 157, 173.

85 Vgl. *Kommission der Europäischen Gemeinschaften,* KOM(2001) 133 endgültig, Teil I, Tz. 4.4; *Hanewinkel/B. Isensee,* Umsetzung, Akzeptanz und Auswirkungen der Tabaksteuererhöhung vom 1. Januar 2002, S. 6 ff. m. w. N.; *dies.,* Umsetzung, Akzeptanz und Auswirkungen der Tabaksteuererhöhung vom 1. Januar 2003, S. 6 ff. m. w. N.; *Schmidt,* StuW 1978, 39, 41 mit zahlreichen Beispielen; *Flügler,* Tabakindustrie und Tabaksteuer, S. 113; *Zimmermann,* Die Tabaksteuer, S. 134 f. Die Relevanz des Preises von Tabakwaren für das Konsumentenverhalten lässt sich anhand der Preispolitik der Zigarettenmarke „West“ veranschaulichen. Deren Kleinverkaufspreis wurde im Januar 1983 um 13 % von 3,80 DM auf 3,30 DM pro Packung reduziert, was in den folgenden vier Monaten zu einer Erhöhung des Absatzes von 60 Millionen auf 1000 Millionen Zigaretten je Monat führte (*Meffert,* Marketing, S. 482 f. m. w. N.). Die genau umgekehrten Auswirkungen einer Steuererhöhung, nämlich einen rückläufigen Konsum mit entsprechenden Substitutionseffekten, lassen sich etwa anhand der Tabaksteuererhöhungen 1977, 1982, 1989 und 1992 nachweisen (vgl. *BMF,* Monatsbericht 04/2002, S. 67, 72 ff.). Dies wurde schon in der Darstellung der Entwicklung des Tabaksteuerrechts aufgezeigt (siehe 2. Teil. A. VII.). Es zeigt sich, dass Erhöhungen der Tabaksteuer zum einen Substitutionsbemühungen auslösen. Typisch ist der Zusammenhang von Feinschnittabsatz und Zigarettenabsatz (*Körner/Okada/Waller,* Wirkungen von Tabaksteuererhöhungen, S. 70). Soweit eine Substitution aber aus tatsächlichen oder rechtlichen Gründen nicht möglich ist bzw. durch entsprechende Maßnahmen des Gesetzgebers verhindert wird, haben die Steuererhöhungen einen Konsumrückgang zur Folge (vgl. die ökonomische Interpretation bei *Börsch-Supan/Schnabel,* Volkswirtschaft in fünfzehn Fällen, S. 148 ff.).

rückgang mehr oder weniger deutlich bzw. nachhaltig.[86] Volkswirtschaftliche Studien schätzen die Preiselastizität von Zigaretten in westlichen Industrieländern auf –0,25 bis –0,5.[87] Das bedeutet, dass bei einer Erhöhung der Zigarettenpreise um 1 % die Nachfrage um 0,25 % bis 0,5 % sinkt. Bei Jugendlichen und in sozial niedrigeren Schichten sowie in wirtschaftlich schwächeren Ländern liegt die Preiselastizität zwischen –0,8 und –1,4.[88]

Aus dem Nachfragerückgang resultiert eine Verminderung des gesundheitsgefährdenden Verbrauchs von Tabakwaren in der Form des Rauchens. Dabei sind zwei Wirkungsebenen erkennbar: Die Konsumzurückhaltung befördert einerseits die Gesundheit der Raucher; andererseits dient sie mittelbar dem Schutz der Nichtraucher vor den Gefahren des Passivrauchens. Da es insoweit ausreicht, dass das gesundheitspolitische Ziel gefördert wird, ist es auch nicht erforderlich, dass die Raucher zur völligen Aufgabe des Tabakgenusses gebracht werden.[89]

Die Tabaksteuer ist nur geeignet, wenn sie vom Verbraucher getragen, also auf diesen überwälzt wird. Die zeitgleich mit der Steuererhöhung zum 1.3.2004 vorgenommene Erhöhung der Zigarettenpreise zeigt, dass die Tabaksteuer von Industrie und Handel an die Verbraucher weitergegeben wird.[90] Auch bei einer tatsächlich nur teilweisen Abwälzung wäre die Tabaksteuer nicht schlechthin ungeeignet, sondern nur weniger wirkungsvoll. Unter dem Gesichtspunkt der Geeignetheit abzulehnen wäre die Tabaksteuer nur dann, wenn aufgrund der wirtschaftlichen Verhältnisse eine Überwälzung vom Hersteller auf den Verbraucher überhaupt nicht gelänge und die Tabaksteuer ausschließlich zu einer Verringerung des Nettopreises führte. Hierfür bestehen jedoch keinerlei Anhaltspunkte.

Im Hinblick auf die Geeignetheit der Tabaksteuer mag bedenklich erscheinen, dass diese nicht durchgängig nach gesundheitspolitischen Vorgaben ausgestaltet ist. Insbesondere lässt sie eine differenzierte Steuersatzvariation

---

86 Vgl. die historischen Ausführungen, insbesondere zur Tabaksteuererhöhung 1982, von der sich der Zigarettenabsatz erst im Zuge der deutschen Widervereinigung erholte (2. Teil. A. VII.); krit. zur Nachhaltigkeit von Tabaksteuererhöhungen *Tipke*, StRO II, S. 1081.

87 *Hanewinkel/B. Isensee*, Umsetzung, Akzeptanz und Auswirkungen der Tabaksteuererhöhung vom 1. Januar 2003, S. 6 m. w. N.

88 *Hanewinkel/B. Isensee*, Umsetzung, Akzeptanz und Auswirkungen der Tabaksteuererhöhung vom 1. Januar 2003, S. 6 m. w. N.

89 So aber *F. Kirchhof*, Steuerliche Doppelbelastung, S. 28 f.

90 Vgl. FAZ vom 11.2.2004, S. 11.

nach Schädlichkeit vermissen.[91] Nur in groben Zügen berücksichtigt der Steuertarif die unterschiedliche Schädlichkeit verschiedener Arten von Tabakwaren, indem Zigaretten und Zigarettentabak höher besteuert werden als Zigarren und Pfeifentabak. Das Lenkungsziel könnte mit einem Tabaksteuertarif effizienter erreicht werden, der sich nach der im Einzelfall konkret zu bestimmenden Schädlichkeit (z. B. dem Nikotingehalt) eines Produktes richtet.[92] Eine solche Ausgestaltung mag zwar wünschenswert erscheinen, ihr Fehlen andererseits aber nicht zum Verdikt der Ungeeignetheit führen, da es hierfür ausreicht, wenn die Wahrscheinlichkeit der Zielerreichung steigt.[93] Im Übrigen wäre eine Steuerstaffelung nach Schadstoffgehalt gemeinschaftswidrig.[94]

Im Hinblick auf die Geeignetheit ist auch nicht erforderlich, dass die Steuererhöhung einen dauerhaften Konsumrückgang zur Folge hat.[95] Der Gesetzgeber kann eine Steuererhöhung auch nur in einem Umfang vornehmen, der den Status quo fixieren soll. Folglich konnte der Gesetzgeber unter Ausnutzung des ihm zukommenden Einschätzungsspielraums[96] davon ausgehen, dass zur Verwirklichung der gesundheitspolitischen Zielsetzung des Gesetzgebers, dem Verbrauch von Tabakwaren entgegenzuwirken, die Tabaksteuer ein geeignetes Mittel darstellt.

Dass darüber hinaus keine Änderung des Verbraucherbewusstseins und keine Therapie von Abhängigkeiten[97] durch die Tabaksteuer bewirkt werden, ist evident, im vorliegenden Zusammenhang aber irrelevant. Eine Lenkungssteuer ist schon dann geeignet, wenn sie die Erreichung des Lenkungsziels fördert. Sonstiger erstrebenswerter Wirkungen bedarf es nicht.

Die Tabakbesteuerung erfüllt mithin den gesundheitspolitischen Lenkungszweck, durch den die Doppelbelastung der Raucher gerechtfertigt werden

---

91 Vgl. *F. Kirchhof*, Steuerliche Doppelbelastung, S. 27 f.; *Tipke*, StRO II, S. 1082; *Trzaskalik*, Gutachten E für den 63. DJT (2000), S. E 19 f.

92 Vgl. *J. Lang*, in: Tipke/J. Lang, Steuerrecht, § 8, Rn. 106; kritisch *Schmidt*, StuW 1978, 39, 43; zu dem Parallelfall der Besteuerung alkoholischer Getränke nach dem Alkoholgehalt vgl. *Arndt*, Spezielle Verbrauchsteuern, in: P. Kirchhof/Neumann, Freiheit, Gleichheit, Effizienz, S. 87, 93.

93 Vgl. *Sachs*, in: ders., GG, Art. 20, Rn. 150.

94 *Peters/Bongartz/Schröer-Schallenberg*, Verbrauchsteuerrecht, Rn. K 23; Antwort auf die schriftliche Anfrage des Abgeordneten Amling (SPD), BT-PlPr. 08/70 vom 27.1.1978, S. 5576, Anlage 49.

95 So aber *Peters/Bongartz/Schröer-Schallenberg*, Verbrauchsteuerrecht, Rn. C 31.

96 BVerfGE 25, 1, 12 f.; 30, 250, 263; 39, 210, 230 f.; 96, 10, 23; *Pieroth/Schlink*, Grundrechte, Rn. 287.

97 Vgl. *Trzaskalik*, Gutachten E zum 63. DJT (2000), S. E 25.

kann. Diese Feststellung bezieht sich auf die aktuelle Höhe des Tabaksteuersatzes und gilt nicht für jeden beliebigen Steuersatz. Zur Vermeidung einer Nullaufkommensteuer, die dann keine Steuer im verfassungsrechtlichen Sinne mehr wäre,[98] verbietet sich die beliebige Erhöhung des Tabaksteuersatzes. Dies ist andererseits auch zur Sicherung des Lenkungszwecks zu beachten, da eine übermäßige Erhöhung der Tabaksteuer vermehrten Schmuggel mit billigen oder niedrig besteuerten Waren (oder andere illegale Steuerumgehungen) provozieren würde, die noch dazu bei minderer Qualität ein höheres Gesundheitsgefährdungspotential bergen können.[99] Eine solche Steuer wäre im Hinblick auf den mit ihr verbundenen gesundheitspolitischen Lenkungszweck doppelt kontraproduktiv und in letzter Konsequenz ungeeignet.

bb) Erforderlichkeit

Die Tabaksteuer muss sich als erforderlich erweisen. Dies ist der Fall, wenn der Lenkungszweck nicht durch andere Maßnahmen erreicht werden kann, die gleichermaßen geeignet, aber weniger grundrechtsbeeinträchtigend sind.[100] Der Gesetzgeber ist demnach verpflichtet, das mildeste Mittel gleicher Wirksamkeit einzusetzen.[101]

Die Alternativen zur Tabakbesteuerung sind also zunächst daraufhin zu überprüfen, ob sie gleichermaßen geeignet sind. Hierbei ist zu berücksichtigen, dass die Tabaksteuer den Gesundheitsschutz in doppelter Richtung verwirklicht, nämlich sowohl den Schutz der Raucher als auch den der Nichtraucher fördert. Eine Alternativmaßnahme kann nur dann ein milderes Mittel sein, wenn sie diese gesundheitspolitischen Ziele in gleichem Maße fördert wie die Tabaksteuer. Weiterhin ist zu untersuchen, ob die jeweilige Alternative mit einer geringeren Beeinträchtigung verbunden wäre. Dabei ist von der Grundrechtsposition der Betroffenen auszugehen.[102] Vorliegend sind also die durch die Tabaksteuer belasteten Konsumenten in den Blick zu nehmen und es ist zu fragen, ob sie durch Alternativmaßnahmen weniger beeinträchtigt würden. Maßgebend ist neben dem Grad der Beeinträchtigung

[98] Siehe 1. Teil. B. II. 1. a. E.

[99] Vgl. *Kommission der Europäischen Gemeinschaften,* KOM(2001) 133 endgültig, Teil I, Tz. 4.5.

[100] Vgl. BVerfGE 25, 1, 17 f.; 30, 292, 316; 53, 135, 145 f.; 67, 157, 176; 68, 193, 218 f.

[101] *Sachs,* in: ders., GG, Art. 20, Rn. 152.

[102] Vgl. *Stern,* Staatsrecht, Bd. III/2, S. 781; *Hirschberg,* Der Grundsatz der Verhältnismäßigkeit, S. 65; *Jakobs,* Der Grundsatz der Verhältnismäßigkeit, S. 68.

auch die Zahl der Betroffenen.[103] Daneben ist auf das Maß der Beeinträchtigung Dritter und auf erfolgsirrelevante Nebenwirkungen zu achten.[104]

(1) Produktions-, Import- und Vertriebsverbote

Als Alternative zur Tabakbesteuerung wäre es denkbar, die Produktion, die Einfuhr oder den Vertrieb von Tabakwaren zu verbieten oder mittels Auflagen einzuschränken. Ein Produktionsverbot wäre für sich genommen zum Gesundheitsschutz allerdings weniger geeignet als die Tabakbesteuerung, da dann immer noch importierte Tabakwaren konsumiert werden könnten, von denen anzunehmen ist, dass sie ebenso gesundheitsschädlich sind wie in Deutschland hergestellte Produkte. Um den Tabakkonsum in Deutschland zu unterbinden, müsste daher neben der Herstellung auch die Einfuhr untersagt werden. Ein solches kombiniertes Produktions- und Importverbot dürfte den Tabakkonsum (auch ohne Hinzutreten eines Rauchverbots) zwar wirkungsvoller reduzieren als die Tabakbesteuerung, wäre andererseits aber mit gravierenden Grundrechtseingriffen verbunden. Neben den Herstellern und Importeuren, die von einer solchen Maßnahme direkt betroffen wären, sind Beeinträchtigungen mittelbar auch beim Einzelhandel und den Verbrauchern zu konstatieren. Beeinträchtigt wären die Hersteller zunächst in Art. 14 GG, vorausgesetzt sie besaßen die erforderliche Erlaubnis nach § 9 Abs. 2 TabStG, da sie in ihrem Eigentum stehende Produktionsanlagen, Betriebsgrundstücke, etc. nicht mehr zweckentsprechend verwenden können. Auch wenn im einzelnen umstritten ist, inwieweit das zivilrechtliche Recht am eingerichteten und ausgeübten Gewerbebetrieb im Rahmen des Art. 14 GG geschützt ist[105] und der Schutz des Gewerbebetriebs nach Auffassung des BVerfG nicht weiter reichen kann als der seiner wirtschaftlichen Grundlagen,[106] erfasst der Schutzbereich des Art. 14 GG jedenfalls solche Vorteile, auf deren Fortbestand der Betriebsinhaber vertrauen kann.[107] Unter der Voraussetzung schutzwürdigen Vertrauens gewährt Art. 14 GG ein „Recht auf Fortsetzung des Betriebes im bisherigen Umfange nach den schon getroffenen betrieblichen Maßnahmen."[108] Entsprechend sind auch Importeure von Tabakwaren von einem Importverbot in ihrem Recht aus Art. 14 GG beeinträchtigt.

---

[103] *Sachs,* in: ders., GG, Art. 20, Rn. 152.

[104] Vgl. *Stern,* Staatsrecht, Bd. III/2, S. 781; *Sachs,* in: ders., GG, Art. 20, Rn. 152; *Jakobs,* Der Grundsatz der Verhältnismäßigkeit, S. 72.

[105] Vgl. *Jarass,* in: Jarass/Pieroth, GG, Art. 14 Rn. 10; *Bryde,* in: von Münch/Kunig, Art. 14, Rn. 18 jeweils m. w. N.

[106] BVerfGE 58, 300, 353.

[107] BGHZ 23, 157, 163 ff.

[108] BGHZ 98, 341, 351; *Jarass,* in: Jarass/Pieroth, GG, Art. 14, Rn. 26.

Weiterhin würde ein Produktions- oder Importverbot jeweils die Berufsfreiheit unmittelbar beeinträchtigen. Dem steht nicht entgegen, dass der Begriff des Berufes nach einer in Rechtsprechung und Literatur häufig verwendeten Formulierung auf erlaubte Tätigkeiten begrenzt wird.[109] Würde das gesetzliche Verbot einer bestimmten beruflichen Betätigung aufgrund dieser definitorischen Einschränkung aus dem Schutzbereich herausfallen, hätte dies eine Aushöhlung der Berufsfreiheit zur Folge.[110] Eine Erwerbstätigkeit kann die Eigenschaft als Beruf im Sinne des Art. 12 Abs. 1 S. 1 GG nicht dadurch verlieren, dass sie durch einfaches Gesetz verboten wird.[111] Vielmehr ist das gesetzliche Verbot einer Tätigkeit typischerweise ein Eingriff in Art. 12 GG, der der Rechtfertigung bedarf.

Da ein Herstellungs- bzw. Importverbot gleichermaßen auf schon bestehende Eigentumspositionen einwirkt als auch die berufliche Betätigung, also den Erwerbsvorgang, beeinträchtigt, sind die Schutzbereiche von Art. 12 und Art. 14 GG nebeneinander betroffen und gelangen idealkonkurrierend zur Anwendung.[112]

Eine andere Möglichkeit zur Bekämpfung des Rauchens bestünde darin, die Produktion, den Import und den Großhandel mit Tabakwaren weiterhin zuzulassen und nur den Verkauf an Endverbraucher zu verbieten. Eine derartige Maßnahme wäre ebenfalls als wirkungsvoller als die Tabakbesteuerung einzuschätzen, da sie nicht nur zu einer Verminderung des Konsums von Tabakwaren führen, sondern diesen de facto vollständig unterbinden würde. Grundrechtliche Beschränkungen würden sich hierbei vor allem für die Einzelhändler ergeben. Mittelbar wären aber auch die Hersteller und Importeure sowie die Konsumenten betroffen. Beeinträchtigt wären wiederum die Rechte aus Art. 14 und Art. 12 GG.

Weniger eingriffsintensiv als ein umfassendes Vertriebsverbot sind teilweise Verbote und Auflagen, etwa das Verbot, Tabakwaren an Kinder und Jugendliche zu verkaufen, das in § 10 Abs. 1 JuSchG enthalten ist[113] und die damit korrespondierenden Auflagen für den Automatenverkauf (§ 10 Abs. 2 JuSchG). Gegenüber der Tabakbesteuerung erscheint eine solche Maßnahme zwar zum Schutz von Kindern und Jugendlichen unter 16 Jahren besser geeignet, trägt andererseits aber nicht zum Schutz Jugendlicher ab 16 Jahren

109 BVerfGE 7, 377, 397; BVerwGE 2, 110, 111; 4, 294, 295 f.

110 *Tettinger*, in: Sachs, GG, Art. 12, Rn. 36; *Breuer*, HStR VI, § 147, Rn. 44.

111 BVerwGE 22, 286, 288; 96, 293, 297; 96, 302, 308.

112 Vgl. *Tettinger*, in: Sachs, GG, Art. 12, Rn. 164 f.

113 Anders die bisherige Rechtslage nach § 9 JÖSchG; vgl. zum neuen JuSchG schon oben 2. Teil. C. III. Fn. 367.

und Erwachsener bei. Die Maßnahme ist daher allenfalls in Verbindung mit anderen Vorkehrungen geeignet, den Tabakkonsum in der Bevölkerung insgesamt zu bekämpfen.

(2) Produktstandards

Gesundheitsschützende Maßnahmen können ferner darin bestehen, bestimmte Produktstandards für Tabakwaren zu etablieren. Der deutsche Gesetzgeber hat basierend auf einer EG-Richtlinie in der Tabakprodukt-Verordnung[114] zu diesem Zweck Schadstoffhöchstmengen für Tabakwaren festgelegt. § 2 Tabakprodukt-Verordnung beschränkt bei Zigaretten den Teergehalt auf 10 Milligramm, den Nikotingehalt auf 1,0 Milligramm und den Kohlenmonoxidgehalt auf 10 Milligramm je Zigarette. Im Unterschied zur Tabakbesteuerung ist diese Regelung nur geeignet, die Schädlichkeit der konsumierten Zigaretten zu vermindern, ohne dass jedoch das Ausmaß des Konsums zurückgeführt würde. Selbst wenn Höchstmengen neben Zigaretten de lege ferenda auch für andere Tabakwaren eingeführt würden, hätte die Maßnahme daher nicht den gleichen Wirkungsgrad wie die Tabakbesteuerung. Diese Erkenntnis gilt ebenso in Bezug auf Beschränkungen im Bereich von Zusatzstoffen. Zusatzstoffe sind nach § 1 Nr. 5 Tabakprodukt-Verordnung bei der Herstellung oder Zubereitung eines Tabakerzeugnisses verwendete und im Endprodukt, auch in veränderter Form, noch vorhandene Stoffe oder Bestandteile, einschließlich Papier, Filter, Druckerschwärze und Klebstoffe, jedoch mit Ausnahme des Tabakblattes und anderer natürlicher oder nicht verarbeiteter Teile der Tabakpflanze. Hersteller und Einführer von Tabakerzeugnissen sind nach § 5 Tabakprodukt-Verordnung verpflichtet, die Zusatzstoffe der zuständigen Behörde zu melden und die Funktion und die gesundheitliche und ggf. süchtig machende Wirkung dieser Stoffe zu erläutern. Auf der Grundlage der Tabakprodukt-Verordnung erfolgt eine Information der Verbraucher über diese Zusatzstoffe durch das Bundsministerium für Verbraucherschutz, Ernährung und Landwirtschaft.[115] Zukünftig soll die Kommission der Europäischen Gemeinschaften auf der Basis derartiger Angaben aus den Mitgliedstaaten eine gemeinsame Liste zugelassener Inhaltsstoffe erarbeiten. Sofern auf diesem Weg in Zukunft eine Beschränkung von Zusatzstoffen erreicht wird, wird dies zur Verminderung der Gesundheitsschädlichkeit des Rauchens beitragen. Wenn süchtig machende Zusatzstoffe

---

[114] Tabakprodukt-Verordnung vom 20.11.2002, BGBl. I 2002, S. 4434, durch die die Richtlinie 2001/37/EG vom 5.6.2001 zur Angleichung der Rechts- und Verwaltungsvorschriften der Mitgliedstaaten über die Herstellung, die Aufmachung und den Verkauf von Tabakerzeugnissen umgesetzt wurde.

[115] § 5 Abs. 3 Tabakprodukt-Verordnung.

verboten werden, dürfte sich ein Konsumrückgang ergeben, soweit der Verbrauch Ausdruck eines Suchtverhaltens ist. Die Besteuerung wirkt demgegenüber dem Konsum von Tabakerzeugnissen unabhängig von den Beweggründen für das Rauchen (Sucht, Genuss, Gewohnheit, etc.) entgegen und kann durch Maßnahmen zur Beschränkung der Inhaltsstoffe ergänzt aber nicht ersetzt werden.

(3) Rauchverbote

Eine mögliche Alternative zur Tabakbesteuerung ist die Beschränkung des Tabakkonsums durch das Ordnungsrecht in Form von Rauchverboten. Rauchverbote dürften, da mit einer konkreten Verhaltensanweisung verbunden, die wirkungsvollste Maßnahme sein, um den Tabakkonsum ganz oder teilweise zu beschränken. Beispielhaft sei auf die folgenden gesetzliche Rauchverbote bzw. Regelungen, die die Anordnung von Rauchverboten durch Dritte erforderlich machen, hingewiesen:

- Kindern und Jugendlichen unter 16 Jahren darf das Rauchen in der Öffentlichkeit nicht gestattet werden (§ 10 Abs. 1 JuSchG).
- Im Bereich des Arbeitsschutzes muss der Arbeitgeber sicherstellen, dass in den Arbeitsräumen während der Arbeitszeit ausreichend gesundheitlich zuträgliche Atemluft vorhanden ist (§ 5 ArbStättV). Stark mit Tabakrauch angereicherte Luft erfüllt diese Voraussetzung nicht,[116] so dass der Arbeitgeber zu einem Rauchverbot verpflichtet sein kann. Diese Regelung ist konkretisiert durch die ausdrückliche gesetzliche Verpflichtung des Arbeitgebers, die erforderlichen Maßnahmen zu treffen, damit die nichtrauchenden Beschäftigten in Arbeitsstätten wirksam vor den Gesundheitsgefahren durch Tabakrauch geschützt sind (§ 3a Abs. 1 ArbStättV).
- Taxifahrern ist das Rauchen nur gestattet, wenn die Fahrgäste zustimmen. In als „Nichtraucher" gekennzeichneten Fahrzeugen ist ihnen das Rauchen ausnahmslos untersagt (§§ 8 Abs. 5; 26 Abs. 2 der Verordnung über den Betrieb von Kraftfahrunternehmen im Personenverkehr – BOKraft -). Fahrer von Linienbussen dürfen während der Beförderung von Fahrgästen generell nicht rauchen (§ 8 Abs. 3 Nr. 2 BOKraft).
- Fahrgästen ist in den Nichtraucherzonen von Linienbussen und in Nichtrauchertaxen das Rauchen untersagt (§§ 14 Abs. 2; 24; 26 Abs. 2 BOKraft).

---

[116] BVerfG NJW 1998, 2961, 2962.

- Nach § 14 der Eisenbahn-Verkehrsordnung ist in jedem Zug für jede Wagenklasse eine angemessene Zahl von Wagen oder Abteilen für Nichtraucher vorzuhalten.
- In Straßenbahnen ist es Fahrgästen nicht gestattet, in Nichtraucher-Fahrgasträumen zu rauchen (§ 59 Abs. 2 der Verordnung über den Bau und Betrieb von Straßenbahnen).

Anders als der Tabaksteuer kommt solchen Regelungen aber nicht zwangsläufig eine Doppelwirkung zugunsten der Gesundheit von Rauchern und Nichtrauchern zu. Rauchverbote, die nur räumlich begrenzt bestehen, dienen im Wesentlichen nur dem Schutz der Nichtraucher. Sie sind daher zum Schutz der Volksgesundheit, die die Gesundheit der Raucher einschließt, weniger geeignet als die Tabakbesteuerung. Um auch die Gesundheit der Raucher zu schützen, müssten die Verbote über Rauchverbote in der Öffentlichkeit hinausgehen und auch im privaten Lebensbereich gelten, so dass nicht nur eine örtliche Konsumverlagerung, sondern ein Konsumverzicht erreicht wird.

Rauchverbote greifen unmittelbar in die allgemeine Handlungsfreiheit der Raucher ein (Art. 2 Abs. 1 GG).[117] Sofern der Erwerb von Tabakwaren trotz Rauchverbot legal bleibt, werden die Konsumenten als Eigentümer von Tabakwaren vorrangig in ihrem Recht auf Eigentumsnutzung (Art. 14 GG) betroffen.[118] Daneben betreffen sie faktisch die Unternehmer in der Tabakbranche in ihren Rechten aus Art. 12 und Art. 14 GG. Jedenfalls ein Rauchverbot, das sich auch auf private Räume erstreckt, würde einen intensiven Eingriff in die durch Art. 2 Abs. 1 und Art. 13 Abs. 1 GG gewährten Grundrechte der allgemeinen Handlungsfreiheit und der Wohnungsfreiheit bedeuten. Um seiner Durchsetzbarkeit willen müsste ein Rauchverbot zudem mit straf- oder ordnungswidrigkeitenrechtlichen Sanktionen bewehrt sein, wodurch in letzter Konsequenz auch ein Eingriff in die körperliche Bewegungsfreiheit, die durch Art. 2 Abs. 2 S. 2 GG geschützt ist, vorläge. In Betracht kommen auch deliktsrechtliche Sanktionen, sofern das Rauchverbot als Schutzgesetz zugunsten der Nichtraucher im Sinne des § 823 Abs. 2 BGB anzusehen ist. Gegenüber solchen ordnungsrechtlichen Maßnahmen, mit denen das Verhalten der Raucher unmittelbar gelenkt wird, stellt die Tabaksteuer das mildere Mittel dar, da sie den Konsum von Tabakwaren nur mittelbar beschränkt. Statt einer konkreten Verhaltensanweisung wirkt die Tabaksteuer nur als indirekt vermittelte Verhaltensempfehlung.

---

[117] BayVerfGH BayVBl. 1988, 108, 110; *Jahn*, DÖV 1989, 850, 853 ff.

[118] *Fischer*, Die Zulässigkeit aufgedrängten staatlichen Schutzes vor Selbstschädigung, S. 65 f.

(4) Werbebeschränkungen und Werbeverbote

Neben Rauchverboten kommen ordnungsrechtliche Maßnahmen in Betracht, die nur die Hersteller unmittelbar treffen. Zu nennen sind insbesondere Beschränkungen im Bereich der Werbung. In Deutschland ist nach § 22 Abs. 1 LMBG die Fernsehwerbung für Tabakerzeugnisse verboten.[119] Außerdem bestehen Einschränkungen hinsichtlich des Inhaltes von Tabakwerbung in anderen Medien (§ 22 Abs. 2 LMBG). Darüber hinaus verbietet eine EU-Tabakwerberichtlinie u. a. die Werbung für Tabakerzeugnisse in der Presse sowie das Sponsoring von Veranstaltungen zugunsten von Tabakerzeugnissen.[120]

Allerdings steht keineswegs fest, dass derartige Maßnahmen in gleicher Weise wie die Besteuerung geeignet sind, das Konsumverhalten der Raucher entsprechend zu beeinflussen. Gerade gegen die Wirksamkeit von Werbeverboten, auch solcher, die gegenüber der gegenwärtigen Rechtslage die Tabakwerbung umfassend verbieten würden, werden in der Literatur erhebliche Bedenken angemeldet.[121] Insbesondere wird geltend gemacht, die Tabakwerbung bewirke keine Steigerung des Gesamtkonsums, sondern – auch bei Jugendlichen – nur eine Veränderung der Marktanteile einzelner Hersteller und Marken, in der Vergangenheit etwa von stärkeren Zigaretten hin zu leichteren Zigaretten.[122] Im Umkehrschluss wird daher argumentiert, könne auch ein Werbeverbot nur wenig zur Reduzierung des Konsums beitragen. Es ist daher zu bezweifeln, ob selbst ein umfassendes Werbeverbot gleichermaßen geeignet wie die Tabaksteuer ist.

Ein solches Werbeverbot greift – wie bereits derzeit das medienbezogene Werbeverbot des § 22 Abs. 1 LMBG und die inhaltlichen Werberestriktionen

---

[119] Vgl. auch Richtlinie 89/552/EWG, ABl. L 298 vom 17.10.1989, S. 23.

[120] Richtlinie 2003/33/EG des Europäischen Parlaments und des Rates vom 26.5.2003 zur Angleichung der Rechts- und Verwaltungsvorschriften der Mitgliedstaaten über Werbung und Sponsoring zugunsten von Tabakerzeugnissen, ABl. L 152 vom 20.6.2003, S. 16. Gegen diese Richtlinie haben die Bundesrepublik Deutschland und die Nürburgring GmbH Klagen eingereicht, vgl. ABl. C 275 vom 15.11.2003, S. 31 bzw. 48. Die erste Tabakwerberichtlinie (Richtlinie 98/43/EG vom 6.7.1998, ABl. L 213 vom 30.7.1998, S. 9), hatte der EuGH in seiner Entscheidung C-376/98 vom 5.10.2000 für nichtig erklärt.

[121] *Selmer,* in: FS für Vogel, S. 405, 423; *Ossenbühl,* ZLR 1999, 107, 118 ff.; *F. Kirchhof/Frick,* AfP 1991, 677, 680; *Kreile/Rahn,* ZUM 1998, 820, 829; *Ackermann,* WRP 1998, 665, 670; *Meyer,* Produktspezifische Werbeberegelungen, S. 32 ff.; *Nagel,* Werbeverbote, S. 150 ff.; *Zapka,* RIW 1990, 132, 136.

[122] Vgl. *Nagel,* Werbeverbote, S. 151 ff.; *Zapka,* RIW 1990, 132, 136; *Ossenbühl,* ZLR 1999, 107, 118 f.; *Kevekordes,* Tabakwerbung, S. 80 f.

gemäß § 22 Abs. 2 LMBG – in die Berufsausübungsfreiheit (Art. 12 Abs. 1 GG) der werbenden Unternehmer (Tabakindustrie) und der die Werbung durchführenden Unternehmer (Werbeagenturen, Zeitungen, etc.) ein.[123] Dabei stellt das Fernsehwerbeverbot des § 22 Abs. 1 LMBG gegenüber der inhaltlichen Werbebeschränkung des § 22 Abs. 2 LMBG die intensivere Grundrechtsbeeinträchtigung dar. Werberegelungen können darüber hinaus in die Eigentumsfreiheit (Art. 14 GG) eingreifen. Es können das Eigentum an den beworbenen Tabakwaren und den Werbemitteln, die diesbezüglichen gewerblichen Schutzrechte und andere Eigentumspositionen der betroffenen Unternehmen beeinträchtigt sein.[124] Werberegelungen beeinträchtigen weiterhin die Freiheit der Meinungsäußerung und Meinungsverbreitung (Art. 5 Abs. 1 S. 1, 1. Halbsatz GG).[125] Denn auch die kommerzielle Werbung gehört zum Schutzbereich dieses Grundrechts, jedenfalls dann, wenn sie einen wertenden, meinungsbildenden Inhalt hat oder Angaben enthält, die der Meinungsbildung dienen.[126] Werbebeschränkungen berühren darüber hinaus die Informationsfreiheit des Werbungsadressaten (Art. 5 Abs. 1 S. 1, 2. Halbsatz GG), da dessen Recht, sich aus allgemein zugänglichen Quellen zu unterrichten, beeinträchtigt wird.[127] Betroffen von Werbebeschränkungen ist ferner die Pressefreiheit (Art. 5 Abs. 1 S. 2, 1. Variante GG),[128] deren Schutzbereich sich auch auf den Anzeigenteil von Presseerzeugnissen erstreckt.[129] Dies gilt entsprechend für die Rundfunkfreiheit (Art. 5 Abs. 1 S. 2, 2. Variante GG) und die Filmfreiheit (Art. 5 Abs. 1 S. 2, 3. Variante GG).[130] Außerdem liegt eine Ungleichbehandlung vor, wenn man davon ausgeht, dass zwischen der Tabakindustrie als Adressat werbebeschränken-

---

123 Vgl. *Meyer,* Produktspezifische Werberegelungen, S. 29 ff.; *Nagel,* Werbeverbote, S. 147 ff.; *F. Kirchhof/ Frick,* AfP 1991, 677, 681.

124 Vgl. *Meyer,* Produktspezifische Werberegelungen, S. 41 ff.; *F. Kirchhof/Frick,* AfP 1991, 677, 681; *Ackermann,* WRP 1998, 665, 670; ebenso in Bezug auf ein Verbot indirekter Werbung *Kevekordes,* Tabakwerbung S. 130; a. A. hinsichtlich der Beschränkung direkter Werbung *ders.,* a. a. O., S. 33 ff.

125 Vgl. *Meyer,* Produktspezifische Werberegelungen, S. 48 ff.; *Nagel,* Werbeverbote, S. 161 ff.; *F. Kirchhof/Frick,* AfP 1991, 677, 679.

126 BVerfGE 71, 162, 175; 95, 173, 182; 102, 347, 359; *Pieroth/Schlink,* Grundrechte, Rn. 551; *Bethge,* in: Sachs, GG, Art. 5, Rn. 25a.

127 Vgl. *Meyer,* Produktspezifische Werberegelungen, S. 64 ff.; *F. Kirchhof/Frick,* AfP 1991, 677, 679.

128 Vgl. *Meyer,* Produktspezifische Werberegelungen, S. 70 ff.; *Nagel,* Werbeverbote, S. 165 ff.; *F. Kirchhof/Frick,* AfP 1991, 677, 680 f.

129 BVerfGE 21, 271, 278; 64, 108, 114; 102, 347, 359; *Bethge,* in: Sachs, GG, Art. 5, Rn. 85; *Wendt,* in: von Münch/Kunig, GG, Art. 5, Rn. 32.

130 Vgl. *Meyer,* Produktspezifische Werberegelungen, S. 74 ff.; *Nagel,* Werbeverbote, S. 171 ff.

der Normen und Herstellern anderer Verbrauchsgüter, die keinen derartigen Beschränkungen unterliegen, keine diese differenzierende Behandlung rechtfertigenden Unterschiede bestehen.[131]

(5) Aufdruck von Warnhinweisen und Angaben zu schädlichen Inhaltsstoffen auf Verpackungen

Neben das Werbeverbot treten im geltenden Recht aufklärende Maßnahmen, so das Aufdrucken von Warnhinweisen auf den Verpackungen von Tabakwaren und die Angabe der schädlichen Inhaltsstoffe. Regelungen dazu treffen die §§ 6-8 Tabakprodukt-Verordnung.[132] Die Warnhinweise auf der Vorderseite der Verpackung, denen die Worte „Die EG-Gesundheitsminister:" voranzustellen sind lauten: „Rauchen ist tödlich" oder alternativ „Rauchen kann tödlich sein" und sind abwechselnd mit dem Hinweis „Rauchen fügt Ihnen und den Menschen in Ihrer Umgebung erheblichen Schaden zu" zu verwenden. Für die Rückseite der Verpackung sind in der Anlage zu § 7 Abs. 2 Tabakprodukt-Verordnung 14 verschiedene Warnhinweise vorgesehen, die ebenfalls abwechselnd zu verwenden sind.

Der Aufdruck von Warnhinweisen ist für sich genommen eine geeignete Maßnahme zum Schutz der Bevölkerung vor den Gesundheitsgefahren des Rauchens. Jedenfalls kann davon ausgegangen werden, dass ohne Warnhinweise der Tabakkonsum in der Bevölkerung noch weiter verbreitet wäre. Die Verpflichtung der Tabakhersteller zum Anbringen der Warnhinweise ist aber als weniger wirksam als ein Werbeverbot einzuschätzen[133] und erst recht weniger geeignet als die Tabakbesteuerung.

Auch das Anbringen von Warnhinweisen auf den Verpackungen von Tabakwaren ist als verhältnismäßig mildes Mittel einzuordnen.[134] Staatliche Warnungen können in Art. 2 Abs. 1 GG schon dann eingreifen, wenn sie nicht auf Verpackungen von Herstellern angebracht werden, sondern von staatlichen Stellen mit eigenen Mitteln verbreitet werden.[135] Die Verpflichtung zum Aufdruck von Warnhinweisen beeinträchtigt die Eignung der Verpackung als Werbeträger. Insofern ist die Meinungsfreiheit gemäß Art. 5

---

[131] Eine Ungleichbehandlung annehmend *Meyer,* Produktspezifische Werberegelungen, S. 87 ff.; a. A. *Nagel,* Werbeverbote, S. 180 ff.

[132] Zuvor geregelt in §§ 2 und 3 der Verordnung über die Kennzeichnung von Tabakerzeugnissen und über die Höchstmengen von Teer im Zigarettenrauch (TabKTHmV) vom 29.10.1991 (BGBl. I S. 2053).

[133] Vgl. *Huster,* JuS 2002, 262, 263.

[134] *Selmer,* FS für Vogel, S. 405, 424 ff.

[135] Vgl. BVerfG NJW 1989, 3269; BVerwGE 87, 37; 82, 76, 79; *Murswiek,* in: Sachs, GG, Art. 2, Rn. 87; *Pieroth/Schlink,* Grundrechte, Rn. 246.

Abs. 1 S. 1, 1. Halbsatz GG beeinträchtigt.[136] Außerdem wird das Eigentumsrecht der Hersteller beschränkt, da sie ihre Tabakerzeugnisse nicht ohne den entsprechenden Warnhinweis verkaufen dürfen. Die Verpflichtung zum Aufdruck von Warnhinweisen schreibt den Herstellern die Art und Weise der Berufsausübung in einem bestimmten Teilbereich – der Verpackungsgestaltung – vor, beeinträchtigt also die Berufsfreiheit.[137] Je nach Intensität und vor allem in Abhängigkeit von den Auswirkungen auf das Verbraucherverhalten können Warnungen zudem auf die Berufswahl zurückwirken. Dies wäre etwa der Fall, wenn die Zigarettenherstellung aufgrund der Warnungen unwirtschaftlich würde und deshalb der Beruf des Zigarettenherstellers nicht mehr Grundlage der Lebensführung sein könnte.[138] Aber schon dann, wenn wie bei Tabakwaren die Warnung vor einem Produkt mit dem Ziel erfolgt, eine Absatzminderung zu bewirken, ist die Berufsfreiheit betroffen.[139] Gegenüber einem Werbeverbot und inhaltlichen Werbebegrenzungen bedeuten die Warnhinweise einen milderen Eingriff.[140] Dies gilt auch im Vergleich mit der Tabakbesteuerung. Darauf kommt es wegen der geringeren Eignung von Warnhinweisen aber nicht mehr an.

(6) Vorgaben für die Bezeichnung von Tabakwaren

Nach § 9 Tabakprodukt-Verordnung ist es unzulässig, auf der Verpackung von Tabakwaren durch Begriffe, Namen, Marken und bildliche oder sonstige Zeichen den Eindruck zu erwecken, das betreffende Tabakerzeugnis sei weniger schädlich als andere. Dadurch soll Fehlvorstellungen der Verbraucher über die Gefahren des Rauchens, die durch Bezeichnungen wie z. B. „leicht" oder „mild" die im Widerspruch zu den aufzudruckenden Warnhinweise stehen, vorgebeugt werden. Der Regelung kommt neben der Verpflichtung zum Aufdruck von Warnhinweisen ergänzende Funktion zu. Sie dürfte neben den Warnhinweisen kaum eigenständige Wirkung entfalten und bleibt daher hinsichtlich der Eignung zur Bekämpfung des Tabakkonsums ebenfalls hinter der Tabaksteuer zurück.

---

[136] A. A. in Bezug auf § 3 Abs. 1 Nr. 1 und 2 TabKTHmV BVerfGE 95, 173, 182 f.: Nicht die negative Meinungsfreiheit, sondern nur die Berufsausübung werde berührt, da erkennbar sei, dass nicht die Meinung des Herstellers wiedergegeben werde („Die EG-Gesundheitsminister: ... "). Krit. zu dieser Entscheidung *Di Fabio,* NJW 1997, 2863; vgl. ferner *F. Kirchhof/Frick,* AfP 1991, 677, 679; *Zapka,* RIW 1990, 132, 137.

[137] BVerfGE 95, 173, 182 ff.; *F. Kirchhof/Frick,* AfP 1991, 677, 681.

[138] Vgl. BVerfGE 13, 181, 187; 16, 147, 163 und 165.

[139] Vgl. BVerwGE 87, 37, 42 f.; *Di Fabio,* JuS 1997, 1, 6.

[140] BVerfGE 95, 173, 186 f.; *Meyer,* Produktspezifische Werberegelungen, S. 62, Fn. 193

(7) Aufklärungskampagnen

Aufklärungsmaßnahmen, z. B. in Form von Antiraucherkampagnen, sind die am wenigsten grundrechtsbeeinträchtigende Maßnahme zum Gesundheitsschutz.[141] Informations- und Aufklärungsmaßnahmen greifen nicht in die allgemeine Handlungsfreiheit ein.[142] Denkbar ist, dass sie in Einzelfällen in Art. 12 Abs. 1 GG eingreifen,[143] wenn sie eine objektiv berufsregelnde Tendenz erkennen lassen.[144] Insgesamt erweisen sich solche Maßnahmen gegenüber der Besteuerung als weniger grundrechtsbeeinträchtigend; sie sind ein milderes Mittel. Allerdings dürfte die Wirksamkeit von Informationsmaßnahmen hinter der der steuerlichen Lenkung zurückbleiben. Dies zeigt sich daran, dass diese Informationskampagnen schon Jahrzehnte andauern, der Großteil der aktiven Raucher über die gesundheitlichen Gefahren also schon informiert ist und trotzdem den Konsum fortsetzt. Angesichts der Bedeutung des gesundheitspolitischen Ziels sind Informationsmaßnahmen wegen ihres geringen Wirkungsgrades keine gleichwertige Alternative zur Besteuerung von Tabakwaren.

(8) Ergebnis

Mangels gleichermaßen geeigneter und weniger beeinträchtigender Alternativen ist die Tabaksteuer ein erforderliches Mittel zum Gesundheitsschutz. Die Höhe des Tabaksteuersatzes lässt sich nicht durch das Kriterium der Erforderlichkeit bestimmen. Da ein kausaler Zusammenhang besteht zwischen der Höhe der steuerlichen Belastung und der Lenkungswirkung, wird der Gesetzgeber den Tabaksteuersatz unter Berücksichtigung der erstrebten Lenkungsintensität festlegen. Insofern entscheidet sich die Höhe des Tabaksteuersatzes nach dem Lenkungsziel. Dies gilt selbst dann, wenn der Gesetzgeber die Tabaksteuer aus fiskalischen Gründen erhöht, um zusätzliche Steuereinnahmen zu generieren. In solchen Fällen erweist sich entweder, dass die Erhöhung entgegen dem Willen des Gesetzgebers zu einer Verbrauchsminderung und damit ggf. zu niedrigeren Steuereinnahmen führt; die Erhöhung der Steuer ist dann zu Erreichung dieses verbrauchsmindernden Effekts auch erforderlich. Kommt es zu keinem Verbrauchsrückgang kann argumentiert werden, dass die Erhöhung erforderlich war, um das er-

---

141 *Selmer,* in: FS für Vogel, S. 405, 424.

142 *Murswiek,* in: Sachs, GG, Art. 2, Rn. 87; *Kunig,* in: von Münch/Kunig, GG, Art. 2, Rn. 18.

143 BVerwGE 71,183, 189 ff.; 87, 37, 42; *Kunig,* in: von Münch/Kunig, GG, Art. 12, Rn. 43a; *Tettinger,* in: Sachs, GG, Art. 12, Rn. 72; *Manssen,* in: von Mangoldt/Klein/Starck, Art. 12, Rn. 82 ff.

144 Siehe oben 1. Teil. A. III. 2.

reichte Lenkungsniveau zu halten. Dass die primäre Intention des Gesetzgebers fiskalischer Natur ist, steht der Erforderlichkeit nicht entgegen, solange grundsätzlich mit der Tabaksteuer eine gesundheitspolitische Lenkungsintention verbunden ist, die auch dann noch Legitimationskraft besitzt, wenn andere Lenkungsziele oder auch fiskalische Interessen hinzutreten.

cc) Angemessenheit

Die Tabaksteuer ist als angemessen zu werten, wenn sich die bewirkte steuerliche Belastung angesichts des Lenkungsziels als verhältnismäßig erweist. Der Lenkungszweck (Gesundheitsschutz) ist gegen die Abweichung vom Leistungsfähigkeitsprinzip abzuwägen. Die steuerliche Ungleichbehandlung gegenüber anderen Konsumenten muss den Rauchern zumutbar sein. Die wirtschaftlichen Grundgesetzlichkeiten bedingen, dass mit zunehmender Verteuerung von Tabakwaren die Nachfrage entsprechend der Elastizität abnimmt. Dieser Effekt ist nur um den Preis der steuerlichen Ungleichbelastung zu haben. Es besteht daher ein kausaler Zusammenhang zwischen der durch die Tabaksteuer bewirkten Ungleichbehandlung der Konsumenten und der aus gesundheitspolitischen Erwägungen bezweckten Verhaltensänderung. Der gesundheitspolitischen Zielsetzung wird um so besser entsprochen, je weiter der Tabakkonsum reduziert wird. Die Nachfrage nach Tabakwaren sinkt mit zunehmender steuerbedingter Verteuerung verbunden mit wachsender Ungleichbelastung.

Der Anteil der Tabaksteuer am Kleinverkaufspreis von Zigaretten lag im dritten Quartal 2003 bei 63,32 %; zusammen mit der Umsatzsteuer ergibt sich eine Gesamtbelastung in Höhe von 77,11 % des Kleinverkaufspreises.[145] Gegenüber Konsumenten, die nur mit Umsatzsteuer belastet sind, wird der Zigarettenraucher durch Tabak- und Umsatzsteuer folglich 5,6 mal so stark belastet. Neben dieser Ungleichbelastung hat die Belastungswirkung der Tabaksteuer einen im Rahmen der Abwägung zu berücksichtigenden Eingriff in das Eigentumsrecht der Konsumenten zur Folge.[146] Die allgemeine verbrauchshemmende Lenkungswirkung der Tabaksteuer beeinträchtigt zudem die allgemeine Handlungsfreiheit der Verbraucher und die Berufsfreiheit der Unternehmer in der Tabakwarenbranche.[147] Die besonderen Gestaltungswirkungen berühren die Wettbewerbsfreiheit auf dem Tabaksektor.[148] Wie noch zu zeigen sein wird, können jedoch sämtliche Eingriffe der Tabaksteuer in Freiheitsrechte mit guten Gründen gerechtfertigt werden,

---

[145] Die Tabak Zeitung vom 21.11.2003, S. 2.
[146] Siehe unten 2. Teil. F. I. 2. a).
[147] Siehe unten 2. Teil. F. III. 1. a).
[148] Siehe unten 2. Teil. F. II. 1.

so dass letztlich eine Grundrechtsverletzung ausscheidet. Ferner überschreitet die Tabaksteuerbelastung nicht die äußerste Grenze der absoluten Leistungsfähigkeit der Steuerpflichtigen, wie der Absatz von 145,1 Milliarden Fabrikzigaretten im Jahr 2002 zeigt.[149] Auch hinsichtlich der Regressivität der Belastungswirkung der Tabaksteuer ist die Grenze des Zumutbaren nicht überschritten. Im Rahmen der Tabaksteuer wird den Unterschieden in der Leistungsfähigkeit der Steuerpflichtigen durch den geringeren Steuersatz für Feinschnitt Rechnung getragen.[150] Im Übrigen kann davon ausgegangen werden, dass die Regressionseffekte der Tabaksteuer (wie auch anderer indirekter Steuern) bei der Einkommensteuer kompensiert werden. Die von der Tabaksteuer bewirkte Ungleichbelastung der Konsumenten ist nach alledem als zweckangemessen zu werten.

d) Ergebnis

Die Doppelbelastung der Raucher mit Tabak- und Umsatzsteuer ist gleichheitsrechtlich durch die bezweckte gesundheitspolitische Lenkung gerechtfertigt. Die Tabaksteuer wirkt dem Tabakkonsum in der Bevölkerung entgegen und fördert die Volksgesundheit. Zum Schutz dieses wichtigen Gemeinschaftsgutes ist die Tabaksteuer geeignet und mangels gleichermaßen geeigneter, aber weniger grundrechtsbeeinträchtigender Maßnahmen auch erforderlich. Der Lenkungszweck hält einer Abwägung gegen die Abweichung vom Leistungsfähigkeitsprinzip stand. Die doppelte Belastung der Tabakwarenkonsumenten erweist sich als eine insgesamt verhältnismäßige Lenkungsmaßnahme.

II. Produktspezifische Unterschiede der Tabaksteuerbelastung

Wie bereits gezeigt wurde,[151] variiert die Tabaksteuerbelastung je nach Art der Ware. So wird der Konsum von Zigaretten wesentlich höher besteuert als der von Zigarren oder Zigarillos.[152] Der Vergleich des Steuertarifs für Rauchtabake zeigt, dass bei Feinschnitt ein höherer Steuertarif zur Anwendung kommt als bei Pfeifentabak.[153] Andere Tabakwaren wiederum, nämlich Kau- und Schnupftabake, sind von der Tabaksteuer völlig ausgenommen. Damit stellt sich die Frage der Steuergerechtigkeit nicht nur bei der Gegen-

---

[149] Gemessen anhand der versteuerten Menge, vgl. *Statistisches Bundesamt,* Statistisches Jahrbuch 2003, S. 564.
[150] Siehe dazu 2. Teil. E. II. 2. b).
[151] Siehe oben 2. Teil. A. II. 2.
[152] Vgl. § 4 Abs. 1 Nr. 1 i. V. m. Nr. 2.
[153] Vgl. § 4 Abs. 1 Nr. 3.

überstellung des Verbrauchs von Tabakwaren und anderen Konsumgütern, sondern auch im Vergleich der Tabakwaren untereinander.

Auch die Festlegung des Steuersatzes wird von der gesetzgeberischen Gestaltungsfreiheit grundsätzlich umfasst.[154] Dies bedeutet, dass nicht nur das „Ob“ einer besonderen Verbrauchsteuer, sondern auch das „Wie“ von einem Lenkungszweck gerechtfertigt sein kann. Die Belastungsdifferenzen sind im Rahmen einer gleichheitsrechtlichen Prüfung miteinander zu vergleichen. Der die Steuer legitimierende Zweck muss das Maß der Verschiedenbehandlung einer bestimmten Gruppe von Steuerpflichtigen rechtfertigen.[155]

Die Besteuerung von Tabak richtet sich nach der Art und Weise des Konsums (Rauchen, Kauen, Schnupfen) einerseits und der Einordnung der Tabakwaren als Zigaretten, Zigarren, Feinschnitt oder Pfeifentabak anhand objektiver Kriterien andererseits. Für diese Differenzierung lässt sich ein in der Natur der Sache liegender Grund nicht finden. Vielmehr erscheint es willkürlich, wenn für die Besteuerung danach unterschieden wird, ob ein bestimmter Tabak z. B. in einer Pfeife oder als selbstgedrehte Zigarette rauchbar ist. Differenzierungskriterium (Tertium comparationis)[156] müsste statt dessen die Leistungsfähigkeit der Raucher sein. Der Gleichheitssatz verfolgt einen personenbezogenen Schutzzweck.[157] Da Differenzierungsziel und Differenzierungskriterium aufeinander bezogen sein müssen,[158] ist die Frage der Ungleichbehandlung nicht nach sachlichen Kriterien (äußere Form des Konsums bzw. der Tabakwaren), sondern anhand personenbezogener Merkmale zu entscheiden, hier also nach der Leistungsfähigkeit. Was die Leistungsfähigkeit der Verbraucher anbelangt, erweisen sich die vom Tabaksteuergesetz erfassten Verbrauchsakte[159] als wesentlich gleich.

Nur hinsichtlich der Begünstigung des Feinschnitt gegenüber Zigaretten kann argumentiert werden, dass dadurch im Binnenbereich der Tabaksteuer dem Leistungsfähigkeitsprinzip zur Geltung verholfen würde.[160] Die Begünstigung von Zigarren und Pfeifentabak und die Befreiung von Kau- und Schnupftabak kann dagegen nicht auf das Leistungsfähigkeitsprinzip zu-

---

[154] BVerfGE 85, 238, 244.
[155] BVerfGE 85, 238, 245.
[156] Vgl. *Gubelt,* in: von Münch/Kunig, GG, Art. 3, Rn. 16.
[157] *Osterloh,* in: Sachs, GG, Art. 3, Rn. 29.
[158] *Rüfner,* in: BK-GG, Art. 3 Abs. 1, Rn. 29.
[159] Also der Konsum von Zigaretten, Zigarren, Zigarillos, Feinschnitt und Pfeifentabak, aber auch der nicht im Tabaksteuergesetz geregelte Verbrauch von Kau- und Schnupftabak.
[160] Zur Rechtfertigung der Begünstigung des Feinschnitts siehe unten 2. b).

rückgeführt werden.[161] Davon ausgehend, dass sich die Leistungsfähigkeit im Konsum manifestiert, und der Wert der konsumierten Güter folglich das Maß der Leistungsfähigkeit wiederspiegelt, ist zu folgern, dass im Konsum teurer Tabakwaren ein höheres Maß an Leistungsfähigkeit zum Ausdruck kommt als beim Verbrauch billiger Produkte. Um diesen Abstufungen im Maß der Leistungsfähigkeit gerecht zu werden, müssten typischerweise billige Tabakwaren, z. B. die meisten Zigaretten, einem niedrigeren Steuersatz unterliegen als hochpreisige Rauchartikel, zu denen etwa viele Zigarrensorten zählen (Wertbesteuerung).[162] Dem wird das Tabaksteuergesetz nicht gerecht. Nicht nur die Kombination aus einer wert- und einer mengenabhängiger Bemessungsgrundlage,[163] sondern vor allem die Ausgestaltung des Tabaksteuertarifs nach der völlig wertunabhängigen Qualifikation der Tabakwaren als Zigaretten, Zigarren, Feinschnitt oder Pfeifentabak haben eine Steuerdegression zur Folge: Der Steuertarif verhält sich gegenläufig zum leistungsfähigkeitsindizierenden Maß der Einkommensverwendung: Am höchsten belastet sind solche Tabakwaren, deren Kleinverkaufspreis verglichen mit anderen Gegenständen der Tabaksteuer gering ist (Zigaretten, Feinschnitt); typischerweise teuere Tabakwaren (z. B. Zigarren) unterliegen dagegen einem erheblich niedrigeren Tarif. Aus der Ausgestaltung des Tabaksteuersatzes erwächst somit die Gefahr einer überproportionalen Belastung weniger leistungsfähiger Steuerpflichtiger.[164] Dadurch wird die bei indirekten Steuern ohnehin bestehende Gefahr einer Regressionswirkung noch verstärkt.

Der besseren Übersicht halber wird im Folgenden darauf verzichtet, die steuerliche Belastung sämtlicher Tabakwaren jeweils paarweise miteinander zu vergleichen. Die Untersuchung beschränkt sich statt dessen auf den exemplarischen Vergleich des Zigarettensteuersatzes mit den übrigen Steuersätzen. Aus dieser Vergleichsperspektive erweist sich die Steuersatzdifferenzierung als Steuervergünstigung, die den Konsumenten anderer Tabakwaren als Zigaretten in unterschiedlichem Maße gewährt wird. Grundsätzlich zeichnen sich Steuervergünstigungen durch die Vermeidung einer Regelbe-

---

[161] Siehe unten 1. und 2. a).

[162] Für eine solche wertbezogene Ausdifferenzierung bei der Tabaksteuer und anderen Verbrauchsteuern schon *Schröter*, ZfZ 1957, 289; ferner *Peters/Bongartz/Schröer-Schallenberg*, Verbrauchsteuerrecht, Rn. C 22.

[163] Zur gemischten Steuersatzstruktur aus ökonomischer Sicht vgl. *Caesar/Goetzke/Mackscheidt*, Finanzwissenschaftliche Analyse der Tabaksteuerharmonisierung in der EG, S. 107 ff.

[164] Vgl. *Sacksofsky*, NJW 2000, 2619, 2622; *Schröter*, ZfZ 1976, 98, 100.

steuerung bzw. die Ermäßigung eines Regelsteuersatzes aus.[165] Die Steuersatzvariation des § 4 TabStG ist zwar nicht als ein Regel-Ausnahme-Verhältnis gestaltet.[166] Gleichwohl handelt es sich dabei um eine Steuervergünstigung, denn die betroffenen Gruppen von Normadressaten unterscheiden sich nicht in ihrer steuerlichen Leistungsfähigkeit. Gegenüber der Zigarettenbesteuerung erweist sich die geringere Steuerlast auf andere Tabakwaren daher als gegenüber Art. 3 GG rechtfertigungsbedürftig.

Der Belastungsunterschied kann durch besondere Zwecksetzungen legitimiert sein. Dabei ist zu beachten, dass sich die Tabaksteuer als Zusatzbelastung gegenüber der alle Verbrauchsakte treffenden Umsatzsteuer nur durch ihre gesundheitspolitische Zielsetzung rechtfertigt. Von der Verfolgung dieses Zwecks muss der Gesetzgeber Abstriche machen, wenn er mit dem Mittel der Steuersatzdifferenzierung andere Zwecke verfolgt. Es kommt daher auch darauf an, ob die mit einer Steuervergünstigung erstrebten Zwecke Vorrang vor dem gesundheitspolitischen Zweck genießen können. Letzteres ist durch eine Abwägung des gesundheitspolitischen Lenkungszwecks mit den in Frage kommenden alternativen Lenkungszwecken zu klären.

1. Rechtfertigung der steuerlichen Privilegierung von Kau- und Schnupftabak

Bei der Ausgestaltung des Steuertatbestandes hat der Gesetzgeber zunächst darüber zu entscheiden, welche Arten von Tabakwaren er für besteuerungswürdig erachtet. Im Fall der Tabaksteuer sind dies Zigaretten, Zigarren, Zigarillos, sowie Rauchtabake (Feinschnitt und Pfeifentabak).[167] Dagegen sind Kau- und Schnupftabake, die früher ebenfalls besteuert wurden, seit 1993 nicht mehr Gegenstand der Tabaksteuer. Das Tabaksteuergesetz 1980 hatte bis dahin ebenso wie die Richtlinie 72/464/EWG[168] und die Richtlinie 79/32/EWG[169] die Besteuerung von Kau- und Schnupftabak vorgesehen. Mit der sog. Strukturrichtlinie[170], in nationales Recht umgesetzt durch das

165 *Jatzke,* Das System des deutschen Verbrauchsteuerrechts, S. 106, 110.

166 Darin unterscheidet sich § 4 TabStG von § 131 Abs. 1 und 2 Branntweinmonopolgesetz.

167 Vgl. § 1 S. 1 TabStG.

168 Siehe dort Art. 3 Abs. 1 lit. d und e.

169 Siehe dort Art. 1 Abs. 1 lit. d und e; Art. 5; Art. 6.

170 Richtlinie 92/78/EWG des Rates vom 19.10.1992 zur Änderung der Richtlinien 72/464/EWG und 79/32/EWG über die anderen Verbrauchsteuern auf Tabakwaren als die Umsatzsteuer, ABl. L 316 vom 31.10.1992, S. 5.

Verbrauchsteuer-Binnenmarktgesetz vom 21.12.1992[171], sind Kau- und Schnupftabak als Steuergegenstände ausgeschieden. Dabei handelt es sich der steuerlichen Wirkung nach um eine Steuervergünstigung. Unter Beachtung des Leistungsfähigkeitsprinzips müssten alle Tabakkonsumenten – nicht nur die Raucher – gleich besteuert werden. Die Nichtbelastung des Kau- und Schnupftabakkonsums durch die Tabaksteuer entspricht zwar insofern der Steuergerechtigkeit als sie eine Gleichbehandlung der Schnupf- und Kautabakkonsumenten mit all den Verbrauchern bewerkstelligt, die keine besondere Verbrauchsteuer zu tragen haben. Im engeren Kontext der Tabakbesteuerung aber stellt sich die Nichtbesteuerung von Schnupf- und Kautabaken als Ungleichbelastung zweier wesentlich gleicher Konsumakte dar.

Diese Ungleichbehandlung lässt sich als Ergebnis einer typisierenden Auswahl der Steuergegenstände rechtfertigen, zumal dem Gesetzgeber hierbei ein weiter Gestaltungsspielraum zukommt.[172] Kau- und Schnupftabak sind Nischenprodukte, deren Anteil am Tabakmarkt verschwindend gering ist. In der Konsequenz ist sowohl das fiskalische Interesse als auch der gesundheitspolitische Lenkungsbedarf[173] derart begrenzt, dass es legitim ist, auf die Besteuerung dieser Waren völlig zu verzichten und dadurch auch den mit der Steuererhebung verbundenen Verwaltungsaufwand zu vermeiden.[174]

Zudem ist die Nichtbesteuerung von Schnupf- und Kautabak wirtschaftspolitisch motiviert. Wäre der Schnupftabak in die Harmonisierung einbezogen worden, so hätte sich dessen steuerliche Belastung verdreifacht. Die damit verbundenen wirtschaftlichen Konsequenzen sollten zugunsten der bayrischen Schnupftabakindustrie vermieden werden.[175] Die Nichtbesteuerung von Schnupf- und Kautabak rechtfertigt sich somit auch durch ihren subventiven Charakter[176].

---

[171] Gesetz zur Anpassung von Verbrauchsteuer- und anderen Gesetzen an das Gemeinschaftsrecht sowie Änderung anderer Gesetze vom 21.12.1992 (BGBl. I S. 2150; Berichtigung in: BGBl. I 1993, S. 169).

[172] BVerfGE 49, 343, 360; 65, 325, 354; 81, 108, 117; 84, 239, 271; 93, 121, 136.

[173] Gesundheitsschädigende Wirkungen des in Deutschland vertriebenen Schnupftabaks sind mangels epidemiologischer Studien nicht nachgewiesen, vgl. *Haustein*, Tabakabhängigkeit, S. 74.

[174] *Bongartz*, ZfZ 1993, 370.

[175] *Zeitler*, ZfZ 1993, 338, 340.

[176] *Jatzke*, Das System des deutschen Verbrauchsteuerrechts, S. 124 f.

2. Rechtfertigung der Steuersatzdifferenzierung in § 4 TabStG

a) Steuerbegünstigung für Zigarillos, Zigarren und Pfeifentabak

Bereits oben wurde dargestellt, dass Zigarillos, Zigarren und Pfeifentabak gegenüber Zigaretten steuerlich privilegiert werden.[177] Diese Begünstigung folgt wirtschaftlichen und sozialpolitischen Interessen.[178] Ziel ist es, die Wettbewerbsfähigkeit der heimischen mittelständischen Zigarren- und Pfeifentabakindustrie zu fördern und die dort bestehenden Arbeitsplätze zu erhalten.[179] Hierbei handelt es sich um einen legitimen Lenkungszweck, denn grundsätzlich ist es dem Gesetzgeber gestattet, wirtschaftspolitische Vorstellungen mit dem Mittel steuerlicher Lenkung zu verfolgen.[180] Soweit die wirtschaftspolitische Förderung wie hier mittelbar der Schaffung und Erhaltung von Arbeitsplätzen dient, wird ein Ziel mit Verfassungsrang verfolgt.[181]

Die Steuervergünstigung ist ein geeignetes Mittel zur Unterstützung der deutschen Hersteller. Die im Vergleich zu den Zigaretten geringere steuerliche Belastung erhöht die Absatzchancen für die begünstigten Tabakprodukte. Damit werden indirekt die Betriebe gefördert, die Zigarren, Zigarillos oder Pfeifentabak herstellen. Zu diesem Zweck müsste sich die Steuervergünstigung als erforderlich erweisen. Der Grundsatz der Erforderlichkeit zwingt den Gesetzgeber, Steuervergünstigungen so zu beschränken, dass eine Überförderung vermieden wird. Der erforderliche Umfang einer steuerlichen Begünstigung ist überschritten, wenn in erheblichem Maße Mitnahmeeffekte auftreten, die steuerliche Förderung also Personen bevorteilt, die der Förderung nicht bedurft hätten.[182] Allerdings ist oft nicht präzise bestimmbar, welches Maß der steuerlichen Förderung notwendig ist. Dem Gesetzgeber ist daher in diesem Punkt ein Prognosespielraum zuzubilligen.[183] Im Gegensatz zu einkommensteuerrechtlichen Begünstigungen[184] ist bei den Tabaksteuervergünstigungen das Risiko einer Übervorteilung schon deswegen geringer, weil sowohl die Steuervergünstigung als auch die steuerliche Belastung jeweils vom tatsächlichen Konsum der begünstigten Waren abhängen. Von der Erforderlichkeit der Steuervergünstigung kann daher ausgegangen werden.

---

177 Vgl. 2. Teil. A. II. 2.
178 Vgl. *Caspers/Dittrich,* ZfZ 1980, 66, 70 f.
179 Vgl. 2. Teil. B.; *Jatzke,* Das System des deutschen Verbrauchsteuerrechts, S. 101.
180 Siehe oben 1. Teil. B. IV. 2.
181 BVerfGE 100, 271, 284.
182 Vgl. dazu *von Arnim,* VVDStRL 39 (1981), S. 286, 328 f.
183 *Tipke,* StRO I, S. 343.
184 Siehe nur *Tipke,* StRO II, S. 844 ff.

Zu prüfen bleibt, ob sich die Lenkungsmaßnahme darüber hinaus als verhältnismäßig (im engeren Sinne) erweist: Die Verfolgung der genannten wirtschaftspolitischen Ziele mit dem Mittel der Tabaksteuervergünstigung ist nur angemessen, wenn gleichzeitig auch die gesundheitspolitischen Interessen gewahrt bleiben. Da Zigaretten die gesundheitsschädlichste Form des Tabakkonsums sind, widerspricht die Privilegierung der übrigen Tabakwaren nicht der gesundheitspolitischen Lenkungsidee. Weil zudem der überwiegende Teil des Tabakmarktes auf Zigaretten entfällt, die Bedeutung des Zigarettenkonsums für die Volksgesundheit mithin besonders groß ist, erscheint es angemessen, der Lenkungsabsicht in diesem Bereich durch besonders hohe Steuersätze Nachdruck zu verleihen und erheblich vom Leistungsfähigkeitsprinzip abzuweichen. Dagegen ist das Erfordernis nach steuerlicher Lenkung aus gesundheitspolitischer Sicht bei Zigarillos, Zigarren und Pfeifentabak wegen der zu unterstellenden geringeren Gesundheitsschädlichkeit und der weitaus geringeren Verbreitung dieser Produkte deutlich geringer ausgeprägt. Die Begünstigung von Zigarren, Zigarillos und Pfeifentabak ist demnach wirtschaftspolitisch gerechtfertigt und steht außerdem im Einklang mit der gesundheitspolitischen Zielsetzung. Sie ist als gleichheitsgerecht einzustufen.

b) Steuerbegünstigung für Feinschnitt

Für die Günstigerbesteuerung des Feinschnitts gegenüber Fertigzigaretten nach § 4 Abs. 1 S. 3 lit. a TabStG lassen sich fiskalische, wirtschaftliche und soziale Gründe finden.[185] Aus gesundheitspolitischer Sicht spricht dagegen nichts für eine solche Privilegierung. Die gesundheitlichen Risiken dürften bei beiden Produkten im Wesentlichen identisch sein, da die Konsumenten aus Feinschnitt Zigaretten drehen und sich die letztlich konsumierten Produkte im Hinblick auf das Gefährdungspotential gleichen.

Für die Begünstigung des Feinschnitts können zunächst fiskalische Interessen angeführt werden.[186] Denn während einerseits die Existenz eines steuerlich begünstigten Substituts zur Zigarette vor allem bei einer Erhöhung der Steuer auf Fertigzigaretten Verbrauchsverlagerungen auslösen und damit Einnahmeausfälle zur Folge haben kann, liegt es andererseits im Interesse des Fiskus, den völligen Verzicht auf den Tabakkonsum und die damit verbundenen Steuerausfälle wenigstens bei Teilen der Verbraucher zu vermeiden und diese als Konsumenten eines geringer besteuerten Surrogats als Steuerträger zu erhalten. Ein solches fiskalisches Interesse des Staates am

---

[185] Vgl. *Caspers/Dittrich*, ZfZ 1982, 41, 42.

[186] So auch *Caspers/Dittrich*, ZfZ 1980, 66, 70; *Peters/Bongartz/Schröer-Schallenberg*, Verbrauchsteuerrecht, Rn. K 2.

Feinschnitt als Substitut zur Fabrikzigarette findet eine Entsprechung in den wirtschaftlichen Interessen der Produzenten und Händler. Auch diesen kommt es zugute, wenn der verbrauchshemmende Effekt der Zigarettenbesteuerung durch die Begünstigung des Feinschnitts gedämpft wird.

Weder die fiskalischen noch die wirtschaftlichen Wirkungen lassen jedoch den Schluss auf einen entsprechenden rechtfertigenden Lenkungszweck zu. Zunächst erscheint die fiskalische Motivation zweifelhaft, da keine gesicherten Erkenntnisse darüber vorliegen, ob die Begünstigung für Feinschnitt tatsächlich die erwähnten positiven Effekte für das Steueraufkommen hat und es nicht umgekehrt aufgrund der Substitution zu Steuerausfällen kommt. Zudem vermögen fiskalische Interessen eine steuerliche Ungleichbehandlung ohnehin nicht zu rechtfertigen.[187] Was die vermeintlichen wirtschaftlichen Zwecke betrifft, ist nicht ersichtlich, dass eine ökonomische Notwendigkeit bestünde, die Herstellung und den Absatz von Feinschnitt besonders zu fördern; eine Rechtfertigung durch einen Gemeinwohlzweck nach dem Bedürfnisprinzip[188] scheidet aus.

Die Belastungswirkung der Tabaksteuer (und in der Konsequenz auch der ihr zukommende Lenkungseffekt[189]) trifft die Verbraucher um so stärker je weniger leistungsfähig sie sind. Jenseits der steuerlichen Benachteiligung der Raucher im Vergleich mit Konsumenten, die keiner speziellen Verbrauchsteuer ausgesetzt sind, ergeben sich durch den Regressionseffekt gemessen am Leistungsfähigkeitsprinzip Ungleichbehandlungen zwischen den Zigarettenrauchern. Damit besteht die Gefahr, dass wirtschaftlich Schwächere unangemessen benachteiligt werden und die Lenkungsteuer dem Sozialstaatsprinzip zuwiderläuft.[190] Wie bereits erörtert,[191] sollten derartige Defizite bei der Umsetzung des Leistungsfähigkeitsprinzips im Bereich der indirekten Steuern idealer Weise durch ausgleichende Maßnahmen bei den direkten Steuern (z. B. Grundfreibetrag, Steuerprogression) kompensiert werden. Es ist dem Gesetzgeber andererseits nicht verwehrt, statt oder neben der Kompensation im Einkommensteuerrecht eine typisierende Lösung auf Ebene der betroffenen indirekten Steuer anzustreben. Gerade im Bereich der begünstigenden Lenkung hat der Gesetzgeber einen weitgehenden Gestaltungsspielraum.[192] Bei Feinschnitt handelt es sich um ein Produkt, das vor

---

187 Siehe oben 1. Teil. B. IV. 2.
188 Vgl. oben 1. Teil. B. V. 1.
189 Dazu näher 2. Teil. F.
190 Vgl. schon oben 1. Teil. B. IV. 3. c); *Friauf*, Verfassungsrechtliche Grenzen, S. 35 f.
191 Siehe 1. Teil. A. II. 4. b).
192 Vgl. oben 1. Teil. B. V. 1.

allem von weniger leistungsfähigen Steuerpflichtigen konsumiert wird.[193] Das Rauchen selbstgedrehter Zigaretten durch diese Bevölkerungsschicht konstituiert einen verallgemeinerungsfähigen ökonomischen Regelfall, der Grundlage einer typisierenden Lösung sein kann.[194] Dabei ist unschädlich, dass der verstärkte Konsum von Feinschnitt durch weniger leistungsfähige Konsumenten nur zum Teil auf Kostenvorteilen durch das Selbstdrehen der Zigaretten beruht und daneben auf die steuerliche Privilegierung zurückzuführen ist. Die Anwendung eines niedrigeren Steuersatzes auf Feinschnitt als auf Zigaretten ist geeignet, eine gerechtere Besteuerung der weniger leistungsfähigen Raucher zu bewirken und damit auch zu größerer Steuergerechtigkeit im Binnenbereich des Tabaksteuerrechts beizutragen. Dass gleichzeitig der gesundheitspolitische Lenkungseffekt der Tabaksteuer vermindert wird, steht der Zulässigkeit der Privilegierung nicht entgegen, weil der Gesetzgeber im Rahmen seines Einschätzungsspielraums der typisierenden Verwirklichung von Steuergerechtigkeit Vorrang vor der Verfolgung eines Lenkungszwecks einräumen kann. § 4 Abs. 1 Nr. 3 lit. a TabStG ist im Ergebnis gleichheitsrechtlich nicht zu beanstanden.

3. Ergebnis

Die produktspezifischen Unterschiede der Tabaksteuerbelastung sind gleichheitsrechtlich nicht zu beanstanden. Die Typisierungsbefugnis erlaubt es dem Gesetzgeber, auf die Besteuerung von Kau- und Schnupftabak zu verzichten. Die steuerliche Begünstigung von Zigarren, Zigarillos und Pfeifentabak rechtfertigt sich aus wirtschaftlichen und sozialpolitischen Interessen. Feinschnitt darf zur Verminderung von Regressionseffekten privilegiert werden.

[193] Vgl. *Kommission der Europäischen Gemeinschaften,* KOM(2001) 133 endgültig, Teil I, Tz. 2.29; Bericht des Finanzausschusses, BT-Drs. 9/979, S. 13 f.

[194] Vgl. BVerfGE 96, 1, 6; 87, 53, 172.

F. Tabaksteuer und Freiheitsrechte

Im Folgenden sind die freiheitsrechtlichen Aspekte der Tabaksteuer zu untersuchen. Zunächst ist die Frage nach einer Begrenzung der Belastungswirkung der Tabaksteuer durch die Freiheitsgrundrechte zu stellen (I.). Sodann sind die Gestaltungswirkungen der Tabaksteuer zu untersuchen. Dabei sollen zunächst die aus der Differenzierung des Tabaksteuersatzes erwachsenden besonderen verbrauchslenkenden Gestaltungswirkungen untersucht werden (II.). Im Anschluss daran wird die allgemeine verbrauchshemmende Wirkung der Tabakbesteuerung erörtert, die bei allen Arten von Tabakwaren eintritt (III.). Für die Rechtfertigung sind jeweils die gesundheits- und wirtschaftspolitischen Lenkungszwecke zu betrachten.

I. Freiheitsrechtliche Begrenzung der Tabaksteuerbelastung

1. Berufsfreiheit

In der Belastungswirkung der Tabaksteuer könnte ein Eingriff in die in der Tabakwarenbranche bestehenden Berufe, etwa den des Tabakwarenproduzenten und des Tabakwareneinzelhandelskaufmanns zu sehen sein. Diejenigen, die diese Berufe ausüben, werden in ihrer Berufsfreiheit durch Art. 12 GG geschützt. Sie sind allerdings nach der verbrauchsteuerlichen Konzeption der Tabaksteuer deren Belastungswirkung gerade nicht ausgesetzt. Die Tabaksteuerbelastung trifft vielmehr die Raucher. Nur sofern die in der Tabakwarenbranche Tätigen, z. B. als Inhaber eines Steuerlagers, Schuldner der Tabaksteuer sind[1] und unter der zusätzlichen Voraussetzung, dass die Überwälzung der Steuer auf die Konsumenten misslingt, können sie selbst Träger der Tabaksteuerlast sein. Im Regelfall werden die beruflichen Tätigkeiten in der Tabakwarenbranche dagegen nicht von der lastenausteilenden Wirkung der Tabaksteuer erfasst. Es ist davon auszugehen, dass auf dem gegenwärtigen Belastungsniveau die Überwälzung der Tabaksteuer auf die Verbraucher bei allen Arten von Tabakwaren gelingt. Insoweit ist eine kalkulatorische Überwälzung ausreichend, die dann gegeben ist, wenn die in der Tabakwarenbranche Tätigen die Tabaksteuer in ihrer Kalkulation berücksichtigen und so wirtschaften können, dass die Umsatzerlöse nicht nur die Tabaksteuer (sowie die Umsatzsteuer) und die Unkosten decken, sondern in der Regel noch einen Gewinn erzielt wird.[2] Für eine defizitäre Situation der Tabakwarenbranche bestehen keine Anzeichen, so dass von einer erfolgreichen Überwälzung der Tabaksteuer ausgegangen werden kann. Eine Be-

---

1 Vgl. § 11 Abs. 1 TabStG.

2 Vgl. BVerfGE 31, 8, 20.

einträchtigung der in der Tabakwarenbranche bestehenden Berufe durch die Belastungswirkung der Tabaksteuer scheidet aus. Die sich anschließende Frage, ob Art. 12 GG eine begrenzende Funktion in Bezug auf die Gestaltungswirkungen der Tabaksteuer entfaltet, wird in den folgenden Abschnitten[3] zu erörtern sein.

2. Eigentumsgarantie

a) Eigentumsrecht der Konsumenten

Der Bestand und die Nutzung von Eigentum sind durch Art. 14 GG geschützt. Wie bereits gezeigt wurde, stellt die Verwendung von Geldmitteln eine Eigentumsnutzung dar.[4] Derjenige Verbraucher, der Tabakwaren erwirbt, muss dafür in seinem Eigentum stehende Geldmittel aufgeben. Zum Teil wird der so entrichtete Kaufpreis seitens des Herstellers zum Ausgleich für die Belastung mit der Tabaksteuer verwendet. Aufgrund dieses Überwälzungsvorgangs trägt letztlich der Konsument die steuerliche Belastung. Die Tabaksteuer wirkt sich aus Sicht des Verbrauchers als Minderung der Kaufkraft seines Geldes aus. Sie beeinträchtigt die Verwendung von Eigentum (Geld) des Verbrauchers und greift dadurch in eine eigentumsrechtlich geschützte Freiheitsbetätigung der Konsumenten ein.

Damit stellt sich die Frage nach der Verhältnismäßigkeit der Tabaksteuer. Die steuerliche Belastung ist zur Einnahmeerzielung stets geeignet und regelmäßig erforderlich.[5] Sie ist angemessen, wenn sich der Finanzzweck gegenüber dem Grundrechtseingriff als verhältnismäßig erweist. Von entscheidender Bedeutung im Rahmen der Abwägung ist die durch die Höhe der Steuer bedingte Belastungsintensität. Da durch die Tabaksteuer ein eigentumsrechtlich geschütztes Verhalten belastet wird, ist – wie bereits gezeigt wurde[6] – der Halbteilungsgrundsatz anzuwenden. Die Obergrenze der steuerlichen Gesamtbelastung des Konsumvorganges sollte daher unter 50 % liegen.

Angesichts einer durchschnittlichen steuerlichen Gesamtbelastung (Umsatzsteuer + Tabaksteuer) von Tabakwaren in Höhe von über 70 %,[7] ist diese Zumutbarkeitsgrenze überschritten. Damit steht aber noch nicht endgültig fest, dass die Tabaksteuer unangemessen ist. Die Obergrenze ist nur ein –

---

3 2. Teil. F. II. 1. und F. III. 1. a).

4 Siehe oben 1. Teil. A. III. 1.

5 Siehe oben 1. Teil. A. III. 1. b).

6 Siehe oben 1. Teil. A. III. 1. c).

7 Vgl. Die Tabak Zeitung vom 21.11.2003, S. 2; Der Tabakwaren-Großhandel, 1/2003, S. 9.

wenn auch gewichtiges – Element der durchzuführenden Abwägung. Eine Steuerbelastung von 50 % und darüber ist zunächst nur ein Indiz dafür, dass die Besteuerung insgesamt unverhältnismäßig ist. Die Abwägung muss jedoch umfassend erfolgen und u. a. die Lenkungsfunktion einer Steuer berücksichtigen.[8] Demnach ist auch im vorliegenden Zusammenhang erheblich, dass die Tabaksteuer einem gesundheitspolitischen Lenkungsziel dient, das zu erreichen sie geeignet ist.

Auch im Hinblick auf den Eingriff in Art. 14 GG durch die Belastungswirkung ist die Tabaksteuer erforderlich und angemessen. Zwar würden sämtliche der im vorigen Kapitel diskutierten Alternativmaßnahmen die Eigentumsfreiheit der Konsumenten weniger intensiv oder überhaupt nicht beeinträchtigen. Sie sind aber weniger wirkungsvoll als die Tabaksteuer (z. B. Warnhinweise, Werbeverbote und Aufklärungskampagnen) oder mit noch gravierenderen Eingriffen in andere Freiheitsrechte der Konsumenten oder Dritter (z. B. Hersteller) verbunden (z. B. Produktionsverbote für Tabakwaren oder Rauchverbote).[9] Die Beeinträchtigung der Eigentumsfreiheit der Raucher ist auch verhältnismäßig im engeren Sinne. Die steuerliche Belastung der Tabakwaren rechtfertigt sich aus der Bedeutung des Lenkungsziels. Die Volksgesundheit ist „ein wichtiges Gemeinschaftsgut (...), dessen Schutz Einschränkungen der Freiheit des Einzelnen zu rechtfertigen vermag“[10]. Die finanziellen Interessen der Raucher müssen gegenüber diesem Lenkungszweck zurücktreten. Dies gilt nicht nur in Bezug auf die den Rauchern zuzumutende zusätzliche Verbrauchsteuerbelastung,[11] sondern auch soweit deren Rechte aus Art. 14 GG betroffen sind. Das besonders hohe Belastungsniveau bei Zigaretten erklärt sich zudem durch den geringen wirtschaftlichen Wert dieses Produktes. Zur erfolgreichen Beeinflussung des Käuferverhaltens kann es bei derartigen geringwertigen Gütern erforderlich sein, den Verbrauch durch eine Steuer in der Höhe eines Vielfachen des Nettopreises zu belasten. In der Tabaksteuerbelastung ist demnach eine angemessene Beschränkung der Eigentümerfreiheit der Verbraucher zu sehen.

b) Eigentumsrecht der Hersteller und Händler

Produzenten und Händler können, soweit sie Eigentümer der von ihnen hergestellten bzw. vertriebenen Tabakwaren sind, durch die Tabaksteuer in ihrem Eigentumsrecht beeinträchtigt sein. Art. 14 GG schützt Bestand und Nutzung des Eigentums, also Rechtspositionen, die dem Grundrechtsträger

---

[8] Vgl. *Jachmann,* Verfassungsrechtliche Grenzen, S. 80.
[9] Siehe oben 2. Teil. E. I. 4. c) bb).
[10] BVerfGE 7, 377, 414.
[11] Siehe oben 2. Teil. E. I. 4. c) cc).

bereits zustehen.[12] Der vorhandene Bestand und die Nutzung von Tabakwaren durch Hersteller und Händler sind aber der hier untersuchten Belastungswirkung der Tabaksteuer gerade nicht ausgesetzt. Die Tabakwaren sind zwar Steuergegenstand, die Belastung trifft aber die Verbraucher, auf die die Tabaksteuer überwälzt wird.

c) Ergebnis

Die Belastungswirkung der Tabaksteuer begründet daher keinen Eingriff in Art. 14 GG. In den folgenden Abschnitten[13] bleibt zu prüfen, ob die Gestaltungswirkungen der Tabaksteuer in Art. 14 GG eingreifen.

3. Allgemeine Handlungsfreiheit

Art. 2 Abs. 1 GG ist nur subsidiär heranzuziehen, soweit durch die Belastungswirkung der Tabaksteuer nicht schon der Schutzbereich von Art. 12 oder 14 GG berührt ist. In Bezug auf die Freiheitsrechte der Konsumenten haben vorstehende Ausführungen gezeigt, dass diese in ihrem Eigentumsrecht betroffen sind. Der Anwendungsbereich von Art. 2 Abs. 1 GG ist insoweit daher nicht eröffnet. Anders im Hinblick auf die Unternehmer. Ihre Berufsfreiheit und Eigentumsgarantie sind durch die Belastungswirkung der Tabaksteuer nicht berührt. Sie können sich daher angesichts der Besteuerung ihrer Waren möglicherweise auf Art. 2 Abs. 1 GG berufen. Allerdings setzt auch Art. 2 Abs. 1 GG voraus, dass der Grundrechtsträger geltend machen kann, mit einem Nachteil belastet zu sein.[14] Dies ist angesichts der Überwälzung der Tabaksteuer auf die Verbraucher nicht der Fall. Nachteile können allenfalls aus den Gestaltungswirkungen der Tabaksteuer resultieren.

II. Freiheitsrechtliche Begrenzung der besonderen Gestaltungswirkungen der Tabaksteuer

Zur Belastungswirkung der Tabaksteuer treten neben der allgemeinen verbrauchshemmenden Wirkung, auf die im nächsten Kapitel einzugehen sein wird, besondere verbrauchslenkende Wirkungen, die sich aus der Differenzierung des Steuersatzes nach verschiedenen Arten von Tabakwaren ergeben. Die Belastungsunterschiede schlagen sich in den Kleinverkaufspreisen nieder und schaffen einen Anreiz zum Konsum geringer besteuerter Tabakwaren.

---

[12] BVerfGE 68, 193, 222; 74, 129, 148 m. w. N.

[13] 2. Teil. F. II. und III.

[14] BVerfGE 29, 402, 408.

1. Berufsfreiheit

Die beschriebene Wirkung könnte einen Eingriff in die Berufsfreiheit von Herstellern und Händlern darstellen. Aus Gründen der Vereinfachung soll angenommen werden, dass sich jeder Hersteller oder Händler auf nur eine Art von Tabakerzeugnissen beschränkt, seine Waren also alle demselben Steuersatz unterliegen. Jedem Hersteller oder Händler kann damit genau ein Lenkungseffekt zugeordnet werden.

Zum Schutzbereich der Berufsfreiheit zählt auch die Freiheit des Wettbewerbs.[15] Soweit in Literatur und Rechtsprechung die wettbewerbsbeeinflussenden Wirkungen von Steuern als gleichheitsrechtliches Problem eingeordnet und anhand von Art. 3 GG geprüft werden,[16] steht einer solchen Vorgehensweise vorliegend entgegen, dass die Unternehmer der Tabakbranche gerade keiner steuerlichen Ungleichbehandlung ausgesetzt sind. Eine an Art. 3 GG zu messende Belastungswirkung trifft bei der Tabaksteuer – im hier untersuchten Normalfall – wegen der Überwälzung nur die Verbraucher.[17] Die Prüfung der Wettbewerbsfreiheit ist auch nicht etwa bei Art. 2 Abs. 1 GG anzusiedeln.[18] Herstellung und Handel mit Tabakwaren sind berufsspezifische Tätigkeiten,[19] die vom Schutzbereich des Art. 12 GG erfasst werden und der objektiv berufsregelnden Tendenz der Tabaksteuer ausgesetzt sind, so dass die Grundrechtsinhaber nicht auf die subsidiäre allgemeine Handlungsfreiheit verwiesen werden können.[20]

Die Wettbewerbsfreiheit ist verletzt, wenn zwischen den Herstellern und Händlern der verschiedenen Tabakerzeugnisse ein Wettbewerbsverhältnis besteht und die Steuersatzdifferenzierung zu einer Verschlechterung der Chancen der allgemeinen Marktteilnahme führt.

---

15 BVerfGE 32, 311, 317; 46, 120, 137; 86, 28, 37; *Scholz*, in: Maunz/Dürig, GG, Art. 12, Rn. 79 und 136; *Erichsen*, HStR VI, § 152, Rn 61 f.; *Rodi*, Die Rechtfertigung von Steuern als Verfassungsproblem, S. 130; nur für einen mittelbaren Schutz der Wettbewerbsfreiheit durch Art. 12 GG: *Selmer*, Steuerinterventionismus und Verfassungsrecht, S. 291 ff.

16 BVerfGE 18, 1, 12 f.; 21, 12, 26 ff. (zustimmend *Selmer*, Steuerinterventionismus und Verfassungsrecht, S. 294); 43, 58, 70 ff.

17 Das Urteil BVerfGE 21, 12 zeichnet sich um Unterschied dazu durch eine Umsatzsteuerbelastung der Eingangsumsätze einstufiger Unternehmen im alten Umsatzsteuersytem aus.

18 So aber BVerfGE 37, 1, 17 f.; BVerwGE 30, 191, 196 f.; 60, 154, 159 f.; *Murswiek*, in: Sachs, GG, Art. 2, Rn. 54.

19 Vgl. *Pieroth/Schlink*, Grundrechte, Rn. 823.

20 Vgl. *Scholz*, NJW 1969, 1044 f.; *Scherer*, Jura 1985, 11, 14; *Erichsen*, HStR VI, § 152, Rn. 61 f.; *Kulosa*, Verfassungsrechtliche Grenzen steuerlicher Lenkung, S. 47 ff.

a) Wettbewerbsverhältnis

Die Annahme eines Wettbewerbsverhältnisses setzt voraus, dass die Hersteller und Händler auf demselben Markt operieren. Zum relevanten Markt zählen nach dem sog. Bedarfsmarktkonzept alle Waren, die aus der Sicht des Verbrauchers ohne weiteres austauschbar sind.[21]

Anhand der beschriebenen Substitutionseffekte[22] zeigt sich, dass der Tabakmarkt ein einheitlicher Markt ist und nicht aus voneinander völlig getrennten Einzelmärkten für Zigaretten, Feinschnitt, Zigarren usw. besteht. Grundsätzlich stehen alle Hersteller und Händler auf diesem Markt miteinander im Wettbewerb um die Tabakkonsumenten. Da die Substituierbarkeit der Tabakerzeugnisse unterschiedlich stark ausgeprägt ist und auch nicht alle Tabakwaren in gleicher Weise als Substitut geeignet sind, hängt das Maß der Wettbewerbsbeeinträchtigung durch die Tabaksteuer vom Umfang der Substitutionseffekte im Einzelfall ab.

b) Beeinträchtigung der Marktchancen

Da der Preis wesentlichen Einfluss auf das Verhalten der Verbraucher hat, stellen niedrigere Preise einen Wettbewerbsvorteil dar. Die Preisbildung bei Tabakwaren wird maßgeblich von der Tabaksteuer beeinflusst; der Tabaksteueranteil am Kleinverkaufspreis von Zigaretten betrug im dritten Quartal 2003 63,32 %.[23] Daraus folgt, dass steuerliche Begünstigungen für bestimmte Tabakwaren in Form einer niedrigen steuerlichen Belastung die Marktchancen derjenigen Wettbewerber beeinträchtigen, deren Produkte höheren Steuersätzen unterworfen sind.

Vor diesem Hintergrund sind alle Anbieter tabaksteuerpflichtiger Waren gegenüber den Anbietern von steuerbefreitem Kau- und Schnupftabak benachteiligt. Ein Wettbewerbsnachteil ist aber auch im Verhältnis der Anbieter tabaksteuerpflichtiger Erzeugnisse untereinander gegeben. Hier besteht etwa ein Wettbewerbsnachteil der Zigarettenanbieter gegenüber den Zigarren- und Zigarilloanbietern. Der Wettbewerbsnachteil ist um so gravierender je größer die Substitutionseignung des niedriger besteuerten Produktes ist. Daher ist insbesondere in der steuerlichen Privilegierung von Feinschnitttabak ein Wettbewerbsnachteil für die Zigarettenindustrie zu sehen.

---

21 Ganz h. M. in der kartellrechtlichen Literatur und Rechtsprechung. Vgl. statt vieler *Richter*, in: Wiedemann, Handbuch des Kartellrechts, § 20, Rn. 7 ff.; ähnlich BVerfGE 43, 58, 68.

22 Vgl. 2. Teil. B. und E. I. 4. c) aa) Fn. 92.

23 Die Tabak Zeitung vom 21.11.2003, S. 2.

c) Rechtfertigung

Da die Steuervergünstigungen für Zigarren, Zigarillos und Feinschnitt und die Steuerbefreiung für Kau- und Schnupftabak nicht dazu führen, dass es wirtschaftlich unmöglich würde, den von jeglicher Vergünstigung ausgenommenen Beruf des Zigarettenherstellers auszuüben und zur Grundlage der Lebensführung zu machen, sind darin keine die Berufswahl beschränkenden Regelungen, sondern bloße Berufsausübungsregelungen zu sehen, die in Anwendung der vom BVerfG entwickelten sog. Stufentheorie durch vernünftige Erwägungen des Gemeinwohls gerechtfertigt werden können.[24]

aa) Rechtfertigung der Wettbewerbsbeeinflussung durch die steuerliche Privilegierung von Kau- und Schnupftabak

Die Hersteller und Händler der von der Tabaksteuer erfassten Waren sind durch die Nichtbesteuerung von Kau- und Schnupftabak in ihren Wettbewerbschancen betroffen. Zur Rechtfertigung der Begünstigung kann auf die im Zusammenhang mit der gleichheitsrechtlichen Prüfung der Belastungsdifferenzen gemachten Ausführungen verwiesen werden.[25] Auch im vorliegenden Zusammenhang lässt sich zur Rechtfertigung des Gesetzgebers dessen Typisierungsbefugnis bei der Auswahl der Steuergegenstände anführen. Zu berücksichtigen ist ferner, dass Kau- und Schnupftabak Nischenprodukte sind, die schon wegen ihres geringen Marktanteils nur einen begrenzten Einfluss auf den Wettbewerb auf dem Tabakmarkt haben können. Außerdem handelt es sich um nicht rauchbare Erzeugnisse, deren Bedeutung als Substitut von Rauchwaren als gering einzuschätzen ist. Die in der Privilegierung von Kau- und Schnupftabak liegende Wettbewerbsbeeinträchtigung ist daher verfassungsrechtlich nicht zu beanstanden.

bb) Rechtfertigung der Wettbewerbsbeeinflussung durch die Steuersatzdifferenzierung in § 4 TabStG

(1) Steuerbegünstigung für Zigarillos, Zigarren und Pfeifentabak

Die steuerliche Begünstigung von Zigarillos, Zigarren und Pfeifentabak folgt wirtschaftspolitischen Zielsetzungen. Die entsprechenden Zweige von Industrie und Handel sollen gefördert werden. Es findet also eine gezielte Wettbewerbsbeeinflussung statt. Auf die im Rahmen der gleichheitsrechtlichen Untersuchung der Belastungsunterschiede gemachten Ausführungen zur Geeignetheit und Erforderlichkeit der Steuerbegünstigung für Zigarillos, Zigarren und Pfeifentabak zur Erreichung der wirtschaftspolitischen Ziele

---

[24] Vgl. zur Stufentheorie im Steuerrecht 1. Teil. A. III. 2.
[25] Siehe oben 2. Teil. E. II. 1.

kann verwiesen werden.[26] Da die Steuerbegünstigung in diesem Fall gerade auf eine Beeinflussung des Wettbewerbs abzielt, erweist sie sich als angemessen im Sinne einer ausgewogenen Relation von Zweck und Mittel.

(2) Steuerbegünstigung für Feinschnitt

Die Steuerbegünstigung für Feinschnitt beeinträchtigt vor allem die Wettbewerbsfreiheit der Zigarettenanbieter. Im Verhältnis von Zigaretten zu Feinschnitt ist ein besonders gewichtiger Fall einer Wettbewerbsbeeinflussung gegeben, da sich beide Waren aus der Sicht des Verbrauchers sehr ähnlich sind. Der Feinschnitt ist dementsprechend das gängigste Substitut der Zigarette.[27] Wie bereits ausgeführt,[28] gründet sich die Begünstigung des Feinschnitts (anders als diejenige von Zigarillos, Zigarren und Pfeifentabak) auf keinen wirtschaftlichen Lenkungszweck. Vielmehr geht es darum, den Regressionseffekt der Tabaksteuer zu kompensieren. Die Steuervergünstigung soll Wirkungsdifferenzen vermindern, die durch die hohe steuerliche Belastung der Zigaretten entstehen. Letztlich handelt es sich weniger um eine eigenständige Lenkungsmaßnahme als um die teilweise Revision der gesundheitspolitisch motivierten Lenkung zugunsten der Steuergerechtigkeit. Obwohl die Regressionseffekte indirekter Steuern zumindest teilweise auch bei den direkten Steuern ausgeglichen werden (z. B. durch den Grundfreibetrag und die Steuerprogression der Einkommensteuer), dürfte die Geeignetheit und Erforderlichkeit der Vergünstigung angesichts des dem Gesetzgeber zukommenden Einschätzungsspielraums nicht zu beanstanden sein. Indem die Regelung der typisierenden Umsetzung der Steuergerechtigkeit innerhalb des Tabaksteuerrechts dient,[29] verwirklicht sie den dem Leistungsfähigkeitsprinzip innewohnenden Gemeinwohlwert.[30] Im Ergebnis ist die Privilegierung des Feinschnitts als eine verhältnismäßige Einschränkung der Wettbewerbsfreiheit gerechtfertigt.

d) Ergebnis

Die Differenzierung des Tabaksteuersatzes beeinträchtigt die durch Art. 12 GG geschützte Wettbewerbsfreiheit von Zigarettenherstellern und -händlern. Die Steuervergünstigungen für andere Tabakwaren als Zigaretten sind als Berufsausübungsregelung zu qualifizieren. Die Begünstigung für Zigarillos, Zigarren und Pfeifentabak ist als wirtschaftspolitische Lenkungsmaßnahme

---

[26] Siehe oben 2. Teil. E. II. 2. a).
[27] Vgl. 2. Teil. B.
[28] Siehe 2. Teil. E. II. 2. b).
[29] Siehe oben 2. Teil. E. II. 2. b).
[30] Vgl. *Birk*, Leistungsfähigkeitsprinzip, S. 237.

gerechtfertigt, während das Privileg für Feinschnitt in typisierender Weise der Steuergerechtigkeit dient.

2. Eigentumsfreiheit

Die Wettbewerbsverhältnisse zählen nicht zum Schutzbereich des Art. 14 GG. Die Eigentümerfreiheit schützt zwar auch die Nutzung von Eigentumspositionen. Die Berufsfreiheit ist jedoch Lex specialis soweit es um Umsatz- und Gewinnchancen, also die Wettbewerbsfreiheit geht.

3. Allgemeine Handlungsfreiheit

In Bezug auf die Unternehmer der Tabakwarenbranche ist ein Eingriff in die allgemeine Handlungsfreiheit durch die besonderen Gestaltungswirkungen der Tabaksteuer nach Art. 2 Abs. 1 GG nicht zu prüfen, da bereits der Schutzbereich des Art. 12 Abs. 1 GG betroffen ist. Die allgemeine Handlungsfreiheit tritt demgegenüber als subsidiäres Grundrecht zurück.

Die Gestaltungswirkungen der Tabaksteuer beeinflussen andererseits die Konsumenten in ihrem Verhalten. Die Differenzierung des Tabaksteuersatzes schafft Anreize zum Verbrauch steuerlich privilegierter Tabakwaren. Diese Beeinflussung des Konsumverhaltens beeinträchtigt allerdings nicht die Konsumfreiheit der Raucher. Die Steuerbegünstigung bestimmter Produkte bewirkt nur einen Vorteil, wenn dem Lenkungsanreiz gefolgt wird. Ein Nachteil entsteht den Verbrauchern aus der Privilegierung dagegen nicht, so dass ein Eingriff in den Schutzbereich des Art. 2 Abs. 1 GG nicht gegeben ist.[31]

III. Freiheitsrechtliche Begrenzung der allgemeinen Lenkungswirkung der Tabaksteuer

Der Schwerpunkt der mit der Tabakbesteuerung verbundenen Lenkungseffekte liegt in der verbrauchshemmenden Lenkungswirkung. Die Tabaksteuer verteuert den Konsum von Tabakwaren und macht sich die Preissensibilität der Raucher zunutze, um deren Verbrauch entgegenzuwirken.

1. Beeinträchtigung der Unternehmer

a) Berufsfreiheit

aa) Eingriff in den Schutzbereich

Ein Eingriff der Tabaksteuer in die Berufsfreiheit durch ihre allgemeine Lenkungswirkung liegt vor, wenn sie in einem engen Zusammenhang mit

[31] Vgl. schon 1. Teil. B. VII.

der Ausübung eines Berufes der Tabakwarenbranche steht und ihr eine objektiv berufsregelnde Tendenz zukommt. Dafür ist zweierlei erforderlich: Zum einen muss sich die Tabaksteuer als Belastung der erwerbswirtschaftlichen Betätigung erweisen und dadurch die Art und Weise der unternehmerischen Tätigkeit beeinflussen. Zum anderen muss die Besteuerung so gezielt erfolgen, dass der betroffene Personenkreis konkret feststellbar ist.[32]

Wie bereits ausgeführt, ist das entscheidende Moment der Belastung der in der Tabakwarenbranche bestehenden Berufe in der Gestaltungswirkung der Tabaksteuer zu sehen: Die steuerbedingte Verteuerung des Tabakkonsums wirkt hemmend auf den Konsum, da sie die Raucher entsprechend dem Umfang der steuerlichen Belastung ihrer Kaufkraft beraubt, und schmälert so die wirtschaftlichen Erfolgsaussichten aller beteiligten Unternehmer vom Hersteller bis zum Einzelhändler. Die Tabaksteuer beeinflusst demnach einen abgrenzbaren Personenkreis in der Ausübung seiner unternehmerischen Tätigkeit. Dabei handelt es sich zwar um mittelbare, keineswegs aber um ungezielte Wirkungen der Tabaksteuer. Wie der historische Überblick gezeigt hat, ist sich der Gesetzgeber der wirtschaftlichen Auswirkungen der Tabaksteuer auf das Tabakgewerbe bewusst und berücksichtigt diese Folgewirkungen der Tabaksteuerbelastung bei steuerpolitischen Entscheidungen.[33] Der Gesetzgeber muss sich die Lenkungswirkung daher zurechnen lassen. Das wirtschaftliche Potential der Berufe im Tabakwarensektor wird außerdem dadurch beeinträchtigt, dass einige der Berufstätigen dieser Branche auch Schuldner der Tabaksteuer sind. Als solche tragen sie das wirtschaftliche Risiko der Steuerüberwälzung auf den Endverbraucher.

bb) Rechtfertigung

Der beschriebene Eingriff in die Berufsfreiheit kann durch einen besonderen Zweck gerechtfertigt werden, wenn sich die Tabaksteuer als zur Verfolgung dieses Zwecks geeignet, erforderlich und angemessen erweist. Welcher Rang dem verfolgten Zweck zukommen muss, entscheidet sich nach der vom BVerfG entwickelten Stufenlehre. Während Berufsausübungsregelungen (1. Stufe) durch vernünftige Erwägungen des Gemeinwohls gerechtfertigt werden können, sind subjektive Zulassungsbeschränkungen (2. Stufe) nur legitim, sofern dies zum Schutz für besonders wichtige Gemeinschaftsgüter, die der Freiheit des Einzelnen vorgehen, erforderlich ist. Objektive Zulassungsbeschränkungen (3. Stufe) dürfen nur zur Abwehr nachweisbarer

---

32 Vgl. die oben (1. Teil A. III. 2.) beschriebene Rechtsprechung des BVerfG zum Eingriff in Art. 12 GG durch Steuergesetze.

33 Vgl. etwa BT-Drs. VI/2899, S. 6; BT-Drs. 7/4517, S. 6; BT-Drs. 11/2970, S. 4.

oder höchstwahrscheinlicher Gefahren für ein überragend wichtiges Gemeinschaftsgut eingeführt werden.[34]

Die Besteuerung von Tabakwaren kann eine objektive Zulassungsbeschränkung für die Berufe der Tabakwarenbranche darstellen.[35] Allerdings besteht kein unmittelbarer rechtlicher Zusammenhang zwischen Tabaksteuer und Berufswahl. Dies gilt selbst für diejenigen Berufe, die die Herstellung und die Einfuhr von Tabakwaren, also erlaubnispflichtige Tätigkeiten nach § 9 Abs. 2 TabStG zum Gegenstand haben. Zwar sind Hersteller und Importeure regelmäßig als Inhaber von Steuerlagern auch Schuldner der Tabaksteuer. Die Pflicht zur Steuerzahlung ist aber nicht Voraussetzung für die Erlaubnis, sondern tritt davon unabhängig ein.[36] Die Tabaksteuer ist daher an sich als Ausübungsregelung zu verstehen, die nur dann als Zulassungsbeschränkung einzuordnen ist, wenn sie auf die Berufswahl zurückwirkt.[37]

Eine solche qualifizierte Ausübungsregelung ist anzunehmen, wenn die Steuer sich als Maßnahme zur Erdrosselung dieser Berufe erweist,[38] weil sie deren Ausübung wirtschaftlich unmöglich macht.[39] Nicht ausreichend ist es, wenn die Berufe wegen der Steuer nur weniger einträglich als andere Berufe sind. Erst wenn die Tabaksteuer die Gewinnmargen der Hersteller oder Händler von Tabakwaren so weit beschränkt, dass diese kaum noch rentabel wirtschaften können, wäre eine verfassungsrechtlich relevante Beschränkung der Freiheit der Berufswahl anzunehmen.[40] Die Berufe in der Tabakwarenbranche könnten aus wirtschaftlichen Gründen dann nicht mehr ergriffen werden. Eine solch gravierende Beeinträchtigung der angesprochenen Berufe ist jedoch nicht ersichtlich. Obschon Tabakwaren in erheblichem Umfang besteuert werden, lassen sich mit der Herstellung und dem Vertrieb von Tabakerzeugnissen offensichtlich noch ausreichend hohe Umsätze und Erträge erzielen, so dass von einer Erdrosselung der in der Tabakbranche bestehenden Berufe keine Rede sein kann. Die tabaksteuerliche Belastung greift demnach nicht in die von Art. 12 GG geschützte Berufswahlfreiheit ein.

---

34 Siehe oben 1. Teil. A. III. 2.

35 Vgl. das Beispiel bei *Pieroth/Schlink,* Grundrechte, Rn. 828.

36 So sind auch Hersteller, denen die Erlaubnis fehlt, Schuldner der Tabaksteuer, vgl. § 11 Abs. 3 TabStG.

37 Vgl. BVerfGE 13, 181, 186.

38 BVerfGE 8, 222, 228.

39 BVerfGE 13, 181, 187.

40 *Pieroth/Schlink,* Grundrechte, Rn. 828.

Die mit der Tabaksteuer verbundene Beeinträchtigung ist folglich als Berufsausübungsregelung zu qualifizieren, die durch vernünftige Erwägungen des Gemeinwohls gerechtfertigt werden kann. D. h. die Tabaksteuer muss Gemeinwohlinteressen dienen und der Eingriff zur Wahrung dieser Interessen geeignet, erforderlich und angemessen sein. Wie zuvor ausgeführt,[41] verfolgt der Gesetzgeber mit der Tabaksteuer verschiedene Zwecke, vor allem solche gesundheitspolitischer Natur. Die Beeinträchtigung der Berufsfreiheit ist eine Folgewirkung der die Raucher treffenden Belastungswirkung. Auch bezüglich des Eingriffs in Art. 12 GG ist daher eine gesundheitspolitische Rechtfertigung zu prüfen.

Die Bekämpfung des Tabakkonsums durch die Tabaksteuer dient der Volksgesundheit, die das BVerfG als überragend wichtiges Gemeinschaftsgut anerkannt hat.[42] Die Tabaksteuer ist zu diesem Zweck auch geeignet und erforderlich:[43] Eine Maßnahme, die bei gleicher Eignung zur Bekämpfung des Rauchens die Berufsausübung in der Tabakwarenbranche weniger beeinträchtigen würde, ist nicht ersichtlich. Insbesondere würden die Berufe durch ein Rauchverbot oder ein Verbot der Herstellung oder des Vertriebs von Tabakwaren noch erheblich stärker belastet, während freiheitsrechtlich milderen Maßnahmen, seien es Aufklärungskampagnen, Warnhinweise oder eine Begrenzung des Schadstoffgehaltes von Tabakwaren, nicht der gleiche gesundheitspolitische Wirkungsgrad zukommt.[44] Die Tabaksteuer muss sich darüber hinaus als angemessene Beeinträchtigung der Berufsfreiheit erweisen. Aufgrund der verfassungsrechtlichen Fundierung des Gesundheitsschutzes,[45] sind auch eingriffsintensive Ausübungsregelungen noch zu rechtfertigen.[46] Das Maß der Beeinträchtigung von Art. 12 GG steht vorliegend nicht außer Verhältnis zum Lenkungszweck. Die Berufsfreiheit ist mithin nicht verletzt.

b) Eigentumsfreiheit

Von Art. 14 GG geschützt sind der Bestand und die Nutzung von Eigentumspositionen, also auch das Eigentumsrecht von Herstellern oder Händlern in Bezug auf ihnen gehörende Tabakwaren. Die Tabaksteuer beeinträchtigt die Absatzchancen für Tabakerzeugnisse und damit das unternehmerische Ertragspotential. Derartige zukünftige Umsatz- und Gewinnchancen

---

41 Siehe oben 2. Teil. E. I. 4. a).

42 BVerfGE 7, 377, 414.

43 Siehe oben 2. Teil. E. I. 4. c) aa) und bb).

44 Siehe oben 2. Teil. E. I. 4. c) bb).

45 Siehe 2. Teil. E. I. 4. b).

46 Vgl. *Huster,* JuS 2002, 262, 264.

sind aber gerade nicht vom Schutzbereich des Art. 14 GG umfasst,[47] sondern Gegenstand der soeben untersuchten berufsrechtlichen Gewährleistungen des Art. 12 GG.[48] Die Eigentumsfreiheit vermittelt hinsichtlich der tabaksteuerlichen Lenkungswirkung keinen zusätzlichen Schutz.

2. Beeinträchtigung der Verbraucher

Als Lenkungswirkung der Tabaksteuer lässt sich das Vermeidungsverhalten der Steuerträger ausmachen. Der Verbraucher wird durch die Steuerbelastung zu einer Ausweichreaktion veranlasst, die in vollständigem oder teilweisem Verzicht auf den Konsum der besteuerten Waren bzw. in einer Substitution höher besteuerter durch niedriger besteuerte Tabakwaren bestehen kann. Diese Verhaltensänderung entspricht der Intention des Gesetzgebers.[49]

Diese Lenkungswirkung kann einen Eingriff in den Schutzbereich des Art. 2 Abs. 1 GG darstellen. Die Subsidiarität dieses Grundrechts steht dem nicht entgegen. Zwar sind die Raucher – wie im ersten Abschnitt[50] ausgeführt – durch die Tabaksteuer schon in ihrer Eigentümerfreiheit betroffen. Insoweit ging es jedoch um die Belastungswirkung, also einen Eingriff in die Freiheit derjenigen, die an ihrem bisherigen Konsumverhalten trotz Steuer festhalten. Hier ist nunmehr die Rede von der Gestaltungswirkung der Tabaksteuer, die jene Konsumenten trifft, die sich durch die Steuer zu einer Verhaltensänderung veranlasst sehen.

Ein Eingriff in den Schutzbereich des Art. 2 Abs. 1 GG ist zu konstatieren, da der wirtschaftliche Zwang, das Rauchen aufzugeben, einzuschränken oder auch nur auf ein anderes Tabakerzeugnis zwecks Substitution umzusteigen, den Verbraucher in seiner Konsumfreiheit beeinträchtigt.[51] Zwar handelt es sich nur um eine mittelbare Einwirkung auf die allgemeine Handlungsfreiheit, gerade der Lenkungseffekt ist aber vom Gesetzgeber gewollt, so dass ein Eingriff gegeben ist. Das Rauchen gehört zur privaten Lebensgestaltung, die von dem Recht auf freie Entfaltung der Persönlichkeit geschützt wird. Die allgemeine Handlungsfreiheit beinhaltet auch die Freiheit zum Rauchen.[52] Dem Grundrechtsschutz steht die Schädlichkeit des Verhal-

---

[47] Vgl. wiederum BVerfGE 68, 193, 222; 74, 129, 148.

[48] Siehe zuvor a).

[49] Siehe 2. Teil. C. III.

[50] 2. Teil. F. I. 2. a).

[51] Vgl. BVerfGE 13, 230, 235; in Bezug auf Verpackungssteuern *Kluth*, DVBl 1992, 1261, 1268 f.

[52] *Jahn*, DÖV 1989, 850; *Scholz*, DB 1979, Beilage Nr. 10, S. 15; *Starck*, in: von Mangoldt/Klein/Starck, Art. 2, Rn. 216; *Kunig*, in: von Münch/Kunig, Art. 2, Rn. 14; *Di*

tens für den Raucher selbst nicht entgegen, da es dem Grundrechtsträger gestattet ist, sich unvernünftig zu verhalten und die eigene Gesundheit zu gefährden.[53] Die Raucher werden durch die Tabaksteuer in ihrem Recht auf freie Entfaltung der Persönlichkeit beeinträchtigt.

Das Rauchen gehört allerdings nicht zum unantastbaren Kernbereich privater Lebensgestaltung und ist daher nur im Rahmen der Schrankentrias des Art. 2 Abs. 1 GG gewährleistet.[54] Die verfassungsmäßige Ordnung verstanden als Gesamtheit der Normen, die formell und materiell verfassungsgemäß sind[55] – unter Einschluss der Rechte anderer und des Sittengesetzes, denen daneben keine eigenständige Bedeutung als Schranke der allgemeinen Handlungsfreiheit zukommt –[56] bildet die Grenze der erlaubten Unvernunft und Selbstschädigung. Zu untersuchen ist demnach, ob das Tabaksteuergesetz, soweit es im Rahmen dieser Arbeit Gegenstand der Überprüfung ist, formell und materiell verfassungsgemäß ist.

Das Tabaksteuergesetz ist, wie bereits erörtert, formell verfassungsgemäß.[57] Soweit die Normen des Tabaksteuergesetzes vorstehend Gegenstand der verfassungsrechtlichen Überprüfung waren, haben sie sich außerdem als mit den einschlägigen Grundrechten vereinbar erwiesen. Die Prüfung der materiellen Verfassungsmäßigkeit des Tabaksteuergesetzes beschränkt sich an dieser Stelle daher auf die Prüfung des Verhältnismäßigkeitsgrundsatzes. Es kommt also darauf an, ob mit der Tabaksteuer legitime Zwecke verfolgt und die Steuer dazu geeignet, erforderlich und angemessen ist.

Mit der hier untersuchten allgemeinen Lenkungswirkung korrespondiert der gesundheitspolitische Lenkungszweck der Tabaksteuer. Dessen Legitimität wurde bereits erörtert, worauf an dieser Stelle verwiesen werden kann.[58] Im vorliegenden Zusammenhang ist zu betonen, dass der gesundheitspolitische Lenkungszweck nicht mit einem Schutz der Raucher vor Selbstgefährdung gleichzusetzen ist. Der Schutz der Volksgesundheit ist vielmehr im Allge-

---

Fabio, in: Maunz/Dürig, GG, Art. 2, Rn. 50; *Merten,* JuS 1982, 365; *Wegmann,* BayVBl. 1990, 673.

[53] *Scholz,* DB 1979, Beilage Nr. 10, S. 15.

[54] BGHZ 79, 111, 115; *Jahn,* DÖV 1989, 850; *Di Fabio,* in: Maunz/Dürig, GG, Art. 2, Rn. 50.

[55] St. Rspr. seit BVerfGE 6, 32, 40 f.; siehe z. B. E 80, 137, 153; 90, 145, 172; *Pieroth/Schlink,* Grundrechte, Rn 383; *Jarass/Pieroth,* GG, Art. 2, Rn. 17; *Sachs,* Grundrechte, B 2, Rn. 31.

[56] *Jarass/Pieroth,* GG, Art. 2, Rn. 18 f.; *Kunig,* in: von Münch/Kunig, GG, Art. 2, Rn. 19 und 28.

[57] Siehe 2. Teil. D.

[58] Siehe 2. Teil. E. I. 4. b).

meininteresse erforderlich. Auch soweit dadurch nicht nur die Nichtraucher vor den Gefahren des Passivrauchens geschützt werden, sondern sich die Schutzwirkung auch in Richtung des Aktivrauchens entfaltet, steht der gesundheitsschützende Lenkungszweck nicht zur Disposition der Raucher.

Die Eignung der Tabakbesteuerung zur Förderung dieses Zwecks wurde bereits untersucht.[59] Zwar geht es nunmehr um die freiheitsbeschränkende Lenkungswirkung der Tabaksteuer, während die Geeignetheit zuvor im Zusammenhang mit der gleichheitsrechtlichen Untersuchung der Belastungswirkung erörtert wurde. Da gesetzgeberisches Mittel (Besteuerung) und Zweck (Bekämpfung des Tabakkonsums) jedoch identisch sind, ist eine abweichende Beurteilung an dieser Stelle ausgeschlossen.

Anders verhält es sich hinsichtlich der Erforderlichkeit und der Angemessenheit der Tabaksteuer. Hier ist die konkrete Beeinträchtigung, d. h. die Beeinflussung des Verhaltens der Konsumenten, Gegenstand der Betrachtung. Im Rahmen der Erforderlichkeit kommt es darauf an, ob geeignete Alternativen verfügbar sind, die das betroffene Grundrecht sowie Dritte und die Allgemeinheit weniger beeinträchtigen.[60] Bei der Prüfung der Angemessenheit ist die konkrete Beeinträchtigung in Relation zu dem erstrebten Erfolg zu setzen. Diese Fragen werden demnach nicht dadurch präjudiziert, dass die Tabaksteuer trotz der damit verbundenen Ungleichbelastung der Konsumenten ein erforderliches und angemessenes Mittel der Gesundheitspolitik ist. Vielmehr ist zu prüfen, ob die Beschränkung der Konsumfreiheit der Raucher erforderlich und angemessen ist.

Wie bereits dargelegt wurde, sind Maßnahmen, die nicht in die Konsumfreiheit der Raucher eingreifen wie z. B. Werberegelungen, Warnhinweise und Aufklärungskampagnen, sind einerseits weniger geeignet und andererseits mit vielfältigen Beeinträchtigungen für Dritte verbunden.[61] Andere Alternativen, namentlich Rauchverbote, belasten ebenfalls die allgemeine Handlungsfreiheit, wirken insofern aber wesentlich intensiver, da sie die Gestalt unmittelbarer Ge- und Verbote haben.[62] Es ist keine gleichermaßen geeignete Maßnahme gegen das Rauchen ersichtlich, die die allgemeine Handlungsfreiheit weniger beeinträchtigen würde und doch ebenso wirksam wäre wie die Tabaksteuer.[63] Die Tabakbesteuerung erweist sich damit als erforderliches Lenkungsmittel.

---

59 Siehe 2. Teil. E. I. 4. c) aa).

60 *Jarass/Pieroth*, GG, Art. 20, Rn. 85.

61 Siehe oben 2. Teil. E. I. 4. c) bb) (4) – (7).

62 Siehe oben 2. Teil. E. I. 4. c) bb) (3).

63 Siehe oben 2. Teil. E. I. 4. c) bb) (8).

Die Tabaksteuer ist als angemessen zu werten, wenn sich die bewirkte Lenkung angesichts des Lenkungsziels als verhältnismäßig erweist. Der Lenkungszweck ist gegen die Freiheitsbeeinträchtigung abzuwägen. Zu ergründen ist, ob der Eingriff in Art. 2 Abs. 1 GG angesichts der mit der Tabaksteuer verfolgten gesundheitspolitischen Ziele den Rauchern zumutbar ist. Das Ausmaß der Lenkungswirkung hängt ab von der Höhe der steuerlichen Belastung. Eine steuerbedingte Preiserhöhung bei Tabakwaren hat einen in Abhängigkeit von der Elastizität der Nachfrage zu bestimmenden Rückgang des Konsums zur Folge. Es besteht insofern schon zwangsläufig eine Proportionalität von Freiheitsbeeinträchtigung durch die Tabaksteuer (Mittel) und Verbrauchsrückgang (Zweck).

Fraglich ist, ob dieser ökonomische Zusammenhang zwischen steuerbedingter Preiserhöhung und Konsumrückgang im verfassungsrechtlichen Sinne verhältnismäßig ist. Der gesundheitspolitischen Zielsetzung, den Konsum von Tabakwaren einzudämmen, wird um so besser entsprochen, je stärker das Konsumverhalten der Raucher im Sinne des Gesetzgebers beeinflusst wird. Mit anderen Worten: Je intensiver die Lenkungswirkung und damit die Freiheitsbeeinträchtigung ausfällt, desto größer ist der Lenkungserfolg. Vor diesem Hintergrund lässt sich eine erhebliche Freiheitsbeeinträchtigung rechtfertigen, wenn der dadurch bewirkte Konsumrückgang vom Gesetzgeber erstrebt wird.

Diese Erkenntnis hat über die Tabaksteuer hinaus grundsätzlich bei lenkenden Verbrauchsteuern Geltung. Im Rahmen der ökonomischen Gegebenheiten führt eine Verbrauchsteuer unter der Voraussetzung, dass sie vom Konsumenten getragen wird, zu einem entsprechenden Konsumrückgang. Es reicht daher für die Verhältnismäßigkeit im engeren Sinne aus, zu überprüfen, ob der eingetretene Konsumrückgang im Hinblick auf die betroffenen Güter und das Ausmaß dem ursprünglichen Lenkungsziel entspricht. Ist dies der Fall, muss die Freiheitsbeeinträchtigung zwangsläufig angemessen sein.

Bei der Tabaksteuer ist eine möglichst weitgehende Zurückdrängung des Tabakkonsums in der Bevölkerung gewollt. Daher sind selbst intensive Freiheitsbeeinträchtigungen durch die Tabaksteuer noch zumutbar. Die Tabaksteuer wäre daher letztlich nur unangemessen, wenn sie die „letzte Grenze“ zur Erdrosselungs- oder Nullaufkommensteuer[64] überschreitet. In ihrer gegenwärtigen Form stellt die Tabaksteuer eine verhältnismäßige Beschränkung der allgemeinen Handlungsfreiheit dar; die die Konsumenten treffenden Gestaltungswirkungen der Tabaksteuer sind gerechtfertigt.

---

64 Zur Erdrosselungssteuer siehe 1. Teil. A. III. 1. b); zur Nullaufkommensteuer siehe 1. Teil. B. II. 1. a. E.

3. Ergebnis

Indem die Tabaksteuer zu einer Verbrauchsreduzierung bei Tabakwaren führt, beeinträchtigt sie die Berufsfreiheit der an Produktion und Handel beteiligten Unternehmer. Darin ist eine Berufsausübungsregelung zu sehen, die angesichts der gesundheitsplitischen Zielsetzung gerechtfertigt ist.

Die Verbraucher werden durch die Tabaksteuer in der allgemeinen Handlungsfreiheit in ihrer Ausprägung als Konsumfreiheit betroffen. Diese Beeinträchtigung ist zur Förderung des Lenkungszwecks (Schutz der Volksgesundheit) geeignet und erforderlich. Sie ist ferner angemessen, da sich die bewirkte Verbrauchsverminderung mit den gesundheitspolitischen Zielen des Gesetzgebers deckt. Als verallgemeinerungsfähiges Ergebnis kann darüber hinaus festgestellt werden, dass die Beeinträchtigung der Konsumfreiheit durch eine Verbrauchsteuer angemessen ist, wenn Ausmaß der Verhaltensbeeinflussung und gesetzlicher Lenkungszweck kongruent sind.

Das Tabaksteuergesetz erweist sich, soweit es Gegenstand der vorliegenden Untersuchung ist, als verfassungsmäßig.

Zusammenfassung

Die nachfolgende Zusammenfassung informiert in aller Kürze über den Inhalt und die wesentlichen Ergebnisse der Arbeit. Ausgenommen sind die Kapitel zu den Regelungen des Tabaksteuerrechts (2. Teil. A.) und zur Geschichte der Tabaksteuer (2. Teil. B.), die selbst Überblickscharakter haben.

1. Teil. Die verfassungsrechtliche Rechtfertigung von Steuern

Verfassungsrechtlich gerechtfertigt ist eine Steuer dann, wenn sie angesichts des Grundgesetzes gerecht ist, d. h. einer *verfassungsrechtlichen Prüfung* standhält, die ihre Vereinbarkeit mit Grundrechten, Kompetenzvorschriften und objektiven Wertaussagen der Verfassung prüft.

Gegenstand der Rechtfertigung können die Besteuerung als solche wie auch einzelne Steuern sein. Die Rechtfertigung einer Einzelsteuer ist durch die Rechtfertigung der Besteuerung im Allgemeinen bedingt.

Das *Bedürfnis für die Rechtfertigung* einer bestimmten Steuer resultiert aus der Grundrechtsbindung des Gesetzgebers. Ein Rechtfertigungsbedürfnis entsteht, wenn eine Beeinträchtigung eines Freiheitsgrundrechts oder eine Ungleichbehandlung gegeben ist. *Besondere Zwecksetzungen* können ein zusätzliches Rechtfertigungsbedürfnis schaffen, aber auch Rechtfertigungsgrund sein.

Ansatzpunkt für die Rechtfertigungsprüfung sind die Wirkungen des betreffendes Steuergesetzes, wobei im Sinne einer „zweigleisigen" Prüfung zwischen lastenausteilender Wirkung *(Belastungswirkung)* und sonstigen Effekten *(Gestaltungswirkungen)* zu unterschieden ist.

A. Verfassungsrechtliche Rechtfertigung der steuerlichen Belastung

I. Grundsätzliche Rechtfertigung von Steuern

Die Regelung der Steuergesetzgebungskompetenz in Art. 105 GG und der Ertragsverteilung in Art. 106 GG implizieren die *grundsätzliche verfassungsrechtliche Rechtfertigung* der in diesen Vorschriften genannten Steuern und der Besteuerung schlechthin. Steuern sind außerdem, weil erst die Steuereinnahmen dem Staat die Wahrnehmung von Aufgaben im Interesse der Allgemeinheit ermöglichen, eine Verfassungsvoraussetzung des Sozial- und Rechtsstaates, der darum *Steuerstaat* ist. Die Ausrichtung des Staates auf das Gemeinwohl erfordert eine Finanzierung des Staatshaushaltes durch die Allgemeinheit *(Gemeinlastprinzip)* im Wege der Steuererhebung.

Schon an dieser Stelle steht fest, dass die *Tabaksteuer grundsätzlich verfassungsrechtlich zulässig* ist. Die vorzunehmende Prüfung der „Rechtfertigung der Tabaksteuer" beinhaltet demgegenüber die freiheits- und gleichheitsrechtliche Untersuchung ihrer Belastungs- und Gestaltungswirkungen.

II. Gleichheitsrechtliche Rechtfertigung der Besteuerung

Das dem *Gleichheitssatz* (Art. 3 Abs. 1 GG) innewohnende Gerechtigkeitsgebot wird für das Gebiet des Steuerrechts durch das *Gebot der Belastungsgleichheit* konkretisiert. Damit kommt der *Auswahl des Differenzierungskriteriums* für die Lastenzuteilung entscheidende Bedeutung zu.

Das *Äquivalenzprinzip* geht davon aus, ein Steuerpflichtiger sei in dem Maße zur Steuerzahlung heranzuziehen, die seiner Nachfrage nach öffentlichen (staatlichen) Leistungen entspricht. Die Anwendung des Äquivalenzprinzips auf die Besteuerung ist jedoch abzulehnen. Die Besteuerung ist ein einseitiger Akt der Lastenzuteilung und gerade kein Austauschverhältnis. Steuern sichern die Erfüllung sozialstaatlicher Aufgaben, weshalb sich die Gesamtsteuerbelastung am Finanzbedarf des Staates und nicht etwa am Umfang der Inanspruchnahme von Staatsleistungen durch den Steuerpflichtigen orientieren muss.

Das *Leistungsfähigkeitsprinzip* differenziert für die steuerliche Lastenzuteilung nach der Belastbarkeit der Steuerpflichtigen. Ziel ist die Herstellung proportionaler Gleichheit, durch die sich nicht die Gesamtsteuerlast, sondern deren Verteilung auf die Mitglieder der staatlichen Gemeinschaft rechtfertigt. Das Leistungsfähigkeitsprinzip ist ein Verfassungsgebot; es leitet sich u. a. aus Art. 3 GG ab.

Das Maß der Leistungsfähigkeit jedes einzelnen kann nur *mittelbar anhand der Indikatoren Einkommen, Vermögen und Konsum* ermittelt werden. Einkommen und Vermögen erlauben die Bestimmung *individueller Leistungsfähigkeit,* da die persönlichen Verhältnisse berücksichtigt werden. Der Konsum dagegen ist typisierender Indikator *sachlicher Leistungsfähigkeit.* Daran ist problematisch, dass auch der Konsum existenznotwendiger Güter noch Leistungsfähigkeit indiziert, obwohl das Existenzminimum steuerfrei zu stellen ist. Aufgrund der indirekten Erhebung der Steuern, die an den

Konsum anknüpfen, kann die zwangsläufig eintretende Besteuerung des existenznotwendigen Verbrauchs im Wesentlichen nur durch Sozialleistungen sowie im Bereich der Einkommensteuer durch Grundfreibetrag und progressiven Tarifverlauf kompensiert werden.

Letztlich belasten alle Steuern das Einkommen als ursprüngliche Quelle der Leistungsfähigkeit. Dies gilt auch für Verbrauchs- und Vermögensteuern, da Vermögen und Konsum ohne vorheriges Einkommen nicht denkbar sind. Dieser *Mehrfachbelastung des Einkommens* kann schon aus erhebungstechnischen Gründen nicht durch Schaffung einer Einheits- oder Alleinsteuer begegnet werden. Die Besteuerung des Einkommens bei Erzielung, Verwendung und früher auch in gespeicherter Form (Vermögen) ist darüber hinaus auch verfassungsrechtlich unbedenklich.

Auch die *Kumulation mehrerer Steuern* mit einem in zeitlicher und gegenständlicher Hinsicht identischen Anknüpfungspunkt ist grundsätzlich verfassungskonform. Gleichheitsrechtliche Bedenken bestehen aber gegenüber *Doppelbelastungen auf dem Gebiet des Verbrauchsteuerrechts,* die entstehen, wenn nur die Umsätze bestimmter willkürlich ausgewählter Güter neben der Umsatzsteuer auch mit einer besonderen Verbrauchsteuer belegt sind. Entgegen der in der Literatur vorherrschenden Ansicht lässt sich eine solche Zusatzbelastung nicht dadurch rechtfertigen, dass bei bestimmten Konsumgütern ein erhöhtes Maß an Leistungsfähigkeit unterstellt wird. Tauglicher Indikator der Leistungsfähigkeit ist ausschließlich der *Umfang der Einkommensverwendung* bemessen nach dem Nettowert der konsumierten Güter. Aus gleichheitsrechtlicher Perspektive ist daher grundsätzlich von der Alternativität von Umsatzsteuer und besonderen Verbrauchsteuern auszugehen.

Der Gesetzgeber ist durch das Leistungsfähigkeitsprinzip in der Auswahl der möglichen steuerlichen Belastungsgründe durch die Indikatoren Einkommen, Vermögen und Konsum grundsätzlich festgelegt, hat jedoch bei der *Auswahl der Steuergegenstände und Steuersätze* einen weitreichenden *Entscheidungsspielraum.*

Im Steuerrecht, das „Massenfallrecht" ist, besteht aus Vereinfachungsgründen ein *Bedürfnis nach typisierenden Regelungen.* Ziel der Typisierung ist es, die materiellrechtlichen Tatbestände zu vereinfachen, um den Gesetzesvollzug praktikabler und damit die Besteuerung gerechter zu machen.

Der Gleichheitssatz erfordert die systemgerechte Ausgestaltung der Steuergesetze bezogen sowohl auf die Gesamtrechtsordnung als auch die Steuerrechtsordnung und ihre Teilgebiete einschließlich des Vollzugs *(Systemge-*

rechtigkeit und Folgerichtigkeit). Systemverstöße liefern ein Indiz für die Gleichheitswidrigkeit.

III. Freiheitsrechtliche Begrenzung der steuerlichen Belastung

Steuern können den Schutzbereich der *Eigentümerfreiheit (Art. 14 GG)* berühren. Schutzgegenstand von Art. 14 GG sind alle privatrechtlichen vermögenswerten Rechtspositionen, nach h. M. nicht aber das Vermögen, d. h. der Inbegriff aller geldwerten Güter einer Person, als solches. Steuern müssen daher einen Eingriff in eine Eigentumsposition beinhalten. Sowohl die Ansicht, die eine bloße Vermögensbelastung annimmt, als auch diejenige, die schon deswegen Art. 14 GG als betroffen erachtet, weil sich das Vermögen aus einer Vielzahl konkreter Eigentumspositionen zusammensetzt, sind abzulehnen. Der Schutzbereich des Art. 14 GG ist durch Steuern nur dann berührt, wenn diese den *Bestand* oder die *Nutzung* des Eigentums belasten: Ertragsteuern beeinträchtigen die gewinnbringende Nutzung von Eigentumspositionen; Verbrauchsteuern beeinträchtigen die Verwendung von Geldmitteln, indem sie diese eines Teils ihrer Kaufkraft berauben. Entgegen der wohl überwiegenden Literaturansicht sind Eigentumsbestand und Eigentumsgebrauch gleichermaßen sozialpflichtig und gegenüber der Besteuerung durch Art. 14 GG unterschiedslos geschützt.

Steuergesetze sind dogmatisch als *Inhalts- und Schrankenbestimmungen* aufzufassen und daher am Grundsatz der Verhältnismäßigkeit zu messen. Sie müssen geeignet, erforderlich und angemessen sein. Da Steuern zur Einnahmeerzielung stets geeignet und regelmäßig erforderlich sind, beschränkt sich die dreistufige Verhältnismäßigkeitsprüfung bei Fiskalzwecksteuern auf die Frage der Angemessenheit der Belastung. Dem BVerfG ist daher im Ergebnis in der Auffassung zuzustimmen, dass Steuern keine „erdrosselnde Wirkung“ haben dürfen.

Angemessen sind Steuern grundsätzlich nur dann, wenn die *Belastung unterhalb von 50 %* liegt. Entgegen der Ansicht des BVerfG kann diese Obergrenze zwar nicht unmittelbar aus Art. 14 Abs. 2 S. 2 GG entnommen werden, ergibt sich aber aus dem prinzipiellen Vorrang der Privatnützigkeit des Eigentums einer staatsnützigen Verwendung. Der *Halbteilungsgrundsatz* findet auch auf die Besteuerung der *Eigentumsverwendung* Anwendung, weshalb es grundsätzlich unangemessen ist, wenn Umsatzsteuer und besondere Verbrauchsteuer zusammen genommen 50 % oder mehr des Bruttopreises eines Konsumgutes ausmachen.

Steuergesetze können den Schutzbereich der *Berufsfreiheit (Art. 12 GG)* berühren. In keinem Fall beinhalten sie aber eine gezielte und unmittelbare

Regelung der Berufsausübung. Steuern greifen nach der Rechtsprechung des BVerfG lediglich faktisch in die Berufsfreiheit ein, wenn sie in engem Zusammenhang zur Ausübung eines Berufes stehen und objektiv eine berufsregelnde Tendenz deutlich erkennen lassen. Im Ergebnis ist dies bei Steuern der Fall, die *gezielt eine bestimmte berufliche Tätigkeit belasten* und dadurch den Grundrechtsträger bei der Berufswahl oder Berufsausübung beeinflussen, insbesondere also lenkende steuerliche Sonderlasten. Auch steuerliche Entlastungen können die Berufsfreiheit beeinträchtigen. Dies trifft jedoch nur auf die Wettbewerber des derart Begünstigten zu, nicht auf den Empfänger der Steuersubvention selbst.

Eingriffe in die Berufsfreiheit sind *gerechtfertigt,* wenn ein legitimer Zweck verfolgt wird, zu dessen Förderung die Steuer geeignet, erforderlich und angemessen ist. Im Rahmen der erforderlichen Abwägung kommt die *Stufenlehre des BVerfG* zum Tragen. Denkbar ist insbesondere, dass eine Beeinträchtigung der Berufsausübung (1. Stufe) oder eine subjektive Zulassungsbeschränkung (2. Stufe) durch einen steuerlichen Lenkungszweck gerechtfertigt sind. Dagegen bestehen von vornherein Bedenken gegen die Rechtfertigung einer im Wege der Besteuerung bewirkten objektiven Zulassungsbeschränkung bzw. einer auf die Berufswahl zurückwirkenden Ausübungsregelung (3. Stufe), da eine Steuernorm kein zur Abwehr einer schweren Gefahr für überragend wichtige Gemeinschaftsgüter geeignetes und erforderliches Mittel darstellt.

Die mit Steuern verbundene Belastungswirkung bedeutet einen Eingriff in die *allgemeine Handlungsfreiheit (Art. 2 Abs. 1 GG).* Regelmäßig betreffen Steuergesetze allerdings die allgemeine Handlungsfreiheit in ihrer besonderen Ausprägung als vermögensrechtliche oder berufliche Entfaltungsfreiheit. Vorrangig ist daher ein Eingriff in Art. 12 bzw. Art. 14 GG in Betracht zu ziehen; Art. 2 Abs. 1 GG hat insoweit die Funktion eines Auffanggrundrechts. Nur sofern keine spezielleren Grundrechte betroffen sind, ist ein Steuergesetz daher im Rahmen von Art. 2 Abs. 1 GG auf seine formelle Verfassungsmäßigkeit hin zu überprüfen. Insbesondere die bei Lenkungssteuern bedeutsame Gesetzgebungskompetenz kann im Zweifel durch Art. 2 Abs. 1 GG gerügt werden.

B. Rechtfertigung von Lenkungsteuern

I. Die Lenkungsteuer als verfassungsrechtliches Problem

Unter steuerlichen Lenkungsnormen versteht man Steuernormen, die noch weiteren Zwecken neben der Einnahmenerzielung *(Lenkungszwecke)* dienen sollen. Bei den Lenkungsteuern macht sich der Gesetzgeber die neben der Belastungswirkung eintretenden Gestaltungswirkungen von Steuern zunutze. Grundsätzlich kann jede Steuer bzw. Steuerart Lenkungsteuer sein, wenn sie entsprechend ausgestaltet wird. Die Lenkung kann z. B. durch Steuerbefreiungen, Modifikation der Bemessungsgrundlage oder Differenzierung des Steuersatzes einer ansonsten fiskalisch motivierten Steuer erreicht werden oder indem eigens eine Steuer zur Verwirklichung einer bestimmten Lenkungsidee – etwa eine besondere Verbrauchsteuer – geschaffen wird.

Die steuerliche Lenkung ist *grundsätzlich ein zulässiges Mittel* zur Verfolgung sozialpolitischer Anliegen im sozialen Steuerstaat. Auch Lenkungsteuern sind aber an das Leistungsfähigkeitsprinzip gebunden und bedürfen bei Abweichungen davon der Rechtfertigung.

Belastende Lenkungsteuern wirken mittelbar verhaltenssteuernd. Indem sie ein bestimmtes Verhalten belasten, legen sie dem Steuerpflichtigen alternative Verhaltensweisen nahe, durch welche er die Abgabenlast verringern oder ganz vermeiden kann. Regelmäßig erfolgt die Lenkung über eine Zusatzbelastung, die dem Leistungsfähigkeitsprinzip widerspricht und rechtfertigungsbedürftig ist.

Mittel der *begünstigenden steuerlichen Lenkung* sind Steuervergünstigungsnormen. Diese unterscheiden sich von tatbestandsbegrenzenden Vorschriften, die ebenfalls steuerbeschränkend wirken, dadurch, dass sie vom Belastungsgedanken der betroffenen Steuer, regelmäßig also dem Leistungsfähigkeitsprinzip, zugunsten des Steuerpflichtigen abweichen. Diese Abweichung bedarf der Rechtfertigung.

II. Steuercharakter der Lenkungsteuern

Lenkungsteuern sind *Steuern im verfassungsrechtlichen Sinne.* Trotz des mit ihnen verbundenen wirtschafts- oder sozialpolitischen Gestaltungszwecks werden sie im Sinne der Steuerbegriffsdefinition der Abgabenordnung „zur Erzielung von Einnahmen“ auferlegt. Es ist unschädlich, dass der Fiskalzweck Nebenzweck und der Lenkungsweck Hauptzweck eines Steuergesetzes ist, sofern eine *Einnahmenerzielungsabsicht* vorliegt. Entgegen einer in der Literatur vertretenen Meinung ist es für die Annahme einer Steuer im verfassungsrechtlichen Sinne allerdings nicht ausreichend, dass der betreffenden Norm objektiv eine Einnahmenerzielungsfunktion zukommt. Der Steuergesetzgeber muss die Aufkommenswirkung zumindest kennen und billigen. Regelmäßig wird die Aufkommenswirkung einer Steuer allerdings den Schluss auf das Vorliegen der Einnahmenerzielungsabsicht erlauben.

III. Gesetzgebungskompetenz für steuerliche Lenkungsnormen

Zum Erlass *belastender Lenkungsteuern* ist die *Steuergesetzgebungskompetenz* erforderlich. Entgegen in der Literatur vertretenen Ansichten führen die Gestaltungswirkungen von Lenkungsteuern nicht dazu, dass statt oder neben der Steuerkompetenz die Sachkompetenz ausschlagend wäre. Die kompetenzielle Zuordnung richtet sich grundsätzlich nach dem Inhalt der konkreten Regelung. Daran gemessen sind Lenkungsteuern, weil sie nur eine Steuerpflicht, nicht aber eine sonstige Verhaltenspflicht begründen, reine Steuernormen, zu deren Erlass die Steuergesetzgebungskompetenz erforderlich aber auch hinreichend ist.

Zur Vermeidung von Kompetenzkonflikten ist es notwendig, die weitreichende Lenkungskompetenz des Steuergesetzgebers gegenüber der Sachkompetenz zu begrenzen. Hierzu dürfte ein Missbrauchsverbot mangels tatbestandlicher Präzision untauglich sein. Auch besteht kein Rangverhältnis zwischen Steuer- und Sachkompetenz, nach dem abgegrenzt werden könnte. Deshalb folgt aus der Existenz einer fremden Sachkompetenz noch keine Ausübungsschranke für den Steuergesetzgeber. Anzusetzen ist vielmehr auf der *Wirkungsebene,* d. h. es ist die Kompetenz des Steuergesetzgebers anzuerkennen, bestimmte Lenkungseffekte sind aber aus dessen Einflussbereich auszunehmen. Ausschlaggebend ist die Sicht des Normadressaten. Dem BVerfG ist darin zuzustimmen, dass die Grenze der Steuergesetzgebungskompetenz dort erreicht ist, wo dem Normadressaten das Handeln des Gesetzgebers *widersprüchlich* erscheinen muss. In einem solchen Fall kann nur die speziellere Regelung, d. h. die unmittelbare Verhaltensanweisung des Sachgesetzgebers, aufrecht erhalten werden.

Für *begünstigende Lenkungsteuern* ist die Steuergesetzgebungskompetenz ausreichend. Allerdings darf sich der Steuergesetzgeber auch bei begünstigenden steuerlichen Lenkungsnormen nicht in Widerspruch zu den Maßnahmen des Sachgesetzgebers setzen. Eventuelle Widersprüchlichkeiten sind zugunsten des Sachgesetzgebers zu lösen.

IV. Rechtfertigung gleichheitswidriger Belastungswirkungen durch den Lenkungszweck

Lenkungsteuern bewirken eine Zusatzbelastung bestimmter Steuerpflichtiger, ohne dass diese entsprechend leistungsfähiger als andere wären. Die Lenkungswirkung resultiert somit aus einer Ungleichbehandlung und bedarf der Rechtfertigung.

Steuerliche Ungleichbehandlungen sind aufgrund der freiheitsrechtlichen Relevanz der Besteuerung regelmäßig von besonderer Intensität. Sie sind daher nur gerechtfertigt, wenn sie sich gegenüber *gewichtigen sachlichen Gründen des Gemeinwohls* als verhältnismäßig erweisen.

Der *Lenkungszweck* ist im Wege der *objektiven Auslegung* zu ermitteln. Dabei kommt es auf die Intention des historischen Gesetzgebers nur insoweit an, als diese in hinreichend bestimmter Weise im Gesetz selbst erkennbar zum Ausdruck kommt. Die Sichtbarmachung des Lenkungszwecks im Steuertatbestand ist allerdings problematisch, weil sich das materielle Steuerrecht darauf beschränkt, Belastungstatbestände zu normieren, in denen die Intention des Gesetzgebers nicht offen zutage tritt. Denkbar ist es, unter bestimmten Voraussetzungen aus der eingetretenen Lenkungswirkung auf einen entsprechenden Lenkungszweck zu schließen.

Nur *gewichtige Gemeinwohlgründe* können die steuerliche Ungleichbehandlung rechtfertigen. Von vornherein zur Rechtfertigung einer Abweichung vom Leistungsfähigkeitsprinzip ungeeignet ist das fiskalische Interesse des Staates. Reine Fiskalzwecksteuern müssen uneingeschränkt dem Grundsatz der Besteuerung nach der Leistungsfähigkeit Rechnung tragen. Im Übrigen ist eine Vielzahl sowohl vorstaatlicher Rechtsgüter als auch gesetzlich konstituierter Gemeinwohlbelange denkbar, die eine Ungleichbehandlung rechtfertigen können.

Auf steuerliche Lenkungsnormen ist der *Grundsatz der Verhältnismäßigkeit* (im weiteren Sinne) anzuwenden. Die Regelung muss also geeignet, erforderlich und angemessen sein. Letzteres muss sich letztlich im Rahmen einer Abwägung des Lenkungszwecks gegen die Abweichung vom Leistungsfähigkeitsprinzip erweisen.

Lenkungsteuern sind grundsätzlich *geeignet,* dem Steuerpflichtigen ein anderes als das von der Steuer diskriminierte Verhalten nahe zu legen. So bewirken besondere Verbrauchsteuern, die zur Umsatzsteuer hinzutreten, einen Nachfragerückgang bei den belasteten Waren. Dass bestimmte ordnungsrechtliche Maßnahmen ggf. wirkungsvoller als die steuerliche Lenkung sind, steht der Geeignetheit der Lenkungsteuer nicht entgegen. Lenkungsteuern sind auch nicht deswegen von vornherein ungeeignet, weil durch die Hinnahme der steuerlichen Belastung der bezweckten Lenkung ausgewichen werden kann.

Die Lenkungsteuer ist *erforderlich,* wenn ein milderes Mittel zur Zweckerreichung nicht zur Verfügung steht. Unter mehreren geeigneten Lenkungsteuern ist diejenige erforderlich, die den Steuerpflichtigen am geringsten belastet. Gegenüber ordnungsrechtlichen Maßnahmen stellen Lenkungsteuern stets die verhältnismäßig geringere Beeinträchtigung dar, da sie bedingt durch ihre Wirkungsweise ohne unmittelbare Verhaltensanweisung auskommen. Nicht nur, aber erst recht gegenüber einem Verbot, erweist sich die Lenkungsteuer als weniger einschneidend.

Die Ungleichbehandlung rechtfertigt sich als *verhältnismäßig (im engeren Sinne),* wenn sich das Lenkungsziel im Rahmen einer Abwägung gegenüber dem Mittel der konkreten, vom Leistungsfähigkeitsprinzip abweichenden steuerlichen Belastung als angemessen erweist. Auf allgemeine Abwägungsmuster kann nicht zurückgegriffen werden, da der Gleichheitssatz stets sachbereichsbezogen anzuwenden ist. Bei der Verhältnismäßigkeitsprüfung sind auch die Freiheitsrechte zu berücksichtigen. Je weniger freiheitsbeeinträchtigend eine Lenkungsteuer ist, desto eher erscheint die bewirkte Ungleichbehandlung als angemessen. Verhältnismäßig sind also Lenkungsteuern, die das Lenkungsziel verfassungsrechtlich effizient erreichen.

V. Rechtfertigung gleichheitswidriger Steuervergünstigungen durch den Lenkungszweck

Wie schon bei der Rechtfertigung belastender Lenkungsteuern, sind auch hier keine zu hohen Anforderungen an das *Gewicht der Gemeinwohlzwecke* zu stellen. Dem Gesetzgeber kommt bei Steuervergünstigungen ein verglichen mit belastenden Lenkungsteuern *noch weitergehenderer Gestaltungsspielraum* zu. Daher sind alle Belange anzuerkennen, die sich aus dem besonderen wirtschafts-, sozial- oder gesellschaftspolitischen Vorstellungen des Gesetzgebers ergeben.

Auch für begünstigende Steuernormen gilt das *Übermaßverbot.* Angesichts des Gemeinwohlzwecks müssen sie sich als geeignet, erforderlich und angemessen erweisen. Vermeidbare *Mitnahmeeffekte* können vor allem die Erforderlichkeit in Frage stellen. Die anzustellende Abwägung muss den Umfang der Steuervergünstigung und die Zahl der Begünstigten berücksichtigen.

VI. Rechtfertigung von Gestaltungswirkungen belastender Lenkungsnormen durch den Lenkungszweck

Neben die durch die Steuer ausgelöste Belastungswirkung treten die *Gestaltungswirkungen (Lenkungswirkungen).* Sie bedürfen der verfassungsrechtlichen Rechtfertigung, wenn sie in Freiheitsgrundrechte eingreifen. Im Mittelpunkt der Rechtfertigung von Gestaltungswirkungen belastender Lenkungsnormen steht die Prüfung der Verhältnismäßigkeit. Lenkungszweck und Gestaltungswirkung sind auf ihre Proportionalität hin zu untersuchen.

VII. Rechtfertigung von Gestaltungswirkungen begünstigender Lenkungsteuern

Ein Rechtfertigungsbedarf entsteht hinsichtlich der Gestaltungswirkungen begünstigender Lenkungsteuern vor allem bei wirtschaftslenkenden Steuervergünstigungen, sofern diese *Wettbewerbsverzerrungen* zu Lasten nichtbegünstigter Konkurrenten bewirken. Diese können einen Eingriff in die *Berufsfreiheit* darstellen, der je nach Intensität des Wettbewerbsnachteils unter Berücksichtigung der vom BVerfG entwickelten Stufenlehre nur durch entsprechend gewichtige Gemeinwohlpositionen zu rechtfertigen ist.

2. Teil. Die verfassungsrechtliche Rechtfertigung der Tabaksteuer

A. Überblick über das Tabaksteuerrecht

B. Die Geschichte der Tabaksteuer

C. Einordnung der Tabaksteuer im Steuersystem

I. Steuereigenschaft

Die Tabaksteuer ist eine Steuer im verfassungsrechtlichen Sinne. Ungeachtet der noch zu untersuchenden Lenkungseffekte lässt das Tabaksteueraufkommen den Schluss auf die Einnahmenerzielungsabsicht des Gesetzgebers zu.

II. Die Tabaksteuer – eine Verbrauchsteuer?

Die Tabaksteuer ist eine Verbrauchsteuer. Der Begriff der Verbrauchsteuer ist gesetzlich nicht definiert. Er erklärt sich maßgeblich durch das Belastungsziel. Besteuert werden soll der private Verbrauch, d. h. die sich im Konsum als einer Form der Einkommensverwendung manifestierende Leistungsfähigkeit. Das Tabaksteuergesetz unterstellt, dass die erfassten Steuergegenstände – Zigaretten, Zigarren, Zigarillos und Rauchtabak – zum Rauchen verwendet und mithin verbraucht werden. Der tatsächliche Verbrauch ist Belastungsgrund der Tabaksteuer, aber nicht Anknüpfungspunkt für die Steuerentstehung. Statt dessen entsteht die Tabaksteuer durch Entnahme der Tabakwaren in den freien Verkehr. Sie wird vom Inhaber des Steuerlagers erhoben und ist daher eine einstufige indirekte Steuer. Die Tabaksteuer ist darauf angelegt, als Teil des Endverkaufspreises auf den Verbraucher abgewälzt zu werden und erreicht so ihr Ziel, die Konsumenten gemäß ihrem Verbrauch an Tabakwaren zu belasten.

III. Tabaksteuer – eine Lenkungsteuer?

Die Tabaksteuer ist in mehrfacher Hinsicht als Lenkungsteuer einzuordnen. Der Steuersatz ist abhängig von der Art der Tabakwaren: Zigaretten werden höher als Zigarren besteuert; Pfeifentabak geringer als Feinschnitt. Diese Steuersatzvariation lässt darauf schließen, dass der Gesetzgeber solche Tabakwaren, die als besonders gesundheitsgefährdend eingeschätzt werden, stärker belasten und somit einen gesundheitspolitischen Lenkungseffekt erzielen will. Diese Intention lässt sich auch anhand der Gesetzesmaterialien belegen. Für die Annahme, dass es dem Steuergesetzgeber um die Bekämpfung des Tabakkonsums geht, spricht ferner, dass im sachgesetzlichen Bereich zahlreiche Rechtsnormen unmittelbar oder mittelbar gegen den Tabakkonsum gerichtet sind, etwa § 22 LMBG und § 10 JuSchG. Der Gesundheitsschutz ist außerdem durch das Grundrecht auf Leben und körperliche Unversehrtheit, die Menschenwürde und das Sozialstaatsprinzip und durch Art. 152 Abs. 1 EGV geboten. Andererseits weist der günstige Steuersatz auf Feinschnitt wiederum auf fiskalische Interessen und besondere Aspekte der Steuergerechtigkeit: Zumindest in einem gewissen Umfang soll ein steuerlich begünstigtes Substitut zur Zigarette denjenigen Rauchern angeboten werden, die anderenfalls mangels Leistungsfähigkeit auf den Konsum vollständig verzichten müssten. Die Begünstigung von Zigarren, Zigarillos und Pfeifentabak gründet sich auf den Gedanken, andere Tabakwaren als die Zigarette wirtschaftlich zu fördern, um die Wettbewerbsfähigkeit der betroffenen Industriezweige zu stützen und die dort bestehenden Arbeitsplätze zu erhalten. Im Ergebnis ist die Tabaksteuer also von einer dreifachen Zwecksetzung getragen: Sie ist gesundheits- und wirtschaftspolitische Lenkungssteuer, lässt aber auch eine fiskalische Motivation erkennen.

D. Formelle Verfassungsmäßigkeit der Tabaksteuer

Da es sich bei der Tabaksteuer um eine Verbrauchsteuer im Sinne des Art. 106 Abs. 1 Nr. 2 GG handelt, deren Ertrag alleine dem Bund zusteht, kann dieser sich auf die konkurrierende Gesetzgebungszuständigkeit auf dem Gebiet der Verbrauchsteuern nach Art. 105 Abs. 2 i. V. m. Art. 106 Abs. 1 Nr. 2 GG berufen. Nach der hier vertretenen Ansicht ist damit die Kompetenz des Bundesgesetzgebers auch im Hinblick auf den lenkungsteuerlichen Charakter der Tabaksteuer gegeben. Auch im Übrigen bestehen keine Bedenken gegen die formelle Verfassungsmäßigkeit des Tabaksteuergesetzes.

E. Tabaksteuer und Steuergerechtigkeit

I. Die Verbrauchsteuerbelastung des Tabakkonsums

Die Anwendung des Leistungsfähigkeitsprinzip auf die Tabaksteuer erfordert zum einen, dass deren Bemessungsgrundlage die Leistungsfähigkeit der Tabakkonsumenten richtig erfasst. Zum anderen muss sich die Belastungswirkung der Tabaksteuer als gleichheitsgerecht erweisen.

Die Tabaksteuer ist die einzige besondere Verbrauchsteuer, deren Bemessungsgrundlage nicht nur mengenabhängig, sondern auch wertabhängig ausgestaltet ist. Damit nimmt sie im Verbrauchsteuerrecht eine Sonderstellung ein. Ein Gleichheitsverstoß ist angesichts dieser Systemabweichung allerdings nicht anzunehmen, da der Wert des Steuergegenstandes der am besten geeignete Indikator für die Leistungsfähigkeit der Konsumenten ist. Unter gleichheitsrechtlichen Gesichtspunkten wäre in der Konsequenz die rein wertabhängige Bemessung der Tabaksteuer zu präferieren.

Tabaksteuer und Umsatzsteuer besteuern sich gegenseitig, da ihre Bemessungsgrundlagen jeweils den Bruttobetrag zugrunde legen. Die Umsatzsteuer wird nach dem Entgelt bemessen und schließt regelmäßig andere darin enthaltene Steuern und Abgaben in ihre Bemessungsgrundlage ein. Die Besteuerung der Tabaksteuer durch die Umsatzsteuer ist daher systemgemäß. Dies gilt im Ergebnis auch für die Erhebung der Tabaksteuer auf den Umsatzsteueranteil des Kleinverkaufspreises. Die Tabaksteuer folgt hier dem von der Umsatzsteuer für das Verbrauchsteuerrecht systemprägend vorgegebenen Prinzip, andere Steuern und Abgaben in einer wertbezogenen Bemessungsgrundlage mitzuerfassen.

Die gegenseitige Besteuerung läuft allerdings der Erkenntnis zuwider, dass die Zahlung einer Steuer keine Leistungsfähigkeit indiziert und daher nur das Nettoentgelt Anknüpfungspunkt einer Verbrauchsteuer sein sollte. Ein Verstoß gegen das Leistungsfähigkeitsprinzip ist darin nicht zu sehen, da der Gesetzgeber das aus der gegenseitigen Besteuerung resultierende Belastungsniveau auch durch eine entsprechende Erhöhung der Steuersätze unter Vermeidung der Kumulation herbeiführen könnte.

Tabaksteuer und Umsatzsteuer besteuern sich nicht nur gegenseitig, sondern letztlich auch selbst, denn der Kleinverkaufspreis beinhaltet die Tabaksteuer, die wiederum einen Umsatzsteueranteil enthält. Die Tabaksteuer ist die einzige Verbrauchsteuer des Bundes, bei der eine solche Selbstbesteuerung eintritt. Die anderen besonderen Verbrauchsteuern vermeiden das Problem schon dadurch, dass sie sich ausschließlich mengenbezogen bemessen, die Umsatzsteuer, indem sie auf das Nettoentgelt abstellt. Darin ist jedoch keine Systemwidrigkeit zu erblicken. Der Vergleich mit anderen indirekten Steuern zeigt, dass der Gesetzgeber im gegenwärtigen System sowohl die Brutto- als auch die Nettobemessung benutzt. Auch ist die Vermeidung von Selbstbesteuerungseffekten durch die Ausgestaltung der Umsatzsteuer als Nettosteuer nicht systemprägend für das gesamte Verbrauchsteuerrecht, sondern ein Spezifikum der Allphasensteuer. Dass sich der Selbstbesteuerungseffekt auch auf die Umsatzsteuer erstreckt, ist ebenfalls hinzunehmen. Es handelt sich um einen bloßen Reflex der aufgezeigten systemgemäßen Besonderheiten der Tabaksteuerbemessung. Mit Blick auf das Leistungsfähigkeitsprinzip gilt, dass eine Steuer zwar nicht als Leistungsfähigkeitsindikator taugt, dies aber unbedenklich ist, sofern die Höhe der steuerlichen Belastung vom Gesetzgeber bewusst bewirkt wird und auch unter Vermeidung der Selbstbesteuerung erreicht werden könnte.

Der Mechanismus von gegenseitiger Besteuerung von Tabak- und Umsatzsteuer und teilweiser Selbstbesteuerung beider Steuern führt zu einer Kaskadenwirkung. Die Berücksichtigung von Tabak- und Umsatzsteuer bei der Bemessungsgrundlage der jeweils anderen Steuer bewirkt nicht nur bei der ersten Berechnung eine höhere Steuer, sondern setzt sich in abnehmenden Schritten unendlich fort. Dieser Effekt macht sich außerdem bei einer Erhöhung des Steuersatzes der Umsatzsteuer oder Tabaksteuer bemerkbar, indem er eine gemessen am Umfang der Steuersatzerhöhung überproportionale Steigerung der Steuerbelastung zur Folge hat.

Die Aufschaukelungswirkung ist jedoch eine systemimmanente Folge der Ausgestaltung des Steuertatbestandes (Bruttobemessungsgrundlage). In Bezug auf das Leistungsfähigkeitsprinzip ist entscheidend, dass der Gesetzgeber, wie die Regelung des § 4 Abs. 4 TabStG beweist, den Kaskadeneffekt kennt und die daraus resultierende Belastungssteigerung berücksichtigt.

Der Tabakkonsum unterliegt einer doppelten Verbrauchsteuerbelastung durch Umsatzsteuer und Tabaksteuer. Daran besteht auch angesichts der rechtstechnischen Qualifikation der Umsatzsteuer als Verkehrsteuer kein Zweifel. Ihrer Wirkung nach ist die Umsatzsteuer eine allgemeine Verbrauchsteuer; ihre Belastungswirkung ist zu der der speziellen Verbrauchsteuern zu addieren.

Die Sonderbesteuerung der Raucher durch die Tabaksteuer wäre gleichheitsrechtlich unbedenklich, wenn diesen eine höhere Leistungsfähigkeit als den Konsumenten solcher Waren, die keiner besonderen Verbrauchsteuer unterliegen, zukäme. Dies kann jedoch ausgeschlossen werden. Das durch den Erwerb von Tabakwaren indizierte Maß an Leistungsfähigkeit ist nicht höher als beim Konsum solcher nicht existenznotwendiger Güter gleichen Wertes, auf die keine besondere Verbrauchsteuer erhoben wird. Es ist eine steuerliche Ungleichbehandlung zum Nachteil der Raucher zu konstatieren.

Zur Rechtfertigung der Doppelbelastung steht allein der gesundheitspolitische Lenkungszweck zur Verfügung: Durch die Tabaksteuer soll dem Tabakkonsum in der Bevölkerung entgegengewirkt werden. Dagegen kommen wirtschafts- und sozialpolitische Lenkungszwecke erst bei der Rechtfertigung der unterschiedlichen Steuersätze zum Tragen; die fiskalischen Interessen sind schon grundsätzlich ungeeignet, ein Abweichen von einer gleichheitsgerechten Steuerlastverteilung zu legitimieren.

Der Gesundheitsschutz ist ein verfassungsrechtlich fundierter Lenkungszweck. Er findet seine Grundlage im Grundrecht auf Leben und körperliche Unversehrtheit, in der Menschenwürde und im Sozialstaatsprinzip und ist außerdem durch Art. 152 Abs. 1 EGV geboten. Es ist insbesondere legitim, Maßnahmen zum Schutz der Nichtraucher vor den Gefahren des Passivrauchens zu ergreifen. Die Nichtraucher können sich gegenüber Beeinträchtigungen durch Raucher auf das Recht auf körperliche Unversehrtheit berufen. Der Staat ist zum Schutz der Nichtraucher vor den Gefahren des Passivrauchens verpflichtet. Aber auch gegenüber dem aus der allgemeinen Handlungsfreiheit abzuleitenden Recht der Raucher auf Selbstgefährdung erweist sich der gesundheitspolitische Lenkungszweck als legitim. Die weite Verbreitung des Tabakkonsums in der Bevölkerung gefährdet die Volksgesundheit, also ein wichtiges Gemeinschaftsgut, und rechtfertigt daher Eingriffe in Freiheitspositionen einzelner, sofern die Verhältnismäßigkeit gewahrt bleibt.

Die Tabaksteuer ist geeignet, einen Nachfragerückgang nach Tabakprodukten zu bewirken und zur Verminderung des gesundheitsgefährdenden Verbrauchs von Tabakwaren in der Form des Rauchens beizutragen. Sie wirkt entsprechend dem umfassenden gesundheitspolitischen Lenkungszweck sowohl zugunsten der Gesundheit der Raucher als auch der Nichtraucher. Dass die Tabaksteuer nicht durchgängig nach der gesundheitspolitischen Intention ausgestaltet ist, insbesondere der Steuersatz nur grob das Maß der Schädlichkeit der verschiedenen Tabakwaren berücksichtigt und der steuerlich bewirkte Rückgang des Tabakkonsums nicht vollständig und ggf. nur vorübergehender Natur ist, steht der Eignung der Tabaksteuer nicht entgegen.

Die Tabaksteuer ist auch erforderlich. Der gesundheitspolitische Lenkungszweck kann nicht durch andere Maßnahmen erreicht werden, die gleichermaßen geeignet, aber weniger grundrechtsbeeinträchtigend sind.

- Ein allgemeines Vertriebsverbot für Tabakwaren – ggf. kombiniert mit einem Produktions- und Importverbot – dürfte zwar wirksamer als die Tabakbesteuerung sein, da Tabakwaren dann nicht mehr auf legalem Wege in die Hände der Konsumenten gelangen könnten, ist andererseits aber mit so gravierenden Eingriffen in die Berufs- und Eigentumsfreiheit der betroffenen Hersteller, Importeure und Händler verbunden, dass von einem milderen Mittel keine Rede sein kann.
- Das Festlegen von Produktstandards für Tabakwaren, etwa die Beschränkung des Teer-, Nikotin- und Kohlenmonoxidgehaltes von

Zigaretten durch die Tabakprodukt-Verordnung, kann zwar das Maß der Schädlichkeit der konsumierten Tabakwaren positiv beeinflussen, im Unterschied zur Tabaksteuer aber nicht das Ausmaß des Konsums vermindern und ist daher nicht gleichermaßen geeignet wie die Tabaksteuer.

- Rauchverbote können, da mit einer konkreten Verhaltensanweisung verbunden, eine wirkungsvolle Maßnahme zur Beschränkung des Tabakkonsums sein. Allerdings dienen räumlich begrenzte Rauchverbote, z. B. Rauchverbote in der Öffentlichkeit, im Wesentlichen nur dem Schutz der Nichtraucher, da sie in erster Linie eine örtliche Konsumverlagerung bewirken. Sie sind daher zum Schutz der Volksgesundheit, die die Gesundheit der Raucher einschließt, weniger geeignet als die Tabakbesteuerung. Umgekehrt sind räumlich unbegrenzte Rauchverbote, die folglich auch im privaten Lebensbereich gelten, als wirkungsvoller als die Tabaksteuer einzustufen. Ein umfassendes Rauchverbot ist allerdings im Vergleich zur Tabaksteuer kein milderes Mittel, da dadurch die Raucher nicht nur in der allgemeinen Handlungsfreiheit, sondern auch in ihrer Wohnungsfreiheit betroffen würden. Ein allgemeines Rauchverbot würde faktisch auch die Unternehmer der Tabakbranche in ihrer Berufs- und Eigentumsfreiheit beeinträchtigen.
- Werbebeschränkungen und Werbeverbote dürften nicht in gleicher Weise wie die Tabaksteuer geeignet sein, das Konsumverhalten der Raucher zu beeinflussen. Außerdem sind auch solche Maßnahmen mit erheblichen Grundrechtsbeeinträchtigungen vor allem für Hersteller, Medien und Werbebranche verbunden.
- Der Aufdruck von Warnhinweisen und Angaben zu schädlichen Inhaltsstoffen auf Verpackungen von Tabakwaren ist für sich genommen eine geeignete Maßnahme zum Schutz der Bevölkerung vor den Gesundheitsgefahren des Rauchens. Jedenfalls kann davon ausgegangen werden, dass ohne Warnhinweise der Tabakkonsum in der Bevölkerung noch weiter verbreitet wäre. Die Verpflichtung der Tabakhersteller zum Anbringen der Warnhinweise ist aber als weniger wirksam als die Tabakbesteuerung einzuschätzen.
- Vorgaben für die Bezeichnung von Tabakwaren, wie sie die Tabakprodukt-Verordnung enthält, um auszuschließen, dass durch Begriffe wie „mild“ oder „leicht“ der Eindruck erweckt wird, ein bestimmtes Erzeugnis sei weniger schädlich als andere, entfalten neben den Warnhinweisen keine eigenständige Wirkung und bleiben

daher hinsichtlich der Eignung zur Bekämpfung des Tabakkonsums ebenfalls hinter der Tabaksteuer zurück.

– Aufklärungsmaßnahmen, z. B. in Form von Antiraucherkampagnen, sind die am wenigsten grundrechtsbeeinträchtigende Maßnahme zum Gesundheitsschutz. Sie beeinträchtigen die allgemeine Handlungsfreiheit der Raucher nicht und dürften in aller Regel auch die Berufsfreiheit der in der Tabakwarenbranche Tätigen nicht berühren. Angesichts der Bedeutung des gesundheitspolitischen Ziels sind Informationsmaßnahmen wegen ihres geringen Wirkungsgrades keine gleichwertige Alternative zur Besteuerung von Tabakwaren.

Die Belastungswirkung der Tabaksteuer ist angemessen, da die Ungleichbelastung der Verbraucher in einem ausgewogenen Verhältnis zum Lenkungszweck steht. Der durch die Verteuerung von Tabakwaren ausgelöste Nachfragerückgang ist nur um den Preis der steuerlichen Ungleichbelastung zu haben. Mit zunehmender Ungleichbelastung sinkt die Nachfrage. Zwar beeinträchtigen die Belastungs- und Gestaltungswirkungen der Tabaksteuer die Freiheitsrechte von Verbrauchern, Herstellern und Händlern von Tabakwaren; die Eingriffe sind jedoch gerechtfertigt. Schließlich überschreitet die Tabaksteuer nicht die Grenze der absoluten Leistungsfähigkeit und kompensiert in ihrem Tarif in bestimmtem Umfang Regressionseffekte.

II. Produktspezifische Unterschiede der Tabaksteuerbelastung

Auf die verschiedenen Gegenstände der Tabaksteuer findet kein einheitlicher Steuersatz Anwendung. Die bestehenden Belastungsdifferenzen bedürfen der Rechtfertigung durch einen Lenkungszweck. Dies gilt um so mehr als sich der Steuertarif gegenläufig zum leistungsfähigkeitsindizierenden Maß der Einkommensverwendung verhält und typischerweise billige Tabakwaren (z. B. Zigaretten) stärker belastet als teure Produkte (z. B. Zigarren).

Kau- und Schnupftabak sind nicht Gegenstand der Tabaksteuer. Darin ist eine Ungleichbehandlung zu sehen, die sich jedoch als Ergebnis einer typisierenden Auswahl der Steuergegenstände rechtfertigen lässt. Wegen des verschwindend geringen Anteils von Kau- und Schnupftabak am Gesamttabakmarkt ist sowohl das fiskalische Interesse als auch der gesundheitspolitische Lenkungsbedarf derart begrenzt, dass es legitim ist, auf die Besteuerung dieser Waren völlig zu verzichten und dadurch auch den mit der Steuererhebung verbundenen Verwaltungsaufwand zu vermeiden. Zudem ist die Nichtbesteuerung von Schnupf- und Kautabak wirtschaftspolitisch motiviert, da die bayerische Schnupftabakindustrie begünstigt werden soll.

Zigarren, Zigarillos und Pfeifentabak sind durch niedrige Steuersätze gegenüber Zigaretten privilegiert. Diese Begünstigung rechtfertigt sich aus wirtschaftlichen und sozialpolitischen Interessen. Ziel ist es, die Wettbewerbsfähigkeit der heimischen mittelständischen Zigarren- und Pfeifentabakindustrie zu fördern und die dort bestehenden Arbeitsplätze zu erhalten. Die Privilegierung erweist sich hierzu als geeignet und erforderlich. Sie ist auch angemessen, da sie wegen der gegenüber Zigaretten geringeren Gesundheitsschädlichkeit von Zigarren, Zigarillos und Pfeifentabak noch im Einklang mit der gesundheitspolitischen Zielsetzung des Tabaksteuergesetzes steht.

Die Günstigerbesteuerung des Feinschnitts erklärt sich dagegen nicht mit wirtschaftspolitischen Zielsetzungen, sondern dient der Verminderung von Regressionseffekten. Bei geringerer Leistungsfähigkeit eines Rauchers verstärken sich die Belastungs- und Gestaltungswirkungen der Tabaksteuer überproportional. Die Begünstigung von Feinschnitt als einem typischerweise von weniger leistungsfähigen Rauchern nachgefragten Produkt, wirkt diesem Regressionseffekt entgegen und fördert somit die Steuergerechtigkeit im Binnenbereich des Tabaksteuerrechts. Die Regelung ist daher gleichheitsrechtlich nicht zu beanstanden.

F. Tabaksteuer und Freiheitsrechte

I. Freiheitsrechtliche Begrenzung der Tabaksteuerbelastung

Eine Beeinträchtigung der Berufsfreiheit (Art. 12 GG) durch die Belastungswirkung der Tabaksteuer ist nicht gegeben. Belastet werden aufgrund der verbrauchsteuerlichen Konzeption der Tabaksteuer (Überwälzung) die Raucher, nicht aber die Hersteller, Händler oder andere Berufe der Tabakwarenbranche.

Die Eigentumsfreiheit (Art. 14 GG) schützt auch das Eigentum an Geldmitteln und die Verwendung derselben zu Zwecken des Konsums. Verbraucher, die Tabakwaren erwerben, werden durch die auf sie überwälzte Tabaksteuer eines Teils der Kaufkraft ihres Geldes beraubt und dadurch in ihrer Eigentumsfreiheit beeinträchtigt.

Allerdings erweist sich die Tabaksteuer als verhältnismäßige Inhalts- und Schrankenbestimmung. Sie ist zur Einnahmenerzielung geeignet und erforderlich. Gegen die Angemessenheit der Tabaksteuer spricht auf den ersten Blick der Halbteilungsgrundsatz, da Tabakwaren einer durchschnittlichen Gesamtbelastung aus Tabaksteuer und Umsatzsteuer in Höhe von über 70 % unterliegen. Im Rahmen der anzustellenden Verhältnismäßigkeitsprüfung ist aber wiederum der gesundheitspolitische Lenkungszweck in die Abwägung einzubeziehen. Der Schutz der Volksgesundheit als einem wichtigen Gemeinschaftsgut überwiegt hier die finanziellen Interessen der Raucher.

Hersteller und Händler von Tabakwaren sind in ihrem Eigentumsrecht dagegen nicht betroffen. Der vorhandene Bestand und die Nutzung der ihnen gehörenden Tabakwaren sind der Belastungswirkung der Tabaksteuer nicht ausgesetzt.

Aufgrund der Subsidiarität der allgemeinen Handlungsfreiheit (Art. 2 Abs. 1 GG) können allenfalls die Hersteller und Händler von Tabakwaren, nicht aber die Konsumenten eine Beeinträchtigung dieses Grundrechts geltend machen. Allerdings besteht kein Nachteil für Hersteller und Händler, da die Belastungswirkung allein die Konsumenten trifft.

II. Freiheitsrechtliche Begrenzung der besonderen Gestaltungswirkungen der Tabaksteuer

Die Differenzierung des Tabaksteuersatzes beeinträchtigt die Wettbewerbsfreiheit von Zigarettenherstellern und -händlern. Da es hier um die Beeinträchtigung einer berufsspezifischen Tätigkeit durch steuerliche Gestaltungswirkungen geht, ist der Schutzbereich des Art. 12 GG betroffen (nicht etwa Art. 3 oder Art. 2 Abs. 1 GG). Die Hersteller und Händler der verschiedenen und verschieden besteuerten Tabakwaren stehen grundsätzlich auf einem einheitlichen Markt miteinander im Wettbewerb, wie die Substitutionseffekte beweisen. Steuerliche Vergünstigungen wie sie für Zigarren, Zigarillos und Feinschnitt im Vergleich mit Zigaretten bestehen und die Steuerbefreiungen für Kau- und Schnupftabak stellen auf diesem Markt einen Wettbewerbsvorteil dar.

In den Steuervergünstigungen bzw. Steuerbefreiungen ist aus Sicht der Konkurrenten eine Berufsausübungsregelung zu erblicken, die nur durch vernünftige Erwägungen des Gemeinwohls zu legitimieren ist. Die Steuerbefreiung von Kau- und Schnupftabak rechtfertigt sich als Ergebnis einer typisierenden Auswahl der Steuergegenstände. Auf die Besteuerung dieser Nischenprodukte, die zudem keine Rauchwaren sind, durfte der Gesetzgeber im Rahmen seines Gestaltungsspielraums verzichten. Die steuerliche Begünstigung von Zigarillos, Zigarren und Pfeifentabak ist als wirtschaftspolitische Maßnahme zugunsten der entsprechenden Zweige von Industrie und Handel gerechtfertigt. Feinschnitt ist ein gängiges Substitut der Zigarette; daher beeinträchtigt seine steuerliche Privilegierung die Wettbewerbschancen von Zigarettenindustrie und -handel in besonderer Weise. Auch dieser Eingriff in die Berufsfreiheit ist jedoch gerechtfertigt. Die Begünstigung des

Feinschnitts dient der typisierenden Umsetzung der Steuergerechtigkeit innerhalb des Tabaksteuerrechts und erweist sich als verhältnismäßige Regelung zur Verwirklichung des dem Leistungsfähigkeitsprinzip innewohnenden Gemeinwohlwerts.

Die besonderen Gestaltungswirkungen der Tabaksteuer beeinträchtigen weder die Eigentumsfreiheit (Art. 14 GG) noch die allgemeine Handlungsfreiheit (Art. 2 Abs. 1 GG) der Unternehmer in der Tabakwarenbranche und der Verbraucher von Tabakwaren.

III. Freiheitsrechtliche Begrenzung der allgemeinen Lenkungswirkung der Tabaksteuer

Indem die Tabaksteuer zu einer Verbrauchsreduzierung bei Tabakwaren führt, schmälert sie die wirtschaftlichen Erfolgsaussichten der an Produktion und Handel beteiligten Unternehmer. Die Tabaksteuer beeinflusst demnach einen abgrenzbaren Personenkreis in der Ausübung seiner unternehmerischen Tätigkeit. Diese mittelbare Beeinträchtigung der Berufsfreiheit (Art. 12 GG) ist dem Gesetzgeber zurechenbar.

Mangels unmittelbarem rechtlichen Zusammenhang zwischen Tabaksteuer und Berufswahl, handelt es sich um keine objektive Zulassungsbeschränkung. Die Tabaksteuer ist vielmehr Berufsausübungsregelung. Die Tabaksteuer führt nicht zur Erdrosselung der Berufe im Tabakwarensektor und ist mithin keine auf die Berufswahl zurückwirkende qualifizierte Ausübungsregelung. Zur Rechtfertigung genügen in der Konsequenz vernünftige Erwägungen des Gemeinwohls. Als solche sind die gesundheitspolitischen Zielsetzungen (Schutz der Volksgesundheit durch Bekämpfung des Tabakkonsums) anzuerkennen, zu deren Verfolgung die Tabaksteuer ein verhältnismäßiges Mittel ist.

Aus der Sicht der Verbraucher stellt die verhaltenslenkende Wirkung der Tabaksteuer eine Beeinträchtigung ihrer durch Art. 2 Abs. 1 GG geschützten Konsumfreiheit dar. Die allgemeine Handlungsfreiheit tritt hier nicht hinter die durch die Tabaksteuer ebenfalls beeinträchtigte Eigentumsfreiheit der Konsumenten zurück, da jeweils unterschiedliche Personenkreise betroffen sind. Der Lenkungseffekt ist dem Gesetzgeber zurechenbar, da dieser die Verhaltensänderung seitens der Verbraucher gerade beabsichtigt.

Das Rauchen gehört nicht zum unantastbaren Kernbereich privater Lebensgestaltung und kann daher durch die verfassungsmäßige Ordnung, also durch Normen, die formell und materiell verfassungsgemäß sind, eingeschränkt werden. Da es nicht um den Schutz der Raucher vor sich selbst geht, sondern gesundheitspolitischer Zweck der Tabaksteuer der Schutz der Volksgesundheit (unter Einschluss des Jugendschutzes) durch Bekämpfung des Tabakkonsums ist, steht der Lenkungszweck auch nicht zur Disposition der Raucher.

Die Tabaksteuer ist zur Reduzierung des Tabakkonsums in der Bevölkerung geeignet. Gleichermaßen wirksame Alternativen zur Tabakbesteuerung, die die allgemeine Handlungsfreiheit der Raucher weniger beeinträchtigen würden, stehen nicht zur Verfügung. Wie bei allen lenkenden Verbrauchsteuern ist die Beeinträchtigung der Konsumfreiheit angemessen, wenn sich Ausmaß der Verhaltensbeeinflussung und gesetzlicher Lenkungszweck decken. Durch die Tabaksteuer soll der Konsum von Tabakwaren grundsätzlich möglichst weitgehend eingedämmt werden. Die Tabaksteuer wäre in letzter Konsequenz erst als Erdrosselungs- oder Nullaufkommensteuer dem Verdikt der Unverhältnismäßigkeit ausgesetzt. Die Beeinträchtigung der allgemeinen Handlungsfreiheit der Raucher durch die Tabaksteuer ist gerechtfertigt.

Das Tabaksteuergesetz erweist sich, soweit es Gegenstand der vorliegenden Untersuchung ist, als verfassungsmäßig.

Literaturverzeichnis

Ackermann, Brunhilde: Die Bedrohung der Werbefreiheit, WRP 1998, S. 665

Anschütz, Gerhard/Thoma, Richard (Hg.): Handbuch des Deutschen Staatsrechts, Bd. 2, Tübingen 1932, Nachdruck Tübingen 1998

Arlt, Hans: Das Tabaksteuergesetz, 2. Auflage, Berlin 1930

Arndt, Hans-Wolfgang: Steuerliche Leistungsfähigkeit und Verfassungsrecht, in: Damrau, Jürgen/Kraft, Alfons/Fürst, Walther (Hg.): Festschrift für Otto Mühl, Stuttgart 1981, S. 17
ders.: Gleichheit im Steuerrecht, NVwZ 1988, S. 787
ders.: Spezielle Verbrauchsteuern einschließlich ökologisch motivierter Abgaben, in: Kirchhof, Paul/Neumann, Manfred J. M. (Hg.): Freiheit, Gleichheit, Effizienz, Bad Homburg 2001, S. 87

Arnim, Hans Herbert von: Besteuerung und Eigentum, VVDStRL 39 (1981), S. 286

Bach, Stefan: Wirtschaftliche Auswirkungen und rechtlich-institutionelle Aspekte einer ökologischen Steuerreform, StuW 1995, S. 264

Bareis, Peter/Elser, Thomas: Anforderungen an Lenkungsteuern und Beurteilung der „ökologischen Steuerreform" aus ökonomischer Sicht, DVBl. 2000, S. 1176

Battis, Ulrich: Systemgerechtigkeit, in: Stödter, Rolf/Thieme, Werner (Hg.), Festschrift für Hans Peter Ipsen, Tübingen 1977, S. 11

Bayer, Hermann-Wilfried: Die verfassungsrechtlichen Grundlagen der Wirtschaftslenkung durch Steuerbefreiungen, StuW 1972, S. 149

Beermann, Albert: Zur Charakterisierung der Verbrauchsteuern und zur bedingten Steuerschuld, DStJG 11 (1988), S. 283
ders.: Entstehung einer Verbrauchsteuer nach den Verbrauchsteuergesetzen, DStZ 1998, S. 306

Behrend, Corinne/Sangha, Oliver/Überla, Karl: Folgekosten des Rauchens, München 2001

Bellstedt, Christoph: Verfassungsrechtliche Grenzen der Wirtschaftslenkung durch Steuern, Heidelberg 1958

Benkwitz, Wieland: Erläuterungen zum Tabaksteuergesetz, in: Das Deutsche Bundesrecht, VII D 31, S. 17, Baden-Baden, Stand Oktober 2002

Bethge, Herbert: Die verfassungsrechtliche Problematik der Grundpflichten, JA 1985, S. 249

Birk, Dieter: Das Leistungsfähigkeitsprinzip als Maßstab der Steuernormen, Köln 1983

ders.: Gleichheit und Gleichmäßigkeit der Besteuerung, StuW 1989, S. 212

ders.: Verfassungsrechtliche Grenzen der Konsumbesteuerung, in: Rose (Hg.), Konsumorientierte Neuordnung des Steuersystems, Berlin u. a. 1991, S. 351

ders.: Steuerrecht I, Allgemeines Steuerrecht, 2. Auflage, München 1994

ders. (Hg.): Handbuch des Europäischen Steuer- und Abgabenrechts, Herne/Berlin 1995

ders.: Das Leistungsfähigkeitsprinzip in der Unternehmensteuerreform, StuW 2000, S. 328

Birk, Dieter/Förster, Jutta: Kompetenzrechtliche Grenzen des Gesetzgebers bei der Regelung der Verbrauchsteuer, DB 1985, Beilage Nr. 17

dies.: Verpackungszwang und Beipackverbot nach dem Tabaksteuergesetz, ZfZ 1988, S. 34

Bismarck, Otto von: Die gesammelten Werke, Politische Schriften, Bd. 6c, 2. Auflage, Berlin 1935, Nachdruck Nendeln 1972

Bleckmann, Albert: Europarecht, 6. Auflage, Köln u. a. 1997

Böckli, Peter: Indirekte Steuern und Lenkungssteuern, Basel/Stuttgart 1975

Bodenheim, Dieter G.: Der Zweck der Steuer, Baden-Baden 1979

ders.: Zur verfassungsdogmatischen Reformulierung des Steuergerechtigkeitsproblems, Der Staat 17 (1978), S. 481

Börsch-Supan, Axel/Schnabel, Reinhold: Volkswirtschaft in fünfzehn Fällen, Wiesbaden 1998

Boruttau, Ernst Paul (Begr.): Grunderwerbsteuergesetz, 15. Auflage, München 2002

Bongartz, Matthias: Die Auswirkungen der Verbrauchsteuerharmonisierung auf das Tabaksteuerrecht, ZfZ 1993, S. 370

Bräuer, Karl: Reichs-Tabakmonopol oder Tabak-Verbrauchsteuer?, Jena 1931

Bramsemann, Rainer: Tabak und Volkswirtschaft – eine Bilanz, Köln 1971

Braun, Doris: Nichtraucherschutz und Raucherentwöhnung am Arbeitsplatz, in: Böning, J./Wiesbeck, G.A./Beck-Doßler, K. (Hg.): Vom Genuss zur Sucht: Rauchen und Schutz der Nichtraucher, Hamburg 2003, S. 47

Breuer, Rüdiger: Freiheit des Berufs in: Isensee, Josef/Kirchhof, Paul (Hg.): Handbuch des Staatsrechts, Bd. VI, Freiheitsrechte, 2. Auflage, Heidelberg 2001 (Zit.: HStR VI), § 147

ders.: Die staatliche Berufsregelung und Wirtschaftslenkung, in: Isensee, Josef/Kirchhof, Paul (Hg.): Handbuch des Staatsrechts, Bd. VI, Freiheitsrechte, 2. Auflage, Heidelberg 2001(Zit.: HStR VI), § 148

Brümmerhoff, Dieter: Finanzwissenschaft, 8. Auflage, München/Wien 2001

Bundesministerium der Finanzen (Hg.): Bericht der Bundesregierung über die Entwicklung der Finanzhilfen des Bundes und der Steuervergünstigungen für die Jahre 1999-2002 (Achtzehnter Subventionsbericht) nebst Beiheft, Berlin 2001

dass.: Vereinbarkeit der Lenkungsbesteuerung mit der Tragfähigkeit der Finanzpolitik, in: Monatsbericht des BMF, April 2002, S. 67

Bunjes, Johann/Geist, Reinhold: Umsatzsteuergesetz, 7. Auflage, München 2003

Butzer, Hermann: Freiheitsrechtliche Grenzen der Steuer- und Sozialabgabenlast, Berlin 1999

ders.: Der Halbteilungsgrundsatz und seine Ableitung aus dem Grundgesetz, StuW 1999, S. 227

Caesar, Rolf/Goetzke, Hans Jürgen/Mackscheidt, Klaus: Finanzwissenschaftliche Analyse der Tabaksteuerharmonisierung in der Europäischen Gemeinschaft, Berlin 1983

Canaris, Claus-Wilhelm: Systemdenken und Systembegriff in der Jurisprudenz, 2. Auflage, Berlin 1983

Caspers, Günter/Dittrich, Gerhard: Aspekte zur Tabaksteuererhöhung 1977, ZfZ 1976, S. 290
dies.: Das neue Tabaksteuerrecht, ZfZ 1980, S. 66, 106, 134, 205, 238 und 263
dies.: Tabaksteuererhöhung 1982 und weitere Änderungen des Tabaksteuerrechts, ZfZ 1982, S. 41

Dänzer-Vanotti, Wolfgang: Tabaksteuererhöhung verfassungswidrig?, BB 1989, S. 754

Degenhart, Christoph: Systemgerechtigkeit und Selbstbindung des Gesetzgebers als Verfassungspostulat, München 1976

Die Tabak Zeitung (Hg.): Tabakjahrbuch 2000, Mainz 2000
dies. (Hg.): Tabakjahrbuch 2001, Mainz 2001
dies. (Hg.): Tabakjahrbuch 2002, Mainz 2002
dies. (Hg.): Tabakjahrbuch 2003, Mainz 2003

Di Fabio, Udo: Information als hoheitliches Gestaltungsmittel, JuS 1997, S. 1
ders.: Produkte als Träger fremder Meinungen – Zum Beschluß des BVerfG Warnhinweise auf Tabakverpackungen betreffend, NJW 1997, 2863

Dittrich, Gerhard: Harmonisierung der Tabaksteuer wird fortgesetzt, ZfZ 1978, S. 130
ders.: Gemeinschaftliche Begriffsbestimmungen für Tabakwaren, ZfZ 1979, S. 98

Dittrich, Gerhard/Fenzl, Ludwig: Was wird als Cigarette versteuert?, ZfZ 1993, S. 139

Doehring, Karl: Die Gesunderhaltung des Menschen im Spannungsverhältnis zwischen Staatsfürsorge und Individualentscheidung, in: Fürst, Wal-

ther/Herzog, Roman/Um-bach, Dieter C. (Hg.): Festschrift für Wolfgang Zeidler, Bd. 2, Berlin/New York 1987, S. 1553
ders.: Allgemeine Staatslehre, 2. Auflage, Heidelberg 2000

Dolzer, Rudolf/Vogel, Klaus (Hg.): Bonner Kommentar zum Grundgesetz, Heidelberg, Stand Dezember 2003 (Zit.: BK-GG)

Dreier, Horst (Hg.): Grundgesetz, Bd. 2, Tübingen 1998

Eckhoff, Rolf: Rechtsanwendungsgleichheit im Steuerrecht, Köln 1999

Elicker, Michael: Kritik der direkt progressiven Einkommensbesteuerung, StuW 2000, S. 3

Elster, Ludwig (Hg.): Wörterbuch der Volkswirtschaft, 3. Band, 4. Auflage, Jena 1933

Erichsen, Hans-Uwe: Allgemeine Handlungsfreiheit, in: Isensee, Josef/ Kirchhof, Paul (Hg.): Handbuch des Staatsrechts, Bd. VI, Freiheitsrechte, 2. Auflage, Heidelberg 2001 (Zit.: HStR VI), § 152

Faber, Angela: Gesundheitliche Gefahren des Tabakrauchens und staatliche Schutzpflichten, DVBl. 1998, S. 745

Faltlhauser, Kurt: Was ist eine Zigarette?, ZfZ 1993, S. 34

Fischer, Kai: Die Zulässigkeit aufgedrängten staatlichen Schutzes vor Selbstschädigung, Frankfurt am Main 1997

Flügler, Adolf: Tabakindustrie und Tabaksteuer, Jena 1931

Forsthoff, Ernst: Begriff und Wesen des sozialen Rechtsstaates, VVDStRL Heft 12 (1954), S. 8

Friauf, Karl Heinrich: Verfassungsrechtliche Grenzen der Wirtschaftslenkung und Sozialgestaltung durch Steuergesetze, Tübingen 1966 (Zit.: Verfassungsrechtliche Grenzen)
ders.: Probleme des Steuerwerts im Leuchtmittelsteuerrecht, StuW 1973, S. 311
ders.: Gleichmäßigkeit der Besteuerung bei der Versorgungsbezügen der Unselbständigen, DStZ/A 1974, S. 51

ders.: Steuergleichheit, Systemgerechtigkeit und Dispositionssicherheit als Prämissen einer rechtsstaatlichen Einkommensbesteuerung, StuW 1985, S. 308

ders.: Verfassungsrechtliche Anforderungen an die Gesetzgebung über die Steuern vom Einkommen und vom Ertrag, DStJG Bd. 12 (1989), S. 3

Friedrich, Klaus: Erstattung, Erlaß und Nacherhebung von Zöllen, Steuern und Abgaben, DStJG 11 (1988), S. 97

ders.: Steuerschuld und Steuerzeichenschuld im Tabaksteuerrecht, ZfZ 1989, S. 98

ders.: Zollkodex und Abgabenordnung, StuW 1995, S. 15

Fuisting, B.: Die Preußischen direkten Steuern, Bd. 4, Grundzüge der Steuerlehre, Berlin 1902

Gassner, Wolfgang/Lang, Michael: Das Leistungsfähigkeitsprinzip im Einkommen- und Körperschaftsteuerrecht, Verhandlungen des 14. Österreichischen Juristentages, Band III/1, Wien 2000

Geiger, Rudolf: EUV/EGV, 3. Auflage, München 2000

Gerloff, Wilhelm: Die Rechtfertigung der Besteuerung, in: Hans Teschemacher (Hg.), Festgabe für Georg von Schanz, Bd. 2, Tübingen 1928, S. 141

Geuenich, Jörg: Die tabaksteuerliche Beurteilung neuer Tabakwaren, ZfZ 1994, S. 365

Goetzeler, Richard: Das deutsche Tabaksteuerrecht, Hamburg u. a. 1929

Götz, Volkmar: Grundpflichten als verfassungsrechtliche Dimension, in: VVDStRL 41 (1983), S. 7

Grabitz, Eberhard/Hilf, Meinhard: Das Recht der Europäischen Union, Band II, München, Stand April 2003

Groß, Heinrich: Tabakwirtschaft und Tabakindustrie, Frankfurt am Main 1929

Hackenberg, Martin: Die Verpachtung von Zöllen und Steuern, Frankfurt am Main 2002

Haller, Heinz: Zur Frage der Abgrenzung zwischen interventionistischer und dirigistischer Steuerpolitik, in: ders./Kullmer, Lore/Schoup, Carl S./ Timm, Herbert (Hg.): Festschrift für Neumark, Tübingen 1970, S. 85
ders.: Die Steuern, 3. Auflage, Tübingen 1981

Hanewinkel, Reiner; Isensee, Barbara: Umsetzung, Akzeptanz und Auswirkungen der Tabaksteuererhöhung vom 1. Januar 2002, Kiel 2002, www.bmgs.bund.de/downloads/Tabaksteuer.pdf
dies.: Umsetzung, Akzeptanz und Auswirkungen der Tabaksteuererhöhung vom 1. Januar 2003, Kiel 2003, www.bmgs.bund.de/downloads/Tabaksteuererhoehung_2003.pdf

Haustein, Knut-Olaf: Tabakabhängigkeit, Köln 2001

Hayek, Friedrich August: Die Ungerechtigkeit der Steuerprogression, Schweizer Monatshefte 1952, S. 508

Heckmann, Dirk: Geltungskraft und Geltungsverlust von Rechtsnormen, Tübingen 1997

Heinz, Joachim/Kopp, Joachim/Mayer, Erhard: Verkehrsteuern, 4. Auflage, Achim 1998

Herdegen, Matthias/Schön, Wolfgang: Ökologische Steuerreform, Verfassungsrecht und Verkehrsgewerbe, Köln 2000

Herrmann, Carl/Heuer, Gerhard/Raupach, Arndt (Hg.): Einkommensteuer- und Körperschaftsteuergesetz, Kommentar, 21. Auflage, Köln, Stand Oktober 2003

Herzog, Roman: Steuerrecht und Verfassungsrecht, in: Präsident des Bundesfinanzhofs (Hg.): Festschrift Reichsfinanzhof – Bundesfinanzhof, Bonn 1993

*Hesse:*Die Harmonisierung der Verbrauchsteuern im deutschen Zollverein und im Deutschen Reich – ein Rückblick, ZfZ 1962, S. 289

Hettlage, Karl M.: Die Finanzverfassung im Rahmen der Staatsverfassung, in: VVDStRL 14 (1956), S. 2

Hillgruber, Christian: Der Schutz des Menschen vor sich selbst, München 1992

Hirschberg, Lothar: Der Grundsatz der Verhältnismäßigkeit, Göttingen 1981

Hofmann, Hasso: Grundpflichten und Grundrechte, in: Isensee, Josef/Kirchhof, Paul (Hg.): Handbuch des Staatsrechts, Bd. V, Allgemeine Grundrechtslehren, 2. Auflage, Heidelberg 2000 (Zit.: HStR V), § 114

Hohmann, Harald: Berufsfreiheit und Besteuerung, DÖV 2000, S. 406

Holtfrerich, Carl-Ludwig: Rüstung, Reparationen und Sozialstaat, in: Schultz, Uwe (Hg.), Mit dem Zehnten fing es an, München 1986, S. 200

Homburg, Stefan: Allgemeine Steuerlehre, 3. Auflage, München 2003

Hübschmann, Walter/Hepp, Ernst/Spitaler, Armin (Begr.): Abgabenordnung, Finanzgerichtsordnung, 10. Auflage, Köln 1995, Stand September 2003 (Zit.: HHSp)

Huster, Stefan: Rechte und Ziele, Berlin 1993
ders.: Das nationale Alkoholwerbeverbot, JuS 2002, S. 262

Ihering, Rudolph von: Der Zweck im Recht, Bd. 1, 3. Auflage, Leipzig 1893

Ipsen, Hans Peter: Subventionen, in: Isensee, Josef/Kirchhof, Paul (Hg.): Handbuch des Staatsrechts, Bd. IV, Finanzverfassung – Bundesstaatliche Ordnung, 2. Auflage, Heidelberg 1999 (Zit. HStR IV), § 92

Isensee, Josef: Steuerstaat als Staatsform, in: Stödter, Rolf/Thieme, Werner (Hg.), Festschrift für Hans Peter Ipsen, Tübingen 1977, S. 409
ders.: Das Grundrecht als Abwehrrecht und als staatliche Schutzpflicht, in: ders./Kirchhof, Paul (Hg.): Handbuch des Staatsrechts, Bd. V, Allgemeine Grundrechtslehren, 2. Auflage, Heidelberg 2000 (Zit.: HStR V), § 111

Jachmann, Monika: Verfassungsrechtliche Grenzen der Besteuerung, Aachen 1996 (Zit.: Verfassungsrechtliche Grenzen)
dies.: Die Fiktion im öffentlichen Recht, Berlin 1998
dies.: Wider das Steuerchaos, Stuttgart u. a. 1998

dies.: Grundthesen zu einer Verbesserung der Akzeptanz der Besteuerung, insbesondere durch Vereinfachung des Einkommensteuerrechts, StuW 1998, S. 193
dies.: Leistungsfähigkeitsprinzip und Umverteilung, StuW 1998, S. 293
dies.: Steuergesetzgebung zwischen Gleichheit und wirtschaftlicher Freiheit, Stuttgart u. a. 2000 (Zit.: Steuergesetzgebung)
dies.: Ökologie versus Leistungsfähigkeit – Gilt es neue Wege in der Steuerrechtfertigung zu gehen, StuW 2000, S. 239
dies.: Ansätze zu einer gleichheitsgerechten Ersetzung der Gewerbesteuer, BB 2000, S. 1432
dies.: Steuerrechtfertigung aus der Gemeinwohlverantwortung, DStZ 2001, S. 225

Jahn, Ralf: (Nicht-)Raucherschutz als Grundrechtsproblem, DÖV 1989, S. 850

Jahr: Zur Neufassung des Tabaksteuergesetzes, ZfZ 1939, S. 141

Jakob, Wolfgang: Zwischen Ertragsrelevanz und Lenkung – die Zukunft des Steuerinterventionismus, in: Kirchhof, Paul/Jakob, Wolfgang/Beermann, Albert: Festschrift für Klaus Offerhaus, Köln 1999, S. 65

Jakobs, Michael Ch.: Der Grundsatz der Verhältnismäßigkeit, Köln u. a. 1985

Jarass, Hans D.: Folgerungen aus der neueren Rechtsprechung des BVerfG für die Prüfung von Verstößen gegen Art. 3 I GG, NJW 1997, S. 2545
ders.: Nichtsteuerliche Abgaben und lenkende Steuern unter dem Grundgesetz, Köln 1999
ders.: Die Widerspruchsfreiheit der Rechtsordnung als verfassungsrechtliche Vorgabe, AöR 126 (2001), S. 588

Jarass, Hans D./ Pieroth, Bodo: Grundgesetz für die Bundesrepublik Deutschland, Kommentar, 6. Auflage, München 2002

Jarsombeck, Jörn-Arne: Irrungen und Wirrungen im Tabaksteuerrecht, ZfZ 1997, S. 227
ders.: Der Regierungsentwurf zur Änderung des Tabaksteuergesetzes, ZfZ 1998, S. 69

Jatzke, Harald: Das neue Verbrauchsteuerrecht in der Bundesrepublik Deutschland, IFSt-Schrift Nr. 322, Bonn 1993
ders.: Das System des deutschen Verbrauchsteuerrechts unter Berücksichtigung der Ergebnisse der Verbrauchsteuerharmonisierung in der Europäischen Union, Berlin 1997
ders.: Der Kaskadeneffekt bei der Zigarettenbesteuerung und seine Berücksichtigung im Gemeinschafts- und deutschen Tabaksteuerrecht, ZfZ 1999, S. 398

Jung, Eberhard: Das Recht auf Gesundheit, München 1982

Kaldor, Nickolas: An Expenditure Tax, London 1955

Kevekordes, Daniel: Tabakwerbung und Tabaketikettierung im deutschen und europäischen Recht, Köln u. a. 1994 (Zit.: Tabakwerbung)

Kirchhof, Ferdinand: Die Höhe der Gebühr, Berlin 1981
ders.: Die steuerliche Doppelbelastung der Zigaretten, Berlin 1990 (Zit.: Steuerliche Doppelbelastung)
ders.: Leistungsfähigkeit und Wirkungsweisen von Umweltabgaben an ausgewählten Beispielen, DÖV 1992, S. 233
ders.: Grundsätze der Finanzverfassung des vereinten Deutschlands, VVDStRL 52 (1993), S. 71
ders.: Die Tauglichkeit von Abgaben zur Lenkung des Verhaltens, DVBl. 2000, S. 1166
ders.: Abgabenrecht, in: Achterberg, Norbert/Püttner, Günter/Würtenberger, Thomas (Hg.): Besonderes Verwaltungsrecht, Band II, 2. Auflage, Heidelberg 2000

Kirchhof, Ferdinand/Frick, Karl: Werbeverbot und Etikettierungszwang für Tabakwaren, AfP 1991, S. 677

Kirchhof, Paul: Besteuerungsgewalt und Grundgesetz, Frankfurt am Main 1973
ders.: Verwalten durch „mittelbares“ Einwirken, Köln u. a. 1977
ders.: Rechtsmaßstäbe finanzstaatlichen Handelns, JZ 1979, S. 153
ders.: Besteuerung und Eigentum, in: VVDStRL 39 (1981), S. 213
ders.: Steuergleichheit, StuW 1984, S. 297
ders.: Der verfassungsrechtliche Auftrag zur Besteuerung nach der finanziellen Leistungsfähigkeit, StuW 1985, S. 319

ders.: Empfiehlt es sich, das Einkommensteuerrecht zur Beseitigung von Ungleichbehandlungen und zur Vereinfachung neu zu ordnen?, Gutachten F für den 57. Deutschen Juristentag (Mainz), München 1988

ders.: Der Einfluß des Verfassungsrechts auf die Entwicklung des Steuerrechts, Stbg 1995, S. 68

ders.: Die Rechtsprechung des Bundesverfassungsgerichts zur Vermögen- und Erbschaftsteuer, Stbg 1996, S. 1

ders.: Die verfassungsrechtliche Rechtfertigung der Steuern, in: ders./Birk, Dieter/Lehner, Moris (Hg.): Steuern im Verfassungsstaat, München 1996, S. 27

ders.: Staatliche Einnahmen, in: Isensee, Josef/Kirchhof, Paul (Hg.): Handbuch des Staatsrechts, Bd. IV, Finanzverfassung – Bundesstaatliche Ordnung, 2. Auflage, Heidelberg 1999 (Zit.: HStR IV), § 88

ders.: Der allgemeine Gleichheitssatz, in: Isensee, Josef/Kirchhof, Paul (Hg.): Handbuch des Staatsrechts, Bd. V, Allgemeine Grundrechtslehren, 2. Auflage, Heidelberg 2000 (Zit.: HStR V), § 124

ders.: Die Widerspruchsfreiheit im Steuerrecht als Verfassungspflicht, StuW 2000, S. 316

Kirchhof, Paul/Söhn, Hartmut/Mellinghoff, Rudolf (Hg.): Einkommensteuergesetz, Kommentar, Bd. 6 und Bd. 13, Heidelberg, Stand Oktober 2003

Klein, Franz: Gleichheitssatz und Steuerrecht, Köln 1966

Klein, Friedrich: Artikel 14 des Bonner Grundgesetzes als Schranke steuergesetzlicher Intervention?, in: Haller, Heinz/Kullmer, Lore/Shoup, Carl S./Timm, Herbert (Hg.): Festschrift für Fritz Neumark, Tübingen 1970

Kloepfer, Michael: Das Geeignetheitsgebot bei wirtschaftslenkenden Steuergesetzen, NJW 1971, S. 1585

Kluth, Winfried: Die Grundrechtserheblichkeit kommunaler Abfallvermeidung durch Verpackungsteuern, DVBl. 1992, S. 1261

Knies, Wolfgang: Steuerzweck und Steuerbegriff, München 1976

Knobbe-Keuk, Brigitte: Die Konkurrentenklage im Steuerrecht, BB 1982, S. 385

Körner, Josef: Tabaksteuererhöhung: fiskalisch ein Flop?, ifo Schnelldienst, Heft 21, Jg. 45 (1992), S. 18

Körner, Josef/Okada, Hiroshi/Waller, Sandra: Wirkungen von Tabaksteuererhöhungen und autonomen Preisänderungen auf den Absatz von Zigaretten, München 1996 (Zit.: Wirkungen von Tabaksteuererhöhungen)

Kreile, Johannes/Rahn, Stephanie G.: Das Ende der Tabakwerbung in Deutschland und Europa?, ZUM 1998, S. 820

Kröger, Christoph: Raucherentwöhnung in Deutschland, in: Böning, J./Wiesbeck, G.A./Beck-Doßler, K. (Hg.): Vom Genuss zur Sucht: Rauchen und Schutz der Nichtraucher, Hamburg 2003, S. 13

Kruse, Heinrich Wilhelm: Über die Gleichmäßigkeit der Besteuerung, StuW 1990, S. 322

Kulosa, Egmont: Verfassungsrechtliche Grenzen steuerlicher Lenkung am Beispiel der Wohnungsgenossenschaften, Münster 2000 (Zit.: Verfassungsrechtliche Grenzen steuerlicher Lenkung)

Lang, Joachim: Systematisierung der Steuervergünstigungen, Berlin 1974
ders.: Die Bemessungsgrundlage der Einkommensteuer, Köln 1988
ders.: Verwirklichung von Umweltschutzzwecken im Steuerrecht, DStJG 15 (1993), S. 115
ders.: Vom Verbot der Erdrosselungssteuer zum Halbteilungsgrundsatz, in: Kirchhof, Paul/Lehner, Moris/Raupach, Arndt/Rodi, Michael (Hg.): Festschrift für Klaus Vogel, Heidelberg 2000, S. 173

Larenz, Karl: Methodenlehre der Rechtswissenschaft, 6. Auflage, Berlin u. a. 1991

Lechelt, Rainer: Bundesgesetzliche Verbrauchsteuern, NWB, Fach 14, S. 215

Leisner, Walter: Eigentum, in: Isensee, Josef/Kirchhof, Paul (Hg.): Handbuch des Staatsrechts, Bd. VI, Freiheitsrechte, 2. Auflage, Heidelberg 2001 (Zit.: HStR VI), § 149

Liesching, Marc: Das neue Jugendschutzgesetz, NJW 2002, S. 3281

Lippross, Otto-Gerd: Umsatzsteuer, 20. Auflage, Achim 2000

Littmann, Konrad: Ein Valet dem Leistungsfähigkeitsprinzip, in: Haller, Heinz/Kullmer, Lore/Schoup, Carl S./Timm, Herbert (Hg.): Festschrift für Fritz Neumark, Tübingen 1970, S. 113

Lorenz, Dieter: Recht auf Leben und körperliche Unversehrtheit, in: Isensee, Josef/ Kirchhof, Paul (Hg.): Handbuch des Staatsrechts, Bd. VI, Freiheitsrechte, 2. Auflage, Heidelberg 2001 (Zit.: HStR VI), § 128

Mangoldt, Hermann von/Klein, Friedrich/Starck, Christian: Das Bonner Grundgesetz; Bd. 1, 4. Auflage, München 1999; Bd. 2, 4. Auflage, München 2000; Bd. 3, 4. Auflage, München 2001

Mann, Fritz Karl: Steuerpolitische Ideale, Jena 1937

Martens, Wolfgang: Der Schutz des einzelnen im Polizei- und Ordnungsrecht, DÖV 1976, S. 457

Marx, Nathan: Die Tabaksteuer und die Entwicklung der Tabakbesteuerung in Deutschland, Mannheim 1898

Maunz, Theodor/Dürig, Günter (Hg.): Grundgesetz, München, Stand Februar 2003

Mayer, Otto: Deutsches Verwaltungsrecht, Bd. 1, 3. Auflage, Berlin 1924

Meffert, Heribert: Marketing, 9. Auflage, Wiesbaden 2000

Merten, Detlef: Blauer Dunst im Amt, JuS 1982, S. 365
ders.: Subsidiarität als Verfassungsprinzip, in: ders. (Hg.): Die Subsidiarität Europas, 2. Auflage, Berlin 1994, S. 77

Meyer, Andreas: Produktspezifische Werberegelungen in Deutschland und der Europäischen Gemeinschaft, Köln u. a. 1996

Meyers Großes Konversations-Lexikon, Bd. 19., 6. Auflage, Leipzig/Wien 1908

Meyers Lexikon, Bd. 11, 7. Auflage, Leipzig 1929

Michaelis: Aus der Geschichte der deutschen Verbrauchsbesteuerung, ZfZ 1934, S. 284

Montesquieu, Charles Louis de Secondat de: De l'esprit des loix, in: *ders.*, Œuvres, Nouvelle édition, Tome premier, Amsterdam und Leipzig 1758, Nachdruck Paris 1950

Müller, Dirk: Struktur, Entwicklung und Begriff der Verbrauchsteuern, Berlin 1997

Müller-Franken, Sebastian: Verfassungs- und europarechtliche Fragen der Einführung nationaler Öko-Steuern, JuS 1997, S. 972

Münch, Ingo von: Grundrechtsschutz gegen sich selbst?, in: Stödter, Rolf/Thieme, Werner (Hg.): Festschrift für Hans Peter Ipsen, Tübingen 1977, S. 113

Münch, Ingo von/Kunig, Philip (Hg.): Grundgesetz-Kommentar, Bd. 1, 5. Auflage, München 2000; Bd. 3, 5. Auflage, München 2003

Musgrave, Richard A.: Zur Wahl der „richtigen" Steuerbemessungsgrundlage, in: Rose (Hg.), Konsumorientierte Neuordnung des Steuersystems, Berlin u. a. 1991, S. 35

Mußgnug, Reinhard: Verfassungsrechtlicher und gesetzlicher Schutz vor konfiskatorischen Steuern, JZ 1991, S. 993

Nagel, Klaus Andreas: Werbeverbote, Baden-Baden 1992

Neumark, Fritz: Interventionistische und dirigistische Steuerpolitik, in: ders., Wirtschafts- und Finanzprobleme des Interventionsstaates, Tübingen 1961, S. 279
ders.: Grundsätze gerechter und ökonomisch rationaler Steuerpolitik, Tübingen 1970

Ossenbühl, Fritz: Verfassungs- und europarechtliche Grundfragen eines Werbeverbotes, ZLR 1999, S. 107

Ossenbühl, Fritz/Di Fabio, Udo: Verfassungsrechtliche Grenzen einer Erhöhung der Tabaksteuer, StuW 1988, S. 349

Ossenbühl, Klaus Hermann: Die gerechte Steuerlast, Heidelberg 1972

Osterloh, Lerke: Lenkungsnormen im Einkommensteuerrecht, DStJG 24 (2001), S. 383

Osterloh, Lerke/Brodersen, Carsten: Eine neue Steuer auf Getränkeverpackungen?, JuS 1986, S. 53

Papier, Hans-Jürgen: Die Beeinträchtigungen der Eigentums- und Berufsfreiheit durch Steuern vom Einkommen und Vermögen, Der Staat 11 (1972), S. 483
ders.: Die finanzrechtlichen Gesetzesvorbehalte und das grundgesetzliche Demokratieprinzip, Berlin 1973
ders.: Steuern und Abgaben, KritV 1987, S. 140
ders.: Steuerreform als Verfassungsproblem, Stbg 1999, S. 49
ders.: Steuerreform und Verfassungsrecht, in: Kirchhof, Paul/Lehner, Moris/Raupach, Arndt/Rodi, Michael (Hg.): Festschrift für Klaus Vogel, Heidelberg 2000, S. 117

Paulick, Heinz: Die wirtschaftspolitische Lenkungsfunktion des Steuerrechts und ihre verfassungsmäßigen Grenzen: in: Haller, Heinz/Kullmer, Lore/Shoup, Carl S./Timm, Herbert (Hg.): Festschrift für Fritz Neumark, Tübingen 1970

Pausch, Alfons: Die Zoll- und Verbrauchsteuerreform Stein-Hardenbergs, ZfZ 1976, S. 1

Peters, Martin/Bongartz, Matthias/Schröer-Schallenberg, Sabine: Verbrauchsteuerrecht, München 2000

Pieroth, Bodo/Schlink, Bernhard: Grundrechte, Staatsrecht II, 19. Auflage, Heidelberg 2003

Pietsch, W.: Die Erhebung von Abgaben auf Tabakwaren in den Mitgliedstaaten der Europäischen Wirtschaftsgemeinschaft, ZfZ 1959, S. 68

Plückebaum, Konrad/Malitzky, Heinz: Umsatzsteuergesetz, 10. Auflage, Köln u. a. 2000, Stand Oktober 2003

Pohmer, Dieter/Jurke, Gisela: Zu Geschichte und Bedeutung des Leistungsfähigkeitsprinzips, FinArch N.F. 42 (1984), S. 445

Rahmede, Jörg: Passivrauchen, Gesundheitliche Wirkungen und rechtliche Konsequenzen, Gelsenkirchen 1986

Rau, Günter/Dürrwächter, Erich: Kommentar zum Umsatzsteuergesetz, 8. Auflage, Köln 1997, Stand Oktober 2003

Redeker, Konrad/Karpenstein, Ulrich: Über Nutzen und Notwendigkeiten, Gesetze zu begründen, NJW 2001, 2825

Rengeling, Hans-Werner: Gesetzgebungszuständigkeit, in: Isensee, Josef/Kirchhof, Paul (Hg.): Handbuch des Staatsrechts, Bd. IV, Finanzverfassung – Bundesstaatliche Ordnung, 2. Auflage, Heidelberg 1999 (Zit.: HStR IV), § 100

Rodi, Michael: Die Rechtfertigung von Steuern als Verfassungsproblem, München 1994

ders.: Bundesstaatliche Kompetenzausübungsschranken für Lenkungssteuern, StuW 1999, S. 105

ders.: Die Subventionsrechtsordnung, Tübingen 2000

ders.: Ökonomische, ökologische und andere öffentliche Zwecke im Abgabenrecht, JZ 2000, S. 827

Rose, Manfred: Plädoyer für ein konsumbasiertes Steuersystem, in: ders. (Hg.), Konsumorientierte Neuordnung des Steuersystems, Berlin u. a. 1991

Rüfner, Wolfgang: Die Eigentumsgarantie als Grenze der Besteuerung, DVBl. 1970, S. 881

Ruppe, Hans Georg: Das Abgabenrecht als Lenkungsinstrument der Gesellschaft und Wirtschaft und seine Schranken in den Grundrechten, Verhandlungen des 8. Österreichischen Juristentages Graz 1982, Bd. I, 1. Teil A, Wien 1982

Sachs, Michael (Hg.): Grundgesetz, Kommentar, 3. Auflage, München 2003

ders.: Verfassungsrecht II, Grundrechte, 2. Auflage, Berlin 2003 (Zit: Grundrechte)

Sacksofsky, Ute: Umweltschutz durch nicht-steuerliche Abgaben, Tübingen 2000

dies.: Verfolgung ökologischer und anderer öffentlicher Zwecke durch Instrumente des Abgabenrechts, NJW 2000, S. 2619

Schanz, Georg: Der Einkommensbegriff und die Einkommensteuergesetze, FinArch 13 (1896), S. 1

Schemmel, Lothar: Zur Aufnahme des Leistungsfähigkeitsprinzips und anderer Grenzen für den Steuerstaat in das Grundgesetz, StuW 1995, 39

ders.: Lenken mit Steuern und Abgaben – Große Mängel und Gefahren, Wiesbaden 2000

Schenke, Wolf-Rüdiger: Besteuerung und Eigentumsgarantie, in: Burkei, Franz/Polter, Dirk-Meints (Hg.), Festschrift für Hubert Armbruster, Berlin 1976, S. 177

Scherer, Joachim: Öffentlich-rechtliche Konkurrentenklagen im Wirtschafts- und Beamtenrecht, Jura 1985, S. 11

Scheuner, Ulrich: Die staatliche Intervention im Bereich der Wirtschaft, in: VVDStRL 11 (1954), S. 1

Schmidt, Ferdinand: Tabaksteuer als Instrument einer Politik der Vernunft, StuW 1978, S. 39

Schmidt, Peter: Konsumbesteuerung durch Mehrwertsteuer, Bielefeld 1999

Schmidt-Bleibtreu, Bruno/Klein, Franz: Kommentar zum Grundgesetz, 9. Auflage, Neuwied/Kriftel 1999

Schmölders, Günter: Zur Begriffsbestimmung der Verbrauchsteuern, Berlin 1955

Scholz, Rupert: Anmerkung zum Urteil des BVerwG vom 30.8.1968 – VII C 122/66, NJW 1969, S. 1044

ders.: Verfassungsfragen zum Schutz des Nichtrauchers, DB 1979, Beilage Nr. 10

Scholz, Rupert/Aulehner, Josef: Verfassungsfragen zur Lenkungsabgabe am Beispiel der „Automatenbesteuerung“, BB 1991, S. 73

Schröter, Walter: Das Tabaksteuergesetz, Berlin/Frankfurt am Main 1956

ders.: Gedanken über die Tabaksteuer, ZfZ 1957, S. 257, 289, 327 und ZfZ 1958, S. 7
ders.: Die Entwicklung der Struktur der deutschen Zigaretten-, Zigarren- und Rauchtabakindustrie, ZfZ 1959, S. 97
ders.: Der Zigarettenverbrauch als Quelle für Steuereinnahmen, ZfZ 1976, S. 2
ders.: Zigarettensteuer und Gesundheitspolitik, ZfZ 1976, S. 98

Schüle, Adolf: Die staatliche Intervention im Bereich der Wirtschaft, in: VVDStRL 11 (1954), S. 75

Seer, Roman: Der sog. Halbteilungsgrundsatz als verfassungsrechtliche Belastungsobergrenze der Besteuerung, FR 1999, S. 1280
ders.: Verfassungsrechtliche Grenzen der Gesamtbelastung von Unternehmen, DStJG 23 (2000), S. 87

Selmer, Peter: Steuerinterventionismus und Verfassungsrecht, Frankfurt am Main 1972
ders.: Finanzordnung und Grundgesetz, AöR 101 (1976), S. 238 und S. 399
ders.: Die Umsatzbesteuerung von Lebensmittellieferungen zum Verzehr an Ort und Stelle (§ 12 II Nr. 1 S. 2 UStG), StuW 1978, S. 321
ders.: Der gerechte Steuerstaat, FinArch N.F. 52 (1995), S. 234

Selmer, Peter/Brodersen, Carsten: Die Verfolgung ökonomischer, ökologischer und anderer öffentlicher Zwecke durch Instrumente des Abgabenrechts, DVBl. 2000, S. 1153

Smith, Adam: An Inquiry into the Nature and Causes of the Wealth of Nations, Bd. 2, Oxford 1976

Söhn, Hartmut: Die Umsatzsteuer als Verkehrsteuer und/oder Verbrauchsteuer, StuW 1975, S. 1
ders.: Die Umsatzsteuer als indirekte, allgemeine Verbrauchsteuer, StuW 1996, S. 165

Sölch/Ringleb: Umsatzsteuergesetz, München, Stand September 2003

Stammkötter, Andreas: Rauchen und Rauchverbote aus rechtlicher Sicht unter besonderer Berücksichtigung der Problematik des Passivrauchens, Münster/Hamburg 1993 (Zit.: Rauchen und Rauchverbote)

Starck, Christian: Überlegungen zum verfassungsrechtlichen Steuerbegriff, in: Vogel, Klaus/Tipke, Klaus (Hg.): Festschrift für Gerhard Wacke, Köln 1972, S. 193

Statistisches Bundesamt (Hg.): Statistisches Jahrbuch 2003 für die Bundesrepublik Deutschland, Wiesbaden 2003

Stein, Lorenz von: Lehrbuch der Finanzwissenschaft, Zweiter Theil, Erste Abtheilung, 5. Auflage, Leipzig 1885

Stern, Klaus: Das Staatsrecht der Bundesrepublik Deutschland, Bd. II, München 1980 (Zit.: Staatsrecht II)
ders.: Das Staatsrecht der Bundesrepublik Deutschland, Bd. III, 2. Halbband, München 1994 (Zit.: Staatsrecht III/2)

Steuerreformkommission: Gutachten der Steuerreformkommission 1971, Schriftenreihe des Bundesministeriums der Finanzen, Heft 17, Bonn 1971

Stolleis, Michael: Geschichte des öffentlichen Rechts in Deutschland, Bd. 3, München 1999

Stolper, Gustav: Ein Finanzplan, in: Der deutsche Volkswirt 1929, S. 1527

Suhr, Dieter: Die Freiheit vom staatlichen Eingriff als Freiheit zum privaten Eingriff?, JZ 1980, S. 166

Tipke, Klaus: Umsatzsteuer – Verkehrsteuer und/oder Verbrauchsteuer, DStR 1983, S. 595
ders.: Über „richtiges Steuerrecht", StuW 1988, S. 262
ders.: Die Steuerrechtsordnung, Bd. I, 2. Auflage, Köln 2000 (Zit.: StRO I)
ders.: Die Steuerrechtsordnung, Bd. II, 2. Auflage, Köln 2003 (Zit.: StRO II)
ders.: Die Steuerrechtsordnung, Bd. III, Köln 1993 (Zit.: StRO III)

Tipke, Klaus/Kruse, Heinrich Wilhelm (Hg.): Abgabenordnung, Finanzgerichtsordnung, Köln, Stand Dezember 2003

Tipke, Klaus/Lang, Joachim: Steuerrecht, 17. Auflage, Köln 2002

Troost, Herbert: Gemeinsamer Markt und Verbrauchssteuern, Berlin 1957

Trzaskalik, Christoph: Der instrumentelle Einsatz von Abgaben, StuW 1992, S. 135

ders.: Inwieweit ist die Verfolgung ökonomischer, ökologischer und anderer öffentlicher Zwecke durch Instrumente des Abgabenrechts zu empfehlen? Gutachten E zum 63. Deutschen Juristentag (Leipzig), München 2000

Umbach, Dieter C./Clemens, Thomas (Hg.): Grundgesetz, Mitarbeiterkommentar, Bd. 1, Heidelberg 2002 (Zit.: MAK-GG)

Vogel, Klaus: Die Abschichtung von Rechtsfolgen im Steuerrecht, StuW 1977, S. 97

ders.: Begrenzung von Subventionen durch ihren Zweck, in: Stödter, Rolf/Thieme, Werner (Hg.), Festschrift für Hans Peter Ipsen, Tübingen 1977, S. 539

ders.: Lenkungssteuern und Eigentumsgarantie, in: BayVBl. 1980, S. 523

ders.: Rechtfertigung der Steuern: Eine vergessene Vorfrage, Der Staat 25 (1986), S. 481

ders.: Grundzüge des Finanzrechts des Grundgesetzes, in: Isensee, Josef/ Kirchhof, Paul (Hg.): Handbuch des Staatsrechts, Bd. IV, Finanzverfassung – Bundesstaatliche Ordnung, 2. Auflage, Heidelberg 1999 (Zit.: HStR IV), § 87

Voß, Reimer: Strukturelemente der Verbrauchsteuern, DStJG 11 (1988), S. 261

Wacke, Gerhard: Das Finanzwesen der Bundesrepublik, Beiheft 13 zur Deutschen Rechts-Zeitschrift, Tübingen 1950

Wagner, Adolph: Finanzwissenschaft, 3. Teil, 1. Buch: Steuergeschichte vom Altertum bis zur Gegenwart, 2. Auflage, Leipzig 1910, Nachdruck Glashütten im Taunus 1973 (Zit.: Steuergeschichte)

Walz, W. Rainer: Steuergerechtigkeit und Rechtsanwendung, Heidelberg/Hamburg 1980

Weber, J.: Die Tabaksteuer und die Tabakabgaben-Vergütung, Berlin 1913

Weber-Grellet, Heinrich: Steuern im modernen Verfassungsstaat, Köln 2001

ders.: Lenkungssteuern im Rechtssystem, NJW 2001, S. 3657

ders.: Die Funktion des Rechts in der fragmentierten Gesellschaft – am Beispiel des Steuerrechts, DB 2002, S. 9

Wegmann, Bernd: Grundrechtskollision im Prüfungsraum, BayVBl. 1990, S. 673

Wendt, Rudolf: Der Gleichheitssatz, NVwZ 1988, S. 778
ders.: Empfiehlt es sich, das Einkommensteuerrecht zur Beseitigung von Ungleichbehandlungen und zur Vereinfachung neu zu ordnen?, DÖV 1988, S. 710

Wiedemann, Gerhard (Hg.): Handbuch des Kartellrechts, München 1999

Winkler, Gerhard: Die Änderung der Leuchtmittelbesteuerung, ZfZ 1974, S. 130

Witt, Peter-Christian: „Patriotische Gabe" und „Brotwucher", in: Schultz, Uwe (Hg.), Mit dem Zehnten fing es an, München 1986, S. 189

Wöhe, Günter: Möglichkeiten und Grenzen einer großen Steuerreform, DStR 1971, S. 199

Wolf, Jürgen Rainer: „... zu Einführung einer Gott wohlgefälligen Gleichheit auf ewig ...", in: Schultz, Uwe (Hg.), Mit dem Zehnten fing es an, München 1986, S. 162

Woll, Artur: Allgemeine Volkswirtschaftslehre, 14. Auflage, München 2003

Wündisch, Friedrich: Das Tabaksteuergesetz, Berlin/Leipzig 1920

Wulkow: Zum Gesetz zur Änderung des Tabaksteuergesetzes vom 22. Dezember 1929, ZfZ 1930, S. 28
ders.: Die Tabaksteuernovelle, ZfZ 1930, S. 281
ders.: Die Tabaksteuernovelle in der Notverordnung vom 1. Dezember 1930, ZfZ 1930, S. 459
ders.: Kapitel I des ersten Teils der zweiten Verordnung des Reichspräsidenten zur Sicherung von Wirtschaft und Finanzen vom 5.6.1931, ZfZ 1931, S. 243

Wulkow/Leimbach, W.: Tabaksteuergesetz, 6. Auflage, Berlin 1942

Zapka, Klaus: Grund- und europarechtliche Bewertung der Werbung, RIW 1990, S. 132
ders.: Passivrauchen und Recht, Berlin 1993

Zeitler, Franz-Christoph: Der Europäische Binnenmarkt, ZfZ 1993, S. 338

Zimmermann, Wilhelm J.: Die Tabaksteuer: Instrument der fiskalischen Einnahmeerzielung und der gesellschaftlichen Verbrauchslenkung, Frankfurt am Main 1987

Zitzelsberger, Heribert: Über die Schwierigkeiten mit dem Abbau von Steuersubventionen, StuW 1985, S. 197

Peter Lang · Europäischer Verlag der Wissenschaften

Michael Stahlschmidt

Umweltsteuern und Umweltabgaben in der Republik Österreich und der Bundesrepublik Deutschland

Eine rechtsvergleichende Darstellung

Frankfurt am Main, Berlin, Bern, Bruxelles, New York, Oxford, Wien, 2003.
XXIX, 306 S., zahlr. Abb. und Tab.
Europäische Hochschulschriften: Reihe 2, Rechtswissenschaft. Bd. 3632
ISBN 3-631-50819-0 · br. € 56.50*

Neben den bundesrechtlichen Umweltsteuern und Umweltabgaben sind exemplarisch die landesrechtlichen Umweltsteuern und Umweltabgaben der Länder Salzburg, in Österreich und Nordrhein-Westfalen in Deutschland, untersucht und einer kritischen Würdigung unterzogen worden. Dabei wurde besonders auf europarechtliche und verfassungsrechtliche Fragen eingegangen. Ergebnis der Arbeit ist, daß weder in der Republik Österreich, noch in der Bundesrepublik Deutschland empirisch belegt werden kann, ob die eingesetzten abgabenrechtlichen Steuerinstrumente zu einer Lenkungswirkung geführt haben.

Aus dem Inhalt: Umweltsteuern und Umweltabgaben · Verfassungsrechtliche und europarechtliche Probleme · Lenkungswirkungen können nicht empirisch belegt werden

Frankfurt am Main · Berlin · Bern · Bruxelles · New York · Oxford · Wien
Auslieferung: Verlag Peter Lang AG
Moosstr. 1, CH-2542 Pieterlen
Telefax 00 41 (0) 32 / 376 17 27

*inklusive der in Deutschland gültigen Mehrwertsteuer
Preisänderungen vorbehalten

Homepage http://www.peterlang.de

www.ingramcontent.com/pod-product-compliance
Ingram Content Group UK Ltd.
Pitfield, Milton Keynes, MK11 3LW, UK
UKHW020714071026
15590UKWH00011B/638

9 783631 535738